JN189172

家族心理学ハンドブック

HANDBOOK OF
FAMILY PSYCHOLOGY

日本家族心理学会 [編]

金子書房

はじめに

家族心理学とは

　家族心理学（family psychology）は，家族と家族の人間関係の心理的問題について基礎的，実践的研究を行う心理学の一領域として1980年代に認められた若い学問である。ただし，家族は，それ以前から心理学の分野においては発達心理学，社会心理学，臨床心理学のテーマであり，心理学以外の分野においても社会学と文化人類学の主たる研究テーマの１つとしてそれぞれの視点から研究されてきた。換言すれば，家族はそもそも学際的な研究のテーマであり，学際的研究方法の開発に伴って多分野にまたがる家族としての家族心理学の確立があったと考えることができるだろう。

日本における「家族心理学」の誕生と発展

　日本は，実は心理学の分野で家族を学際的研究テーマにしたパイオニア的存在である。家族心理学会の初代会長岡堂哲雄は，1967年に『家族関係の臨床心理』を著して，家族をテーマとする臨床心理学は，「ある個人（クライエント）の生活における困難や問題，あるいは心理的な障害をクライエントの所属する家族集団との関係において理解し，…家族を一つの統一体とみて治療的援助を行う臨床活動と…研究をすすめる心理学」（p.3）と紹介している。つまり，心理臨床には，個人としての家族メンバーの内的・心理的課題だけではなく，家族関係そのものを対象とした実践と研究が必要であることを披露したのだ。

　1970年代に入ると，『家族心理学』というタイトルの書籍が詫摩武俊・依田明編著（1972）と岡堂哲雄編（1978）によって発刊されている。その中で著者らは，家族心理学を「家族間の心理学的問題を扱う領域」（詫摩, p.1），「家族およびその人間関係を直接対象とする…きわめて新しい分野」（岡堂, p.2）と述べて，家族心理学が家族集団とメンバーの相互作用を研究対象とする心理学であることを明示している。

家族心理学誕生の背景

　このような動きの背景には，先進諸国における1950年代から1970年代にかけての家族形態と家族機能の変化に伴う夫婦の不和や離婚，少年非行や犯罪，家

庭内暴力・不登校・摂食障害といった家族の危機や崩壊を予想させる社会的問題の顕在化がある。カウンセリングや心理臨床の現場には，家族との葛藤や問題を訴えるクライエントが増え，支援者は現実の家族関係や問題に対応するだけでなく，時には家族メンバー数人と合同面接をする必要性に迫られるようになった。つまり，支援者たちは家族を個人の成長・問題・回復に影響を与える環境として理解し研究するだけではなく，家族メンバーの関係性や相互作用そのものを対象とした実践と研究の必要性を実感し始めていたのだ。そのニーズは，やがて北米における1960〜70年にかけて広がった家族療法のシステミック・アプローチの展開によって大きく転換することとなった。システミック・アプローチとは，家族とはそもそも家族を形成する多様な要素が時間の経過の中で相互作用して成り立っている複雑な集団であり，家族の支援と研究は家族集団の歴史的な発達と家族が生きる社会との交流，力動，プロセスといった視点から行うことを意味する。

　一方，心理学の領域で家族心理学は，個人と家族の健康と成長を研究してきた発達心理学者と家族という小集団の人間関係，力動，形成と崩壊のプロセスなどを研究してきた社会心理学者，そして家族の危機と問題の支援にかかわってきた臨床心理学者（実践者を含む）によって培われた研究が統合される形で発展した分野ということができる。その目的は，家族の心理的健康の予防・維持・増進と問題・病理の支援・ケアにかかわる家族メンバーの相互作用，家族の形成・発達・崩壊などの家族力動のプロセス，そして家族と家族を取り巻く文化的，社会的環境（コミュニティから宇宙まで）との関係性を研究課題とするところである。

日本家族心理学会の活動

　日本における家族心理学は，諸外国に先駆けて1980年代にその第一歩を踏み出したと述べたが，その発展はほぼ同時期に設立された日本家族心理学会の活動に負うところが大きい。

　日本家族心理学会は，1981年9月，日本心理学会第45回大会におけるシンポジウム「家族臨床心理学の現状と展望」に参与したメンバー5名が組織した日本家族心理学研究会が母体となって設立された。

　その研究会は，1980年に家族にかかわる研究発表と支援技法の研究・研修を推進することを目的として岡堂哲雄会長のリーダーシップの下，研究と研修，そして出版活動を開始し，1981年の日本心理学会におけるシンポジウムを皮切

りに1983年1月には『家族心理学年報』の創刊号「家族臨床心理学の展望」を発刊。同年5月に第1回の研究大会を開催している。翌1984年2月,「年報2 心の健康と家族」を出版し,同年4月には研究会を発展的に解散して日本家族心理学会を創設し,研究会のそれまでの研究と実践を引き継いだ。同年5月には,日本家族心理学会第1回大会を開催。1985年6月に出版された「年報3 家族カウンセリングの実際」では,第1回大会におけるシンポジウムで発表されたテーマが論文として掲載された。以後,「年報」には原著論文に加えて大会シンポジウムを論文化する慣例が継続されている。

学会誌『家族心理学研究』の発刊は1987年5月であり,第2巻から年2回の発行で現在に至っている。また,家族心理学会は同年8月に,日本学術会議・登録学術研究団体として認定されている。

一方,1988年,国際家族心理学会(International Academy of Family Psychology)創設には米・独・伊に加えて日本がイニシアティブをとることになり,1990年7月にその第1回大会を日本で開催し,その成果は『家族心理学研究』第4巻特別号として英文で刊行されている。

また,1988年には,家族心理学のフロンティアとして諸外国に先駆けて歩み始めたわが国のこの領域の知見と成果を体系的に収録するため『講座　家族心理学』全6巻が企画され,「1 変貌する家族―その現実と未来」(星野編,1989),「2 夫と妻―その親密化と破綻」(平木編,1988),「3 親と子―その発達と病理」(国谷編,1988),「4 家族と社会」(杉渓編,1989),「5 生と死と家族」(長谷川編,1988),「6 家族心理学の理論と実際」(岡堂編,1988)の出版を完了している。

さらに1999年には,学会創設15周年を記念して,学会監修による『家族心理学事典』が刊行されている。

家族心理学ハンドブック刊行に寄せて

このような家族心理学と学会の創成期約10年間の発展は,初代岡堂哲雄学会長の家族心理学に寄せる先見性と静かな情熱,そして学術団体としての学会運営の確かさに負うところが大きい。また,その伝統を引き継いできた第二世代,第三世代の研究者たちの35年を超える活動は,2017年に一般社団法人となってより一層,社会に貢献していく学会としての再出発につながり,そして本ハンドブックの刊行に結実している。本書が,家族メンバーの心理内力動と,関係的相互作用を対象とした実践と研究の現在を紹介する案内書として,多くの家

族心理学研究者たちの自己内省と対話の刺激になることを期待したい。

　本書の刊行を心待ちにされていた岡堂哲雄先生は，本書を手にすることなく2018年6月23日に亡くなられた。岡堂先生をはじめ，今は亡き創設期の仲間，国谷誠朗，長谷川浩の両氏が本書の刊行を喜んでくださることは間違いない。最後に，学会の主な目標を記して，本書の序文としたい。

・家族心理学領域のアカデミックな研究を推進すること。
・ファミリー・カウンセリング，家族療法，カップルセラピー，ブリーフセラピー，統合的心理療法などの家族への心理社会的臨床技法の向上と展開を図ること。
・家族の危機を予防し，絆を強める心理教育的方法（家族心理教育）の普及に努めること。

統合的心理療法研究所　平木　典子

VIII　家族研究法

I

家族とは

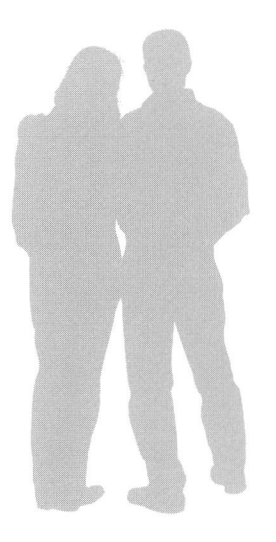

① 社会としての家族
～社会の内なる家族・家族の内なる社会

はじめに

　社会とは，人が集まって共同生活を営むときに現れる人々の関係を表す諸集団のことであり，それらには家族，コミュニティ，会社，組合，政党，国家などが含まれる。また，社会的集団には，血縁や地縁に基づく自然発生的な集団と利害・目的などに基づいて作られる人為的な集団があると言われ，家族は前者の典型だとされていた。ところが，現代の家族ははたしてどちらの集団なのか，区別することが難しくなっている。家族はその他のどの社会集団とも異なる特徴を持ち，それゆえの問題がある。それが家族研究と家族臨床のテーマでもある（平木・中釜，2006）。その例を挙げてみよう。

　家族という言葉から誰もがイメージするのは夫婦と未婚の子どもから成る「核家族」であろう。そして，核家族は社会の基本単位の1つと考える人も多い。さらに，システムズ・アプローチに依って立つ家族の研究者・実践家にとって家族は社会のサブシステムであり，本論のテーマ「社会としての家族」は，社会のサブシステムとしての家族と受け止められるであろう。

　家族という集団の形態と機能は，産業革命以前と産業革命後から近代と言われる20世紀終わりごろまで，そしてポストモダンと言われる21世紀に入った現在では，著しく変化した。家族といえば，現在でも夫婦と同居している子どもを思い浮かべるにもかかわらず，生活が個人化された現代では家族の形態も多様化し，今や家族の定義は困難になっている。それにともなって，家族が個人や社会に果たす機能も変わってきた。「社会としての家族」の存在は続くとしても，21世紀の「社会としての家族」への研究と接近は変わらざるを得なくなっている。本稿では，「社会としての家族」を21世紀における社会の内なる家族，家族の内なる社会といった視点から展望してみたい。

社会の内なる家族

社会集団としての家族の構造

　先にも述べたように，伝統的な家族のイメージや家族構成は「婚姻関係にある夫婦が子どもを養育する」という核家族のそれであり，父親は仕事を持つ扶養者，母親は家事・育児を担うというものである。そして，現在でもこのイメージは，子どもが幼い家族，とりわけ出産・育児期にあたる25～35歳の日本の女性の労働力率が谷（M字型曲線と言われる）になっているところにいる家族にとって，当てはまるであろう。

　確かに現在でも家族の構造として最も多いのは，「夫婦と未婚の子どもの世帯」である。ただ，この家族構造を持つ家族の数は過去10年間，毎年1～2％ずつ減少し，逆に「単独世帯と夫婦のみの世帯」は1％前後ずつ増加している。実際の家族形態は，人々のライフスタイルの変化とともに明らかに変化を遂げている。

　近年，厚生労働省は家族形態を6種類の世帯構造としてとらえている。たとえば，2014年の「国民生活基礎調査の概況」（厚生労働省，2015c）によれば，単独世帯は全体の27.1％，夫婦のみの世帯23.3％，夫婦と未婚の子のみの世帯28.8％，ひとり親と未婚の子のみの世帯7.1％，三世代世帯6.9％，その他の世帯6.8％となって，単独世帯，夫婦のみの世帯，夫婦と未婚子のみの世帯の数はほぼ同じ割合である。

　また，世帯の類型では，高齢者世帯が24.2％，母子世帯1.5％，父子世帯0.2％となって高齢者世帯が全体の4分の1に近づく勢いである。年次の推移でみると世帯数は増加の傾向，平均世帯人数は2.49人で，減少傾向にある。男女共同参画社会の推進により2010年以降，60％前後の母親が職業に就き，子どもが3人以上いる家族は少なくなって，平均出生率は1.42％（内閣府，2014a）である。

　また，家族構造をつくるメンバーも一様ではない。親子の世帯の中には里親・養子縁組の親子，子どもを連れた再婚同士の家族のように血縁を前提としない家族もある一方，単身家族の中には，血縁であっても単身赴任の父（あるいは母），勉学のために家族と離れて暮らす子どもなどが増えている。さらに，家族のような生活共同体でありながら制度上は認められていない同棲と事実婚

の家族，同性愛者の家族，思いを共有する者同士が起居を共にするコミューンなどの集団も存在し，これらの人々の関係は，家族よりも密に保たれていることが多い。

今や，家族を外見上，法律上の形式で一様に定義することは難しく，典型的な家族の形態や構造はないといっても過言ではない。家族とは，「自分たちが家族と了解している人々のこと」というのが現実に近い定義かもしれない。

多様化には，男女共同参画の推進による女性の役割の変化，仕事のグローバル化，離婚率の増加，少子化，高齢化の進展など多くの要因がかかわっているが，同時に，人々の人生観，価値観などの変化も大きくかかわっていると考えられる。

家族が果たす機能の変化

家族の歴史をふり返ると，産業革命以前の伝統的な社会における家族は血縁や地縁に基づく生産と居住の集団として地域共同体に属し，生活資源の獲得と消費がその主たる機能であった。つまり，人々が安全に生きていくためには生活資源を分かち合い，ともに助け合っていく仲間が必要であり，生産と消費，性的・生殖的欲求の充足（生存の保証），そして子どもの養護と教育を担う集団が家族だったのである。

ところが，産業革命以後の近代産業社会では，生活資源と消費財の大量生産と消費が可能になったことにより，近代家族は生産集団ではなくなり，それまで社会が家族に配分してきた機能を変えることになった（山田，2001）。

外部化した教育機能

産業労働が重視される社会で，家族は社会的分業に参与することで収入を得，生活資源を獲得・消費して生命を維持することになった。成人の労働力は家庭外での機械・情報の操作，サービス業，あるいは知的活動に使われるようになり，仕事と家庭の分離，男女性別分業，家族メンバーの生活の場の拡散，核家族化などが進行した。人々は他者から独立し，自律的自己を確立して，社会の進歩に貢献することが求められ，「早く，たくさん，完璧に」課題を達成する人の育成に価値が置かれるようになった。

科学の進歩と真理の追求のためには，効率よく，多くの人々に必要な教育を実施することが求められ，子どもは大人から分離されて学校という集団の規律の中で教育されることになった。学校へ行く人々の範囲と期間は拡大し，高学

歴化，人口の都市集中化がもたらされた。近代社会の家族は，家族の外で働く父親と将来家族を養うための学歴を持つ子ども，そして父親と子どもをケアする母親の集団になっていった。

消費と休息の場としての機能

　一方，科学技術の進歩は，家事労働をスリム化し，利便性をもたらすと同時に，家族の個人化を促進した。食事の個食化，中食化，外食化が可能になって，専業主婦と母親の役割は減少し，家族から家族団欒や独自の食文化を奪い，共食や養育を通して確保していた家族の接触機会を減退させ，家庭は，外で稼働し，勉学している人の消費と休息の場となっていった。

父母の意のままに子どもを「つくる」機能

　さらに，個人の自由の拡大と医療の進歩は，婚姻によらない生殖欲求の充足，男女の自由意思による子どもの誕生を可能にした。子どもができてから結婚する者，結婚しても子どもをつくらない者，さらに結婚しても性的関係を持たない者など，性的欲求と生殖欲求の充足を家族の機能とする必要もなくなりつつある。

　近代家族における父母にとって，子どもは「授かるもの」から「つくるもの」（柏木，2003）として選択の対象になり，さらに父母の価値観と精神的欲求を充足させる対象になりつつある。少なく生んで，手をかけて育てる父母の子育て戦略は，一見，子どもの個性と独自性を重視し，選択の自由を保証するように見えながら，教育と社会化の機能が学校など外部に委託されると，その機能は産業社会の価値を体現する人々の再生産につながりかねない。そこには生産性向上の競争といった産業社会の規範の中で，かつて大人の保護の下で子どもたちが享受していた自由を子どもから奪い，規範に順応しない子どもたちには「落ちこぼれ」「引きこもり」「ニート」といったレッテルを貼るようになった。

　子どもの社会化の中身は，競争に勝つという社会の価値の実現であり，産業社会で生き残ってきた父母の価値の実現という機能を果たすことにもなっている。

格差社会を象徴する家族機能の変化

ところが，20世紀の終盤になると，このような近代産業社会における課題達成機能への偏重は，家族機能に変化をもたらしただけでなく，社会の各分野でさまざまな問題となって表現され始めた。

ジェンダー差別

その1つは，女性の社会進出によって問われた男女差別である。

家事の省力化と少子化，寿命の延びは，社会の中でもっぱら家族の安寧とケアを担ってきた女性に自由な時間をもたらした。女性の職場進出と男女共同参画社会の実現が推し進められるようになって明らかになったことは，職場における男性のジェンダー差別と人間関係やケアへの無関心であった。

多くの職場で現在問題となっているセクシャル・ハラスメントやパワー・ハラスメント，モラル・ハラスメントは，今や男性優位の職場と家庭がもたらした女性に対する人権侵害として取り上げられるようになった。ハラスメントは，権力，権威，役割機能，年齢，情報の力を持つ者が持たない者に起こす人権侵害であり，尊厳を冒されて傷つき，苦しんだ者にしかわからない阻害である。女性は弱き者，能力がない者として庇護される立場に置かれることで，従順さを強要され，強き者の意のままに動かされて，十分な能力を発揮する機会を阻まれている。職場における女性の管理職の割合は漸増傾向にあるとはいえ，全就業者の11.1％（全就業者に占める女性の割合は42.3％）であり，欧米諸国，またシンガポールなどのアジア諸国と比べても低い（内閣府，2015a）。また，差別を乗り越えて能力を発揮している女性の中には，仕事と家事・育児を1人で担い，職場でも家庭でも差別に取り組み続けている者も少なくない。

人間関係とケアの軽視

一方，物理的にも心理的にも父親不在の家庭を維持するために家事と子育てを専業とする母親は，家事労働の省力化の恩恵を受けて，持てる時間とエネルギーを1人か2人の子どもの養育と教育という課題に注ぐことになった。職場の課題達成に埋没し，家族を顧みる時間も余裕もない男性の生き方に疑問と不満を持ちながら，実は，無意識のうちに産業社会の価値の実現に加担しているという矛盾を抱えることにもなった。

母親は子どもの将来の安定と成功を願ってケアしているつもりで，学校から帰ってきた子どもに「テストの結果はどうだったか」「宿題はないか」「おやつを食べて，さあ，塾に遅れないように」と課題へ追い立てている。ピアノ，サッカーなどのお稽古事にも趣味と娯楽を楽しませるというよりも，あわよくば将来のスターを願っていたりする。つまり，教育も遊びも外部化され，子どもは外部の価値に倣わされていく。

　子どもたちの不登校，摂食障害，引きこもりの増加，あるいは，冷酷ないじめや想像を超えた暴力化は，画一化された大人の養育態度に対して「NO！」を突きつけているとみることができる。もちろん，子どもが社会の一員として適応し，個性を活かして生きていくには，大人が子どもの社会化を支援する必要がある。しかし，進化と変化の激しい近代社会における価値の多様化の中で，子どもたちは大人社会の課題達成という価値と方法の「やさしい虐待」という押しつけに対して，ときに退却，ときに暴力という行動化で異論を申し立てはじめているのである。それを異常，問題と受け止めるとすると，それも強者の弱者を見るものの見方による謂れないレッテルであるかもしれない。

　パソコンの連絡による無言の職場に象徴される効率と能率重視のタスク集団では，健康，ケア，人間関係を軽視したことによるうつ病や突然死が後を絶たない。日本は自殺率が高いことでも知られており（2011年の世界保健機関［WHO］の報告では世界10位），タスク集団では勤勉で，まじめな国民性を持った人々が犠牲になりやすいこともこれまで明らかになっている。

　つまり，タスク偏重の社会で人々は，知識と思考，方法に活用する左脳をもっぱら使い，情緒や感情の信号を受け止め表現する右脳が活性化されない。ストレスに耐え，感情をマヒさせて課題達成に邁進する中で，人々の健康や人間関係の回復と維持が軽視されていく。産業社会を生きてきた近代人は，人間の持てる能力を十分に活用しきれないまま，皮肉にも自己実現といった妄想を追求していたとも言えるのではないだろうか。

個人から見た社会

　家族が多様化し，多義性を持つことは，家族が家族メンバーや社会に果たす役割・機能，家族の存在価値が時代によって，文化によって，変わっていることを意味している。ところが，現代においても変わらないどころか重要性が増している家族機能がある。

1953年から5年ごとに定点観測を続けている統計数理研究所の調査に，「あなたにとって一番大切なものはなんですか。一つだけあげてください？（なんでもかまいません）」という設問がある。それに「家族」と回答した人が1983年以降は30％を超えてトップになったが，1993年以降は40〜45％の人が「家族」と答え続けている。ちなみに，1983年以前1位だった「愛情・精神」は3位になり，「生命・健康・自分」は2位である（中村ら，2015）。

　現代の人々は，家族の意義をますます重視し始め，家族に対してより大きな期待を持つようになったのではないだろうか。かつて家族が享受してきた「団欒の場」「緊張解消による休息の場」「開放的・情緒的かかわりの場」として個人に安らぎや憩いなどの安定をもたらし，社会の安定化も果たしていた家族機能は，家族の形態や機能の変化にもかかわらず継続して求められているだけでなく，個人化と課題化が進む日常の中で，家族成員相互の親密な対面的結合によってもたらされる「情緒的安定機能」の意義がより強くなっているということができる。

　たとえば，近年，短大・高専卒及び大学・大学院卒の女性が，結婚・出産期にいったん離職した後に再就職する割合は小学・中学・高卒の女性と比べて低く（内閣府，2015a），高学歴のエリート女性の中には能力の限界からではなく，あえて昇進を拒み，職場を離れ，成功に見切りをつける生き方を選ぶ人が出ている現実がある（Pinker，2008）。能力ある女性の離職，主夫を選択する男性の出現，離婚，非婚同棲生活，同性のパートナーとの共同生活の増加などは，親密な関係の復活，あるいは家族の新たな機能や価値への希求であろうか。

　父・母・子を原型とする家族は，個人にとっても社会にとっても，他に類を見ない独自のつながりを持つ集団である。家族の形態や機能が変化しても，その関係は依然として存在し，人間の生活に与える意味と影響は軽視できない。かつて家族集団の親密性とケアの追求という関係は，家事，共食，養育によって支えられてきた。現代では，それは他の方法で維持されるのか，追求されるのか，おそらく個々人と家族の選択に任されていくであろう。

おわりに

　家族の形態と家族の機能が多様化し不確定になっていく21世紀において，家族の研究と支援は，これまでにも増して家族を構成する個人が置かれた状況とのかかわりにおける個々の家族成員の認知と活動に寄り添ったものになってい

く必要があるだろう。家族という集団を定義するのはその経験を生きる人々であり，研究者，支援者は当事者と起こりつつある現象に参与し，相互作用を通して循環的に進行するプロセスを共に生きることになっていくであろう。

　これは，とりもなおさず社会構成主義の立場に基づくものの見方，研究実践のあり方である（Gergen, 1999；木戸, 2010）。その立場に立って初めて，「社会としての家族」は，社会の内なる家族を維持することに汲々とするのではなく，個人の内なる家族，家族の内なる社会を見据え，問うことができると考えられる。社会構成主義の立場に立つ支援論では，個人は社会に客体（object）として順応するのでも，主体（subject）として個の思いを実現するのでもなく，自己の人生を構成しながら，社会の一員として他者とともに社会を創りあげる企画体（project）となることが奨励されている（Savickas, 2011）。

　本論では，社会構成主義について詳しく述べるスペースはなかったが，読者には今後，この視点から家族と社会のゆくえを見届けることを勧めたい。

（平木典子）

② 文化としての家族

「家族」観を特徴づける家族体験——困難な「家族」の定義

　人は誰しも一生のうち，少なくとも一度は家族を体験している——子として，夫・妻として，親として——。そこで，家族とはこういうものだとの考え——家族観を持っている。しかしそれらをつきあわせてみると一様ではなく，一致している部分もあるが異なる部分も少なからずある。当然である。家族体験は時期，期間，立場，内容などは人ごとに異なり，それがその人の「家族」観に反映されているからである。

　ところで，家族を研究対象とする領域——家族社会学や家族心理学では，最近「家族」の定義をほとんどしていない。定義することを諦めたかのように

——。他の研究分野では，その分野の研究対象をまず定義することから始めるのが通例であるのと比べて，これは奇妙な印象さえ受ける。

その趨勢の中で，岡堂（1991）は家族を次のように定義している。

「夫婦を中心とし，親子，きょうだいなどの近親者がその主要な構成員で，相互に愛情や家族意識によって結ばれて，共同生活を営み，人間的文化的な生活をともにしている集団」と。

この定義に賛同するだろうか？　これで十分と思うだろうか？　おそらく多くの人々は部分的には賛同しながら，他方，かなりの部分に疑義を抱くのではなかろうか。この定義を提出した岡堂自身，この定義を「懐かしい」と記し，今日では必ずしも該当しないことを認めている。そして「懐かしい」との言葉には，今や喪われた過去の家族を惜しむ気持ちが読み取れ，変化を必ずしもよしとしない感慨が垣間見える。これも岡堂の家族体験の所産であろうし，時代の産物でもあろう。

家族の多様性と変化可能性——変化が家族研究のターゲット

あえて家族の定義をしない研究の焦点は，家族の変化に向けられている。いかに深慮した定義でも，それは家族の1つにすぎず，仮に今はそうであっても遅かれ早かれ適切ではなくなる。そうした家族の定義の不毛性から，家族の変化そのものとそのメカニズムとを研究課題としている。

思えば当然であろう。家族史というジャンルがある。歴史学の主流は，長らく日本でも欧米でも政治史つまり権力者と戦争の歴史であったが，その周辺に政治には登場しない人々の生活に目を向けた歴史研究があり，家族は重要なテーマとなってきた。それをみると，家族は時代により地域によりそのかたちと機能において異なり，多様な家族があることが明らかである。

日本に限ってみても，100年ほど前は当たり前だった三世代家族は今や農村でも少なくなり，また一時，現代家族の典型のようにいわれた核家族も今日多数派ではなくなった。そして老若男女を問わず最多なのは単身世帯である。この事情は世帯統計の推移に一目歴然である。

「家族アイデンティティ」——『誰があなたの家族ですか?』

生存親族に限定せず「家族」を自由に挙げさせると，血縁・親族に限らず，

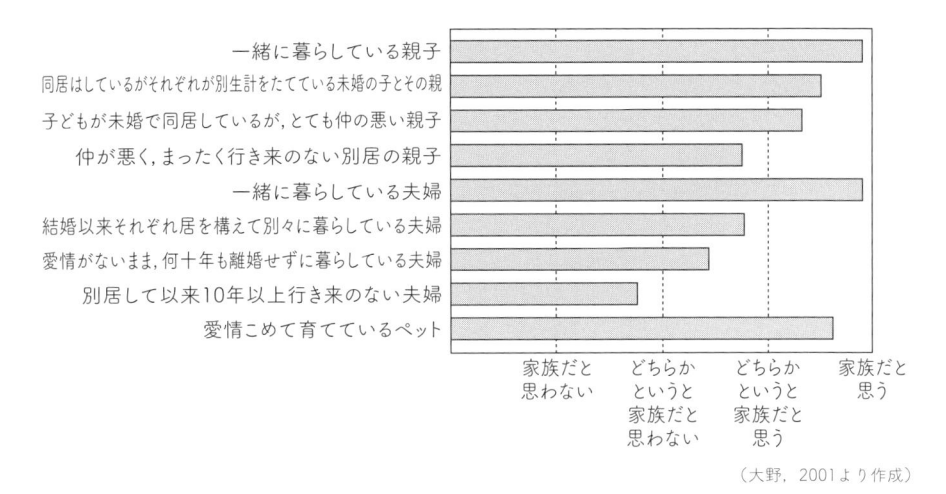

（大野，2001より作成）

図Ⅰ-2-1 　「家族である」と判断される度合い

また人間とも限らない。生活を共にしている友人，婚姻届けを出していない同居異性などは言うに及ばず，折にふれできごとを報告し相談するすでに死亡した母親，さらには可愛がっている犬や猫などなどが「家族」として挙げられている。他方，血縁親子や戸籍上の夫婦であっても，長年交流や愛情のない場合には「家族」と見なされにくいのである（図Ⅰ-2-1）（大野，2001）。

　子どもの減少と反比例するように犬や猫の飼育が増加の一途をたどっているが，そこには愛情や心の交流が「家族」の重要な要件となっている事情が反映されている。そしてそれらの動物はペット＝愛玩動物という呼称に代わって，コンパニオンアニマル（共に生きるパートナー・伴侶動物）との呼称が定着しつつある。かつて犬猫は番犬やネズミ退治のための使役動物だったが，その役割はとうに消滅し，愛情しかも飼い主が一方的に可愛がるだけではなく，その飼い主の心を慰め励ます相互愛情の関係となったのである（林・奥野・細井戸，2009）。

社会の変化と連動する家族の変化
──個人化の進行，凝集性と永続性の低下へ

　家族の変化は構成員のみならず，家族の機能についても時代や国・地域によってさらに大きな変化と多様性が認められる。日本に限ってみても変化は著しく，その方向性は，個人化の進行，凝集性と永続性の減退にある（目黒，1999）。

一例が共食の減少である。家族が食事を共にする（共食）ことは人類の家族成立の契機の1つであり（山極, 1994；2012），長らく家族の必須の機能であった。それが今や急速に減り，大人も子どもも個食は日常茶飯となった。かつて，食料の調達は男性，調理は女性と，食事は家族制委任によって担われ，でき上がった料理を家族全員で享受するものであった。愛情や心の交流が「家族」の重要な要件となっていることは，家族の機能であった。それが今や急速に減り，朝食も夕食も各人の都合に応じてのものとなり，個食は日常茶飯となった。調理器具や調理法の限界のために，調理されたら即座に食する必要があり，他方，当時は多くの家族は祖父母から孫世代まで同居し一家で生業を営んでいたから，共食はごく自然な成り行きであった。そしてこの共食は家族間のコミュニケーションと親密性を増す機能を果たしていた。

　共食の減退は生業の変化ひいては産業や教育の変化にも起因している。家族全員の共同作業による生業は減少し，家族成員はそれぞれ異なる活動（学校や職業など）に従事し，そのスケジュールが優先される生活となった。他方，外食産業や学校や職場での給食などそれまで家族が担ってきた機能を代替し効率化する制度や商業の発達，加えて調理器具の進歩によって調理の簡便化と保存可能性も，家庭の共食の減退に寄与している。この変化は食に留まらず，「家族一緒」から家族成員は各自の生活領域で個人として生き行動する方向に変化した。ライフスタイルの個人化であり，これは即，家族の凝集性の低下，家族間の親密性が薄らぐ方向を強めている。

　このように社会の変化，文明の発展が家族の機能の変化を促した。社会構造の違いとりわけ生業が家族の形と機能を変化させた事情をカギシバシ（Kagitcibasi, 1996）が，また少子長命という人口動態的変化，労働の機械化情報化など労働力の女性化（労働が肉体労働の時代の男性優位を消滅させた）が家族とその成員の行動と心理を変動させるメカニズムを，柏木はモデル化している（柏木, 2003）。

人間家族の進化的基盤と高い知能による多様な「家族」の創出

　人間の家族はヒトに固有の生物学的特質——性の特殊性と長い妊娠期間を基盤に成立した（山極, 1994；小原, 1998）。さらに誕生する子の未熟さが男女の長期的共住を必要として家族が成立した。加えて，二足歩行によって空いた手による食物の運搬と，大脳発達の一環である他者の心を理解し共感する能力

――「心の理論」を基盤として共食が成立し，家族間の結合を強め家族の絆を確かなものとして存続してきた。

　しかし，共食の減退にみられるように，家族は形も機能も一定不変ではなく，時代と地域や国ごとに多様な家族が存在している。なぜ人間家族はかくも多様に変化するのであろうか？　他の動物では，同一種では家族の形も機能もほぼ一定である。それが人間では変化し多様な家族があるのは，ひとえにヒトの大脳の発達――高い知能による。

　二足歩行によって空いた前肢，「手」はものの操作を精緻化し，道具／機械の発明をはじめとする文明の発展をもたらして社会を変化させてきた。そこには，試行錯誤し考え目標達成を目指して工夫する力――高い知能を基盤としている。このことは単にものの開発に留まらない。家族の形と機能についても同様である。人類は機械／技術の開発，医学の進歩，さらに制度を作り変えてきたが，そうして変化した社会にふさわしい家族の形と機能とを創出するのが人間である。

家族の変化の基盤は「家族文化」――生き方の問題

　しかし，社会の変化が直ちに家族の変化を惹起するのではない。社会の変化と家族の変化との間には，両者を媒介し方向づける「家族文化」――家族への期待や規範など家族にかかわる価値観が存在している。動物は，あるべき家族だの家族の理想だのを考えることなどない。家族の変化・発達は「家族文化」という人間ならではの思惟と理想があってのことなのである。

　共食の減少をはじめ家族の凝集性の低下は，生業の変化や就学などと連動している。しかし，社会が変わるとすぐさま家族が自然発生的に変化するのではない。そこには「1人ひとりの生活と個人の達成が大事」「教育は重要」「家族の役割は家族成員を心理的に支えること」など，生き方や家族についての考え方があってのこと。つまり，家族の変化は家族についての価値観――家族文化あってのものである。自分にとって家族とはなにか，家族において自他の果たす役割はなにかなどの家族観――家族文化が核となり，それが家族の変化を方向づけ変化を促進させていく。

　先に「家族」の一義的定義は不可能となり，個々人の家族アイデンティティがテーマとなっていることを述べたが，これはその人の家族観，家族文化が問われていることでもある。人々はそれを必ずしも明確に意識していないし，そ

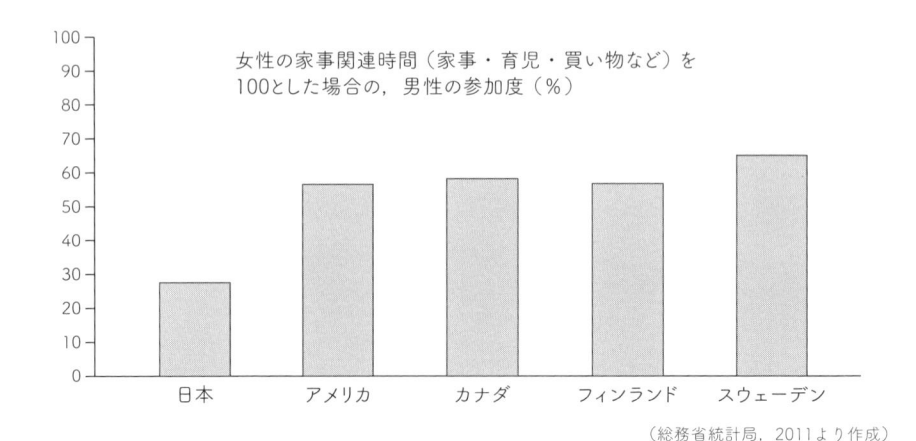

（総務省統計局，2011より作成）

図 I-2-2　男性の家族内ケアの国際比較

れが正面から問われることは少ない。しかし「あのうちのしつけはどうも
──」「あれではご主人がかわいそう」とか「うちではそうはしない」「母親な
のに──」など，家族のありようへの批判的言説は家族はどうあるべきと考え
るか，家族成員の役割や関係などについての考え──つまり各自の家族の「文
化」の反映である。そして同性婚も「家族」として法的認定を受けつつある現
在であるが，ほとんどの結婚は男女で成り立っているから，ジェンダー規範は
家族文化と分かちがたく結びついている。

　夫を「（ご）主人」という呼称は，妻も周囲の人も当然のように用いている
が，ここには妻／女性は（主人である）夫を立てその世話をする上下の関係が
暗に含まれており，家事や夫の世話をまめやかにする妻は「よくできた奥様」
と評価され，夫／男性は世話されることを当然視し享受しているのが日本の通
例である。しかし妻による夫の「世話」は，米国人夫には自立への介入であり
余計なお世話として忌避される（矢吹，2011）。ここには，ケアの役割と自立
をめぐるジェンダー問題があり，育児家事が女性に偏る日本の〈ケアの女性
化〉を当然視する日本の家族文化と，性によらず自立を当然視し男性も家事育
児を担う米国の家族文化の対比が鮮明である。

　家族に関する国際比較データは，日本では当然視されている夫婦や親子の生
活が他国と少なからず異なることを明らかにしている。一例が家事の分担で，
日本では家事の遂行は妻に偏り夫の家事は極めて少ないことが，他国と大きく
異なっている（図 I-2-2）点である。

この差は家電や既成食品の普及が日本で（他国より）低いからではない。家事・育児は女性の仕事との〈ケアの女性化〉の基盤であるジェンダー観を色濃く持つ家族文化のゆえである。

親（母）子中心の家族文化──夫は「父親になる」が「父親をする」から降りて「稼ぎ手」に

　出産を機に退職する女性が日本で多いのも，子どもの養育は"母の手で"との家族役割規範の反映であり（小坂・柏木，2007），男性の育児休業取得は制度開始以来，ほとんど変わらず極めて低く，日本の男性は「父親になる」が「父親をする」ことから降りてしまっている（柏木，2011）。
　子どもを中心とした「川の字」型の就寝パターンは日本ではごく当たり前で，母子は同一ベッドで夫・父親は別ふとん，さらに夫だけが別室就寝も稀ではない（篠田，2004）。ここにも子どもの養育は"母の手で"規範が作用しており，他方，夫は父とは名ばかりで一家の稼ぎ手として，翌日の労働のための安眠を保証すべく夫婦別室就寝も辞さないのである。これは，日本の家族が欧米の夫婦中心に対して親（母）子中心であること（舩橋，2006；2015），つまり性別分業を当然視するジェンダー規範を核とした日本の家族文化のあらわれである。この親（母）子中心家族は夫婦間の親密なパートナーシップ不在につながり，このことは長命によって延長した夫婦関係を揺るがせている。

成人子と親との関係──パラサイトと親孝行の見直し

　学業を終え就業した子が親の家に留まり，家事万端の世話を受けるパラサイト（山田，1999）は少なくない。ここには子に「できるだけのことをしてやる」を使命とも生き甲斐ともする親がおり，子は疑うことなく世話を享受している（宮本，2004）。これは，親による養育は子の自立をもって完了し，以後は親と子は独立した対等の個人として交流する欧米とは明確に異なる。最近，欧米でも親元に暮らす成人子が増えつつあるが，ここでの親と子は日本のパラサイトとはまったく異なり，経済も家事も対等に分担し，相互のプライバシーには介入せず，独立した個人として生活している（ニューマン，2013）。この差は，親子中心家族と夫婦中心家族の差，さらに相互依存を基本とする文化と「自立」を基本とする文化との対照的特徴によっている。
　他方，「子どもの世話にはなりたくない」という親世代も増加しつつある

（藤見・西野，2009）。この家族観・家族文化の実現には，子の自立による親の養育の終了，換言すれば親と子間の投資戦略の見直しが必須であり，それには親子双方の自立が大前提である。今のところこれらはまだ混沌としており，しばし試行錯誤が続くであろう。

個人ごとに異なる家族文化——家族文化の差は夫婦間にも

これまで文化というと，日米とか日韓など他国との比較から日本の特徴，欧米との違いが論じられてきた。しかし，文化とは国による差ではない。個々の人ごとに持っているものである。人はその生育環境の文化に影響されながらも，最終的には個人ごとに家族についての価値観，家族文化を持つ（東，2012）。

夫唱婦随がよしとされた時代，妻は自分の家族文化を放棄して夫及び夫の家の文化に従って生きるものであった。個人の家族文化は無用であった。しかし，近年の結婚は当事者の合意と愛情によるものとなり，恋愛結婚夫婦では年齢学歴などの差は縮小し，夫唱婦随は成り立ちにくく対等な関係が志向される。そこで，夫と妻それぞれの家族文化の擦り合わせが必要になった。しかしこれは容易ではない。夫と妻は異なる家庭で育ち，異なる家族文化を持っている。それが恋愛中は曖昧になっているが，子どもの誕生や育児家事の分担をめぐってずれや衝突が生じ，夫と妻の家族文化の相違が顕在化する。2人の家族文化の相違や摩擦を検討し，接点／調和点を追求して到達した「合意性家族」が，今，求められている。

家族文化の点検——最適性追求の過渡期

結婚の道具的価値は低下し，結婚や夫婦関係は各人の家族文化に依拠して選択するライフスタイルとみなせるものとなりつつある（野々山，2007）。しかし，この日本の社会で優勢な相互協調性（Murkus & Kitayama, 1991）では不可能——他者の意見や他家の動向に同調するのではなく，変化する社会の中で自分の生き方を検討しそれに適合する家族の形と機能を選択し創出する必要がある。女性には，妻・母としてではなく固有名詞を持った個人としての生を希求する個人化志向と脱ジェンダー規範の傾向が強く（永久，2010），それが女性の「家族文化」を特徴づけている。他方，男性ではこの点について女性とのずれが大きく，性別分業を当然視しがちな男性・夫の家族文化と女性のそれ

との摩擦・衝突が，離婚や家庭内離婚状態などに発展している。

ワーク・ライフ・バランスは＜ケアの女性化＞からの脱皮が必須——性を超えて経済的自立とケアの心と力を

　最近，ワーク・ライフ・バランスの重要性がしきりに喧伝されるが，日本では男・夫はワークに偏り女・妻はライフのみかワークライフの過重負担の生活，つまり〈ケアの女性化〉の是正が課題である。〈ケアの女性化〉は，少子（子無し娘無し）にして長命（長期にわたる介護）という事態によって破綻しつつあり，男女を問わず経済的日常生活上の自立と幼弱老者へのケアの心と力を持つ，つまり家族役割を担う方向への転換は必須である。そのためには，子どもの養育とりわけ性別しつけの弊害は無視できない。さらに，個々人の家族文化についての真摯な点検再考が必須であろう。家族の崩壊／危機といわれる現象は，家族のかたちと機能に変化発達が必須なのに，そしてもはや最適性喪失したものへのこだわりであり，他への過剰な同調の結果であり，その結果の変化／発達不全現象だといえよう。

（柏木惠子）

③ ジェンダーと家族

　ジェンダーとは，生物的な性差に対し，役割による性差のことを言う。家族の性差による役割分担は家族や個人が属する文化，宗教，社会，政治，伝統や価値観によって異なり，また時代の風潮やニーズを反映して変化する。本稿では働き方という切り口から家族の性差による役割分担について考える。

家制度から男女平等へ

　日本では，戦後家制度（イエ）が廃止されるまで，女性は夫の家に嫁として入り，夫

や舅姑に仕え，家事や家業の労働力として家族に仕えた。背景には「家父長制度」があり，女性は男性より劣った地位に置かれていた。戦後新しく制定された憲法第24条の下では，旧来の家制度は否定され，女性は男性と平等の権利を有するようになった。国連で発行された女性差別撤廃条約が1985年に日本で批准され，男女平等の達成には家庭における伝統的な性差による役割分担を廃止し，家族内において子どもの養育は男女双方が負うべしとされた。

1986年には男女雇用機会均等法が施行された。1991年に制定された育児休業法では育児は女性が担うものといった性差による役割分担意識を改め，1995年からは介護を含めて新たにスタートした。

1999年には男女共同参画基本法が公布・施行された。男女共同参画社会5本の柱の一つは「家庭生活における活動と他の活動の両立」，すなわち男女が対等な家族の構成員として扱われ，対等に仕事をする権利を有することを目標としている。

こうして男女平等が保障されるようになったが，はたして日本の家族内で性差による役割分担の現実はどうなっているのか。この問いについて考えるとき，家族内で男女の役割がどのように異なり，その違いが人間の心理や意識にどのような影響を与えているのかを，学術的研究や科学的データを基に，ジェンダー・センシティブな感覚を持って考えていくことが求められる。

働き方から見る性差

結婚前は男女共に働いていても，日本では結婚や出産を機に女性が離職する割合が多く，その後家計を支える役割は男性主体へと移行する。

共働き

男女雇用機会均等法や男女共同参画基本法などにより，日本の女性は結婚しても専業主婦に縛られることなく，仕事を持ち社会人としての役割を担うようになった。それを後押ししたのが日本の高度成長であった。1980年以降共働き世帯は年々増加し，1997年以降は共働き世帯が専業主婦世帯数を上回っている（内閣府，2017）。

しかし，男女が同じように仕事をしていても，賃金格差がある。正社員・職員の場合女性は男性の約72％，非正規社員・職員の場合女性は男性の78％と，女性は男性より経済的に弱い立場に立っている（厚生労働省，2016c）。

M字型曲線

女性の就業率は上がったが，データを年齢別に精査すると就業率は一貫していない。学校を卒業後一度は就職するものの，結婚や出産で仕事を辞め，子育てが終わってから再び仕事に就くという「M字型曲線」になっている。結婚前に仕事をしている女性の27.7％が結婚を機に離職し，さらに46.9％が第1子出産を機に離職している。第2子出産後，第3子出産後はさらに女性の離職率は上がる（内閣府，2016）。

このM字型曲線の窪みの部分を時系列で比較してみると，1975年には25〜29歳女性における労働力率は42.6％と窪みの底辺にあったが，2014年には59.2％に上がっている（総務省，2015）。確かに25〜29歳女性の労働力率は上がっているが，それは結婚・出産後も継続就業するようになったことよりも，女性の平均結婚年齢が上がったこと，女性の第1子出産時の平均年齢が晩産化していること（厚生労働省，2016b）などが理由になっていると考えられる。代わりに，2012年以降30代女性の就業率がM字型曲線の窪みの底辺に位置している（総務省，2015）。

なお，女性の就業率を国際比較すると，フィンランド，米国，ドイツ，タイ，イタリア，韓国，フランス，日本の中でM字型曲線を描く国は日本と韓国だけである（独立行政法人国立女性教育会館，2015）。

女性が離職する理由

日本では，なぜ女性は結婚や出産を機に離職するのか。結婚後に退職した理由を尋ねると，「結婚にともなう転居」が一番多く，次いで「勤め先の雰囲気」「夫の収入だけで十分」「家事負担の増大」「夫の反対」などの回答があった（消費者庁，2013）。

女性が出産を機に離職する理由は，「家事・育児に専念するため自発的に辞めた」「仕事を続けたかったが，仕事と育児の両立の難しさで辞めた」がトップ2を占め，以下「解雇された，退職勧奨された」「夫の勤務地や夫の転勤の問題で仕事を続けるのが難しかった」などの回答があった（厚生労働省，2015e）。出産と継続就業の両立が難しかった具体的理由については，「勤務時間が合いそうになかった」「職場に両立を支援する雰囲気がなかった」「育児休業をとれそうもなかった」「子供の病気などで度々休まざるを得なかった」「保育園などに子供を預けられなかった」などが挙げられた（厚生労働省，2015e）。

子を持つ母親が望ましいとする働き方は，「子が1歳までは育児休業」「子が小学校就学前までは短時間勤務，残業のない働き方」が支持された（厚生労働省，2008）。

女性の再就職はパートタイム

　一旦出産のために離職した女性が再就職する場合，非正規・パートの仕事に就く率は働く女性全体の56.7％と高く，非正規の仕事を選択する理由として，「自分の都合のよい時間に働きたいから」「家事・育児・介護などと両立しやすいから」など，働く時間を調整でき，家事・子育てと両立できる仕事選びをしている（総務省統計局，2017）。「家計の補助・学費などを得たい」「年収の調整や就労時間の調整ができるから」という経済的な理由も見逃せない（厚生労働省，2016e）。

夫婦間格差

夫婦間経済格差

　雇用形態の男女差は家族内では夫婦間の経済的優劣につながる。国際共同調査ISSPによると，日本の夫婦の所得は「夫の方が多い」の割合が89％で，調査対象となった国の中で最も高かった（村田・荒巻，2015）。夫婦間の経済的不均衡は，夫婦間の力の不均衡を生む。「俺が家族を食わしてやっている」と優位に立つ夫，離婚したくても経済的な理由でできず耐えるしかない妻など，夫婦の経済的格差は一方の不満と恨みを生み，積年の不満の末家庭の崩壊を招く原因となり得る。

家事労働時間の男女差

　6歳未満の子どもがいる日本の家庭では，家事・育児に費やす時間は全世帯平均・妻461分，夫67分，共働き世帯・妻367分，夫は70分である（総務省統計局，2011）。ここで特筆すべきことは，妻の有職・無職に関係なく，夫の家事・育児にかかわる時間にわずかな差しかないことである。このことは有職の妻の場合，仕事に加えて家事・育児を一人で担うことになり，仕事に全力投球するのが難しくなる。その結果，妻は離職するか，労働時間がフレキシブルな非正規・パートの仕事に就くか，または第2子出産を諦めることを余儀なくさ

れる。ちなみに，6歳未満の子を持つ夫の家事育児関連時間の国際比較では，スウェーデン201分，ノルウェー192分，ドイツ180分，米国178分，英国166分，フランス150分と，日本よりはるかに多い（総務省統計局，2011）。

「第6回21世紀成年者縦断調査」によると，夫の家事・育児時間が長いほど，第2子以降の出生割合が高い（厚生労働省，2015b）。日本の出生率が年々低下している今日，夫の家事労働時間が出生数増加の鍵を握っているといえる。

男性の心理

「男らしさ」という重荷

社会的につけられた「女性らしさ」というレッテルに嫌気がさしている女性がいるように，世間で期待される「男らしさ」という呪縛から逃れたいと考える男性もいるはずである。「男らしさ」として社会的に期待されているのは，仕事を通して出世し，経済的には女性に勝り，結婚すれば妻子を養い，精神的には強いなどである。しかし，このように「男らしさ」を続けるためには厳しい競争社会で勝ち続けなければならず，疲れ果ててうつ病，バーンアウト，過労死などになり得る。

夫の収入が妻の収入より低いカップルの離婚は「格差離婚」とネーミングされているが，「男性は女性より多く稼がねばならない」という先入観もまた，性差による不平等な役割分担といえる。

男性の育児

女性が，生まれてきた我が子を抱いて慈しみの情を抱くように，男性が「育児をしたい」と願うのは自然である。しかし，現実は思う通りにはいかない。2015年度日本の男性が育児休暇を利用した割合は，前年より少し増えたものの2.65％と低く，育児休暇の期間も「5日未満」56.9％，「5日〜2週間未満」17.8％と短い（厚生労働省，2016a）。育休を取得しない理由について，「男性の制度利用に会社・職場の理解がない」という職場の事情，「職場や同僚に迷惑をかけると思った」という職場への配慮，「今後のキャリア形成に悪影響があると思った」という育児より仕事を優先する男性の声があった（消費者庁，2013）。

家計の点から考えると，子どもが生まれて出費が増える時に育児休暇をとれ

ば収入が減るというのは痛手だ。2014年育児休業給付金制度の改正により，通常の収入の67％が支給されることになったが，それでも収入が減ることを回避したいと考える夫婦はいるはずだ。厚生労働省は男性が育休をとることは「子育ての喜びと苦労を分かち合うことで夫婦の絆が深まる」「母親の育児ストレスが減り，第2子以降も生み育てやすい」などのメリットを挙げ，男性の育児休暇取得を推奨している（厚生労働省，2015e）。

国立女性教育会館（ヌエック）や東京ウイメンズ・プラザなど多くの公的機関では男性の家事・育児参加を促す講演会が開かれ，父親学級には育児に関心がある男性が集まり，父親のための育児本や雑誌が多く出版されている。「イケメン」をもじった「イクメン」というネーミングが育児をする男性に対して肯定的なイメージを持つ役目を果たしているのは確かだ。日本の社会が育児をする男性を支援するムードが高まりつつある。

平等な性役割分担への道

冒頭の「日本の家族の性差による役割分担の現実はどうなっているか」という問いに答えるべく男女の働き方の違いという角度から見てきたが，「日本の家族の役割分担は男女平等である」とは，残念ながら言い難い。

妻は家庭を守るべき？

性差による役割分担について考える際，見逃せない統計がある。「夫は外で働き，妻は家庭を守るべき」という考え方に対して「賛成」「どちらかといえば賛成」と回答した女性（全年齢合わせて）が44.6％，「反対」「どちらかといえば反対」は49.4％，20代女性では「賛成」「どちらかといえば賛成」は41.3％であった（内閣府，2015b）。

同調査で「賛成」「どちらかといえば賛成」と答えた女性に理由を尋ねたところ，「妻が家庭を守った方が子どもの成長などにとって良いと思うから」を挙げた割合が59.1％，「家事・育児・介護と両立しながら妻が働き続けることは大変だと思うから」42.5％，以下「夫が外で働いた方が多くの収入を得られると思うから」「日本の伝統的な家族の在り方だと思うから」「自分の両親も役割分担をしていたから」と回答している（複数選択回答，上位3項目。内閣府，2015b）。

女性の希望と現実

　4割以上の女性が「妻は家を守るべき」に賛成している背景はなにか。その問いの答えを見出すためのヒントがある。20代女性を対象に「女性が職業を持つこと」についての意識調査をしたところ，42.1％が「子供ができてもずっと職業を続ける方がよい」，34.6％が「子供ができたら職業を辞め，大きくなったら再び職業を持つ方がよい」と回答し，「女性は仕事を持たない方がよい」と回答したのはわすが0.4％だった（内閣府，2015b）。理想は出産後も仕事を続けたい，しかし現実には仕事と育児を両立するのは難しいので，「妻は家庭を守るべし」の選択をとらざるを得ない苦しい声が聞こえる。実際，幼い子どもを抱える女性が仕事の面接に行って，「9時－5時働けますか」「子どもが病気になったら面倒をみてくれる人がいますか」「休日出勤できますか」「残業できますか」「出張できますか」と聞かれて一つでも「いいえ」と答えたら，仕事を得るのは難しくなる。「家事・育児の分担が女性に偏ったままで，女性たちに男性同様の働き方を求めるのは適切なのであろうか」（中野，2014）という問いかけが，先の疑問への答えにもなっている。

家庭から始める男女平等

　日本の社会で男女平等な役割分担が実現するために政府，企業，学校などがやるべき課題は山積している。家族内でもやれることがある。夫婦で役割分担について話し合い，合意の上で決める。相手がしてくれたことに感謝し，相手が苦しんでいる時は手を差し伸べる。相互に助け合いながら生きている家族内では，それらは一つも欠かすことはできない。合意もなく，一方的に決められた男女不平等な役割分担は配偶者の不平を生み，やがて家族システムに大きなアンバランスが生じる。そのことが子どもにとって悪い影響を及ぼすことは，家族心理の臨床現場でも多く見られる（亀口，2000；2003b）。家庭から始まる思いやりの気持ちと平等精神は，社会へとつながることと期待される。

（皆川久仁子）

④ 感情と家族

愛し合っているのになぜ苦悩が生じるのか？

　現代社会においては，多くの場合，「愛し合う」ということを出発点として家族が生まれる。歴史的には，家族（「イエ」）を作ることが先にあり，個人の感情は重視されない結婚が主流だった時代もあろうが，現代においては多くの人が「愛している」「好き」「一緒にいたい」という感情に基づいて結婚を考え，そして新しい家族を作ることになる。

　家族はこんなにも愛し合っているのに，なぜそこに苦悩が生じるのだろうか？　家族の関係における苦悩の源にあるものは，怒りや嫉妬や悲しみなどの不快感情の存在だろう。夫婦の関係，親子の関係，きょうだいの関係における怒りや嫉妬や悲しみは，他人に感じる感情以上のものとなるのである。それはどうしてだろう？

「親密な」関係性としての家族

　家族はいのちの現場でもある。家族は，新しいいのちの誕生の場であると同時に，死をひきうける場でもある。いのちの現場である家族は「食」を共にする場であり，夫婦においては「性」を共にする場でもある。社会的関係が認知的機能を主体とした場であるのに対して，家族の関係は，身体的機能を主体とした場なのである。食と性を共にする関係を「親密な」関係という。「親密な」関係は「他人」の関係（社会的関係）とは違う。「他人」との関係を適切に維持するために，重要な役割を果たしているのは「自我境界」という個の心的機能である。

　「自我境界」は，他人の感情と自分の感情との境界のようなものと考えると，理解しやすいだろう。私たちは目には見えない自我境界というカプセルに包まれて，社会に存在している。このカプセルは，透明で弾力性があり，他者との関係性を自動的に判断して，外からの情報を自分（自我）の中にどのくらい入

れるのかを調整しているのである。子どもの自我境界の機能は，当然のことな
がら未熟であり，それゆえに，子どもは友だち（他者）と「子どもらしい」け
んかをする。大人になるということは，社会的関係における自我境界が機能す
るようになることとも言えるのである。

自我境界と夫婦の関係性

ところが大人であっても，「親密な」関係においては，そもそも自我境界が
あいまいになりやすいものなのである。夫婦の関係においても，婚姻前のカップ
ルの関係においても，性を共にするということは，個の自我境界の融合によ
る一体感という幸福感を得るということを意味している。つまり，夫婦やカッ
プルは「あなたとわたしは一緒」と感じることができるからこそ幸福を感じる
のである。しかし，自我境界が融合すれば，相手の感情と自分の感情の区別が
つかなくなるので，相手に対する期待も大きくなり，その期待に応えてくれな
ければ，そこで生じる怒りも大きいものとなる。社会的関係であれば，相手の
立場や都合に配慮して自己制御することが容易に可能であるのに，親密な関係
においては，怒りがわいて自己制御できないということが起こることになる。
だから夫婦の関係においては，夜の生活と昼の生活における親密な関係性と社
会的関係性のバランスが必要であり，それゆえにバランスのよい安定した自我
と自我境界を維持できるだけの成熟度が求められるといえる。

レーナー（Lerner, 1985）は，夫婦がうまくやっていくためにはTogether-
ness（一緒にいること）とSeparateness（別々にいること）のバランスが重要
であると述べている。付き合いはじめのカップルは，毎日Togetherness（一
緒にいること）で幸せを感じるだろうが，長く続く関係のためには，休日に
Separateness（別々にいること）に不安を感じないでいられる関係性であるこ
とが必要である。このTogetherness（一緒にいること）とSeparateness（別々
にいること）のバランスをうまくとることができるかどうかということも，こ
こで説明した自我境界の成熟度と関係している。

親子の関係性と安定した自我の育ち

自我境界は，自我が育つことによって機能するようになるものである。自我
とは，「自分の感情や考えに基づいて行動できる主体」ととらえるとよいであ
ろう。子どもは母の胎内から生まれ，出産後「身ふたつ」になっても乳児期に
おいては，母の自我の中に取り込まれていることで守られている。

子どもが「いやいや」を言い始める 2 歳は「自我の芽生え」の時期，第 1 次反抗期とも言われている。子どもが自分の感情や考えを主張することは，「いやいや」を主張するということであり，それは親の思い通りにならないという意味で「反抗期」と名づけられている。しかし，自我が育つためには，不快感情の表出が必須なのである。そして自我の育ちは，感情制御の育ちとイコールであり，子どもが自分の身体の中から生じる不快感情をちゃんと抱えることができる力（＝感情制御の力）の育ちにより，安定した自我が育つ。そしてそれは，乳幼児期の母との愛着の関係を基盤とし，その後の親子（家族）の関係性の中で育つものなのである。その中心にあるのは，親が子どもの不快感情の表出をどのように評価するのかという関係性である。

　母に抱かれることで安心するという愛着の関係性は，子どもの身体の中にあふれてきた不快感情が安心によって制御されるという脳の中の感情制御の基礎の部分の神経回路の育ちに直接的に影響を与える（不適切な要因環境が子どもの脳の発達に与える影響は小野（2014）に詳しく記載されている）。感情制御の育ちを支えるために最も重要なのは，子どもが不快・不安になったときに，親の顔を見ると安心するという関係性である。ここで得られる身体の安心感が不快感情を抱える力の源になるのである。

　親が子どもの「いやいや」などの不快感情やその身体感覚の表出を否定的に扱い承認しない場合，子どもの感情制御の脳機能の育ちにどのように影響するかということは，大河原（2015）に詳述した。自分の生理的防衛反応としての不快感情・身体感覚の表出を親から否定されることが日常的に継続されると，親に適応して愛されるために，ほんとうの自分ではない "親に適応するための自我状態" が生まれ，"複数の自我状態を抱えた自分" を生み出していく。そういう状態にある子どもは，親の前の顔と学校や保育園での顔が異なるなど場面によって複数の顔を示すことになる。自分の行動は，親や教師などの大人の望みを基準にして選択されるので，ある時期までは「よい子」と評価されて育つことにもなるが，青年期になるころには，「自分の感情や考えに基づいて行動できる主体」がないことにより，さまざまな心理的問題を呈することにもなる。適応が維持されたとしても，著しく自信のない不安を抱えた大人になり，複数の自我状態が存在するがゆえに，社会的関係性においては自己制御できるものの，親密な関係においては自己制御できない状態に陥るということにもつながっていく。

家族の中ではきだされる感情

　親密な関係において生じる不快感情を自己制御できない状態に陥ることで生じる大きな問題には，夫婦間暴力，児童虐待（親から子への暴力），家庭内暴力（子から親への暴力）などがある。もし他人との関係において，このような暴力が行われれば，それは犯罪となる。しかしこれらの問題で苦しんでいる人は，社会的関係において自己制御することにはなんら問題がないにもかかわらず（社会的には「よい人」であり），親密な関係性においてのみ制御不能な状態に陥ってしまうのである。

家族の中で生じる暴力

　相手の言動によって自分の中に喚起される不快感情が，直接的に相手に向かう場合，それは暴力となる。本論において「暴力」という言葉には，身体的なものだけではなく，心理的なものも含むものとする。自分の優位性を確認するために相手をさげすむ言動や，相手をいじめたり脅したりして心理的に拘束する行為も含むものとする。

　暴力によって相手をコントロールする関係性が生じると，その暴力に対する相手の反応がさらなる暴力を誘発する刺激になることによって悪循環が生じ，固定的なシステムが構築されてしまう。そのような暴力をめぐる関係性のシステムが構築されている状態が，夫婦間暴力，児童虐待，家庭内暴力と呼ばれる状態である。

　夫婦間暴力は典型的には，下記のような悪循環を年単位でくり返している。

　①なんらかの理由により夫（妻）が不快感情（怒り）を感じる。⇒②夫（妻）が不快感情（怒り）を表出する。⇒③妻（夫）がおびえたり気を使ったりする言動をする。⇒④自分がよい夫（妻）ではないことに気づかされる。⇒⑤さらに怒りが暴走する。⇒⑥なんらかのいつものパターンで収まる。

　ということをくり返したのち，⇒⑦妻（夫）が「これ以上耐えられない」という覚悟の意志表示をする。⇒⑧夫（妻）が謝る。⇒⑨ハネムーン期（夫［妻］が意識的制御を維持できる期間）⇒①へもどる。

　⑦の段階でいよいよ離婚しようかと考えたところで⑧⑨の時期が現れることによって，再びの循環へと入ってしまうのが夫婦間暴力の特徴でもある。

　あまり知られていないが，家族に対して暴力をふるう人は，相手の反応によ

って自分が「よい人（夫・妻）」「よい子」ではなくなっている（④）ことに傷ついており，そのことが悪循環を構成する重要な要因となっていることも多い。だから責めれば責めるほど悪化することになる。

　上記の①から⑥までの循環は，児童虐待・家庭内暴力の場合も共通している。親が子どもに暴力を行ってしまう場合も，怒ったことで子どもが泣いたり，あるいは怯えて固まったりするその様子を見ることで暴力や暴言がエスカレートしてしまう。思春期の子どもが親に暴力をふるう場合も，親が自分を見て怯える様子が大きな刺激となる。親の反応により自分がモンスターになっていることを知り，自己に絶望して破壊願望が暴走することになる。

不快感情と記憶

　悪循環の①は「なんらかの理由により不快感情（怒り）を感じる」というところから始まっている。なぜ，夫（妻）や子や親に対して，制御できないほどの不快感情（怒り）を感じるのだろうか？　そこにあるのは，記憶のメカニズムである。

　記憶のメカニズムとは脳の機能である。私たちは一般に「記憶」というと，認知的な記憶（いつどこでなにをしたか）を連想するが，記憶には認知的側面と切り離された感情の記憶というものがある。特に外傷的な体験は，その体験から身を守るために，不快感情を認知と切り離して保存する反応（一次解離反応）によって処理されることが多い。

　こわいこと，いやなこと，つらいこと，衝撃的なことに遭遇したその時に，ちゃんと泣いたり怒ったりしてその感情を表出し，その体験にともなう当然の感情を親（配偶者）に承認されるというプロセスを経ることができると，記憶は一次解離反応を用いることなく，時の流れの中で自然に処理される（時がたてば忘れる）道を選択することができる。しかしながら，そこで生じている感情が「あってはならないもの」とみなされて承認されない場合には，一次解離反応により「ないことにされる」必然性が生まれるのである。トラウマ記憶はこのような構造を持つ。ここで認知と切り離された不快感情はあたかも「芋づる式」に蓄積されていく。日常の中の小さな不快体験であっても，このように処理されていくことが習慣化すると，青年期になるころには複雑性トラウマという様相を呈することになる。自我境界があいまいな親密な関係においては，複雑性トラウマにより芋づる式に蓄積されてきた不快感情記憶が，容易に引っ張り出されてくることになる。過去の不快感情記憶に基づく怒りの喚起は，ト

ラウマティックアンガーと呼ばれる。

　思春期に入った子どもが親に暴力をふるう家庭内暴力は，親子という親密な関係の中で，幼少期に親から暴力を受けて育った，あるいは支配的な関係性の中で育った子どもが，体力的に親を凌いだときに，その関係性が逆転して暴力する側になるという現象である。その怒りの源は過去の不快感情記憶である。

原家族での体験（記憶）が投影されることによる不快感情

　ある夫は，妻がとりこんだ洗濯物をすぐにたたまずに，しばらく積み重ねて置いていることに腹をたて，暴力に至るということをくり返していた。「積み重ねられている洗濯物」が，幼少期からの不快感情の記憶を芋づる式に引っ張り出されていたのである。この夫は，子どものころ，親から指示されたとおりに洗濯物をたためないことで体罰を受けていたのである。「ちゃんとたたまないこと」が実親への怒りを喚起する刺激になっており，実親への怒りを認識することは大きな苦しみであるがゆえにそれは切り離されており，妻にその怒りが向いてしまっていた。

　ある母は，3歳の息子が元気よく飛び跳ねる様子などを見ると，いらいらして「静かに座っていなさい」と叱り続けていた。その母の叱責に反応して，子どもがチックを示すとさらに怒りを止められない状態に陥っていた。この母は幼少期に自分自身が何度か救急車で運ばれるような事故に遭っており，わが子のやんちゃな様子を見ることが，母の恐怖の記憶を喚起させていたのである。

　このように生い立ちの中に刻まれた複雑性トラウマによる不快感情記憶は，認知と切り離されているがゆえに，その怒りや恐怖の正体に気づくことができない。ゆえに目の前にいる親密な関係の対象者に，無意識にその感情をぶつけてしまうことになるのである。家族の中で暴力が生じているときには，多世代にわたる問題を考える必要がある。多世代の家族の問題を考える際には，家族療法の第一世代であるボーエンの多世代伝達モデル（Bowen, 1978；日本家族研究・家族療法学会, 2013）と近年の脳科学の発展に基づく記憶と感情のメカニズムとを合わせて考えることが有益である。

家族の中でのみこまれる感情

　一方で，円満な家族でありたいという願いは，感情をのみこむことを強化してしまうことも多い。家族の中で，感情をのみこんでしまうことが関係してい

る問題としては，心身症や抑うつ，それにともなう不登校などがある。また，摂食障害・強迫性障害・リストカットなどの状態像や，幼い子どもの場合には抜毛や夜驚症などを示す場合も多い。

　円満な家族でいるためには，葛藤を回避したい，葛藤を回避するためには，自分の中に生じた不快感情をのみこむのがよいという学習をしてきた人は，これらの症状を通して，自分の思いが無意識に表現されることになる。摂食障害や強迫性障害やリストカット，抜毛などを示している子どもたちは，不安や恐怖や怒りや悲しみをのみこみ，感じないように処理することで，親の期待に応えるべく適応を優先している。

　一般に家族においては，最も強い感情表出をする人を中心に，そのコミュニケーションシステムが構成される。家族の中で，母親が常に感情をはきだす役回りをしている場合，父親や子どもたちは感情をのみこむ役回りをひきうけることになる。家族の中に病気や介護などを抱えているとき，災害被害など家族が危機的状況にあるときなども，危機を生き延びるために，感情はのみこまれることになる。安全がとりもどされたとき，泣いたり怒ったりすることがきちんと保障されることは，健康を維持するために大変重要なことである。

家族の健康のために

　虐待や嗜癖の病理などが世代間伝達という形で連鎖することはよく知られているが，世代間伝達されるものは，不快感情処理の方略なのである。自分が不快感情でいっぱいになったときに，それをどのように処理するのかというその方略が家族の中で無意識に学習されている。不快を弱いものにはきだすことで処理するのか，すべてのみこみ，「ないこと」にして処理するのか，不快を感じないためにお酒を飲むのか。不快感情を適切に表出できることで健康を維持することができる力を回復するためには，あって当たり前の不快感情を承認される体験が必要になる。そして，それを可能にするのもまた家族であり，それが家族カウンセリングにおける援助の目標でもある。

（大河原美以）

⑤ 日本語と家族

グローバル化と日本の家族

英語から日本語へ

　20世紀末に始まったグローバル化の大波は老若男女を問わず，一般家庭の日常生活にさまざまな影響を及ぼしている。その原動力となる発想は，すでに実質的な世界共通語となりつつある「英語」という言語システムによって記述された後に，他の主要な言語に翻訳され，流通していく仕組みができ上がっている。それらは，各国政府やIMF（国際通貨基金）等の世界規模の金融組織，あるいは国際的な大企業の運営方針となり，世界各地の自治体の政策や企業の生産や雇用の計画として立案され，やがて現実のものとなっていく。さらに，その影響は各種の物流を通じて，英語とは異なる多様な言語を使用する人々の生活のすみずみに及んでいく。

　しかし，わが国のみに視野を限定しても，日常会話で英語を使用する人の数は少数派である。1億人以上の人々が，もっぱら母国語である「日本語」という特異な言語システムのルールの中で生活している。これは，あまりに当たり前であって，問題視されることは少ない。なぜなら，戦後70年の出版活動を通じて，英語から日本語への大規模な翻訳流通システムが構築されたために，日本人は日本語の読み書き能力があれば，「英語文明」の果実を，母国語で理解し，知識として習得できるようになったからである。

　英語由来の概念を基盤とする思考法は，物の生産に限らず心理臨床の分野にまで及んでいる。戦前まで知られていなかった心理療法やカウンセリングの考え方が，戦後の占領政策と共にわが国でも紹介されるようになった。20世紀後半には英語（一部は独仏語）によって書かれた原著がただちに翻訳され，大多数の日本の心理臨床家は日本語で書かれたテキストにのみ依拠することが通例となっている。英語の能力を問わず，日本語という母国語のみを通じて欧米で

蓄積された心理臨床の知見を入手できることは，便利であることにまちがいない（亀口，2015）。

　しかし，ここに大きな落とし穴があることに，注意すべきかもしれない。超少子高齢時代に突入した現代日本の心理臨床家は，欧米社会に前例のない心理的問題に直面しつつある。子育てに悩む家族にしろ，認知症の高齢者の介護に奮闘する家族にしろ，いわゆる主訴や診断名を付された「クライエント」や「患者」のみならず，生活を共にする家族全員が潜在的に抱える各種の「支援ニーズ」を視野に入れざるを得なくなっているからだ。DNAによって受け継がれた日本人の体質に根差した，これらの難題を解くために，われわれ自身が英語や漢語由来の概念に過度に依存せず，漢字仮名交じりの日本語の読み書き能力を習得する以前の段階，つまり母語（大和言葉）で思考する，いわば「母語臨床」を独自に編み出す必要性に迫られている。

「母語臨床」と母子相互作用

　ここでいう「母語臨床」は，北山・山下（2009）らの主唱する「日本語臨床」とは，少し異なる側面を有している。就学年齢に達し，主に国語教育を通じて習得される「母国語」（中国からの外来語としての漢字，あるいは欧米由来のカタカナで表記されるか，もしくは漢字を用いて表記された外来語を含む）レベルの言語使用が「日本語臨床」だとすれば，「母語臨床」は，就学前に母と子が交わす会話で使われる言葉のレベル，つまり国語教育を受ける以前の「母語」のレベルに注目する臨床実践だと言えるかもしれない。

　母語臨床の基盤となる母子間相互作用については，発達心理学からの実証的知見が欧米のみならず，わが国でも豊富に入手できるようになっている。家族心理学の分野でも，発達心理学の基礎研究の手法を身につけた研究者が心理臨床家と連携して母子間相互作用に関する共同研究の成果を上げつつある（日本家族心理学会30周年大会シンポジウム，2013）。とりわけ，子育て不安の改善や児童虐待防止などの予防臨床の分野の発展が期待されている。

　一方，理念的には同等の関与が期待される父親と子どもの父子間相互作用については，実際には研究が進んでいないのが現状である。臨床実践においても，父子間の交流に目を向けたものは極めて少ない。母子臨床に偏倚していること自体が，日本的な特徴ともなっている。また，心理臨床家の多くが女性であることも，発達初期の父子間相互作用に注意が向きにくい要因となっているようだ。しかし，父親の発する言葉が子どもや配偶者である妻に届かず，またその

逆も同様であるとすれば，発達段階に応じた男女間のコミュニケーション能力の獲得にも，少なからぬ影響が及ぶことが懸念される。これが，先進諸国の中でも際立った男女間格差や性別役割分業の固定化などの，マクロ・レベルでのわが国の特異性の遠因になっているのかもしれない。

文化心理学の視点から

　グローバル化に対応して，家族心理学のみならず，多くの隣接する関連分野で，言語を含む多文化の比較研究が進展している。なかでも，文化心理学は「文化差」そのものを主要課題として急速に発展しており，画期的な実証的知見を数多く提供しつつある。なかでもニスベット（Nisbett, 2003）は，日米の比較研究において，英語による思考の枠組みと日本語による思考の枠組みが，多くの点で異なることを実証的に示している。

　たとえば，母語としての英語の習得過程では，米国の母親が物の弁別や名詞の習得を重視するのに対し，日本の母親は周囲の文脈を背景とした動詞の習得を優先することが指摘されている。このような母語習得過程での日米間の差異が，「場独立」の傾向が顕著な米国人と「場依存」の傾向が強い日本人との国民性の差異にまで及んでいると示唆している。

　これらの研究成果から，英語圏で集積された家族心理学的知見をそのまま日本語に翻訳したとしても，本質的な部分での文化差は考慮されずじまいであり，現在われわれ日本人が直面している心理的問題の解決に必ずしも有効であるか否かについては，保証の限りでない。したがって，今後は発達初期の母語習得段階から，母子間のみならず，父子間も加えた親子間の相互作用を精査し，母語としての日本語の特性が子どもの発達にどのように影響するかを，独自に実態調査する必要がある。これらの実態調査が適切に行われれば，子育て不安や児童虐待等に関し，母親のみならず父親も加えた予防的対応に有益な資料が入手できるものと期待される。

日本語の会話

母子関係と語り合い

　日本人の母子関係が成立する前提として，日本語を母語とする母と子の間で交わされる会話が日常的に反復されていることを，改めて考え直してみたい。

乳幼児期の子どもと母親の会話では，わが国に中国から漢字が持ち込まれる以前の「無文字社会」であった時代の大和言葉が主に使われる。そこには，日本語の特徴とされる動詞優位，あるいは場や関係の文脈に依存し，情動的側面が優位な言語表現が用いられる。母親が乳児との会話で自然に使う，いわゆる「赤ちゃん言葉」こそが，日本語の母語的特徴を残しているとも考えられる。

　ブルガリア生まれで東洋語・国文学の研究者であるクリステワ（Kristeva, 2011）は，比較言語学の視点から，音節言語としての特徴が著しい日本語の発話の特徴に注目し，日本語の基本的要素である「モーラ」（音節）の数が約140であるのに対し，英語では約3500もあることを指摘している。母語による会話の文化差を理解する際にも，この点は十分に考慮すべきかもしれない。母語としての日本語は，そもそも「母子関係」という特異な文脈に強く依存した言語システムであることを考慮する必要がある。日本人同士の会話では，互いにうなずきながら，掛け合い的に声を発する行動様式が顕著な特徴となっている。この点は，モーラの数が欧米語と大差ない中国語や韓国語を母国語とする人々の会話とも異なっている。このような半ば無意識的な会話パターンが，意外に日本的な人間関係の下部構造を形成しているのかもしれない。

恋愛関係と母国語表現

　母子関係の発達の前提としては，そもそも男女の出会いがあり，結婚にいたるまでの語り合いの過程は，古今東西を問わず，さまざまな文化・芸術のテーマとなっている。前述したクリステワは外国人として，現代日本語と日本古典文学を同時に学び始めたという特異な経歴の持ち主である。彼女は多言語的な視点から，日本語の発展における和歌の役割に注目し，掛詞（かけことば）の本質に迫る研究を行った。彼女によれば，通常の和歌で掛けられているのは，人の心情に関連する言葉と自然を表す言葉だという。たとえば，「もみぢ葉の散りてつもれるわが宿に誰を松虫ここら鳴くらむ」（古今集），という詠み人知らずの歌は，「待つ」を「松虫」に掛けて，さらに「鳴く」に「泣く」を重ねたので，空しく恋人を待つ孤独感を，松虫を通して表している。たしかに，この和歌などは，思い通りにいかない男女の恋愛心理が，背景の自然や季節の移ろいと共に，実に生き生きと写生された日本語表現の好例であろう。ここにも，人同士の関係や心情の交流を，周囲の自然と不即不離でとらえる日本人の心性や日本語の特性が表れていると理解すべきかもしれない。

　クリステワは，日本語表現の特徴が顕著な次の小野小町の歌も紹介している。

「色見えてうつろふものは世の中の人の心の花にぞありける」（古今集）

文字通りに読めば，「見えて」なのだが，濁点を補うと，その正反対の「見えで」（見えないで）に変わってしまう。しかも，歌の意味が2つの対比を通してしか成り立たないので，濁点の有無の問題は無視できなくなる。クリステワの解釈によれば，〈自然の花の色が変わることは見えるのとは違って，世の中の人の心の花の色の移り変わりは，ふだんは見えない。見えないが，言葉にして，歌に表現すると，見えてくる〉という意味になる。これらの和歌による日本語表現は，恋愛関係に限らず，人間関係一般にまで及ぶ，時代を超える奥深い真理を内に秘めている。

漱石作品と夫婦の日本語会話

家族心理学が実践の対象とする現代家族と日本語のかかわりを考える上で，国語の教科書が大きな役割を持つことに異論はないだろう。国語の教科書『中学新読本』に漱石作品が採録された1908年以降の100年以上もの間，くり返し教材として使われてきている。最晩年の作品『道草』には，つぎのような夫婦の会話場面が描かれている（1990，pp.178-179）。

妻：「だって現にあなたの考えていた女とはまるで違った人になってあなたの前へ出てきた以上は，あなたの方で昔の考えを取り消すのが当然じゃありませんか」

夫：「本当に違った人になったのなら何時でも取り消すが，そうじゃないんだ。違ったのはうわべだけで腹の中はもとの通りなんだ」

妻：「それがどうして分るの。新しい材料も何にもないのに」

夫：「御前に分らないでもおれにはちゃんと分ってるよ」

妻：「随分独断的ね，あなたも」

夫：「批評があたってさえいれば独断的で一向差支えないものだ」

妻：「しかしもしあたっていなければ迷惑する人が大分出て来るでしょう。あの御婆さんは私と関係のない人だから，どうでも構いませんけれども」

漱石が亡くなる前年に書かれた『道草』は，自伝的小説であり，この夫婦の

会話自体，漱石と妻鏡子の間で実際に交わされた会話の，いわば逐語録である。この夫婦が葛藤の強い関係にあり，加えて結婚前の夫と養母との間の複雑な養母子関係が，愛とは縁遠いものであったことが推測される内容である。100年以上昔の日本人夫婦の会話であるものの，現代の夫婦が抱える問題にも通じる側面がある。第2子を身ごもっていた妻と生まれたばかりの長女を残して，単身2年間，英国での苦難に満ちた留学生活を送った漱石は，その間，母国語を話す機会もなく，ひたすら英語の原書の講読に没頭していた。彼の頭脳は，やむなく「英語化」し，「グローバル化」せざるを得なかったのではないだろうか。いずれにしろ，漱石夫婦にあっては，欧米の夫婦にも似た対等な会話が成立したこと，さらにそれを素材とした新聞小説が当時の日本人読者に愛読されたことは，明治維新以降の文明開化の先行きに対する不安を反映したものだったかもしれない（亀口，2011）。

現代家族の会話

現代家族の対話喪失

　21世紀のグローバル化の基底を成す個人主義と資本主義は，今や世界を席巻する「世界システム」の基本原理となりつつある。このグローバル化に翻弄されているのが，個々の「家族システム」である。個人主義の徹底化により，夫婦の間でさえ，主義主張の違いが当然視されるようになった結果，家族システムを運用する日常的なルール設定が必ずしも容易ではなくなってきている。先行する世代との認識のギャップが広がり，前例を踏襲することが難しくなってきているからである。子育ての方法にしても，夫婦が対話によって決定していく必要がありながら，現実にはそれをはばむ長時間労働が慣行化している。その結果，専業主婦はもちろん，妻が職業を持っている場合でも，子育てはもっぱら母親任せになっていることが通例である。

　その結果，「孤独な子育て」や「存在感のない父親」といった家族危機の基底要因が形成され，職場や学校などの背景要因とも絡まりながら，個々人の心理的問題の発生につながってきていると考えられる。家族の対話不足という，それ自体は目に見えない事象の日々の積み重ねが，やがて夫婦関係の希薄化や母子密着などの家族病理の発生にまでいたることを，現代の心理臨床家は十分に理解しなければならない。家族内での「対話の病理」のみならず，「対話の

健康性」にも注目する必要がある。

　では，「家族の対話の健康性」とはなにを意味するのだろうか。ひと言で言えば，家族員が相互に対等な会話を維持できている状態である。夫婦であれ，親子であれ，自らの思いを言葉にして交互に発し，相手の言葉を受け止めていくことができれば，関係が良好であることを確認することにもなる。しかし，問題を抱えた家族にあっては，この対話そのものが成立せず，しかも長期間にわたって改善できない悪循環に陥ることが少なくない。したがって，家族を対象とする心理臨床では，家族の対話の復活が主要な課題になってくる。

同席面接での母子間対話の復活

　ここでは，不登校をきっかけにした引きこもり状態が長期に続いた中学生の家族の事例を紹介する（亀口，1997）。

　以下は，転機となった第20回面接での対話が復活した場面の一部である。面接前半では，セラピストが母親と息子の２人と交互に対話する形態で面接を進めていた。しかし，膠着状態を打破するためには，母子の直接対話が必要と判断したセラピストは，ここで母子が向き合うように椅子の向きを変えさせ，直接対話を促した。

　　セラピスト：A君が荒い口調になったときに，お母さんがどんな感じがするか，説明してあげてください。
　　　　　母親：ひと言で言えば，気が小さいんでしょうかね。（セラピストに向きながら）
　　セラピスト：A君と話してください。（A君を指さしながら）
　　セラピスト：僕がいないと思ってください。
　　　　　母親：A君が怖いっていうんじゃなくて，お母さんの胸が痛くなる。そういうのが怖いっていうことなの。お母さんの場合は。
　　　　　A君：なんで？
　　　　　母親：なにかしらないけど胸が痛くなる。
　　　　　A君：そりゃ，あんたが変な思い込みをしてるから。（やや攻撃的な口調）
　　セラピスト：じゃあ，その思い込みはなにか，A君がお母さんに言ってみてごらん。

A君：こっちが怒ったような口調で言うと，返ってくる言葉が「好き
　　　　　なことを言うてなにが悪いの」というような感じ。まるで，言
　　　　　葉を出さなかったら心臓に悪いみたいな感じのことを勝手に思
　　　　　い込んで。近頃どういうわけかお父さんが病気になってから，
　　　　　病気のことについてかじったことがあるから，きっと身体に悪
　　　　　いって思い込んで，そんな感じになってくるんじゃないかと思
　　　　　う。
セラピスト：それをどう思うか，お母さんに聞いてみて。
　　A君：どうですか？（母親に向かって）
　　母親：うーん。（沈黙19秒）
　　母親：こないだは窮余の策で，お母さんの独り言よって，言わせても
　　　　　らったわね。だから，結局，ここまで（喉に手を当てるしぐさ
　　　　　をしながら）来ていることが言えないから，言ったらまた怒る
　　　　　から，それを抑えなきゃならないから，それで（沈黙４秒）そ
　　　　　の話の続きはできないかわりに，「怖いねっ」っていうことで
　　　　　話を終わりにするわけ，お母さんは。

　この母子間の対話復活を境に，それまでタブーとなっていた脳卒中の後遺症
を抱えた高齢の父親の死や家業の継承をめぐる話し合いを，母と子，さらには
親類の従業員も加わってオープンにできるようになった。その後，A君は教育
相談担当の指導主事の支援も得て，部分的な再登校が可能になり，定時制高校
に合格できた。高校入学後は休むことなく，好成績を残して大学進学を達成し
た。長い間途絶えていた母子間の対話が，セラピストの仲介で復活したことに
より，２年を超す長期の引きこもりから脱し，その後の大学進学までの進路の
確保につながった事例である。

対話による夫婦関係の再生

　いったん不和の状態に陥った夫婦関係を再生することは，個の支援に長けた
心理臨床家にとってはむしろ苦手な課題となっている。先述した親子関係の修
復と同様に，夫婦関係を修復するためにも，直接対話の復活が問題解決の鍵を
握ることを十分に理解する必要がある。日本の夫婦の会話を阻害する要因は，
促進要因よりはるかに多いと言わざるを得ない。その最大の要因は，夫の在宅
時間の短さであろう。夫婦が直接対話するために必要な最低限の時間が確保さ

れない傾向が，社会的に改善されないままに放置されているからである。

　今後，日本の心理臨床家が夫婦の同席面接にも積極的に取り組み，くだけた母語レベルでの夫婦対話の促進策をさまざまに工夫するようになることが期待される。その際には，家族療法の「ジョイニング技法」でその有効性が認められた「方言」の使用も参考になるだろう。なぜなら，日本各地の情感を湛えた方言こそ，国語教育を通じて習得される「標準語」以前の，家族相互の情感に満ちた「母語」の特性を維持していると考えられるからである。

（亀口憲治）

II

家族心理学の基礎理論

① 家族心理学とはなにか

21世紀の家族心理学

20世紀の家族心理学

　現代科学としての心理学は，20世紀の初頭から目覚ましい発展を遂げて今日に至っている。その発展の基盤は，要素還元主義や二元論，あるいはカテゴリー的思考と称される西欧文化に深く根差したものの考え方にあるとされている（Nisbett, 2003）。家族心理学も，その隊列に並ぶ新参の下位領域として1980年代に登場した（亀口，2014b）。心理学の各下位領域は，先行する欧米にかなり遅れてわが国に導入されるのが通例である。しかし，家族心理学に関しては，ほぼ同時期に専門部会や独立した学会が成立した経緯がある。1892年に設立された米国心理学会（APA）の43番目の専門部会として，Family Psychologyが公式に認められたのが，日本家族心理学会の設立と同年の1984年であったことは注目される。わが国は家族心理学の発展過程において，欧米とほぼ肩を並べる状況にあることは，もっと知られてよいことである。

　心理学における家族心理学の特異な位置づけは，2000年以降にわが国が世界に先駆けて少子高齢化社会に突入していることとも無縁ではない。わが国における「家族」の構造的変化は，人類史上の社会的実験ともみなすことができる。欧米に先行モデルがあった心理学の研究課題とは異なり，今後のわが国の家族を対象とする心理学は，独自に研究・実践の手法を開発する必要に迫られている。欧米の心理学は「個体」の心理発達の仕組みを解明する過程で，家族の影響要因を重視するようになり，その母体としての「家族システム」を研究対象とする発想が生まれた。日本の家族心理学は，その基礎に立ち，進化する日本の家族が抱える心理的問題の解明に向けた独自の理論形成と方法論を開発することが期待されている（亀口，2015）。

人間関係の心理学

　20世紀後半の心理学は，行動科学としての特徴を強め，社会心理学等の人間の集団心理を研究する分野でも，その影響を受けることとなった。レヴィンが創始した「集団力学」には，当時の位相幾何学や力学的視点が持ち込まれた，最近の文理融合やハイブリッド・サイエンスの先駆けとなった。

　現代の家族心理学に直結する原点の１つは，1950年代の米国西海岸のパロアルトで，ベイトソン率いるグループによって提出された「家族システム論」にあると理解してよいだろう。このグループには正統派の心理学者が含まれていなかったためでもあろうか，この理論が心理学研究の主流に取り込まれることはなかった。その初期には，統合失調症者の症状形成や家族内コミュニケーション病理論の範疇で論議されることが多かったことも影響していたと考えられる。しかし，家族システム論の主要な概念として提唱された「ダブルバインド」は，心理学の領域を超えて幅広い分野の人々の注目を集めることになった。

　家族療法は，1960年代後半から顕著になった米国での家族崩壊現象から自然発生的に生まれ，70年代後半には社会運動の様相すら呈した。「家族療法ブーム」は，全米各地はいうまでもなく，80年代には世界的な広がりを見せるようになった。その影響は，日本にも及んだものの，90年代のバブル経済の崩壊と共に，本格的な定着を見ることなく沈静化した。

　やがて，自殺が年間３万人を超す状況が続き，不登校が12万人前後で高止まりを続け，引きこもりの数は増加の一途を遂げるなどの，わが国特有の人間関係の病理が問題視されるようになった。これらの社会病理の根底に，家族内の人間関係の問題が潜んでいることに，日本人が気づき始めたのが，20世紀末だったと言えるかもしれない。米国で70年代後半の社会変動にともなって深刻化した家族の構造変化が，40年後の日本では，少子高齢化による人口構成の変化や自治体の消滅という形で，表面化しつつある。日本の家族心理学者が，マクロ・レベルで家族の構造変化を視野に入れざるを得ない現状にあることは明らかである。

21世紀の家族心理学に向けて

　心理学研究および実践対象としての家族が抱える問題は，複数の人間の相互作用によって生み出される。その前提に立てば，研究者や実践者の側も複数の人間，すなわち「チーム」によって担うことが求められるようになる。すでに，

高度化した先端医療の分野では，「チーム医療」が普及し，福祉分野でもその動きは認められる。個人内の心理現象に焦点化する傾向が強かった20世紀型の心理学では，「チーム・アプローチ」が強調されることはなかった。しかし，少なくとも，家族心理学にあっては，複雑化する家族が抱える心理的問題の解明や支援活動をより促進するために，関連する多くの分野の専門家との連携・協働が求められているのが，現実である（亀口，2014b）。

わが国の臨床心理学では，臨床心理士を中心とするスクールカウンセラーの活動が社会的に認知されるようになった結果，学校と家庭の連携の難しさも徐々に理解され始めている。児童虐待の最前線に立たされている児童相談所や子ども家庭センター等で，家庭との連携が決して容易でない現実に直面している。児童虐待の事例でも，親子を分離すれば問題解決ということではなく，むしろ分離後の「家族再統合」の課題の解決にあたっては，従来のパラダイムに沿った手法の限界が見え始めている。

両親の離婚や再婚に巻き込まれる子どもの心理や，親権が認められなかった実親と実子の面接交渉権の問題の解決については，弁護士や社会福祉士，あるいは保育士等の多分野の協働が必要になる。その促進役が，これからの家族心理学の専門家に期待されている。児童虐待の予防や子育て支援についても，急増する発達障害を抱えた子どもへの早期対応の観点から，従来のような母子関係に限定した支援から祖父母も含む「家族まるごと支援」へ拡大する気運が芽生えつつある（亀口，2014a；波田野，2014）。

21世紀の心理臨床では，親子二世代間の問題解決が主要課題であった20世紀型の心理臨床とは異なり，認知症等の介護問題を抱えた祖父母世代を含む三世代間の複雑な葛藤関係に取り組まざるを得ない。その際には，親子，夫婦，兄弟姉妹，祖父母・孫等の多世代にわたる，複数のサブシステムの相互関係を視野に入れたアセスメントと心理支援が求められることになる。その理論的基盤としては，20世紀を支配した原因と結果を直線的かつ，一方向的に関連づける直線的因果律ではなく，原因と結果の相互の影響性を重視する円環的因果律に基づく，システム論的なものの考え方が再評価されるようになることだろう。

家族心理学の独自性

家族関係の心理学

　家族関係を代表するものは，親子関係と夫婦関係である。なかでも，母と子の二世代の関係は「血のつながり」，あるいは「血縁」という言葉とほぼ同様に使われ，永続性が強調されることが多い。一方で，同世代の男女の関係は，偶然の要素が強調されることが通例であり，「運命の赤い糸で結ばれた関係」などと比喩的に表現されることもある。つまり，同じ家族員間の関係であっても，2つの「関係」を成立させる構成要素には大きな違いがあることを十分に認識する必要がある。心理学の研究対象として，また心理臨床の対象としても，2つの関係は偏った扱われ方をされてきた。親子関係，なかでも母子関係が優先されてきたことは言うまでもないことである。

　今後は，父子関係や夫婦関係を直接対象とする研究や実践が発展するとともに，三世代あるいはさらに多くの世代を対象とする取り組みが積極的に試みられることが期待される。これらの家族関係を対象とする研究を実行するには現実的な制約が多く，定量的な研究方法を適用することが難しい場合が少なくない。その点で，近年発展が著しい質的研究法を用いることによって，父子関係や夫婦関係を実証的に明らかにしようとする研究動向も生まれつつある。夫婦の関係は，社会変動による影響を受けやすいために，世代間の差異を無視することはできない。

　同じ夫婦関係であっても，子育て期の若い世代の夫婦関係が抱える問題と高齢者夫婦の関係性の問題の特性を把握するためには，世代間の違いを考慮せざるを得ない。同じ日本人の夫婦であっても，高齢者世代には戦前の儒教道徳や男尊女卑の影響が残存していることを軽視できない。それらの行動様式は，欧米化の進展やIT技術の広がりを身近に経験してきた若年世代には，テレビのドラマや映画を通して間接的に知る以外にない「異文化体験」となっている。したがって，夫婦関係の問題解決を図る場合にも，世代間の文化差を考慮した取り組みが必要になりつつある。

家族発達の心理学

　現代心理学の中でも，発達心理学の成果は目を見張るものがあり，わが国の

発達心理学も，人の誕生から死までの「生涯発達」を対象とするようになっている。最近では，個人に限定した生涯発達のみならず，家族員の相互作用にともなう関係パターンの発達的変化についても，心理学者の関心が向けられるようになった。子育てストレスや児童虐待を予防する観点から，臨床心理学者が発達初期の乳幼児期段階の母子間相互作用に強い関心を抱くようになったのは，自然な成り行きかもしれない。

　個人の誕生から死に至る生涯を「人生周期論」の観点から詳細に検討するジャンルを確立したのは，エリック・エリクソン（Erikson, E.）であった。家族心理学の立場からは，結婚に始まる夫婦関係の発達を人生周期とみなす「家族人生周期」の観点が発展している（岡堂，1998）。個人の生物学的な誕生を起点とする人生周期論と，男女の結婚を起点とする家族人生周期論の間には，人間の意識の有無という点から考えれば，かなり本質的な差異があると理解すべきかもしれない。

　かつての発達心理学が主に発達初期の乳児期から自立した成人期までの能力獲得に関心を向けていたのに比べれば，現在の生涯発達心理学では獲得した能力を失い，やがて死に至る老年期の種々の喪失過程にも関心が向けられつつある。具体的には，認知症のために介護を受ける高齢者の親と介護する側の子どもや孫の相互作用についても研究が進展することが期待される。今後は，高齢者とその家族の関係を最新の発達心理学や臨床心理学の知見を加えて解明する学際的な家族心理学的研究も盛んになることだろう。

家族システムの心理学

　個人というシステムが個性を持つ存在であると同様に，家族システムも個性的な存在様式である。一般法則を代表する基礎理論としての家族システム論に立ちながらも，生活者の集合体としての家族システムの個性的な心理現象を対象にするのが，家族システム心理学である（亀口，1992）。生活の場である「家庭」は，絶えず社会の変動にさらされつつ，維持されている。言うまでもなく，家族システムは真空中に存在するのではなく，その時代の潮流の只中を生きている。21世紀日本は，全世界を巻き込むグローバル化の影響のみならず，世界最速の超少子高齢化という先進的な課題に直面している。日本の家族心理学は，好むと好まざるとを問わず，21世紀心理学の課題を先進的に担う立場に置かれている。

　生命集合体としての家族システムは，大小さまざまなストレスの影響を受け

る。それらのストレスを跳ね返す回復力は，個々人のレジリエンスに対比すれば，「家族レジリエンス」という言葉によって概念化される。今後日本の個々の家族システムが備えるべき「家族レジリエンス」は，予想される各種の大規模災害に対処するにも不可欠な資質であろう。その前提として，夫婦の良質なパートナーシップが維持されていることが想定される。しかし，現状の日本の平均的な夫婦関係におけるパートナーシップの質の保証については，疑問視されることが多い。その背景要因としては，欧米とは異なる性別分業役割が家庭生活でも維持されてきたことが指摘されている。

　個々の夫婦が欧米流のパートナーシップを職場に持ち込めば，少なからず職場内ストレスが生じることになる。妻が専業主婦でない場合にも，家庭内では妻が性別役割分業を暗黙に期待されがちである。そこには，夫婦間の潜在的なストレスが生まれることになる。したがって，個々の夫婦が独自に性別役割分業を決定することは容易なことではなく，日本の職場システムに内在する性別役割の分業ルールそのものを変化させる効果的な手立てを講じることが求められている。

　子どもを持とうとする共働き夫婦にとって，関係する職場の性別役割分業が固定的であれば，妻は退職か出産の断念かの岐路に立たされる。また，職場までの通勤時間が長い，長時間労働が慣行化している，あるいは居住する自治体の待機児童が多いなどの要因が重なれば，出産の意欲は低下する。夫婦が出産をめぐって直面する社会的な背景要因，つまり性別役割分業が改善されない限り，少子化に歯止めをかけることは不可能である。夫婦という社会システムのミクロなサブシステムが，子どもを生むか否かの意思決定をする過程と，社会システムのレベルで潜在的に維持されている性別役割分業体制とで，自己矛盾を起こしているからだ。

家族心理学の社会的役割

家族療法・家族カウンセリング

　家族心理学の形成には，家族療法の発展が大きな寄与をなしてきた。また，初期の家族療法の理論形成において，統合失調症者の家族コミュニケーションの解明が決定的な役割を果たしたこともよく知られている。80年代以降に家族療法が広く実践されるようになるにつれ，治療的よりはむしろ予防的な側面が

強くなっている。ごく最近では，家族カウンセリングの名称で，心理教育やエンパワーメントの観点から家族関係の機能を促進するプログラムがコミュニティ・レベルで提供されるようになっている。

　これは，臨床心理学や心理療法の国際的な動向とも呼応したものである。90年代に入って，家族療法の主流が「ナラティヴ・アプローチ」に移行するに従い，抽象度の高いシステム用語の使用が徐々に敬遠されるようになった。むしろ，面接場面での参加者の「肉声」が尊重されるようになり，「英語」に代表される多数派の「ドミナント・ストーリー」だけでなく，世界各地の少数派の言語や方言，あるいは身振りや手振りといった身体言語を含む，多様な「オルタナティブ・ストーリー」にも耳を傾けようとする思潮が優勢になってきている。これは，家族療法が欧米から世界各地に広がったことにともなう「多文化化」の当然の帰結だったとも考えられる。

　家族療法における国際化や多文化化の具体的な成果として，ノルウェーのアンデルセンらが創始した「リフレクティング・アプローチ」を忘れることはできない。なぜなら，このアプローチの原点には，わが国のカウンセリングにも多大な影響を与え続けているロジャーズの「傾聴」と同様の原則が生きているからである。また，狭義の心理臨床に限定されない医療・福祉の領域における多職種連携においても，このアプローチが取り入れられる可能性は高い。とりわけ，不妊カウンセリングや遺伝カウンセリングなどの分野では，このアプローチを生かした家族カウンセリングが発展することが期待される。

家族心理学の実践展開

　家族心理学は心理学の専門領域の中でも，研究と実践の両面を同等に重視する点が，際立った特徴となっている。これは家族心理学者の多くが，家族臨床の実践家であると同時に，心理学研究者でもあることが影響している。家族心理学はその発足の時点から，社会システムの一部としての家族システム，およびその構成要因としての個人が抱える心理的支援のニーズを鋭敏にとらえようと努めてきた。その点から見れば，家族心理学の実践は，個々のクライエントの心理的ニーズを尊重するべく誕生した「来談者中心アプローチ」の原則と同じく，個々の家族システムの心理的ニーズを尊重する「家族中心アプローチ」に立つと理解できるのではないだろうか。

　しかし，わが国では戦前・戦中まで1000年以上にわたって続いた中国大陸由来の儒教道徳や儒教文化の影響によって，戦後も母子関係が最優先される傾向

は弱まることがなかった。この「母子中心主義」を原則とする家族システムが強固に維持されることによって，日本の社会システムにおける男女の性別役割分業も補完されてきたと考えられる。「母子中心主義」の問題点が，世代の異なる二者間に心理的境界を設定する「母子分離」の難しさにあることは，心理臨床の分野ではよく知られている。日本の心理臨床が，もっぱら母子臨床に偏らざるを得なかったのも理由のないことではない。

　しかし，今後は同世代の夫婦が家族の中核のサブシステムとして，先行する祖父母世代や子ども世代との間に，それぞれ適切な「世代間境界」を設定できるようになる必要がある。その実証的根拠を提供する役割が，日本の家族心理学には求められている。欧米とは異なる日本の夫婦関係の心理特性を明らかにする研究成果が蓄積されねばならない。そこから，日本の夫婦が抱える現実的な問題の解決に向けた有効な示唆が得られることだろう（柏木・平木，2014）。

家族心理学と日本文化

　近年の発展が著しい比較文化心理学が提供する知見によって，欧米中心であった心理学の研究法や実践法の限界も指摘されるようになってきた（Nisbett, 2003）。家族心理学でも，比較文化心理学的研究が行われるべきだと考えられる。「ジャパン・クール」と称される国際社会での日本文化の再評価は，家族心理学においても有効性を持つことが期待される。ユダヤ・キリスト教という一神教を基盤とする西欧の思考様式が優位であった心理学は，要素還元主義や心身二元論に代表されるパラダイムを駆使し，成功を収めてきた。しかし，今日のグローバル化した国際社会では，多神教的な東洋思想に代表される多元的思考も組み入れたパラダイムに基づく問題解決法が模索されるようになりつつある。

　日本文化の特徴は，多様な出自を持つ異質な文化を巧みに取り入れ，独自にアレンジして，いわゆる「和風」に変換することだとされている。しかも，コンパクトに「圧縮」する技術にかけては，他の追随を許さないほどである。このような日本文化の特性を，今後の家族心理学のパラダイムに組み込むことができれば，大きな成果が期待できるのではないだろうか。幸か不幸か，わが国は課題先進国として海図なき航海を余儀なくされる現状にある。これをチャンスとして，日本発の家族心理学の成果が国際社会に向けて発信されるようになることが切望される。

（亀口憲治）

② 精神力動論

はじめに

　精神分析にはヒトの心のはたらき，ひいてはその行動，そしてパーソナリティを理解する上でのさまざまな観点がある。たとえば日常の行動には深層心理（前意識・無意識）が影響していると仮定する（局所論的見地），心にはエス・超自我・自我という構造があり，心の中に生じた葛藤を調整している（精神構造論的見地），さらにはさまざまな不安とそれに対する防衛から理解したり（不安・防衛論的見地），激しい葛藤やストレスによって，それまで発達した心が発達早期の未熟な段階に退行する（発達・退行論的見地），心は生まれた時から他者（母親）の世話を受けながらその関係性のあり方によって発達し，その過程で健康な自己愛も育つ（対象関係論の見地）といった視点がある。このようなさまざまの観点から心の働きを多面的，多層的に理解するのが精神力動論である。ここには個人のパーソナリティ，さらには親子，家族関係ひいてはセラピストとクライエント関係の精神力動的理解に役立つ視点を含蓄している。

　本稿では前半に自我心理学的な精神力動論の基礎を紹介し，後半に「精神分析と家族」について考える上で重要な概念である「エディプス・コンプレックス」及び，児童虐待や世代間伝達など現代の家族間の問題に深くかかわる「阿闍世コンプレックス」を紹介する。

精神力動について

　私たちが日ごろ意識していることは，自分の感情や体験のほんの表層であり，不快で苦痛な感情をひき起こすような考えや記憶は心の深層の「無意識」に押し込められている（抑圧）と仮定する。抑圧するのは多くの場合，意識すると「不安だ」「怖い」「恥ずかしい」「つらい」といった否定的な感情，羞恥心，罪

悪感などにつながる記憶の体験である。そして一度抑圧されると，それに関する記憶を取り戻すこと（意識化すること）は難しい。しかし，その深層に押し込まれた記憶や情動が夢や日常の些細な失錯行為（言い間違いや書き間違い）や症状に現れる。

　また，ヒトには「こうしたい」という欲動や願望（イド id）がある。食欲，睡眠，排泄，性欲といった生理的な欲求から，他者との関係で「愛されたい，認められたい」という愛情欲求，「憎らしい」「破壊してしまいたい」といった破壊的，攻撃的な欲求がある。乳児の時にはこのイドをコントロールできないが，成長過程で親や社会から〈しつけ〉られて，次第に，「してはいけない」「するべきではない」という道徳的考え方（超自我 super ego）や「こうなりたい」（自我理想）など，社会的規範に従うことができるようになる。しかし，現実に欲動が刺激されると，心の中にはさまざまな葛藤が生じる。たとえば，「空腹」だが「眠い」というイドとイドの葛藤，「ほしい」が「ぜいたくすぎる」というイドと超自我の葛藤，「ほしいものがある」が「値段が高すぎる」というイドと現実の葛藤，さらには家族や職場での対人関係の葛藤などもある。

　そして精神分析では，人格の中枢機関に自我（エゴ ego）を想定し，このような葛藤が生じたときに自我がその葛藤を調整して，欲動や願望を社会的現実に受け入れられるような形に変え，適応を図る役割を果たしていると考える。つまり自我は，個人の知覚，思考，行為などのさまざまな精神機能をつかさどっている。このような精神内界や外界現実について力学的に理解する見地を精神力動的観点という。

　この精神力動的観点をまとめると，次のようになる。①個人の言動の背景には本人自身が意識しない無意識的な動機づけや意図が関与している。②この無意識的な動機づけや意図は互いに葛藤し合っており，個人の言動はこの葛藤をめぐって，自我が調整し，妥協して表現したものである（妥協形成）。③このような心理過程は個人が生まれて以来，一貫した連続性をもってはたらき続けている。たとえば，自分の欲動を押さえる傾向の人は「内向的でおとなしい人」として環境に適応している。大きな災害に遭遇した時なども，一時的には常態心理を保てなくなってパニックになったり，うつ状態に陥ることがあっても，そこにはその人らしさとしての連続性がある。④個人の連続性だけではなく，常態と病態の連続性がある（脳の器質的な問題を除く）。たとえば，治療者も個人的な体験によっては病態心理優勢になることもあれば，患者の中にも常態心理の過程がはたらき，社会に適応している側面もある。精神療法過程で

は，患者はその健康な心のはたらきで約束を守り，治療に通い，関係を維持する。治療者は自身の内面にある病理的な心のはたらきを介して，患者の不安感や恐怖感などについての理解や共感に努め，より健康なはたらきで治療過程を展開させることになる。⑤この心理過程は個人の心と身体のバランスの維持（ホメオスタシス）の側面と環境や社会への適応に努める社会心理的側面がある。

　このように病態心理にも常態心理にも一貫した連続性をもって働く心理過程を仮定して理解する精神力動的観点は，医学的な除外診断と異なり個人の心のはたらきの病理的な側面だけでなく，健康な側面にも目を向ける心理アセスメントをする際に役に立つ概念を含んでいる。

自我機能から見た常態と病態

　フロイト（Freud, S.）も，晩年には異常心理だけでなく常態心理にも目を向けているが，彼の末娘アンナ・フロイト（Freud, A.）やハルトマン（Hartmann, H.）らによる自我心理学は，自我の健康な側面にも光をあてた。すなわち個人の自我はいつも葛藤しているわけではなく，健康な人には葛藤に巻き込まれない自我のはたらきがあること，たとえば，知覚，認知，思考，言語，記憶，運動，知能など（一次的な自律的自我機能）に注目した。不安感や緊張，葛藤が高まっても注意力や知覚，言語その他の知的機能が揺るがない人もいれば，一過性に不安定になる場合もあり，どの程度の影響を受けるかには個人差がある。また，本来は欲動との葛藤の解決を目的として発達しても，二次的に「葛藤から自由な領域 conflict-free sphere」ではたらくようになる自我（二次的自律的自我機能）もある。これは職業的な行動，たとえば，建築業で木を切ったり，物を叩いたりという激しい行動で破壊的な衝動を満たすなど，職業的な行動で攻撃衝動を昇華しているかもしれない。また，引っ越したばかりでは最寄り駅から自宅までどの道を通るかを葛藤したとしても，慣れればどんなに酔っていても迷わず帰れるというように，習慣になった行動様式も二次的自律的自我機能のはたらきである。

　さらに，健康な自我機能として，「自我を助ける適応的退行 adaptive regression in the service of ego（ARISE）」（ハルトマン）がある。これは，一時的に，しかも可逆的，随意的に自我の統制下において現実を忘れ（退行：regression），再び現実に回復する（進展：progression）自我の弾力性のこと

を言う。つまり，大人になると現実に適応することが必要であり，欲動の直接的な満足を自我が抑制したり，延期することが可能になる。また，状況によっては欲動を別の形に置き換えて満足させ，そうすることでエネルギーを得て，再び現実に対処できるような自我の柔軟性の能力である。たとえば，健康な人はスポーツで競争したり戦うことを楽しむことで攻撃衝動を解放し，小説や映画を見ることで恋愛感情など依存愛情欲求や性的な願望を満たし，飲み会や旅行で日常の中でのうっぷんを晴らしたり，緊張感を緩めたりしながら，また現実生活に戻るという退行と進展をくり返している。このように退行と進展を柔軟にくり返すことができることは，自由に遊ぶことのできる能力ともいえる。しかし，性衝動や攻撃衝動が社会場面で直接的に顕在化して犯罪につながるような行動をとる場合は，自我のコントロール下で行動できず，一時的に不随意的退行が起き，その状態から回復できない，病態化した状態と考えられる。

　精神分析の視点の特徴の一つに心的現実と客観的現実を分けて考えることがある。心のはたらきが正常であれば，自分と他者あるいは外的現実との間には明確な区別がある。自分の心に描く願望や空想を結びつけた対象像と，客観的・現実的な対象像や外界の事象がどのように一致し，どの部分がずれているかについて，健康な人の場合は現実検討力がはたらく。ところが病態化した自我では，自己の内面にあるものと外界現実との境界が明確でなくなる。そのため過剰な主観的意味づけや事実の歪曲が起こる。精神病状態では客観的現実とのかかわりが失われて，心的現実しか体験できなくなる。このような対象との関係を乳幼児期からの心の発達の視点から病理を理解し，治療関係論にもつなげている対象関係論の観点がある。

　ここでは自我心理学と対象関係論をつなげる立場から，カーンバーク（Kernberg, O. F.）の人格構造の理解を挙げる。彼は3つの人格構造，神経症（正常はここに含まれる），境界例，精神病について，同一性の統合度，防衛操作，現実検討力，からその相違点を検討している。神経症人格構造と精神病人格構造の間に境界例人格構造を位置づけて，神経症水準と精神病水準では自我の機能水準が異なるが，境界例水準は双方につながるところがあるとしている。

　同一性の統合度：神経症と境界例で共通するのは，自己表象と対象表象の境界は鮮明であるが，精神病では自他の境界が不鮮明か，どこかに妄想的同一化がある。神経症では自己及び他者の矛盾するイメージは総合的概念の中で統合されているが，境界例と精神病は同一性が拡散して自他の矛盾する諸側面はうまく統合されず，分離したまま残存している。

防衛操作：神経症は抑圧を中心とした反動形成，隔離，取り消し，合理化，知性化などの高次の防衛が使用されるが，境界例と精神病では主として分裂や原始的理想化，投影同一化，否認，万能感，脱価値化など低次の防衛が使われる。神経症と境界例の場合，防衛は内的葛藤から本人を守っているので，精神療法での解釈は自我機能を改善するが，精神病では防衛することで本人を不統合，自己－対象融合から守っている。

　現実検討力：神経症と境界例は維持されている。つまり，自己と非自己は区別され，知覚と刺激について，その外的起源から内的起源は区別される。しかし，精神病では現実検討力が欠如している。神経症では自己評価や他者からの評価の能力は現実的でかつ深いが境界例と精神病は現実と現実感覚の関係が変転する。

　以上は個人の精神力動を理解する基礎であるが，個々人の集まりが家族であり，社会である。一組の男女が結婚して新しい家族をつくり，その家族ライフサイクルが展開する過程では，夫婦それぞれの育ってきた家庭環境の中で形成されたパーソナリティやその関係性が次の世代である子どもたちにも伝達されていく。

精神分析と家族──エディプス・コンプレックスと阿闍世コンプレックス

　「三つ子の魂百まで」のたとえどおり，幼児期からの家族，社会との関係が現在のパーソナリティの形成に重要な意味を持つ。精神分析の発展的視点は①フロイト以来の精神分析療法過程で患者が語る大人の心から再構成された，いわば主観的な幼児期体験（臨床乳幼児（Stern, D.）），②アンナ・フロイト，メラニー・クライン（Klein, M），ウィニコット（Winnicott, D. W.）らによる児童分析，③スピッツ（Spitz, R.）やマーラー（Mahler, M. S.）らによる乳幼児の直接観察などから，早期の母子関係や心の発達を理解する視点，ヒトの心の発達や病理，親子関係のあり方からひいては治療関係を理解する重要な視点がある。

　ここでは父母と子どもの三者関係の葛藤を示す，エディプス・コンプレックスと，より早期の母子関係の葛藤を示す，阿闍世コンプレックスを取り上げ，親子関係や家族の病理の理解に役立てたい。

エディプス・コンプレックス

「テーバイの王ライウスは，生まれてくる息子はお前を殺すという神託を受け，妻のイヨカスタが男の子を産んだ時にその子を山に捨てて死ぬに任せるように命じた。しかし，羊飼いがその子を見つけてコリントの王のところに連れてゆき，王がその赤子を養子にして育てたのがエディプスである。青年になった彼は〈父を殺して母と結ばれる〉という神託を受け，実の父母と信じている養父母のもとを去る。その旅の途中で，たまたま十字路で会った老人とけんかになり，相手を殺してしまう。エディプスは次にテーバイへの道をふさいで旅人に謎を出し，謎を解けないと旅人を殺してしまうスフィンクスと出会い，その謎を解き，スフィンクスは屈辱から自殺をする。テーバイの人々は感謝して，エディプスを王として迎え，イヨカスタと結婚させた。ところが，まもなくテーバイに悪疫が流行し，神託によればライウス王殺しが悪疫の原因であるという。エディプスは犯人を見つけてテーバイを救おうと誓う。ところが彼が十字路で殺したのがライウス王であり，しかもそれが彼の実の父親であったことが明らかになった。つまり，エディプスは父を殺し，母を妻にして近親姦の罪を犯していたことを知る。イヨカスタは首をつって自殺をし，エディプスは彼女の使っていたブローチの針で自らの目をえぐって盲目になってテーバイを去る」

エディプスは自分に課せられた運命を避けようとしながら，その運命どおりに生きることになってしまった。フロイトは自身の幼児期体験を想起し，このギリシャ神話のソフォクレスの「エディプス王」の物語が時代を超えて広く世の中に受け入れられているのは，誰でもが幼児期に体験している葛藤であると考え，エディプス・コンプレックスとして概念化した。

小此木（1991）はエディプス・コンプレックスに含まれるのは，①同性の親との競争とその親を亡きものにしたいという願望，②異性の親と結合したいという願望，③このような願望をめぐる同性の親からの処罰への恐怖や罪悪感，という3要素を挙げている。

エディプス・コンプレックスでは，父－母－息子という三者関係が明確だが，現代の境界例や被虐待児などでは，より早期の養育者との関係にトラウマを体験している場合も多くなっている。

阿闍世コンプレックス

1936年にフロイトのもとに留学した古澤平作は東北帝大医学部の機関誌に発表した論文「罪悪意識の二種」で，仏典から阿闍世の物語を取り上げ，「許されることで感じる罪悪感」と「罰せられることで感じる罪悪感」について考察した（仏典では父母と子どもの三者関係を古澤が母子関係に改変したと言われている）。

「古代インドの王妃，韋提希（いだいけ）は自らの容色の衰えとともに，夫の愛が薄れていく不安を抱え，子どもがほしいと強く願った。相談した預言者に，森に住む仙人が3年後に亡くなり，生まれ変わって韋提希の胎内に宿ると告げられる。しかし，3年も待つことができず，その仙人を殺してしまう。その時仙人は，『自分は王の子どもとして生まれ変わる。いつの日かその子どもは王を殺すだろう』という言葉を残して死んでいった。韋提希はその瞬間に妊娠した。そして生まれたのが阿闍世である。しかし，韋提希はお腹の子どもの怨み（仙人の呪い）が恐ろしくなり，産んでから高い塔から落として殺そうとした。この時阿闍世は生き延びたが，小指を骨折したので『指折れ太子』とあだ名された。阿闍世は健やかに育ったが，思春期に入りお釈迦様の仏敵である提婆達多（だいばだった）から『お前の母はお前を高い塔から落として殺そうとした。その時の傷がその折れた指なのだ』と言われる。阿闍世という名の由来はサンスクリット語で『折れた指』『未生怨（みしょうおん）』の両方を意味する。自分の生まれの由来を知って，阿闍世は父母を怨み，父を殺害し，母を殺そうとするが，その罪悪感のために流注（りゅうちゅう）という悪病（腫物）に苦しむ。そしてその悪臭によって誰も近づかなくなった阿闍世を看病したのが母の韋提希であった。しかし，一向によくならない。そこで韋提希はお釈迦様に悩みを訴え救いをもとめた。このお釈迦様との出会いを通して自らの心の葛藤を洞察した韋提希が阿闍世を看病すると，阿闍世の病も癒えた」

阿闍世は仙人の時に一度母親に殺され，生まれてからもまた，高い塔から落とされて殺されかけている。この阿闍世コンプレックスのテーマは，①母心の中にある女であることと母親になることとの葛藤　②子どもにおける，自己の意志を超えてこの世に生み出されたことへの怨み（未生怨）　③自分を産む前に父との間で女である母への怨み，がある。乳幼児期に愛されなかったと主観的あるいは現実的にも体験している子どもたちは，思春期になると，なぜ，自分はここにいるのか，産んでくれなければよかったのに，産んでくれと頼んだ

わけじゃないのに，と両親に不満と怒りをぶつけることがある。

　親からの自立や自己同一性の確立がテーマになる場合には，エディプス・コンプレックスの理解が役に立つ。現代では重い病理を持つ人々，つまり乳幼児期に実際に心理的あるいは身体的虐待を受け，トラウマを抱えている人々とのかかわりが多くなり，母子の二者関係で安心感や環境への信頼感をもつことができず自分で自分を抱えるような自己愛の病理を持つ人々への理解と対応が重要になる。

おわりに

　社会的存在としての人間の心の発達と病理の現れは，系統発生的に変わらない面もあるが，社会の価値観や時代の変化の影響を受ける側面も大きい。精神医療領域でも1970年代からは境界例の概念が，近年では発達障害の概念が広く用いられている。1980年代に出版されたDSMⅢが今やDSM5に改訂されており，診断の指針も文化や時代とともに変遷している。精神分析の世界でも1960年代には自我心理学が主流であったが，その後，対象関係論，自己愛論が盛んに論じられている。他方で，乳幼児観察が活発に行われて，映像でより早期の母子相互関係を観察することもできるようになり，心の発達の理解に寄与している。
　フロイトが精神分析を創始した19世紀末とはさまざまな点で変化してきたが，精神分析はいつの時代も臨床経験からその理論体系を変遷，発展させている。フロイトがギリシャ神話に，古澤が仏典に人間の本質的な姿を見たように，人間のこころの問題を理解する原点は共有され続けると考える。

（深津千賀子）

③ システム論

システム理論, その基礎から発展

　システム理論とは, ベルタランフィ (Bertalanffy, L. V.) の提唱した「一般システム理論」という科学全体に対する研究視点についての基礎的認識である (Bertalanffy, 1968)。システムとは, 任意の要素間の構造的・機能的相互作用によって生じた全体過程として理解されるもので, これまでの集合体に対する理解である「単純な要素の特性の集合体」ではない。任意の集合体が「ある種の秩序を持って成立している状態」をシステムとして理解し,「無秩序な要素の集合体」をカオスと位置づけてシステムと弁別している。

　また, いずれのシステムであっても, システムそのものは, 実体として存在するものではない。システムが研究者の観察対象を概念化する指標である以上, 観察者が任意の要素間の相互作用にある種の秩序を見出すことによって, その要素の集合体をシステムとして概念化することを意味する。いわば, システムは研究者や観察者の認識の中に存在するものであって, 実体としてのシステムの存在論に言及することはない。

　ベルタランフィが提唱した基本的なシステム理論は, 社会科学と生物科学と自然科学を統合するもので, 位相の異なるシステム間の入出力関係 (in-put, out-put) を説明する理論であったが, 人間などの生物が要素となるシステムを理解するための指標は不足していた。そのためシステム理論は, ミラー (Miller, J. G.) の「一般生物体システム理論 (general living system theory)」へと発展を遂げている (Miller, 1965)。参考までに, ミラーの一般生物体システム理論は, 米国における精神医学教育において大幅に導入され, 病院などの自らの職場環境をシステムとして考えるための指標として大きな位置づけを示している。

　一方, システム理論そのものは, 初期のベルタランフィのシステム理論から発展を遂げている。ベルタランフィの提唱したシステム理論は,「有機体の自

己維持と，平衡維持のための閾値調整」を基礎とした「有機体の代謝モデル」で，動的平衡システムを基本としていた。つまり一定の要素の集合体が決まった作動をくり返していることを見出すための理論で，70年代の家族療法は，「家族」を動的平衡システムとしてとらえる視点である。しかし，「家族」の実体を説明するためには，家族を動的平衡システムと見なすだけでは説明できない。家族構成員のシステムからの出入りや，要素そのものである「人の成長」という変化を含めた説明ができないためである。したがって，70年代後半は，第II世代システム理論として「自己組織化システム」が登場した。このシステム理論は，「形態を変えながら変動し続けている」システムを想定した結晶や発生胚モデルで，対象となるシステムの全体が組織化していく過程を必然的に経ることによって自己組織化していくというものであった。

　これらのシステム理論の発展により，複数のシステム理論を利用しつつ，家族療法の治療実践で活用されるようになった。それは，問題の起こっている状態に対する研究視点として，観察によって家族を閉鎖システムとしてとらえると共に，その家族そのものが過去からの歴史的変遷過程をという変化・成長の経緯を持ち，未来に対して新たな組織化をしていく可能性を持つ存在として考えることである。つまり，家族の現状の問題をとらえるために「閉鎖システム」としての視点を用い，その問題を解消しようと意図する家族の特性を動的な「自己組織化システム」としてとらえるのである。

　また，システム理論は，その後も第III世代まで発展している。80年代中頃より，マツラナ（Maturana, H.）とバレーラ（Varela, F.）が提唱したオートポイエーシスという新たなシステム理論が注目された（Maturana & Varela, 1973）。このシステム理論は，これまでのシステム理論と異なる「観察視点の変更」が中心課題となった。従来のシステム理論は，研究者や観察者がシステムの外から対象化してとらえること，いわば外部観察が基本であった。しかし，臨床実践の多くは，研究者や観察者が対象システムに関与しながらアセスメントや診断するものである以上，自らもシステムの一部として機能していることになる。つまり，参与観察である以上，システムの内部として対象システムの機能に関与していると考えるべきである。これがオートポイエーシスシステム理論の最大のポイントであった。

　この視点の転換を軸とした臨床実践からの提言として，1988年にグーリシャン（Goolishian, H.）らは，「新たなオートポイエーシスシステム理論は対象を観察するための理論ではなく，まさに人間間で起こっていることを理解するた

めの理論である」ことを示し，家族療法の世界で活用されるべき視点として「言語システム理論（language systems approach）」を提唱した（Anderson et al., 1986；1988）。こうした変貌は，その後オートポイエーシスを基礎とするのではなく，社会構成主義（social constructionism）の考え方によって説明されるようになった（Burr, 1995）。

システム論とサイバネティックス

　家族療法におけるシステム理論の説明をする限り，避けてはならない類似用語として「サイバネティックス（Cybernetics）」がある。サイバネティックスは，ウィナー（Wiener, N.）が提唱した機械論的閉鎖系システムにおける「情報処理のあり方」を説明する指標である（Wiener, 1961）。いわば，システム理論は要素間の組織化される全体をどのように見るかの指標であり，サイバネティックスは，要素間の情報処理の過程を説明するための指標であった（Ashby, 1952）。

　サイバネティックスでは，ホメオスタシス（homeostasis）の概念が重視され，「家族」などの凝集性の高い人間関係における一定の情報処理の過程では，集団に一定の情報処理のルールが設定されていると考え，その要素間の「機能－目的性を説明するモデル」としてサイバネティックスが用いられたのである。この初期のサイバネティックスモデルは，要素間の一定の作動を説明するための概念モデル，つまり「形態維持－逸脱解消モデル」で「動的平衡システムモデル」と同様であったため，その後の発展と比較して，ファースト・オーダー・サイバネティックス（first-order cybernetics）と称されている。

　サイバネティックスの発展は，マルヤマ（Maruyama, M.）が「セカンド・サイバネティックス（second cybernetics）」を提唱したことが契機である（Maruyama, 1963）。サイバネティックスは，形態維持－逸脱解消モデルであったが，マルヤマが提唱した新たなサイバネティックスは，「形態発生－逸脱増幅モデル」であった。これは，人や生物などの活動においては，ある一定の情報処理の仕方を続けることそのものが，その組織の発展・成長を阻害する要因となることもあるため，必然的にこれまでとは異なる新たな情報処理のルールを設定しようとする動き，いわばこれまでに見られない逸脱した情報処理をくり返すことによって，新たな情報処理システムの構築を目指すような作動が必要であることを示した。

この視点はベイトソン（Bateson, G.）が人類学で，集団に見られる特性として示した分裂生成（schismogenesis）と銘じた人間関係の現象と酷似していた（Bateson, 1972）。情報処理過程の説明概念であったサイバネティックスは，この2種の異なるサイバネティックスモデルを用いること，つまり負フィードバック（negative feedback：逸脱増幅）だけに価値を置くものではなく，正フィードバック（positive feedback：逸脱解消）にも価値が置かれるようになり，生物学的モデルとして洗練される中で再構成され，人間関係や精神過程の説明モデルとして用いられるようになった。その中では，臨床的に家族の現状を維持しているある種の情報処理の特性を維持する過程と，その特性にない情報処理を導入する，いわば変化を導入するためのモデルとしての説明が可能となったのである。

　1980年代以降，システム論の発展と同様に，生物－社会学で用いられるサイバネティックスは，セカンド・オーダー・サイバネティックス（second-order cybernetics）へと移行している。これは，従来のサイバネティックスと，マルヤマが提唱したセカンド・サイバネティックスの視点に加え，これらの視点が観察対象を外部から観察・記述していたことに対して，観察者が対象を観察している状態そのものを含んだ観察・記述を求めるサイバネティックスである。これによって生命現象をより詳細な事実に基づいて観察者の視点を含めて記述することができるようになった。

　システム理論とサイバネティックスは，多くの研究者の間で類似する用語として差別化と共に，その共通性が取り上げられている複雑な関係にある。しかし，システム理論は主に米国で科学認識のモデルとして多用され，ヨーロッパでは同様の現象をサイバネティックスが用いられてきた歴史的経緯と関連していると述べる意見が最も妥当である（富永，1995）。ただ，いずれのモデルも，臨床場面の説明が生物科学の対象である人や家族を実践対象としている限り，変化・成長などの変遷過程を説明できることに留意する必要があったため，多様なモデルが併用されてきたという経緯があると考えられる。

「家族」システムを用いた研究視点の特徴

　さて，家族心理学におけるシステム理論の活用は，システム理論の説明でも述べたように「研究者・観察者が架空のシステムを設定すること」によって成立するものである。基本となる「研究対象の要素間の相互作用によって，その

全体を有機体的存在として理解すること」がシステム理論を活用した「家族」に対する研究視点である。ここで重要なことは，「家族という有機体全体の特性を把握すること」であって，「家族の個々の構成員の特性を各個に把握すること」ではないということである。

たとえば，研究対象である家族に対して，「家族の個々人の特性を加算して家族を定義する」という方法は，システム理論を活用していない研究視点である。むしろこれまでとは真逆に「家族という全体の中では，それぞれが要素である個々人が果たしている機能，役割や構造によって，結果的に個々人の特性が決定されている」と考える視点である。言わば，研究対象の要素の集まりの相互作用を明らかにすること，つまり家族としての全体的な動きを把握し，全体としてどのような特性を作り出しているかを考えることを基本とし，その要素となる個々人の特性は，「全体としての家族システムの部分的役割として付与されたものである」という視点で考えることである。

そして，こうした「家族をシステムとして考える」という視点は，あくまでも便宜的なものであるということが重要である。システム理論が導入された初期には，システム理論が研究対象をどのように見なすかという研究者の考察視点のモデルであって，科学的真実追究のためのモデルではないという前提があった。これについては，天動説と地動説を用いた視点の違いを示すことが有効であろう。1960年代，アポロ計画のなされた当時は，現在のようなコンピューター技術がなかった。科学的真実である「地動説」を用いれば，アポロ基地と月の着陸点という2点間の相関を計算するために，「地球の自転，月の公転，地球の公転」という天体間の変数を基礎とし，加えてロケットの推進力や移動時間ごとの位置という高度な演算処理が必要であった。これでは情報処理が追いつかないため，実際に用いられたのは，便宜的な「天動説」で，2点間の変数を事前に計算し，「基地－ロケット－着陸点」という3つの間の変数のみを計算するだけという手法である。

同様に，システム理論を用いることは，家族臨床のための新たな知見を見出すことを目的とするより，家族臨床の目的である「治療的変化の導入を容易にすること」を目的として成立しているということを考慮しておくべきで，ある意味で臨床サービスのための合目的的な観察モデルの導入なのである。

さて，システム理論を用いた家族臨床への応用としては，「観察対象の要素間の相互作用」として具体的に臨床場面で観察対象とするものは，結果的に広い意味でのコミュニケーションで，その詳細は別項目を参照いただきたい。

システムの要素間の情報処理過程として，こうしたコミュニケーションを取り扱うという視点は，これまでに明確に述べられることがなかった。しかし，実際の臨床場面において家族から提供される情報の多くは，「誰々がどのような場面でなにをどうした」とか，「〜のことについて誰々がこのように感じた」といった，個々人の行動を記述的に語っているだけでなく，個々人の心情風景などの情動的特性が述べられていることの方が多いことに気がつく。家族間の相互作用やパターンに関する情報はほとんど示されていないので，研究者・臨床家は，家族の述べる情報に付随している不要な現実の切り取り方を修正するようなフィルターにかけて情報を整理すると共に，これらの行動に関する記述的情報の中から，相互作用に関する情報を含むものだけを取り出し，そのくり返しが見られる相互作用，いわゆるパターンだけを純粋に取り出すという作業が不可欠となる。そして，その相互作用やパターンに変化を引き起こすという合目的的な立場から，家族システムに対する有効なはたらきかけを考慮すべきである。

システム理論の臨床的活用

　システム理論を基礎とした家族療法は，1950年代から米国を中心として発展した。家族という集団をシステムと見なす立場は，家族や夫婦という複数のメンバーを臨床の場で扱ったアッカーマン（Ackerman, N.）が提唱した，家族を任意の集合体として考えるという意味での「全体としての家族（family as a whole）」という視点が最も近い概念である（Ackerman, 1958）。アッカーマンの精神療法の理論基盤は精神分析理論であったが，精神分析の呪縛から離れ，「人間は社会的な影響下における存在」と考え，患者を家族という環境の中でとらえ，その家族を社会という環境の中でとらえる視点を提供した。これまでの精神医学で扱わなかった「家族」に着目したため，個人ではなく「家族という集団」を理解するための指標が必要であったが，家族という任意集団を理解するシステム理論が導入されていなかった。そのため，家族が互いに行っている相互行為は，個々人の特徴の総和では説明できないものであること，相互作用によって家族間の情報交換が行われていること，それらの相互作用が一定の様式を維持していること，などを説明している。

　アッカーマンの「全体としての家族」というキーワードは，ジャクソン（Jackson, D. D.）の「家族ホメオスタシス（family homeostasis）」という概

念の導入によってシステム理論との直接的なつながりが生まれた（Jackson, 1968）。ジャクソンのこの概念は，家族に対する治療者からの援助目的の指示に対して，家族が個々人のレベルで理解し実行しようとしても，結果的に家族の全体的な動きとして目的が達成されないように機能することを説明したものである。家族システムというレベルでの情報処理の秩序は，結果的には「家族システムがその時点でのパターンである情報処理の動きを維持するため」に，変化の可能性のある課題を無効化するという家族システムの特徴として説明された。

　その後，70年代の家族療法は，システム理論を積極的に説明モデルとして活用するようになった。これらの詳細については，拙著を参照いただくのが有効である（吉川，2006）。

　ただ，1980年代，これらの諸学派の異なる説明概念を包括する視点として，システム理論そのものの発展が寄与した「治療構造」に関する議論がある。これまでの家族療法における治療者の観察対象は，「家族」に限定されていた。あえていうならば，広義の「家族病因論」の視点を説明するためにシステム理論を導入していた。これに一石を投じたのは，パラツォーリ（Palazzoli, M. S.）らのミラノ派の家族療法であった（Palazzoli et al., 1980）。観察対象を「家族」に特定していたことを踏襲しながら，臨床場面での治療者を含めた「治療そのもの」を観察対象とすることを提唱した。彼らは治療者の治療全体に対しての認識のあり方が問題の維持・解決にかかわることであるとし，家族内の相互作用だけを観察するのではなく，「治療者−家族」の相互作用を観察対象とし，治療の場の人間関係（治療者−患者・家族関係）そのものをシステムとして理解することを提唱している。

システム理論／サイバネティックスから 社会構成主義への転換

　1990年代中頃より，家族療法の理論の主要な視点は，システム理論から社会構成主義に移行したといっても過言ではない。ナラティヴ・セラピー（narrative therapy）という呼称が巷に広がるにつれ，家族療法という名称で語られる臨床実践が大きく変貌したからである。そして，ナラティヴ・セラピーは，2010年頃までに，家族療法の主要な理論であったシステム理論を完全に放棄するに至った。その理由は明快で，システム理論を中心とした機械的情報科学の考えには，「対象となるシステム全体の現状を分析することによって，

未来に起こることを予測でき，それを変化させることが可能である」という考えを含んでいたからである。

　家族心理学が人を対象とした臨床実践である以上，人が人を操作し得るという考え方は，本来ある種の「可能性」として考えられるものであり，その可能性に依って立つところから，「家族臨床」という未知の実践的学問が成立してきたのである。厳密な意味では，「対人操作が可能な理論」ではあり得ず，多くの家族臨床に携わる立場の人にとってシステム理論は，科学的前提として「対象を把握し，変化を導入するための合目的理論」としての位置づけであるならば，研究や臨床実践に大いに今後も役立つものであることを記しておきたい。

（吉川　悟）

4　認知行動論

認知行動療法

　認知行動療法（Cognitive Behavioral Therapy，以下CBT）は，1970年代に精神科医であるベック（Beck, A. T.）が開発した心理療法である。ベックはうつ患者が物事を破局的にとらえる認知的側面と行動が停滞し喜びや活力が低下する悪循環をともなう行動的側面が症状の維持要因であることを見出した。CBTでは，治療者がこれらのうつに関連する心理的要因を共同作業で同定し，徐々に患者本人が治療者になり，この悪循環を変容できるように支援する。

　CBTは，患者自身が自分の心的世界を認知，情動，身体，行動の4側面でとらえることから始まる（図Ⅱ-4-1）。その中で特に重視されるのは感情である。感情はいわゆる喜怒哀楽であるが，ネガティブな感情はアラームとしての役割を持っている。たとえば，悲しみという感情は，「重要ななにかを喪失した時」，怒りは「思い通りになっていない時，他の人に自分の領域を侵害され

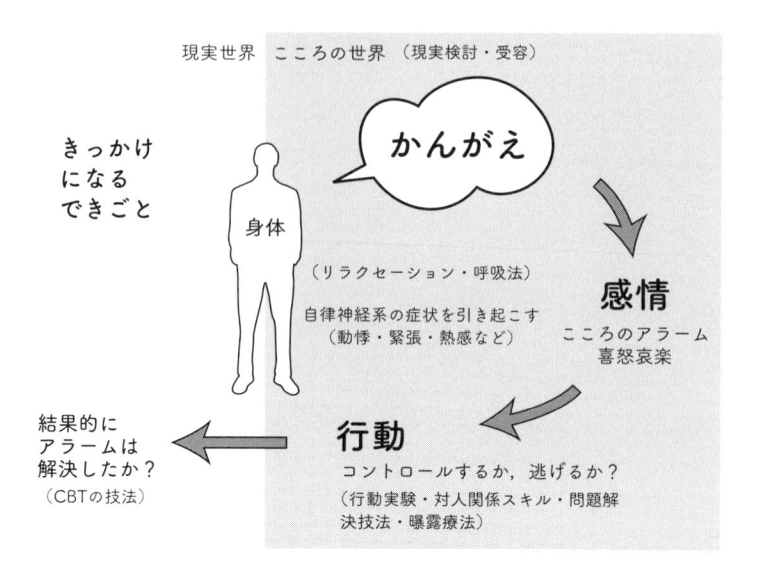

図Ⅱ-4-1　CBTモデル（こころのしくみ図，著者作成）

た時」に喚起される。このようなネガティブな感情は共通して身体に不快な感覚（緊張，動悸などの自律神経症状）を引き起こす（表Ⅱ-4-1）。悲しむ時には涙を流したり，怒りを覚える時には，息が弾んだり，体が緊張したりする。アラームは不快な音や光を発するためそのままにはしておけないので，なんらかの行動を起こすことで，このアラームを解決しようとする。感情が強まる時，人の考えは「絶対にうまくいかない」「すべては自分のせいだ」など，現実よりも物事を「破局的」にとらえたり，「極端な解釈」をしやすい。また，感情が強く喚起されれば，それをなんらかの形でコントロールするか（人になにかを要求する，自制など），感情のきっかけを避ける（特定の人や場所を避ける）ようになる。結果的に感情が解決せず，さらに考え続け，感情がより強く引き起こされ，行動しても感情がなおらない状況を悪循環としてとらえる。CBTはこの悪循環を同定した上で，その感情が解決するパターンを先に教え，患者がそれを当てはめていく。治療者と共に患者の判断が現実に見合っているかを客観的に検証したり，感情が解決しない行動パターンを実験的に変容したりしながら，自分なりの感情調節を学んでいってもらう。現在では，うつだけではなく，不安障害，PTSD，慢性疼痛や神経変性疾患への応用までもがなされ，医療者，当事者の間で幅広く認知されるようになっている。わが国におい

表Ⅱ-4-1　感情の役割

感情の種類	役割
悲しい	大切ななにかを失った
さみしい	人とのつながりがない 孤立している
怒り	思い通りになっていない 自分の領域を侵害された
空しい	自分で選んでいない・選べない
不安	未知なる状況に直面している コントロールを失う可能性がある

ても，2010年よりうつに対するCBTが診療報酬算定の対象となり，実施者の増員や他疾患への適用の拡大が望まれている。

　CBTでも家族を含めたCBTは「Family based Cognitive Behavioral Therapy（FCBT）」と称されることがある。家族介入を含める利点としては，2つの点が挙げられると思われる。まず，家族に疾患理解や治療への協力をしてもらうことで，家族が関与している疾患の維持要因を改善できることである。たとえば不安障害の当事者を持つ家族が，本人を助けていると思いながら，不安な場面を過剰に回避することを助長している場合である。当事者は，不安を回避することでより不安に対して脆弱になっていき，結果的にさらなる回避を招くことになり得る。こういった場合には，家族が疾患の特性について理解し，これまでの非効率的なかかわりを少しずつ変容してもらう必要がある。もう1つは，家族がCBTの取り組みを補完する支援的役割を担い，CBTの効果を増強できることである。また，当事者を支える負担感もCBTで取り扱い，健康的な生活を取り戻す支援にもなる。

　では，CBTにおいては具体的にどのような技法を用いて，家族に介入し，標的となる症状の改善や適応を目指すかについて述べていくことにする。エビデンスを持つ調査報告は個人CBTと比較して少ないが，その中で有効性が実証されている不安障害，双極性障害，強迫性障害，慢性疼痛，パーキンソン病，薬物使用障害におけるCBTの調査報告を中心に紹介してみたい。

不安障害

　不安障害は全般性不安障害，社交不安障害，パニック障害など不安の対象により名称はさまざまである。不安とは，「コントロールできない」「見通しが立たない」状況に対する反応である。それぞれの不安症の不安対象はさまざまだが，事象を極度に危険なものととらえ（例：パニック発作になったら死んでしまう），その状況や心理的身体的反応を過度に抑制したり回避すること（例：以前発作がでた電車には乗らない）で，不安な感覚が実は無害であることが学習されていかないことが維持要因だと考えられている。不安の感覚は危険でないことを学習し，実際に不安な場面や感覚に直面化して不安が危険でないことを体験することが治療の中心となる。不安障害は，遺伝要因，モデリング，過干渉などの親の不安，子どもの不安に対する考え方（不安耐性），家族内の葛藤，家族機能などが子どもの不安に関連するとも言われている（Bogels et al., 2006）。親が子の抱える不安に直面できないと，必要以上に不安を取り除こうと過干渉になり，不安を克服するスキルを習得し，自律して問題に対処する力を奪うことになる（Wood et al., 2003）。

　ケンドール（Kendall, P. C.）らは，思春期の児童に対しての個人CBTと家族CBT，および家族教育プログラム（Family Education/Support/Attention：FESA）の効果を比較している（Kendall et al., 2008）。それぞれのCBTは60分で16週間実施された。家族CBTでは，4セッションと9セッションに治療者が親と会い，非合理的信念の同定や建設的な反応の仕方を学んでもらう。当事者のプログラムは，Show-That-I-Canという不安な感覚や状況への曝露を中心とした不安マネジメントスキルで構成される。FESAでは感情に関する心理教育，および同様の不安対処スキルが教育される。結果は，個人CBTと家族CBTは主要な不安障害の症状の改善に優れ，個人CBTは家族CBT，および家族教育プログラムよりも治療成績が高かった。家族，本人の両者が不安障害である場合には，家族CBTの効果が有効だった。

双極性障害

　双極性障害とは，明確な躁病エピソードに大うつ病エピソードが付随する疾患である。躁とうつの前駆症状を理解し，症状に応じた対処方略を獲得する上

でのCBTの有用性が着目されている。躁状態の時には疲労感に気づかず過剰に動き，うつ状態の時には，躁状態との違いに落胆し，気分の停滞をより強めることも少なくない。双極性障害の患者には，気分の波を客観視できるようになり，それに応じた対処方略を見出していく必要性がある。家族に関連する事柄としては，ストレスフルな出来事や家族が表出する感情，コーピング，ネガティブな会話スタイルなどは，疾患の経過に影響を与える要因であると言われている（Miklowitz et al., 1988）。Expressed emotion（過干渉や批判，以下EE）の度合いが強い家族には家族療法の効果は低く，EEの減少は治療の円滑化につながる（Miklowitz et al., 2009）。

ワインスタイン（Weinstein, S. M.）らは，小児の双極性障害に対する家族を含めた調査において，family based CBTを実施し，その改善要因を調査した。DSM-IV-TRにおける双極性障害Ⅰ型，Ⅱ型に適合する7〜13歳の子ども69人を対象としてCFF-CBT群とTAU群とに無作為割付した（Weinstein et al., 2015）。12週間，毎週実施されるセッションと，6回の月1度実施されるブースターセッションとで構成されている。結果として，CFF-CBTはうつ症状の改善にTAUより優れていた。抑うつの重症度が高く，親の収入に関連せず家族の一致度が高い群が治療反応は良好であった。一方で，うつ症状のベースライン得点が低く，自己肯定感が高い青年は，TAUよりも改善度が乏しく，年齢，性別，併存症，自殺企図は治療反応率に影響しなかった。

強迫性障害

強迫性障害とは，強迫観念という振り払えない不快な考え（例：汚染されたのではないか）により引き起こされる不快な感情を解決するために，儀式的行為（例：過剰な手洗いをくり返す）が頻回となり生活を阻害する疾患である。多くの家族は，当事者との衝突を避けるために，儀式を手伝ったり，許容していることが多い。こういった儀式の手伝いは「まきこまれ」と呼ばれ，強迫行為の長時間化，複雑化を助長することで知られている。曝露反応妨害法（Exposure and Response Prevention：ERP）は，儀式を意図的に行わず，不安を喚起して自然にそれが軽減するのを待つというCBTの1つであり，7割近くの患者はなんらかの改善を示すと言われている。その一方で，脱落率は30％以上とも言われており，治療の完遂には高い動機づけとそれを促す治療者の技量が欠かせない。OCD（Obsessive Compulsive Disorder）には独特の家族

のまきこまれ（家族が当事者の儀式を援助すること，たとえば鍵を当事者の代わりに家族が確認するなど）が治療や効果の維持を阻害することは少なくない。

　SSRIとCBTが主要な治療手段となるOCDであるが，多くの場合には，薬物療法単体か，CBT以外の精神療法を受けることが多いと言われている。薬物療法のみで症状が寛解する例はまれで，OCDに対するSSRI（セロトニン）の治療効果を検証した調査では，寛解率は21.4%にすぎず，58%は残留症状が治療から3か月後に確認されていた（March et al., 1998）。マリエン（Marien, W. E.）らは，これらの薬物療法に反応しない小児，および青年に対して集中的な家族CBTを対象としたプログラムを提唱している（Marien et.al., 2009）。マリエンのプログラムでは，当事者とその家族は90分のCBTを週5日，14回のセッションを3週間継続するintensive therapyが実施される。最低，家族の1人がすべてのセッションに参加することが義務づけられる。当事者と家族は一緒に，OCDの心理教育，治療理念を教育され，不安階層表（不安の程度が低い事柄から高い事柄に並べた表。通常，強度の低い事柄から曝露に挑戦する）を共同で作成し，治療者を交えて曝露療法を実施していく。治療の中で，治療者は親に曝露の実施方法や反応の仕方（確かめたいという不安に耐えることが治療的であるため「大丈夫だよね？」という保証の要求に応じず，曝露に集中してもらう）を教えていく。ストーチ（Storch, E. A.）らは，同様の集中家族CBTと14週間で週1回実施されるCBTとで比較検証を行ったところ，群間での効果差はなく，両者が有意な症状改善を示したと報告している（Storch et al., 2007）。儀式が外出を阻害したり，治療提供施設への移動が困難である者に対しては，このような集中家族CBTも有効な治療選択肢となり得る。

パーキンソン病

　パーキンソン病（以下，PD）とは，振戦，固着，無動を主症状とする神経変性疾患である。PDは運動症状だけではなく，精神症状をともなう疾患として近年では理解されるようになっており，中でも，うつは運動症状治療やリハビリテーションの妨げとなり，QOLの低下と予後の悪化につながる可能性が高い（Global Parkinson's Disease Survey Steering Committee, 2002）。PDのうつは，原疾患と疾患に対する心理的反応とが関与していると考えられている。また，疾患疲労感，倦怠感，体重減少などの症状と原疾患との見分けがつけにくい（Shulman et al., 2002）。さらに，不安が顕著で大うつ性障害で見られる

自責や罪業感，自殺企図は少ない（Ehrt et al., 2006）などの特徴もある。うつに対する偏見や恥ずかしさなどの理由から，患者自身や介護者が過小評価し（Fleming et al., 2005），有効な治療にたどりつかないことも多い。

　PDのうつに対するCBTにおいて効果を実証しているのは，ドブキン（Dobkin, R. D.）らとトロワン（Troeung, L.）らである。その中でも，ドブキンらは，10週間の個人CBTに家族セッションを4回併用したRCTを実施している。うつを呈したPD患者80人を対象として，介入群（臨床観察＋CBT）と統制群（臨床観察群）とを比較したところ，CBT群においてうつ改善に有意な差が確認された（cohen's d=1.59）。CBT群は，認知再構成，行動活性化に加えて不安マネジメントスキルも実施された。個別で実施される介護者セッションでは，CBTを受けている患者が現実的な考え方をするのを促すための方法，また設定した目標の達成を支援する方法を教育した。また，うつ改善の予測因子は，介護者の参加と実行機能であったと報告されている（Dobkin et al., 2012）。

慢性疼痛

　慢性疼痛とは，器質的要因がないにもかかわらず，痛みが出現するというものである。外傷や手術などを行ったことをきっかけに，痛みを経験するようになり，器質的要因が認められなくなっても，その痛みが持続する者が10％ほどいると言われている（Waddell, 1987）。慢性疼痛に対するCBTの介入では，リラクセーションや，pacing（活動量を調整する技法で，過剰に動くこと[pacer]と過度に活動を控えること[reqliner]から適度な活動量に変更していく）が有効だと報告されている（Eccleston et al., 2003）。痛みを理由に無行動化すると痛みに注目する機会が増え，より痛みに囚われて，痛みだけでなくそれにともなう負担感が増すことになる。一方で，痛みを振り払うべく過剰な活動をする者は，結果的に後で痛みが増悪し，無力感に苛まれることが考えられる。

　家族を含めたCBTでは，青年の慢性疼痛へのインターネットCBT（iCBT）のRCTの報告がある（Palermo et al., 2009）。疼痛を抱える患者は，来院や移動に困難や不安を覚えやすいため，容易にアクセス可能なインターネットには利点があるとして，近年着目されている。パレルモらは，平均11.17歳で慢性の頭痛，腹痛，筋骨格痛を呈する児童とその親を介入に含めて，iCBTを実施

した。治療群と通常治療のみを継続する待機群とを比較したところ，インターネット治療群においては，生活上の制限と疼痛の強度において有意な改善が確認された。このiCBTで児童は8セッションのモジュールを受けるが，その内容は，①慢性疼痛に関する心理教育，②ストレスと否定的認知に気づく，③呼吸法とリラクセーション訓練，④気逸らし，⑤認知的技法，⑥睡眠衛生と生活リズム，⑦活動の維持，⑧再発予防，で構成されている。

　一方，親のモジュールは，①慢性疼痛に関する心理教育，②ストレスと否定的認知に気づく，③，④親のオペラント戦略，⑤モデリング，⑥睡眠衛生と生活リズム，⑦コミュニケーションスキル，⑧再発予防，で構成される。オペラント戦略とは，慢性疼痛を持つ子が痛みに対して適応的な行動をとれた際に，ご褒美や賞賛を提供することで実施される。慢性疼痛に対するCBTでは，痛みそのものを劇的に改善する報告はないが，QOLや痛みに関連した回避行動や過剰な活動を削減することには有効だったとする報告がある。

薬物使用

　わが国の生涯薬物経験年数は，大麻が1.2%，覚せい剤が0.4%，MDMAが0.1%だと言われている（和田ら，2011）。家族を含めたCBTでは，大麻使用に介入したウィリアムらの報告が存在する。大麻は他の薬物と比較して依存性が少ないとの声もあるが，わが国では非合法であり，統合失調症へのリスクや，長期使用が男性の場合は精子異常，女性の場合は月経異常や胎児へ影響するとの指摘もある。薬物乱用に介入する場合，親族の薬物使用の影響，家族内での葛藤，仲間の薬物使用，当事者の個人的要因（暴力性など）が薬物を使用するきっかけや維持要因となると考えられており（Hawkins et al., 1992），支援者はなんらかの形でこのような心理社会的側面に触れることになる。

　先に述べたウィリアムらはIntegrated Family and Cognitive-Behavioral Therapy（IFCBT）とDrug Harms Psycho Education curriculum（DHPE）との比較をアルコールと大麻の使用がある43人の青年とその家族に対して実施した報告をしている。IFCBTは週1回で行う16回の家族療法と32回を週2回で実施するピアグループCBTで構成されている。IFCBTでは認知情動療法のアプローチを用いて，①薬物使用のきっかけとなるできごとの道程，②実際に薬物に手を出す時の考えの道程，③その考えの合理性の検証，④宿題で合理的な考えを検証してくる，という取り組みがなされる。

ピアグループにおいては，集団圧や薬物への渇望感への対処，感情への対処，家族内のストレス対処，HIVやSTDに関する教育，再発予防などの薬物使用に関連した実際的なテーマに取り組む。ヘンドリクスらは，13～18歳のマリファナ使用障害で治療中の青年に実施される個人CBTと，当事者と家族両者に週2回実施される家族CBTとの比較をRCTで行ったところ，12か月時点で90日以内の大麻使用は，個人CBT群が20.1日，家族CBT群が14.9日であった（Hendriks et al., 2011）。

おわりに

　本稿では家族に対して実施されるCBTの介入技法やこれまでの知見を中心にその有用性を考えてきた。CBTでは，家族が疾患を理解し，自宅で治療者的役割を担えるように支援することが多い。また，家族自身も，CBTモデルを理解し，介護や支援の負担を軽減することが重要である。症状の悪化や当事者への批判，非適応的行動を助長するやりとりを変容することは，結果的に当事者の負担感を軽減することにもなる。そういった意味でも，CBTのシンプルなモデルは共通言語としやすい利点がある。家族を含める介入は有効性が高い一方で，治療者側の高い技量が求められることも事実である。CBTでは治療者は協同的に問題を外在化し，当事者や家族に変容に身をのり出せるよう支援することを重んじる。これを可能にするには，治療者の関係構築能力や対話能力が不可欠であり，家族に対しても良きモデルとなる必要がある。わが国においてもCBTの普及とともに，家族関係に精通した有能な治療者の育成が望まれるところである。

（新明一星）

⑤ ナラティヴ論（物語理論）

ナラティヴの基本的な考え方

ナラティヴとは

　ナラティヴは「プロットを通じて出来事が配列され，体験の意味を伝える言語形式」である。物語，語りそしてストーリーという言葉も類義的に用いられている。ナラティヴは意味を生む行為と深く関係する。変えようのない事実や関係そのものも，語りのあり方で意味づけが変わり，あらたな現実を生んでいく。この特性を心理療法に活かすアプローチも盛んである。

　人は自分の人生を語ろうという根本的な心のはたらきがある（Elms, 1994）。人は根本的に，体験を物語の形式やプロット構造へと体制化するレディネスあるいは傾向性を持つ（森岡, 2013）。ナラティヴという認識の枠組みを心理学的に基礎づけたブルーナーは，ナラティヴを人のコミュニケーションにおける最も身近で力強い言語形式の１つであるととらえ，ナラティヴが談話のレベルではたらくときの特性を論じている（Bruner, 1990）。ナラティヴの基本的な構 成 要 素 は 出 来 事（events），心 的 状 態（mental states），登 場 人 物（characters）あるいは役者（actors），そして彼らがかかわって生じる事（happenings）である。それらは物語の筋（プロット）の中で意味が与えられる。

　ナラティヴの視点は時間変化の記述に特徴がある。ナラティヴは出来事につながりを与え，時間の展望をもたらすように構成していくはたらきがある。個人の現実における体験の時間は，直線的ではない。体験を語るときの時間構造は豊かな時間位相を含む。時間記述にかかわるナラティヴの特徴は実践場面で特に活きる。ホワイトとエプストン（White & Epston, 1990）によるとナラティヴの利点は，個人や家族の体験が時間の流れの中に位置づけられるところにある。そして語りという形式を通じて，語り手は自らが体験した出来事に対

していったん距離を置くことが可能になる。混乱した状態において，自己の生と困難についてまとまった物語を得るのは，支えとしての力がある。特に感情のコントロールに役立つ。

ナラティヴと心理療法

心理療法の領域では1990年代より，ナラティヴを基本においたセラピーが話題を集めている。これは言語が現実を構成していくという社会構成主義（social constructionism）に依拠するもので，主に家族療法の理論的展開の中ではじまり，ナラティヴ・セラピー（White & Epston, 1990），コラボレイティブ・セラピー（Anderson & Gehart, 2006）などが注目を浴びて久しい。また同時期に，物語モデルをもとに保健医療および心理療法の実践を進め記述する動向が展開している。特にNBM（Narrative Based Medicine）は医療領域にて注目を集めた（Greenhalgh & Hurwitz, 1998；Charon, 2008）。日本では河合（1993）が，分析心理学の立場から，「物語」「語り」を心理療法の分野に導入し，独自の展開を行ってきた。

以上は，社会科学や人間科学にて，ナラティヴ・ターン（物語論的転回）が話題になったことと連動している。体験の想起，語り直しを通じて，クライエントの生活史に位置づけていくという作業がさまざまな心理療法の各学派で共有されるところから，ナラティヴは心理療法や対人支援，心身のケアにおいて立場の異なる学派をつなぐ概念と目されている（森岡，2007；2015）。

このような動向が同時代的に生じたのは，科学技術の進展が，医療，福祉，教育の現場に行きわたり，人が科学的に処置される対象として断片化され，1人ひとりの人生，個人の生が見失われてしまう現代的課題に人々が直面したことが背景にある。

社会歴史的背景

在地の知恵（indigenous knowledge）としてどのような民族社会においても，心にはたらきかける方法があった。地域，家族集団の範囲で，人と人あるいは集団間の紛争，葛藤の処理に一定のシステムがはたらいていた。たとえば村の祭りで，かつてあった闘いを演じ，魂を鎮める。それによって村人たちは慰謝を受け，生活への力を回復するのである。経験の象徴化，儀式化を経て民族，集団の歴史の中に出来事を意味づけるシステムが維持されてきた。葛藤対立にともなう喪失，傷つきへの癒しの処方は文化が用意したのである。

ところが，文化のシステムとコミュニティを根こそぎ奪うという事態が近代においてたびたび発生した。ナラティヴ・セラピーがオーストラリアそしてニュージーランドで心理社会的実践としてクリアに立ち上がったのは，先住民との関係にかかわる歴史と無縁ではない。まさにポストコロニアル（植民地支配後）な状況を反映している。ナラティヴ・セラピーを単なる家族療法の展開形としてとらえるだけではなく，このような社会歴史的背景においてとらえる必要があろう。また最近のナラティヴ・セラピーの展開では，紛争葛藤解決という社会的政治的な課題に積極的にアプローチし，セラピストは立会人，証言者として位置づけられる（Winslade & Monk, 2000）。このような動向は以上の文脈と無関係ではない。先住民への償いは，いかにしてなされ得るのか。彼らを「トラウマ」を受けた患者として，「治療」できるのだろうか。セラピストたちにとって深刻なジレンマである。

　ブルーナーは，その特徴の1つに，「例外的なもの（unusual）と規範的なものをつなぐ」ということをあげている。この例外的なものの極みは戦争，災害といった社会歴史的な出来事であろう。規範だけでなく，例外的なものを許容し，理解可能にするストーリーの特質が人と人の葛藤を和らげ，緩衝地帯をつくり出す。

　実践では，個別の文化歴史を背景においた人と人が，率直に会話の場をつくることから始める。相手がその生活においてこちらが計り知れない歴史を背負っている。しかしなんらかの支援ができないか。接点そのものがわからない，ゴールもはっきりしない時に，せめて可能なのは相手の生活を知り，そこから教わることではないか。このような反省からナラティヴ・セラピーの立場が形成されたといえよう。アンダーソンとグーリシャンの無知（not-knowing）という姿勢も，このように理解できよう（Anderson & Goolishian, 1992）。

家族理解と支援へのナラティヴ

リフレクティング・プロセス

　さて，以上のような社会文化的文脈はそのまま家族理解と支援にもあてはまる。1つひとつの家族はそれぞれ歴史と文化を背景に持つ。既存の知識や枠組みをもとに理解し，介入することの限界と弊害に直面したことの反省から，ナラティヴという観点の実践的な独自性が主張されるようになった。家族療法で

は，アンデルセンのリフレクティング・プロセスがそのような観点の源流である（Andersen, 1991）。家族療法のセッションを，リフレクティング・チームが観察する。それを家族に公開する形でディスカッションを行う。専門家たちも断言は避け，家族の可能性を率直に話し合う。家族も，その会話を聞きながら，自分たちに対する肯定的な側面やこれまでとは違った新たな視点にふれる。相互のリフレクションが今ここの状況で動き出す。家族は新たな会話を始める。チームはまたその会話を観察し，コメントを述べ，家族はそれを聴く。この往復は，「会話が会話に影響を与え，影響を受けた会話がまたさらに異なる会話へと発展することになる」（坂本, 2013）。このような会話を重ねることで新たな現実が構成される。

会話による現実の構成

リフレクティング・プロセスの実践で，会話が現実を構成していくことに注目することにより独自の認識論が展開する。まず当事者という視点，人が生きている現実へのまなざしが起点であること。そして，人の生の現実は多元的で，変容可能性を持つという現実観である。

たとえば医療専門職による診断や情報は有力で，1つの現実を生むが，その文脈での現実にすぎない。患者も生活の文脈の中で自分の病気について，異なった現実を作り出し，それに対する説明モデルを持つ。医療では複数の説明モデルが並立するが，いずれもストーリーの形式を有する。複数の現実を認め，それらの現実が交叉する領域を活かす実践は，医療に大きな変化を与える（Kleinman, 1988）。

社会構成主義は，言語行為による現実の構成という視点を，人間科学や社会科学の実践に活かす立場の総称であり，ナラティヴ・アプローチの理論基盤をなす。現実は社会的に構成される。現実は言語による意味づけによって維持される。現実を維持する最も重要な媒体は会話である。個人の日常生活は，彼の主観的現実をたえず維持し変形し再構成する会話のはたらきに支えられている。ナラティヴ・アプローチの実践は会話が基本となる。そして，セラピストは積極的に会話を維持する伴走者である。

問題の外在化

外在化（externalizing）は，1980年代前半に家族療法の領域にはじめて導入され，ナラティヴ・セラピーの中心となる技法である。面接場面で扱われる

「問題」は，個人の内部にあると考えるのではなく，社会的に構成された産物として理解する。外在化とは，自分が問題と同一ではないということを理解できるようにする方法である。「その『問題が』あなたの人生にいつ忍び込んできたのですか？」このような問いからはじめ，問題を当事者がしっくりくる言葉で言い表すサポートをする。診断名ではなく，体験により近い言葉を探す。

　「問題」が個人の人格や性格などに起因するものであり，個人の内面に存在するものというとらえが，当事者たちを自責や無力感に追い込む。生活の場だけでなく専門家を訪ねても，問題が自己の内側にあることを固定するか，あるいは，家族構成員の1人を特定しその問題から，子どもの症状がはじまったというような理解が先行したり，診断名というラベルで強化してしまうことが得てして生じやすい。

　行動をとらえるラベル，定義は作られるものである。自らの理解の枠組みや視点そのものを問いにのせることが，ナラティヴの発想である。

ストーリーの書き換え

　ナラティヴという視点をとることで，クライエントたちは共通して，「自己物語」を変えざるを得ない転機・節目にある，ととらえることができる。「アイデンティティ」のテーマは，広くとらえると，自己物語の書き換えが問題になっていることが多い。それまでの自己を支配するドミナント・ストーリー（dominant story），たとえば学校や会社での成功，優等生や出世の物語が生活の上で優勢であったが，クライエントが訴えている病や問題がそれに替わるストーリー，すなわちオルタナティブ・ストーリー（alternative story）を生き直そうと動いているととらえることができる。

　クライエントに対して自分の言葉で問題や症状を語ることをうながす。この試みをともにすることの効果は，けっして小さくない。医療や学校現場は，文脈を支配する有力なナラティヴが前提になっている。診断名というラベリング自体がドミナント・ストーリーであるととらえることもできる。専門家の側が症状・疾患に付与する物語であり，患者と家族を拘束することがあり得る。だからこそ，患者と家族が自分の症状を自分たちの言葉で述べてみる，オルタナティブ・ストーリーを生み出していく，その機会をサポートすることは家族支援の共通基盤である。

瞬時に立ち現れるストーリー

　家族は個人にとって自己物語の源泉であり，物語に満ちあふれている。家族を知ることは自分を知ることである。カウンセリング場面では，家族の問題という直接的な主訴で来談されたわけでなくとも，家族のストーリーが日々紡ぎだされている。ストーリーというと，長々と語るという印象がつきまとうが，臨床場面では，ストーリーは言語的に示されるものとはかぎらない。断片的な言葉やふるまいに瞬間的に見てとれるストーリーがある。

夫婦面接でのエピソード

　不登校が続く高校生の男子が家で母親に暴力をくり返す。ご夫婦で相談にこられた。父親は「人生は学校だけでないといつも息子には言いきかせております」とくり返し反省の念を述べられる。しかし，息子はけっして，態度を変えることがない。ご夫婦の入室時の様子が印象的であった。母親が先導で入室し，父親とソファに並んでいったん腰掛けた後，母親は父親から少し離れてソファの隅に座るという行動をとった。その結果，父親とセラピストが対峙して向かい合い，母親は父親とセラピストを斜めから見るという面接の構図となる。ほんの一瞬のことであったが，その構図の中で，セラピストである私は居心地の悪さを感じた。

　ここで私が感じた居心地の悪さとはどういうものだろう。母親からは私と夫のやりとりが斜め横から眺められ，「私は被害者です。この夫を直してください。先生に協力します」というメッセージがたちどころに伝わってくる。瞬時に読み取られるこの家族のストーリーといえる。相談の場に持ち込まれる症状や問題の中にこそ，凝縮した家族のストーリーが読み取れるといえるし，また家族のストーリーの中において，症状や問題をとらえることでその意味が見えてくる。

出来事の意味の再構成

あるカウンセリング場面で

　クライエントＡさんは40歳代半ばの会社員の方である。次女（17歳）の不登校の問題で相談にみえている（Thは著者）。

　　A1　この前こんなことがあったんです。ちょっと外に出ていくのに何本か

鍵をつけてたキーホルダーから家の鍵を抜き出して，いきなりキーホルダーだけ床に投げて，鍵だけとって出ていったんです。どこが気にいらないのか。生理中もあってイライラしていたのとちがうのかなあ。ところがその次の日自分のその鍵がなくなってしまって，とても家で荒れて。「猫が鍵をどこかへやった」と猫にあたるんです。

Th1　本人はなにを求めてたんでしょうね。

A2　なんかいつも気に障ると猫にあたっていじめる。

Th2　本当はお母さんになにか言いたかった。

A3　でしょうね……口でいわないからわからないけど。キーホルダー，私が買ってきたやつが気にくわなかったのだろうけど，いきなり投げつけて……

Th3　どんなやつがほしかったのかな。

A4　上の子だったら，わかる。くだらないものつけて。ほんと子どもっぽいキャラクター商品みたいなのが好きで，それがまた似合ってるところがあって。

Th4　憎めない。でも妹さんの場合……

A5　鍵はけっきょく出てきたんですよ。ジーパンのポケットをそのときはわからなかったけど，後でもう一回ズボンごとはたいたら鍵が落ちてきて。（Th5それはよかった）でも猫にあたって痛めつけるときはもう見てて手がつけられない。猫がかわいそうで。

Th6　猫の味方になってしまうんですね。

A6　（沈黙）

Th7　そのすさまじい癇癪は，だれか似てる人，身近にいたのだろうか。

A7　別れたこの子らの父親のことだけど。一度家の窓ガラスを全部割ったことがある。なにが原因だったか覚えてないけど。（Th8そりゃすさまじい）田舎で，植木屋さんだったから，まだ主人の父親が実権を握っていたから。その父親もきつい人だった。なにかおもしろくないことあったのだろうけど。ちょうど下の子が生まれた頃だった。とにかく朝から夜遅うまでこき使われた。身体も悪くなって，もうぎりぎりだった。（この後クライエントはご自分のうまくいかなかった結婚生活のことをふりかえられる）

この事例はある面接セッションのごく断片的な抜き書きであるが，いくらか

の背景が読み取れる。家族には姉（19歳）がいて，すでに独立して家を出ていること。父親について姉のほうは自分の気持ちを素直に言って行動する力があるが，妹本人は姉の影に隠れ，父親への気持ちを人にうまく伝えることができず，自分にもわからぬままときどき粗暴な行動（猫いじめ）に出ること。母親も本人の気持ちに寄り添う余裕がなく，ややもてあまし気味であること。このような状況が背景にある。

　この事例では，２つのエピソードが語られる。「娘の鍵紛失の件」（A1）と「離婚前の婚家先での出来事」（A7）であり，前者はごく１週間前の出来事，後者は10数年前の出来事である。前者のエピソードでは鍵をなくした娘が癇癪を起こし，飼猫にあたるということが語られる。娘が抱えている否定的感情は猫に向けて発散される。この語りは，10年前のエピソード「夫の暴力に耐えかねて婚家先を出る」（A7）という出来事につながる。

　ここで一見つながらない２つの出来事が，物語的連関の中で意味を生み出すところに注目したい。家族の三世代がかかわるエピソードとしてとらえられる。現在の話題に沿いつつも，もう１つの時点の話題がつながってくる。一見して不連続な話と話のあいだを，聞き手はどこかでつながっているのだと思って聞く。このような聴取のポイントをつかむことがナラティヴ的聴取の基本となる。異なった時間の体験がそれによって照合され，そこに発見がある。

問題を自分たちの言葉で語る場

　ナラティヴ論の基本的な姿勢として，クライエントの問題の背景になんらかの要因を仮定し，それらを探るという視点をはずすことがあげられる。

　問題の原因を外に探すのではなく，まずセラピーの参加者がみんなで，問題とよくつきあってみようという姿勢で積極的に話し合う。個人が自分の生活，人生を十分に語ることの治療的意味に注目し，自分を語れる環境を整えることに配慮する。そしてセラピストはクライエントが自分の言葉で問題や症状を語ることによき聞き手であろうとする。

　クライエントは自分の生活と人生の専門家である。セラピストが正解を持っているのでない。クライエントの言動に対してセラピストは専門知による解釈をしない。一般的な説明ではなく，クライエント自身の生活の専門性を尊重し，その生活世界の内側から理解したい。そこから見えてくるものを通じて，セラピストは積極的な会話の相手として，クライエントとの対話空間が広がるような問いかけの工夫をする（Anderson, 1997）。この問いは，クライエントの多

様な体験をひとまとまりのストーリーにつなぐヒントとなる。ストーリーラインは、「その人の多様な人生経験を一つに統合し、自身の歴史における連続感覚をその人に提供する」（White, 2011）のである。

（森岡正芳）

6 ネットワークと家族
〜インターネット時代の人間関係

ネットワークとは

　20世紀末から普及し始めた複数のコンピュータをつなぐインターネットは、個人や社会のあり方を大きく変えた。とりわけパーソナルコンピュータがインターネットに接続されるようになると、コンピュータ間のネットワークがそれを利用する人々のネットワークの形成へと向かった。こうした変化はコンピュータ自体の発展とあいまって知識や情報へのアクセス、共有を容易にするとともに、人間関係の意識の変容をもたらした。この傾向はインターネットを利用したさまざまな新しいサービスの登場とともに、今後も進行すると思われる。ここでは、インターネットを媒介にした人々のネットワークについて述べる。以下では特に断らないかぎり、ネットワークをコンピュータなどのハードウェアのネットワークの意味ではなく、人々のネットワークの意味で用いる。

　ネットワークについて江下（2000）は、これまでの研究を参照しつつ「ネットワーク（構造の）社会の本質的な要素とは、つまるところ、お互いに共通の基盤を持った上で、個人どうしが自立的な相互依存関係を持つこと、となろう。自立的であるという点が参加の自主的判断の尊重であり、この前提のもとでの相互依存は互酬という行為で具現化される」と述べ、メンバーの自立性（自主性）と互酬性がその基本的な特徴であることを指摘している。

　インターネットが一般化している現代にあってこの基本的な特徴は変わらないにしても、それはネットワークの成立に欠かせないコミュニケーションに大

きな影響を及ぼしている。そこで次にコミュニケーションからみたインターネットの特徴について述べたい。

インターネットによるコミュニケーション

　ネットワークの形成，維持，発展にはコミュニケーションが欠かせない。インターネットの普及によって，コミュニケーションのあり方は大きく変化した。変化の特徴は，これまでに比べて時間，空間，参加者の制限が著しく減少し自由度が増したことにあるといえよう。

　たとえば情報の発信と受信はほとんど瞬時に実行され（伝達の即時性），情報発信のタイミングにも時間的制約はなく，24時間いつでも実行できるし，機器さえあれば発信場所は限定されなくなった（場の無制限性）。これまで，伝達の遅速はコミュニケーションをする両者の物理的距離と受信後に受信者が情報にアクセスするタイミングによって左右されてきた。だが，インターネットでは，光速でコミュニケーションしているという理由から距離はほとんど問題にならないので（距離の短縮），伝達の遅速は受信者側の事情によって決定されるといってもよい。時間と距離とは相互関係にあり，従来のコミュニケーションでは距離が大きな要因となって時間に影響していたが，現在では時間と距離にもし制約があるとすれば，光速レベルの話になってきている。

　距離の短縮は時間的側面だけではなく，空間の非共有性を生じさせる。距離に関係なくリアルタイムにコミュニケーションが成立するのであれば，ある瞬間に両者が一定の場にいる必要はない。また，電気信号の共有性（複製の容易さ）を付け加えて考えれば，同時にコミュニケーションに参加する者の数に制限はない。

　こうしたことを可能にしたのは，インターネットに流通している情報がすべて電気信号化されているからである。光速が問題とされるのも，コミュニケーションが電気信号に変換された上で実行されているからにほかならない。情報が電気信号化さえできれば，文字，音声，映像の区別なく，すべてインターネットを介して発信できる（情報内容の多様性）。しかしこれを逆にいえば，伝えるべき情報は発信者によって電気信号化され，受信者が復号化できる情報に限られるといってもよい。このことは情報の純化と呼べるかもしれない。インターネット以前のコミュニケーション手段を考えるとき，伝えたい情報以外に情報を表現する媒体自体が付加的な情報を持っていた。音声，紙，筆記用具等

がその例である。それらはコミュニケーションする際に否応なく付随するものであって多かれ少なかれ意識せざるを得ず，媒体の持つ付加的情報を積極的に利用したり逆に秘匿したりしてきた。しかし電気信号を用いるインターネットでは，媒体が持つ付加的情報は一般の者にとってほとんど皆無に近い。つまり受信者に届く情報は届いた情報がすべてであり，発信者の特別な意図がないかぎり付加的な情報は存在しない。それは一方では効率のよい情報伝達をもたらすが，他方では情報の冗長度が減ることで，届けられた情報のチェックが困難になったり，発信者自身に関する情報を隠蔽したりするのも容易になった（匿名性）。

自律性の増加──「縁」からインターネットへ

　わが国ではネットワークに類似の言葉として「縁」がある。「縁」は，自らの意思で作る関係というよりも，住所，学校・職場など外的要因によって形成される関係であり，これまで地縁・血縁に代表されるような「縁」への参加は本人の意思とは無関係に生じた。しかし参加の契機こそ本人の意思とは無関係であったとはいえ，一度「縁」の中に入ることができれば生活上の便利さや心理的安定を手に入れることができたし，同時に「縁」の構成員に対してそれらを提供する行動が期待された。地域や血縁関係によって集団が形成され，それによって集団構成員が一定の利益を授受できるという形は，むろんわが国や人間ばかりではなく広く生物圏によく見られる形といえるだろう。しかし，地域ネットワークへの参加が個人の自由意思によって拒否あるいは消極的な参加にとどまっても，生活上の便利さや心理的安定が他のネットワークで入手できるようになることで，地縁や血縁の持つ意味は減少したといえよう。そもそも農業社会から工業社会への変化とともに土地への執着性が希薄になったことで，地縁の必要性は減少し始めたといってよく，しばしば指摘されるようにインターネットの登場以前から地域社会がすでに崩壊し始めていたともいえる。

　この現象に拍車をかけているのが，インターネットによるネットワークであることも事実である。前述したように，これまでコミュニケーションを制限していた時間・空間等の要因を考慮する必要がなくなった結果，人々は世界中にあふれているネットワークから個人の意向に沿ったものを自由に選択できるようになった。こうしたコミュニケーション形態は重層的で多数のネットワークの形成を可能にし，必要であれば自らネットワークを立ち上げることも容易に

なった。すなわちネットワークの特徴である自律性を，大幅に増加させたといえるだろう。

互酬性──情報から絆へ

　ネットワークの互酬性は大きく分けて，道具的互酬性と心理的互酬性という2つの目的を指摘することができると思われる。前者は生活，経済活動，知識・情報の共有・伝達など特定の目的を達成することが目的であり，他方は心理的安定性や親密性など人間関係を形成することが目的である。

　道具的互酬性については，近年，主として社会学の分野で社会関係資本という概念が注目されている。その定義は必ずしも定まっていないが，たとえば「人々の社会的なネットワークであり，その中で意識的に共有される規範，価値，信頼を含み，そこでの関係性を通じて人々の協力や共同行動を推進し，共通の目標と相互の利益を実現するために貢献するもの」（吉村，2007）とされる。要約すれば，人々が信頼と規範に則ってネットワークを形成することで，互いに必要な利益を授受する仕組み，といえばよいであろう。この視点が注目されるのは，インターネットの普及によって従来に比べてより多くの人々がより容易により広範にこの仕組みを利用することが可能になったからである。

　たとえば「オンラインSHG（Self Help Group＝自助グループ）では，参加者の心理的・肉体的ストレスを軽減するように互いに支援したり，情報発信や社会的活動を促進したりしている。不登校，いじめ，引きこもりなどの心理的問題から，ガンや難病のような身体的問題まで各種のSHGが存在し，それらの有効性は広く実証されている」（宮田，2005）。

　このような社会関係資本の目的は，一定の目的を達成するために形成・維持されるものであり，その領域に限定した利益を授受することが主たる目的である。しかし，難病のようにその解決（治癒）に至らなくとも，共感や当事者ならではの理解によってより深い親密性を形成する可能性を秘めている。時にはそのSHG本来のテーマから逸脱した範囲まで自己開示することによって，親密性が一層深化することもあろうし，自己成長を促すこともあろう。とはいえ，参加者の匿名性は高くネットワークからの離脱も自由であり，誤解や責任の所在の曖昧性といった限界があるのも事実である。

　このように，ネットワークには，特定のテーマに関する互酬性だけでなく親密性という互酬性（絆）が発生する可能性を含んでいる。宮田（2005）は，こ

のことについて「オンライン・コミュニティは基本的に弱い紐帯であると考えられる。参加者の関与が低く容易にやめられる関係である」としているが，続いて「しかし，常に弱い紐帯であるとは限らない。強い紐帯になるのは，接触時間，自己開示，複合的メディアの利用である」とも述べ，紐帯を強くしようとする指向性が常にはたらいている可能性について示唆している。これは当然であり，紐帯が強化されるほど集団としての凝集性も高まり，ネットワークにとっては安定上で有利だからである。宮田が指摘したように，紐帯が強化されるためには，コミュニケーションの量（接触時間）が増加し，質（自己開示）が変化することが必要である。インターネット空間では前述したように量の増加は容易に実現できる。SNS（Social Networking Service）が出現したのは，まさにこのためであるといってよい。

希薄化する人間関係——SNSの危うさ

SNSとは，「人と人とのつながりを促進・サポートする，コミュニティ型のWebサイト」（e-Words）である。従来からある電子メールと比較すると，電子メールが送信者に伝えるべき情報がまずあってそれを受信者に伝達することを主な目的とした手段であるのに対し，SNSは相互に送受信しあうこと（コミュニケーションすること）によって仲間（コミュニティのメンバー）になることが重要かつ主な目的である。交わされる内容はコミュニケーションを成立させるための手がかりという位置づけで，情報伝達の目的で使うことはあってもそれは必ずしも本来の目的ではない。SNSをフロー型メディアということがあり，そこで交わされるやりとりは，日常生活の雑談・おしゃべりのように時間とともに流れ去って忘れられてよいとされる。

SNSは基本的に会員制で，参加する場合には既存の参加者からの招待がないと参加できないものも少なくない。ここからもわかるように，SNSは従来のオンライン・コミュニティから，強い紐帯指向を抽出しそれに特化したメディアだといえる。

現在，若年層（小学校高学年以降）を中心にSNSは広く利用されている。年齢層によって使用しているSNSや利用形態に違いがあるようだが，「10〜20代でLINEの利用率が6割を超え（中略）利用頻度はLINEの『ほぼ毎日』が最も高く，特に10〜20代では約4割が『ほぼ毎日閲覧や投稿，発信』」している（第14回全国消費者価値観調査（CoVaR），2014）。

若年層が中心であることは，SNSとSNSを技術的に支えるスマートフォンの登場が最近であることに由来するといってよいだろう。たとえばスマートフォン（iPhone）が2007年6月，mixiは2004年3月，LINEは2011年6月である。なにごともそうであるように，技術には正の部分と負の部分がある。新しい技術はその使い方が文化として定着するまでには，試行錯誤とその結果を受けた技術的改良や社会的ルールの確立に一定の時間が必要である。情報機器（端末）やそれを利用するソフト（アプリケーション）やシステムは現在進行形で発展しており，完成形をみていない現状では以下の議論も不十分かもしれないし明日には妥当でなくなるかもしれない。だが，SNSの影響と考えられる人間関係の希薄さが指摘されるようになっているのも否定できない。

　たとえば土井（2014）は子どもたちの世界で起きているSNSの利用について「ネットのおかげで，いまや私たちは，いつどこに居ても，つながりたい相手と即座に接続することが容易になりました。しかし，いつでも誰かとつながれる環境が用意された結果，皮肉にも一人でいるときの孤独感は逆に強まっています。いつでも連絡がとれるはずなのに誰からも反応がないとすれば，それは人間的な魅力が自分にないためかもしれない。そう感じるようになったのです。このように，近年のネット環境が人間関係の常時接続化を煽っている側面は，たしかに否定できません」と述べ，「即座に反応を示さないことは，いわばタッチしてきた相手の手を振り払うような行為とみなされてしまうのです。ケータイからスマホへと主流が移行するにつれ，常時接続へのプレッシャーが強まっていくのもそのためです」と指摘している。

　こうした常時接続への圧力について前出の第14回全国消費者価値観調査では，「『どの年代も約5割の人がSNSは面倒だと思う』と答えている」と述べ，若年層のみならず広い世代でSNS疲れといわれる現象が起きており，多くの者がSNSのような関係の持ち方を望んではいない。

　にもかかわらずSNSから離脱しにくいのは，SNSによるグループ（人間関係）が現実のグループと結びついていることが多いからであろう。たとえばSNSのグループは学校のクラスメートであったり職場の仲間だったりする。宮田（前掲）は，オンライン上のサポートの受領について「家族や友人という日常生活空間では強い紐帯からのサポートと同じような効果があるわけではないが，これらの強い紐帯からのサポートに加えてオンライン・サポートの受領があることが精神的健康に影響するという補完関係であると考えられる」と述べている。このようにSNSと現実がバランスを持つか相補的に作用すればよいの

だが，しかし現状は異なっており人間関係の有り様は，SNSのルールに規定されている側面が強い。SNSにおいて人間関係を規定するルールは，なにを会話するかという内容にあるのではなく，スムーズに会話が流れていくこと自体に意味を見出すものである。したがってスムーズさを損ねる相違，反対，独立を意味する内容や行動は認められず，承認と賞賛と一体感を保証する連鎖を維持し続けなければならない。そのような人間関係のあり方が日常生活の人間関係にも侵襲しており，もっぱら親密性を維持する会話が中心でネガティブな気持ちは表現されない関係を保っている。小学4年生から中学2年生を対象とした調査（博報堂生活総合研究所，2012）によると，2007年と2012年とでは，学校生活で，少なくとも学校行事への感想を楽しいと答えた者の割合は増加しており，遠足が71.4％から77.8％へ，楽しいと感じた者が少ないマラソン大会でも18.8％から24.6％へと変化している。非日常的なイベントでは充分に楽しんでいる様子が伺え，気分が高揚する場面で楽しめる方法を持っていると思われる。

その一方では，つらさや困りごとといった負の部分については家族へとシフトしている状況が浮かび上がっている。2007年と2012年を比較すると，「家族にいっていない秘密がある」が45.6％から39.4％，「部屋に親が入ってくるのはいやだ」が45.6％から36.6％と減少し，「家族といる時の気持ち＝ほっとする」が38.3％から45.8％と増加している。家族との距離は全体として近くなる方向に変化している。また，「大切な話をどちらの方にはじめに話すか」では，2007年には「お父さん，お母さんの方」が51.0％，「友だちの方」が49.0％と拮抗していたのに対し，2012年では前者が60.1％。後者が39.9％に変化している。親密な関係が友人から家族にシフトしている傾向が顕著である。

「ほっとする」場として家族が機能していることを肯定的に考えることができる一方，発達的に家族から自立していく段階にある彼らの将来を考えるとき，家族とは異なるメンバーとの間で親密な人間関係を築くことができるのだろうかという不安も残る。家族との関係は彼らが誕生してから10年の歴史があり，その間さまざまな出来事を経験する過程で形成してきたもので，彼らにとってすでに知りつくした手近な関係といえる。それに対して友人関係はなにもないところから双方が手さぐりしながら成功や失敗を積み重ね，関係が破綻する危機を乗り越え修復しながら形成する作業が必要となる。それは楽しいだけの関係では済まない。こうした経験を避けてしまうことで，新たな人間関係をつくる技術や経験が蓄積されないことを恐れる。

これまでネットワーク上の人間関係（対象が人間であれゲームのキャラクタ

ーであれ）は非現実の関係であり，現実の代用であるとする議論が多くされてきた。たとえば小此木は「ヴァーチャル・リアリティが，これからますます，現実にかなわない夢や，実現できない願望や衝動を処理する，とても重要な心の仕組みになることは確かだ。（中略）現実の対人関係では得られない特有のかかわりが得られ，親密さが生まれる。（中略）そこは，現実の世界で得られなかったむなしい心を満たしてくれる」と述べている（小此木，2000）。

　だが現在の問題は，ネットワーク上に存在する見かけの親密性が現実の世界に侵入し，日常生活でも対立を招く相違や異質性を排除する方向で人間関係がつくられる傾向が存在することであろう。その文化の中で，家族システムの遠心性原理と求心性原理とのバランスをとることが要請されよう。

（大熊保彦）

 脳の発達とアタッチメント

はじめに

　アタッチメントは子どもが不安・怖れを感じた際に，養育者とくっつく（アタッチする）ことにより安心感・安全感を感じ，外界に対する警戒を解いて探索を可能とするシステムである。警戒状態では防衛のために感覚受容と反応の構えを特定情報に集中する必要があり，外界探索は制限されざるを得ない。それに対し，安全・安心を感じられる状態では外界の細かい変化をも受け入れて分析し，興味・好奇心を持って探索する余裕が生まれる。体験は統合され，蓄積されて脳は発達する。

　アタッチメント理論は，発達心理学・家族心理学における社会行動・情動行動に関する重要な枠組みである。情動発現をともなうアタッチメントは安全確保の社会機能を担うものであり，感情学習や情動認知の側面を持つ。アタッチメントは社会的認知機能であり，これを担う内的作業モデル（Internal

Working Model，以下IWM）は，意識／無意識の水準を問わず，自我感覚（自他分化：意思決定の境界に関する感覚）を支えている。

ボウルビー（Bowlby, 1973）は生後6か月頃から5歳くらいまでの早期のアタッチメント経験を基礎とするIWMが，その後の人生に極めて重要な意味を持つと考えた（坂上，2005）。IWMの役割として，人が困難でストレスの多い場面で情動的援助が必要となった際に，IWM上にアタッチメント対象によって保護してもらえるとの自信・安心感があると，本人にゆとりを生み（Bretherton, 1996），効果的対処が可能となる。

本稿では集団行動を成り立たせている人の社会的認知機能（アタッチメントシステム）の形成・発達とその脳的基礎を瞥見する。ただし，アタッチメントの脳的基礎を論じた研究報告は近年増えつつあるものの，その発達過程を脳の成熟・発達という観点から論じた研究成果はまだわずかである（Nelson & Panksepp, 1998；Atzil et al., 2011；Music, 2011；Feldman, 2012）。したがって本稿は現段階での理解のアウトラインを示すにとどまり，その議論には試論的側面が多く含まれる。

親の養育とアタッチメント

アタッチメント理論は適切なフィードバックにより肯定的または否定的な子どもの信号に反応する，親の能力が第一に重要とみる（Bretherton, 1996）。子どもが過去の出来事を語っている時，子どもたちが試みていることに敏感に気づいてあげることで，親は子どもの自己，親，社会世界に関する内的作業モデル（IWM）の良好なはたらきを向上させることができる。IWMは，アタッチメント対象との間で交わされた過去並びにその時点で起こっている相互作用に基づいて作られる，自己と他者に関する心的表象である。両親との敏感で情動的に開放的なコミュニケーションは，子どもが良好に組織された自己の作業モデルを展開することを可能にする。

アタッチメントシステムはネガティブ感情処理システムであり，ネガティブ感情を承認することで安心するという身体的経験が感情制御の脳機能の発達と回復に大きな影響を与えている。そのため，親子のコミュニケーション不全の回復が子どもの感情制御の発達を促すための重要な役割を果たす（大平，2004）。要は親が心理的資源を子どもに充分に向けていることが重要であり，親が競争的環境にさらされて子どもへの関心がそぞろとなる場合，結果として

アタッチメント形成が不安定になることがある。子どもの信号に敏感ではない親の情報伝達は，対人関係に適したIWMを構築するための能力の形成（人格発達）を阻害する可能性がある（Bretherton, 1996）。ここに家族を理解する上でのアタッチメントの重要性がある。

　ヘッセとメインは養育者自身の過去の喪失やトラウマ等に関する未解決の心的状態が，日常の子どもとの相互作用において「おびえ／おびえさせる」振る舞いとして現れる可能性を示している（Hesse & Mein, 2000）。養育者の赤ちゃんをぎょっとさせる行動は，赤ちゃんに頼りなさ，傷つきやすさ，さらには怖れを抱かせることがある（Liotti, 2006）。

　対人関係において安全を感じることのできない人は，世界を総体的に危険で信用しきれない場所と表象するようになる。アタッチメント理論によれば，隔離的・抑圧的側面を持つ防衛機制はIWMに干渉し，記憶をゆがめたり不適切に修飾することがあり，その結果個人のコミュニケーション能力や現実適応能力を損なうことが起こる（Bretherton, 1996）。安定したアタッチメントにより世界に対する基本的信頼が確立していれば，自信を持ち，周囲に好奇心を持って探索を進めることができる。しかし，アタッチメントが不安定の場合，警戒が先立って周囲への関心と行動を抑制し，場合によっては自身（自我）を守るために攻撃に出ることもある。

アタッチメントシステムを担う脳

　情動を担う大脳辺縁系は脳の中心部にあり，扁桃体－視床下部系が重要な役割を果たしている。視床下部は内臓機能の中枢でもあり，体内環境をモニターして自律神経系や内分泌系をコントロール，動的平衡を保って内部環境（体液成分）の恒常性（ホメオスタシス）を維持している。辺縁系は環境内のさまざまな事象や事物が自己にとって有益か有害かの生物学的価値評価とそれに基づく意味認知などに関与し，視床下部や脳幹のはたらきを上位より制御する（小野, 2006）。

　外界の変化は感覚器官によりとらえられ，視床中継核を通して大脳皮質感覚野に送られる。同時に扁桃体に伝えられ，その外界変化の大まかな意味づけ（評価）が行われる。大脳皮質に送られた情報は，精密な分析・記憶照合によって扁桃体の出力結果の妥当性を検証する。両者にずれがあれば扁桃体の出力は修正される。これらのプロセスにより有害な嫌悪性刺激が識別（評価）され，

感覚刺激の生物学的価値の学習が行われる（西条ら，2006）。この経験がくり返されることにより，特定保護者を安全基地とするアタッチメントと対人関係処理の内的枠組みとしてのIWMが形成される。

アタッチメントシステムが作動するプロセスを考えると，まず環境（あるいは人）が既知であるか未知であるかの区別がある。あるいは自身に生理的欲求が生じるかもしれない。未知のものに不安・怖れや自身の欲求により，不快が喚起されるとそれが覚知されて，情動・行動出力となり，養育者との近接を果たす。その結果不快の解消とともに安心感（表象）が得られて，その体験を意味づけ（感情修飾），記憶（学習）される。この体験が積み重なり，次の体験を意味づけるIWMとなる。

未知・既知の区別は学習による記憶の結果であり，学習成立のための海馬や大脳皮質が関与している。人については個人の識別とともに，その表情・動作の識別が必要である。これらの機能を成り立たせている脳システムは社会脳（紡錘状回，扁桃体，前頭葉眼窩部，上側頭溝などからなる）として近年研究が急速に積み上げられてきた（千住，2012）。自身の体の状態，空腹やのどの渇き，体温など，生体維持のコンディションは視床下部によって担われ，快・不快として感じられる。

アタッチメント行動は不安・恐怖が喚起されることから始まるが，これは側頭葉内側部にある扁桃体の活性化による（三浦・神庭，2006；船橋，2007）。扁桃体は入力情報の粗い分析により視床下部に情報を送り不快感情と内臓・内分泌系への調整出力が行われるとともに，同時に大脳基底核等の運動出力系にもシグナルを送り，防御反応や回避・逃避反応を喚起する（西条ら，2006）。母親等の既知の保護者がいる場合は感情出力，運動出力の結果として保護が実現し，安全感覚（視床下部による快感情並びに視床から側坐核，前頭葉眼窩部にかけての報酬システムの活性化）が得られる（船橋・竹田，2006）。近年この過程に神経伝達物質オキシトシン，バゾプレッシンが関与すると注目されている（Nelson & Panksepp, 1998；Insel, 1997；Insel & Young, 2001；Atzil et al., 2011）。

虐待と脳の発達——アタッチメントの障がい

ボウルビーの問題意識の出発点は，「母性養育のはく奪」による子どもの心身発達の遅滞，歪曲であり，当時はホスピタリズムとして注目された。ボウル

ビーは親の喪失，別離，養育放棄の結果がパーソナリティの発達を大きく左右するとみなしたが，そのメカニズムは疑問のまま残されてきた。ホスピタリズム（施設病）とは，病院や乳児院・養護施設などに長期間収容された子どもたちが，身体的・心理的発達障害（運動発達，身体発育の障がい，人のはたらきかけへの無反応，無関心など社会性や情緒の障がい，言葉の遅れ，知的発達障害）を示すことである。これらの指摘により今日施設養育については多くの改善がもたらされたが，他方子ども（児童）虐待の問題が子どもの発達に深刻な影響を与えている。多くの研究がネグレクトを体験して混乱型のアタッチメントを持つ子どもは情動的な問題を持ち，より悲観的で自尊感情が低いことを明らかにしている。

　虐待，ネグレクトの結果として反応性アタッチメント障害が知られている（高橋・大野［監訳］，2014）。小児期早期の反応性アタッチメント障害の基本的特徴は，子どもと養育者とみなされる大人との間のアタッチメントの欠如，または著しく未発達なアタッチメントである。その障がいは期待される安楽を求める行為と，安楽を与えようとする行動への反応の欠如で示される。反応性アタッチメント障害を持つ子どもは，日常的な養育者とのかかわりにおいて，陽性の情動を示さないか，示しても少ない。あわせて，その子の感情調節は損なわれており，すぐには説明できない恐怖，悲しみ，または苛立ちといった陰性の情動のエピソードを示す。

　アタッチメント関係が不安定な場合，子どもは大人を信用できないため常に不安があり（対人不安），過剰適応と一方的反抗（反抗挑戦性障害）のいずれか，あるいはその大きな振幅の中で揺れ動く行動となって現れる。コミュニケーションが苦手で落ち着きがないなど，疑似自閉症もしくはADHD様症状を示すことがある。

　子どものネグレクトは特に自己コントロールや仲間関係，少年非行に有害な影響を持つ。ネグレクトされた子どもたちは前期青年期に仲間からより拒否される傾向が強く，後期青年期にはより暴力的であった（Chapple & Vaske, 2010）。被虐待児は他の子がやさしく感じる行為に対して攻撃的意図を見てしまう。早い時期の問題は10代の妊娠や薬物使用，低い学業成績などの問題と結びついている（Music, 2011）。

　発達早期の重度のストレスや虐待は，脳の発達を障害する。そのメカニズムは，発達早期のストレスがストレス反応系の変化を増大させ，これら神経内分泌系の変化により，神経新生やシナプスの過剰形成，および低形成，ミエリン

化などに影響を与える。その結果，外傷後ストレス障害（PTSD），うつ病，注意欠陥多動性障害，境界性パーソナリティ障害，解離性同一性障害，物質依存などさまざまな精神疾患への罹患リスクが高まる（三浦・神庭，2006）。これが母性剥奪による人格形成障害メカニズムである。

　近年の行動遺伝学的研究は総じて，アタッチメントの個人差にかかわる遺伝的影響がほとんどないか，あっても極めて微弱であることを明らかにしてきている。これは脳の成熟・発達（神経回路形成）の観点からは当然の事実である。ボウルビーは精神的な健康や病理は遺伝子を介してよりも家族のマイクロカルチャーを通して伝達されることを指摘している（遠藤，2010）。

　虐待を受けて育った人間の脳は視床下部−下垂体−副腎皮質系（HPA系）の機能不全が起きている（奥山，2013）。虐待など生体がストレスにさらされた場合，扁桃体を通じて視床下部が刺激され，副腎皮質刺激ホルモン放出因子（CRF）が分泌される。CRFは下垂体から副腎皮質刺激ホルモン（ACTH）を分泌，ACTHは副腎皮質からコルチゾルを分泌させる。コルチゾルの慢性的な分泌は海馬の発達にダメージをもたらす（三浦・神庭，2006；友田，2012）。

　出生後の母子分離並びに一貫性のない育児環境は視床下部や扁桃体におけるCRF遺伝子発現の亢進や脳脊髄液中のCRF濃度の増加を起こし，ストレスに対する反応性が亢進する。同時に海馬のグルココルチコイド受容体遺伝子発現が抑制され，結果として負のフィードバック機構が十分に機能せず，そうした子ではHPA系のさらなる反応更新が起こってしまう。早期ストレスが不安や抑うつの脆弱因子となる理由である。逆に出生後にリッキング（舐める）やグルーミング（毛繕い）を多く受けると，海馬のグルココルチコイド受容体発現が亢進し，フィードバック感受性の亢進により，視床下部のCRF発現が抑制される（Francis & Meaney, 1999）。

　被虐待者の発達脳は外界の刺激に過剰に反応して障がいを来たしやすくなっており，その結果として脳の活動能力が落ち，脳構成要素である樹状突起，グリアを含めたネットワーク形成不全が起こっている可能性がある。子ども時代の精神的ストレスはその後の脳の発達における2つの決定的な要素（シナプス形成及び髄鞘形成）に影響を与える。扁桃体もサイズが小さくなっている。対照群では右前頭葉が左に対して大きいのに対し，PTSD群では前頭葉の左右差が認められない。被虐待男児では脳梁中央部が明らかに小さい（友田，2012）。

おわりに

　最後に子どもの心の発達に与える夫婦関係の影響について触れておきたい。

　夫婦間の表立った争いは子どもの外向的問題（攻撃，反抗，かんしゃく，嘘，窃盗など）に強く影響する。家庭内の争いにより，子どもたちは攻撃的にふるまうことを学ぶ。見慣れない人よりも親しい人がかかわっている時に子どもたちはより情動的に喚起されるので，家族内の争いは見知らぬ人同士の争いよりもずっと害が大きい。心理的虐待の一つとみなされる理由である。夫婦関係が崩壊している家庭の子どもたちは怒りの場面の目撃者であるだけではなく，親から受ける振る舞いが首尾一貫せず，罰に頼ったり，過度に優しかったり，応答性が鈍かったりする親に育てられることになる。これでは安定したアタッチメントは育ちにくい（シャファー，2001）。

　家族・家庭は子どもの心の発達の子宮といえる。両親の愛の形はその元で育つ子どもの行動規範を形成する。すなわち両親の夫婦関係が子どもの社会性（社会的認知能力）を育てることになる。したがって，子どもの問題行動への介入にあたって，家族環境を考えずに子どもだけに援助を向けても徒労に終わることがある。子どもを支えるためには「家庭システム」の再生・維持・向上をあらゆる介入努力の基礎とすべきである。親たちへの心理的サポートを提供することが，子どもたちを助けるための最も効果的な方法といえる。育児中の親にストレスを課し，安定したアタッチメント形成に困難な要因を持ち込むことは，アタッチメントの障がいを通して次世代に困難を伝達することになりかねない。楽しい子育てにより，安定したアタッチメントが形成できる環境をあまねく実現したいものである。

（谷口　清）

III

家族発達と援助

① 新婚期

新婚期夫婦の理想と現実

　一般的には，新婚期は愛する2人が結ばれて夫婦となり，新しい生活の中で幸福感いっぱいの安定した段階だと考えられているかもしれない。ところが，現実は必ずしもそうではない。国立社会保障・人口問題研究所の人口統計資料（2016a）の同居期間別離婚件数によれば，同居期間5年未満の離婚は1947年で離婚件数全体の61%におよび，その後減少し続けているものの，2014年は31.6%（うち1年未満6.1%，1年以上2年未満7.1%，2年以上3年未満6.7%，3年以上4年未満6.1%，4年以上5年未満5.6%）で，全体に占める割合は相変わらずトップである。この数値には，子どもがいる夫婦とそうでない夫婦が含まれていると考えられるため，新婚期に離婚に至った夫婦のみの割合を示しているわけではない。しかしながら，結婚後数年という短期間で離婚に至る夫婦は，決して少なくないという現実を如実に表している。

　ところで，わが国における夫婦関係に関する実証的な心理学的研究は，これまで主として中年期夫婦に焦点が当てられてきた。最近になって，乳幼児を育てる段階の夫婦に関する研究も増えつつあるものの，新婚期夫婦を対象とした研究は極めて少ないのが現状である（例えば宇都宮，2015）。一方，カップル・セラピーと家族療法の立場からは，新婚期夫婦の問題は20年以上前から少数ではあるものの，取り上げられてきた。野末（1995）は結婚後約半年で離婚に至った事例について報告しており，平木（2000）も，1990年代以降のカップル・セラピーには，結婚後間もない夫婦の来談が増加していると指摘している。

家族ライフサイクルから見た新婚期夫婦の課題と危機

　それでは，新婚期とは家族ライフサイクル上，どのような時期であろうか。米国の家族療法家マクゴールドリックら（McGoldrick et al., 2011）は，新婚

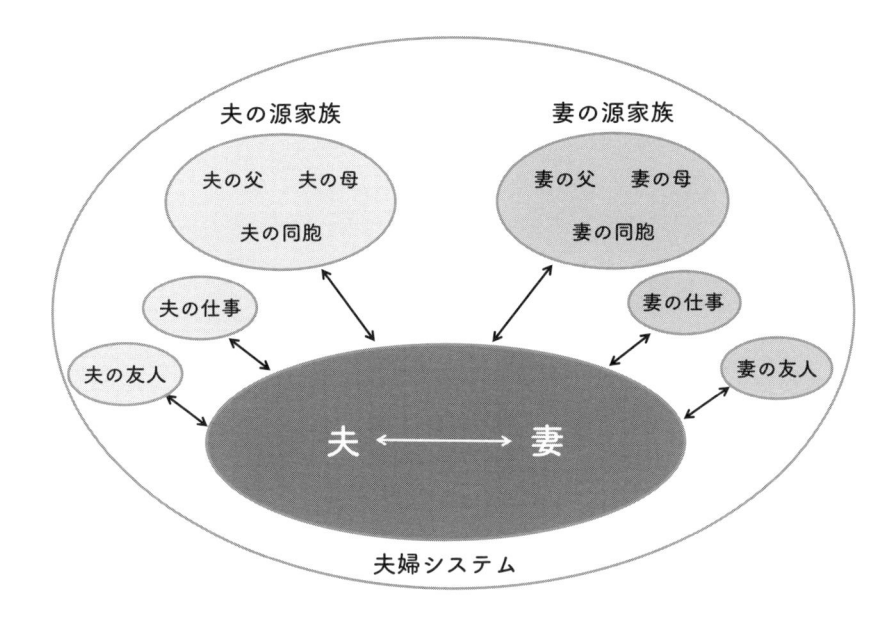

図Ⅲ-1-1　結婚による新たなシステムの構築

期を単に夫と妻の二者関係とは見なさず，結婚によって心理的には夫と妻が生まれ育った2つの家族が結合する段階ととらえ，新たなシステムにコミットすることがこの移行期の基本原則だとしている。そして，発達課題としては，夫婦というシステムを形成することと，新しいパートナーを包含するように，拡大家族，友人，より大きなコミュニティや社会システムとの関係を再編成することの2つを挙げている（図Ⅲ-1-1参照）。

夫婦システムの形成

夫婦としてのアイデンティティの確立：相互適応と相互信頼感

　カップルが夫婦となり実際に結婚生活を始めると，さまざまなことでそれまでは知らなかった，あるいは見ようとしてこなかったお互いの違いを知ることになる。ちょっとしたくせや日常生活の違いから，夫婦や家族そして仕事などに関する価値観の問題に至るまで，さまざまな違いが夫婦に葛藤をもたらす。しかし，米国における実証的な研究（Gottman & Silver, 1999）によれば，長期にわたって関係が良好な夫婦も深刻な問題を抱えている夫婦も，直面する問題や葛藤そのものには違いはない。重要なのは，一方が他方を支配し服従させ

るような関係や，お互いに自分の正当性を主張するだけで歩み寄れない関係ではなく，いかにお互いにパートナーに適応していくかということである。そうしてお互いに2人の関係を大切にしようと努力していく中で，徐々に相互信頼感を確立し，自分たちは夫婦であるという夫婦としてのアイデンティティを確立していくのである。

融合と親密性

　マクゴールドリックら（McGoldrick et al., 2011）によれば，カップルにおける融合的な関係と親密な関係はしばしば混同されたり誤解されたりするという。一般的に，自分自身を犠牲にすることを教えられてきた女性は，男性に合わせるという立場をとることが親密な関係であるとみなし，一方親密さを求めることは男らしくないということだと教えられてきた男性は，パートナーとの関係の中で距離をとろうとし一見すると自立的に見えるように振る舞うか，あるいはパートナーを支配するという形をとることになるという。これらはいずれも，自己とパートナーとの間に適切な境界がない融合的な関係である。

　一方，親密な関係には以下の3つの側面があるという。

①近しさと世話（あたたかさ，時間の共有，慈しみ，身体的親密さ，一貫性）

②コミュニケーションの開放性（開放性，自己開示，葛藤や違いを回避せずに向き合う能力）

③侵入的でないこと（分離不安のないこと，パートナーのプライバシーや1人でいる時間を尊重すること，所有欲や嫉妬のないこと，パートナーの生活上の問題に対して情緒的に過剰に反応しないこと，パートナーの心を読もうとしないこと，パートナーよりも自分の方がパートナーの望みを知っていると思わないこと，パートナーを傷つけようとして攻撃的な批判や危険な暴力あるいは挑発をしないこと，意見が食い違ったときにパートナーを支配しようとしないこと）

　このように，夫婦における親密な関係とは，一心同体ということでもなければ，どちらが勝者かというような関係でもない。レーナー（Lerner, 1989）は，親密であるとは「関係の中で自分を犠牲にしたり裏切ったりせず，相手を変えたり説得しようという要求を抱かずに，相手のその人らしさを承認し合えること」と述べているが，真の親密さとは，2人がお互いにある程度自己を確立しており，自分とは異なるパートナーにどう近づけるか，そしてさまざまなことを共有できるかということである。

新しいパートナーを包含するようにさまざまな関係を再編成すること

さまざまなバランスとり：2人の関係を守ること

　結婚によって，それまでの自分自身の人間関係や社会のネットワークにパートナーの人間関係やネットワークが加わることになり，さまざまな関係を調整し再編成する必要が生じてくる。その中でも特に重要なのが，仕事，友人や趣味，実家と2人の関係の間でどのようにバランスをとるかという問題である。仕事は重要であるが，あまりにも多忙でストレスが蓄積すると，2人で過ごす時間は減り，夫婦間の葛藤もより深刻になる可能性がある。また，友人とのつき合いや趣味も重要ではあるが，2人の関係よりもそれらを優先していたら，パートナーの不満は大きくなるだろう。したがって，夫婦としてのアイデンティティを確立するためには，それらとのつき合い方をうまく調整し，2人の関係が脅かされないように守っていく必要がある。

水平的忠誠心と垂直的忠誠心のバランス

　新婚期の夫婦関係にとりわけ大きな影響を及ぼすのが，源家族（生まれ育った家族）との関係である。多世代家族療法の1つである文脈療法（contextual therapy）では，夫婦などの同じ世代内の横の人間関係における心の絆を水平的忠誠心（horizontal loyalty）と言い，夫婦双方の親や祖父母などの異なる世代間の縦の関係における心の絆を垂直的忠誠心（vertical loyalty）と言うが，新婚期はしばしばこの2つの忠誠心の間で夫婦が葛藤を経験し，どのようにバランスをとるかがが大きな課題となる。そして，ときにそれは離婚の主たる要因にもなり得る。

　愛し合って結婚した夫婦は，自分たちの心の絆はとても強いと思っているかもしれないが，実家の親や祖父母との関係や歴史はパートナーとの関係や歴史よりも長く，自分自身の心の中に深く根づいている。それは，日々の生活習慣，夫婦はこうあるべきだという夫婦観をはじめとするさまざまな価値観，人間関係のパターンなど多岐にわたっている。実は，一見すると2人の間に生じるさまざまな違いによる葛藤は，お互いの源家族での体験の違いを反映していることが少なくない。しかも，お互いに自分にとって馴染みのあることであるために，自分は正しくてパートナーが間違っており，パートナーが変わるべきだと思いやすい。しかし，このようなときにどちらが正しいかということにはとらわれずに，2人の間で新しいルールやパターンや価値観を築いていかなければ

ならない。

　かつては夫と母親の結びつきが強く，それが嫁姑の葛藤を引き起こし，妻が苦労させられることが多かったであろう。つまり，夫の垂直的忠誠心が強すぎて，妻との水平的忠誠心を強めることが難しかった。しかし，最近では一卵性母娘という言葉もあるように，妻と母親との垂直的忠誠心が非常に強く，夫との水平的忠誠心が強くならないケースが増えているように思われる。いずれにせよ，親や祖父母との関係を大切にしつつもそこから心理的に自立し，夫婦の間の絆を強めていけるかが非常に重要になる（野末，2015）。

子どもを持つことについて話し合うこと

　マクゴールドリックら（McGoldrick et al., 2011）は発達課題として取り上げていないものの，新婚期の発達課題として取り上げておきたいのが，夫婦で子どもについて話し合っておくことである。近年の晩婚化傾向や，働く女性の増加とそれにともなう共働き夫婦の増加は，子どもを持つかどうか，そしていつ子どもを産むかということは，多くの夫婦にとって大変重要な問題である。さらに，近年では不妊治療が広く知られるようになり，子どもを欲しいと思っている夫婦にとっては，重要な選択肢の１つとなっている。このように，結婚，妊娠・出産，不妊治療などをめぐる大きな社会的な変化によって，夫婦は子どもを持つということについて，自分たちのライフスタイルや価値観や人生設計とからめて自分たちで話し合い，決定しなければならない時代になってきた。

　つまり，そもそも子どもが欲しいのか欲しくないのか，欲しくないとしたらそれはなぜなのか，子どもを持つとしたら何人望むのか，子どもができたら仕事や家事の分担はどうするのか，実家のサポートをどれくらい期待できるのか，望んでもなかなか妊娠しない場合に不妊治療を受けるのか，仮に受けることに決めた場合はいつまで受け続けるのか，など，夫婦で話し合って決めなければならないことがたくさんある。しかも，すべてが予測したとおりに進むものでもないために，その都度なんらかの修正が迫られることも起こり得る。その中で２人の考えや気持ちが一致しないことも起こり得るために，２人のコミュニケーション能力や葛藤解決のスキルが問われることになる。そして，夫婦の関係そのものが不妊治療の臨床成績を左右することも示唆されている（平山ら，2001）。

　こうして子どもについて２人で考え話し合うことを通して，夫婦の絆はより強めていける可能性があり，子どもを迎え入れ育てるという家族ライフサイク

ルの次の段階に進む準備をしておく必要性があるのである。

夫婦間適応に影響を及ぼすさまざまな要因

　ここまで見てきたように，新婚期の夫婦にはこの時期特有のさまざまな発達課題がある。これらの発達課題を克服するのは，どの夫婦にとっても決して容易なことではないが，マクゴールドリック（McGoldrick, 2011）は，北米における実証的データと臨床経験から，結婚後の夫婦の相互適応を困難にするさまざまな要因を指摘している。

(1) 文脈的要因
・夫婦が自分たちを十分に支えられるだけの仕事や資源を持っていない
・家族あるいは友人が出席しない結婚式
・夫婦のいずれかが高校あるいは大学を途中で辞めている

(2) 以下における夫婦間の相違
・宗教的，人種的，民族的，あるいは階層的な背景
・経済力，社会経済的地位，教育，キャリア選択あるいはスキル

(3) 源家族との問題
・夫婦のどちらかの成功のレベルや社会における位置づけが自分の両親とは異なる：特にそれらが両親よりも低い場合
・夫婦のどちらかが源家族と非常に近く，あるいは非常に遠方に住んでいる
・夫婦が経済的に源家族に依存している
・夫婦の同胞布置の不一致
・夫婦のいずれかが同胞あるいは両親との関係が悪い，あるいは両親夫婦の関係が悪い，もしくは不安定である
・夫婦のいずれかが自分の子ども時代，あるいは青年期は不幸だったと見なしている

(4) 夫が，男性の権利，欲求，あるいは特権は，結婚生活の中でより優先されるべきであり，女性は自分自身の欲求よりも他者の欲求を満たすべきだと信じている。もし，夫が以下のことをしようとすれば，危険性は高まる
・妻を支配すること
・妻を仕事や友人，あるいは家族から引き離そうとすること
・経済的に妻をコントロールしようとすること
・身体的に妻を脅かすこと

(5) 関係のタイミング

・夫婦が重要な喪失体験を経験してほどなくして出会っている，もしくは結婚している
・20歳以前の結婚，もしくは40歳以降の結婚
・交際期間6か月未満，もしくは婚約期間が5年以上の結婚
・結婚前あるいは結婚1年以内に妻が妊娠している

これらはあくまでも北米の夫婦に関する知見であり，わが国の夫婦に当てはめて考えることは慎重でなければならない。しかし，文化は違えども夫婦関係における葛藤や問題には共通点も多く，新婚期の夫婦について理解を深め，また援助する際には，重要な視点を提供してくれるであろう。

結婚前からの準備の必要性

このように，家族ライフサイクルにおける新婚期の発達課題が明らかにされ，また，結婚後の夫婦間適応を妨げる要因が指摘されているが，それでは，発達課題を克服し夫婦が相互に適応しながら良好な関係を保っていくためには，なにが必要であろうか。リンダールら（Lindahl et al., 1997）は，結婚前のカップルのコミュニケーション行動は，結婚後の夫婦の問題や離婚を予測すると述べている。また，欧米では，結婚後の夫婦間葛藤や離婚を予防するために，未婚のカップルを対象にした結婚前カウンセリングや心理教育的プログラムが多数実践されている。バーガーとハナー（Berger & Hannah, 1999）は，実証的研究によって効果が裏づけられているカップルを対象とした予防的なアプローチを紹介しているが，その中で結婚前のカップルを対象としたものは10にのぼる。そして，それらの理論的基盤は認知行動理論から多世代家族療法までさまざまであるが，いずれもカップルのコミュニケーションと葛藤解決のスキル，自己への気づきや源家族の理解が重視されている。

そのような中で，日本ではまだごく少数しか実践されていないものの，結婚前のカップルから結婚後の夫婦までを対象とした心理教育的なカウンセリングプログラムとして世界各国で実施されているのが，米国の家族心理学者オルソン（Olson, D. H.）によって開発されたPREPARE/ENRICH（臨床牧会研究会，2015）である。オリジナル版は1977年に開発され，現在のカスタマイズ版では，カップルの背景や家族構造によって使用する尺度を選択できるオーダーメイドプログラムとなっている。カップルはそれぞれがさまざまな質問項目に回答し，結果はコンピュータによって分析され，そのカップルの強みと成長が必要な領

域がフィードバックされる。結婚前のカップルの場合，回答する主要な尺度として，コミュニケーション，対立の解決，パートナーの性格と習慣，家族や友人関係，家計，余暇の過ごし方，性的な期待，宗教・信念，2人の関係への期待（婚約中の場合は，結婚への期待），性格の特徴（婚約中の場合は，関係における役割）に回答するほか，カップルの関係における力のバランスやそれぞれの性格チェックなどが行われる。さらに，子育てに関する尺度として，子どもを持ち育てることに対する感情や態度，カップルの子どもと親に関する世代間の課題などがある。このように，結婚後に夫婦が直面する課題が生じるさまざまな領域に関する質問項目が設定されており，結婚生活に対する心理的な準備をすることに役立てることができる。

大野（2006）によれば，わが国において結婚前のカップルが話し合うのはせいぜい妻の就労についてであり，家事分担や夫の生活方針（仕事中心かどうか）については8割以上のカップルが話し合わずに結婚に至るという。つまりこれは，多くのカップルが結婚生活を送る上での十分な心理的準備をしないままに結婚している可能性を示唆している。したがって，結婚後の夫婦間葛藤や離婚を予防するというためだけでなく，結婚した2人がより幸福な結婚生活を送り，いずれ子どもを産み育てる準備をするためにも，結婚前のカップルを対象とした予防的アプローチは，わが国においても今後重要になるであろう。

（野末武義）

② 乳幼児を育てる時期

養育のためのシステムづくり

子どもの誕生は，それまでの夫婦2人の大人の関係から，ケアを必要とする乳児を含む三者関係という新たな家族関係への移行を意味する。家族のライフサイクル理論では，この時期の家族の発達課題は，「親役割への適応」「養育の

ためのシステムづくり」「実家との新しい関係の確立」といったことが挙げられている。親として夫婦が協力して子どもを養育する関係を築いていくことが求められるわけだが、その際、養育をめぐって夫婦の葛藤が生じたり、仕事と家庭とのバランスをとる場面が増えたりと、新たな調整や適応が必要になることが少なくない。また、子どもの誕生は実家との関係にも変化をもたらす。親になって改めて、自分の親との関係に向き合うことが増えたり、孫の存在を介した祖父母との関係を意識するなど、実家との適度な距離を保ちつつの関係づくりも大切になる。

　結婚は異なる家族システムが出会う場であり、すべての結婚は異文化間結婚であるともいえる。子育てという新たな営みが加わるこの時期は、異文化度を改めて認識させられる時期でもある。喜びや楽しみ、不安や葛藤などの感情をともなう心理的変化、疲労などの身体的変化、さらに親としての役割や義務などの社会的行為も付随することで、夫婦はより大きな変化を経験することになる。

　また、里親や養子縁組、再婚などによって、血のつながりのない親と子どもからなる家族も存在する。こうした家族関係の変化は乳幼児期の子どもに限らないが、子どもという存在を含めた新たな家族のスタートという意味において、この時期の課題が同様に当てはまる場合も少なくない。新たに子どもが加わるという意味においても、家族の多様性を意識する必要性はますます増えている。

親にとっての子ども──授かるから、つくるへ

　平成17年に1.26という最も低い数字を記録した合計特殊出生率は、ここ数年は1.4前後で推移しており、少子化現象は未だ解消されていない（厚生労働省、2017a）。また、夫婦の最終的な出生子ども数とされる完結出生児数は、2010年にはじめて2人を割り、子どもが2人未満の夫婦が実質的に増加していることも示されている（国立社会保障・人口問題研究所、2011）。

　今や、子どもは「授かる存在」というより、「つくるもの」となり、何人の子どもをどのタイミングで生むかといった家族の選択にかかわる事柄には、夫と妻の仕事の状況や経済状況などさまざまな要因が影響する。また、「つくる」ことの限界の中で、生殖医療という営みによって「授けられる」子どもも増えており、子どもの存在は人の手によってコントロールし得るものとしてもとらえられるようにもなった。少ない数の子どもにできるだけ手をかけ、なおかつ、親の思いを子どもに託したいといった親の価値観の変化が指摘されてい

る（柏木，2001）。

母親・父親を取り巻く状況と子どもの養育

乳幼児期の発達と愛着の形成

　産まれて間もない乳児は，一見，心身ともに親に依存するだけの存在にみえる。しかし，新生児模倣の実験などにも示されるように，新生児はすでに親と主体的にかかわりを持ちながら親の養育行動を引き出すという有能さを持っている（Meltzoff & Moore, 1977）。一方，親も言葉を持たない子どもの情動を理解しようと，表情や行動などを手がかりにはたらきかけ，子どもの欲求を満たそうとする。こうした親子のやりとりを積み重ねることで，養育者と子どもとの間には緊密な情緒的絆，すなわち，愛着が形成されるようになる。

　愛着関係の形成，さらにその後の親子関係の発達にはさまざまな要因が影響を及ぼし得る。たとえば，「順応性」「易刺激性」といった子どもの気質などの子ども側の要因や，親の情緒応答性や育児観といった親側の要因があげられる。また不安定な夫婦関係によって強いストレスを感じている親が，本来の応答性や養護性を発揮しにくいといった環境要因も関係する。以下，子育て中の母親，父親を取り巻く状況を検討しつつ，この時期の養育について考えてみる。

母親の育児不安，育児ストレス

　「子どもの夜泣きで寝不足続き」「自分の時間はまったくない」……あどけない笑顔に癒され日々の成長を感じる一方，手のかかる乳幼児の子育ては思うようにいかないことも多い。特に育児の責任を担うことの多い母親は，産後抑うつ（マタニティ・ブルーズ）に加え，育児不安やストレスを経験することも少なくない。関連する要因はさまざまだが，特に父親不在による孤独な子育てという現象が，母親の育児不安やストレスの増幅につながりやすく（柏木，2014），育児・家事などの物理的なかかわりに加え，「心配事や悩みごとを聞いてくれる」といった情緒的サポートも重要であること（稲葉，2004）が示されている。

　また，母親の育児不安に関連して，「3歳までは母の手で」といった3歳児神話を背景に社会全体が母親による育児を過剰に期待してきたことも忘れてはならない。母性愛信奉傾向は，母親を精神的に追い詰める要因にも，生きる喜

びを見出す要因にもなり得る多義的な両刃の剣とされるが（江上，2015），親としてのモデルやサポートが十分にないままに，子育ての負担が母親に集中しやすい状況は，やはり前者の要素が強くならざるを得ないのである。

父親の抑うつと夫婦の関係

　従来，育児と抑うつの問題は母親に焦点があてられてきたが，父親にも生じることが欧米の研究で指摘されている（Goodman，2004；Wilson & Durbin，2010）。日本でも，妊娠期から生後1年の縦断調査で1割近くの父親が抑うつ傾向を示し，妻が抑うつ的である場合はその割合が高くなること，父親の抑うつには雇用への不安などの経済的要因も関連することが指摘されている（安藤ら，2014）。また，この時期の家族は，親役割が生じることで夫婦関係は大きく変化するとともに（Belsky & Kelly，1994），夫婦の親密性が低下することが指摘されている（小野寺，2005）。

　一方，親になること，子どもとかかわることで，「視野の広さ」「柔軟さ」（柏木・若松，1994），「責任感や冷静さ」（森下，2006）などの人格発達がみられること，また，手のかかる大変なことの多い乳幼児期の「子育て期の壁」を夫婦で乗り越えることが，夫婦それぞれの親役割観の調整に重要であり，パートナーとの「共育て意識」につながる（神谷，2004）という。夫婦が協力しつつ育児・家事分担をして，情緒的にも支え合いながら，父親・母親・子どもという新しい家族の形をつくっていくことが改めて重要なこの時期は，父親・母親・子どものそれぞれを視野に入れた多様なサポートが必要な時期でもある。

母親，父親にとっての仕事と家庭

母親のライフコースと仕事

　この時期は，仕事と家庭の両立，すなわちワーク・ライフ・バランスの問題も大きくかかわる。日本の女性労働力は出産とその後の子育てを契機に，仕事役割を担っていた女性が多く退職することから，緩やかになりつつも，いまだにいわゆるM字型曲線を描いている。「夫は外で働き，妻は家庭を守るべき」といった伝統的な性役割観の減少や，女性の育児休業取得率の増加などの変化も見られる一方で，第1子出産前に就業していた女性の中で就業継続者は5割程度である（厚生労働省，2014h）。待機児童の問題が示すように，育児との

両立困難を理由にやむを得ず離職する女性も未だに少なくない。母親役割の誕生は，ライフコースを分ける大きな契機でもある。

　また，育児期女性の就労継続・退職には，夫や夫の親からの就労反対の要因が大きく（小坂・柏木，2007），母親が就業に積極的であるのに夫が否定的な場合，母親の抑うつ傾向は高くなりやすい（福丸，2000）。これらの結果から，仕事と家庭の両立には夫をはじめ家族の理解が重要な意味を持っていることがわかる。

父親にとっての仕事と家庭

　父親にとっても仕事と家庭の両立は，この時期の大きな課題である。日本の父親は，育児・家事に従事する時間が非常に短いといわれているが，東京，ソウル，北京，上海のアジア4都市の比較でもその傾向は同様である。東京の父親は平日の帰宅時間が最も遅く，子どもと一緒に過ごす時間は最も短く，妻の就業の有無にかかわらず食事や掃除などの家事は妻によるところが大きいこと，一方，こうした現在の生活や自分の子育てに対する満足度も低いことが示されている（ベネッセ教育総合研究所，2011）。

　また，仕事と家庭の両立を志向する共同参画意識の高い父親が一定の割合でいると同時に，その中でも，妻の就労に関する父親のジェンダー観などによって家庭関与のありようは異なること（大野，2012），仕事と家庭の役割の状況は父親の精神的健康にも影響することも示されている（福丸，2003）。役割の両立，バランスのとり方には，父親本人の意識や努力が大切なのは言うまでもないが，単に育児や家事へのかかわりを一方的に促すのではなく，子どもとともに過ごし，また父親自身が力を発揮できる機会を増やす工夫も必要である。職場の理解や社会の意識，夫婦のコミュニケーションなどがますます求められるだろう。

養育のためのシステムづくりをどう支えるか

より長期的な視点から

　少子化や子ども虐待の問題などを背景に，子どもをケアし育むことの難しさが社会の中で大きくとらえられるようになり，さまざまな子育て支援が試みられている。妊娠期の両親学級への参加が，産後1年時の子どもとのかかわりに

も意味があると感じている父親は6割を超えるなど（Fukumaru et al., 2006），妊娠期から父親・母親双方を視野に入れた支援が大切である。

　また，養護性という観点から，子ども時代に乳幼児に接する機会を持つことや，結婚前のカップルに対して「親になること」について具体的かつ，予防的な取り組みを行うことなども意味があるだろう。逆に，今を支えることが児童期，思春期・青年期以降の子育てに向かう家族の「これから」に，どうつながり得るのか，という長期的な視点を持つことも支援に求められるだろう。

夫婦間のコミュニケーション

　ベネッセ次世代育成研究所（2015）の乳幼児の父親調査によれば，「妻に必要とされている」と思えない父親，「妻がなにを考えているかに関心がない」父親が，それぞれ2割程度いるという。また，「言わなくてもわかるはず」という妻の認知が，乳児期の子育てをサポートしてほしいという夫への援助要請を抑制し，さらに，気づかない夫への不満から援助要請がしづらくなる悪循環が生じるという（小倉，2015）。仕事などとは異なり，すぐには結果の見えない子育てに，夫婦間の意見の相違を感じたり葛藤を経験したりすることも少なくない。だからこそ，この時期の支援は，子育てに必要なスキルや能力だけではなく，葛藤を保持する力，お互いを理解しようとする姿勢やコミュニケーション能力などをどう育むかといった，夫婦の関係性へのアプローチもなおさら求められる。

　また，この時期は育ちの過程で，発達の問題が顕在化してくることも珍しくないが，発達障害と分類される子どもの中には，発達障害というより，家族が抱える困難を背景にもつケースもあるという（大河原，2014）。たとえば，親の前では良い子だが集団場面では感情制御が難しい子どもの中には，夫婦がそれぞれに負情動への対処に困難を抱え，夫婦のコミュニケーション不全が生じるという悪循環に陥っていることが影響して，子どもが負情動の表出が難しくなり，結果として自己の負情動を統合することができず，感情制御に困難を抱えやすいということもあるという。大河原も指摘するように，一見，発達障害と理解される子どもの行動も，家族関係や家族内でどのような困難があるのかという視点から，総合的な支援を行う必要があることも少なくないだろう。

多様な視点からの多様な担い手による多様な支援

　以上，述べてきたように，子どもの誕生とそれに続く養育は，家族の関係に

大きな変化をもたらす。こうした変化は第1子誕生時に限らず，第2子以降の子どもの誕生も家族システム全体に影響を及ぼす。子育ての負担に加え，きょうだい関係が生じることによる子どもへのケアも含めた支援も大切になる。

また，年間20万人を超える子どもが親の離婚を経験する昨今，母子家庭における離婚時の末子の平均年齢が4.5歳という状況からも（厚生労働省，2012a），乳幼児のいるひとり親世帯への支援も重要課題である。

多様な家族，さまざまな家族関係の変化が生じ得る中で，支援者自身も多様性に開かれた柔軟な視点が求められる。さらに支援の方法も，心理や福祉，医療，保健などの専門家など多領域にわたる協働的な支援によるものもあれば，必ずしも専門家ではなく，子育てを終えた世代や祖父母世代といった多世代の力，地域コミュニティに根ざした交流など，その裾野は広がりつつある。養育の初期にある家族が各々の立場で力を発揮しつつ次の段階に移行できるよう，家族の持つ力を引き出せる多様な支援の道筋を意識していくことが求められる。

（福丸由佳）

③ 学童期の子どもを育てる時期

はじめに

少子化の時代と言われて久しく，家族の中での子どもの存在価値は高まりつつある。周囲の大人から子どもに向けられる期待は，子どもを育てる親たちにとってもプレッシャーとして体験されるかもしれない。親たちも，社会の変化に合わせて，迷いや悩みを抱えながら子育てを経験していく。学童期については，これまでフロイトが「潜伏期」と呼び，成長の中で最も平穏が訪れる時期ととらえられてきたが，現代ではそれほど簡単にはことが進まないようだ。ここでは，学童期の子どもとその家族の発達課題，及びこの時期に見られやすい問題とその支援について取り上げる。

学童期の子どもとその家族の発達課題

　学童期とは，一般的には6歳から12歳までの小学生の間を意味する。子ども
は小学校に入り，多くの知識を身につけ，学ぶ生活が中心となる。心理社会的
発達課題について述べたエリクソン（Erikson, 1950）は，学童期を「勤勉
性・劣等感」を経験する時期ととらえている。勉強や運動，遊びの中で，努力
してよい成果をあげること（勤勉性）もあれば，頑張っても人にはかなわない
こと（劣等感）もあり，その両方を体験する。上手−下手，速い−遅い，多い
−少ないなど，学校生活で人と比べることが多くなり，その経験を通じて，自
分の長所や能力に気づいていく。一方で，課題を達成できず，失敗した時には
不全感を抱き，自信を失くしてしまうこともある。

　また学校での友だちづくりも，子どもにとっては1つの課題である。小学校
の低学年までは，「席が近い」「帰り道が同じ」という理由から友だちづくりが
進展する。しかし，面白そうな遊びにつられて変化する人間関係は，まだ流動
的で変動しやすい。中学年頃になると，「気が合うから」「話していて面白い」
という内面的な理由で，同性同年の仲間集団が形成されていく。この仲間集団
は，教師や親の価値観とは異なる準拠枠に従い，ギャング・エイジと呼ばれて
いる（Hadfield, 1962）。ギャング・エイジは，特に3，4年生の男子に典型
的に見られ，ささやかな乱暴やいたずらをして結束力を高めていく。子どもだ
けの秘密を持つようになり，同調行動も強まっていく。そして，それが極端に
なると，いじめに発展することもある。同じように行動しないと仲間はずれに
されたり，集団の決まりに背いた子どもには意地悪をするような行きすぎた行
動がみられるかもしれない。ギャング・エイジの経験は，こうした否定的な側
面を持ちながら，同時に子どもの対人スキルを高めていくプロセスでもある。
このような子ども同士の経験によって，これまで親に対して従順であった親子
の縦の関係は，子どもが自分の意見を主張したり，親に口答えしたりするよう
になり，より対等性を持つ横の関係に少しずつ変化してくるのである。

　しかし一方で，現代の子どもたちの仲間関係の希薄化も指摘されている（保
坂，1998）。体を使って自然の中で自由に遊ぶ環境が減り，むしろ家の中で一
人，もしくは数人とゲームをして過ごす子どもたちもいる。また放課後におい
ては，習いごとや塾に通い，遊ぶ時間がないほど予定がぎっしりと詰まってい
て，子ども同士の日程調整がままならないこともある。2013年に行われた調査

では，親の教育への熱心さが子どもの将来を左右すると62.6％の親が考えていて，子どもには仕事に役立つ資格や技能を身につけさせたいという親も94％の割合で見られた（ベネッセ教育総合研究所，2013）。実際に小学生の中でも，英語や英会話を習わせる親も増えてきている。多くの親が子どもの将来を心配して，早くからさまざまな体験を子どもにさせたいと考えている。一方で，同じ調査から，教育にお金がかかりすぎると思う親も多く，経済的な影響から負担を感じている親も少なくないことが明らかになった。

　親たちは子どもの成長を喜びながら，時にははらはらと心配をして，必要に応じたサポートが求められる。現代では，子ども同士の関係が薄れていく一方で，子どもと親との関係がますます密接になっていると考えられる。そして，子どもの将来になにを期待し，どのような経験をさせるか，親たちはさまざまな取捨選択を迫られる。この時期の親たちには，仕事と家事，そして育児をこなすための役割の協働，そして祖父母を含めた拡大家族や学校を始めとするコミュニティとのかかわりが求められる（McGoldrick et al., 2010）。

現代の学童期の子どもが抱えやすい問題とその援助

学校という文化への適応

　小学校への入学は子どもにとって大きな移行期であり，小学校に適応していくことが子どもたちの第一の課題となる。学校という場は新しいルールや担任の先生の方針に沿ったクラス運営の中で，さまざまな行動が求められる。そのため，幼稚園や保育園という集団の経験を持つ子どもであっても，その変化に戸惑いを示す子どもは多い。まして小学校は，遊びではなく，学びがその生活の中心となる。近藤（2000）は，小学校への入学は1つの環境移行であるとして，子どもにとっては1つの危機として体験される場合があると言う。問題なく過ごしているように見える子どもでも，緊張や頑張りが思いがけない負担になっていることがある。この時期には子どもの変化に合わせて，親も柔軟な対応が求められる。

　中釜（2008a）はシステムの視点から，「家族のメンバーが比較的自由に過ごせる遊離家族で育った子どもは，集団行動を強要するクラスの中では苦しさを感じる可能性が高い。一方で凝集性の高い纏綿家族で育った子どもは，自律性や独自性を重んじるクラスではどのように動いていいかわからず，戸惑いを見

せる可能性が高い」と説明する。このようにギャップがあまりに大きい場合には問題が生じる可能性があり，親や教師が環境の変化という視点を持った上で，子どもとかかわることが重要である。そして，このような変化は入学時だけでなく，クラス替えや担任の変化でも起こり得るもので，その都度，子どもたちは変化に適応することが求められる。

　小学生の中には，子ども自身の問題やそれ以外の問題のために，学校に適応できず，不登校になっていく子どもたちもいる。不登校に関しては，これまでは早く学校に行けるようになることが重要な目標とされてきたが，学校への復帰が難しい場合に，家族や子ども自身が自らの目標を選択し，そのために必要な支援を計画することが多くなってきている。そして不登校児のネットワークを広げるための支援として，居場所を提供する教育支援センターや適応指導教室，フリースクール，そしてメンタルフレンド（長谷川，2000；栗田，2014）や治療的家庭教師（田口・鵜養，1998）の存在も大きい。このようなリソースを利用して，家族だけで抱えるのではなく，さまざまな関係機関と連携し，子どもたちの成長を支えていくことが必要である。

発達障害を持つ子どもたち

　近年，特別支援教育が始まり，発達障害は注目を集めている。子どもに対する視点がより細やかになることで，1人ひとりの子どもの個性と思われる特性が，場合によっては障がいとして認識され，支援の対象として扱われるようになっている。

　主な発達障害には，①知的障害，②自閉症，アスペルガー症候群，その他の広汎性発達障害（自閉症スペクトラム障害），③注意欠如・多動性障害（ADHD），④学習障害などがある。いずれも，脳による機能障害とされている。しかし，これらの障がいはその種類を明確に分けて診断することは難しいと言われている。なぜなら，複数の症状を重ねて持っている場合や，症状も時期によって変化することがあるからである。そのため実際の診断には，幼少期からのエピソードや医学的な精査，そして複数の場面での総合的な判断が求められる。実際には診断を受けずに，曖昧な認識のまま，学校や親たちが自分たちの判断で関わり方を工夫していくことで，この時期を乗り越えていく人たちもいる。症状の強さや子どもが抱える問題の大きさに応じて，薬物療法の有無も含めて，医療機関の利用などが検討される。

　2007年度から始まった特別支援計画を受けて，学校でもさまざまな工夫が求

められている。担任による個別的な配慮や工夫もあるが，個別支援計画を作成したり，能力別に子どもたちを分けた少人数制の授業を取り入れたりしている学校もある。また学習が苦手な子どもが多い学校では，スペシャル朝会と題して，子どもが得意とすることを全校生徒の前で披露し，勉強以外のことで認められる体験を増やすための工夫がなされている。この朝会では，先生たちも率先して仮装や演奏をしてさまざまな趣向を凝らし，子どもたちもお笑いや楽器演奏，ダンスなどを披露して学校全体で楽しめる行事になっている。

　そしてなによりも学校と家族が信頼できる関係を維持していくことも重要である。発達障害の問題は，個人だけの問題ではなく，その周囲の人にもさまざまな影響を与えていく。そのため，同じような問題でも周りの人との関係のあり方によって，その問題の深刻さが変化するからである。子どもを取り巻く環境や状況を関係という視点から理解した上で，子どものために必要な支援を考えることが重要である。そして，学校という立場と子どもを育てる家族の見方の両方を理解する，つなぎ役としてのスクールカウンセラーの役割も欠かせない（中釜，2010）。

　発達障害の子どもを持つ家族への支援については，障害受容や子育ての難しさ（中田，2009；大西・中釜，2009），きょうだい支援の重要性（大瀧，2012）について述べられている。しかし，なによりも学童期における課題として，まずは子どもが自分の気持ちや考えが大事にされているという経験をすることである。まだ十分に自分の意思を伝えることができなかったとしても，周りに聞こうとしている大人がいること，そして自分が大切にされ，尊重されているという実感を持つことが大切である。そのような関係が育まれてこそ，個々の特徴に合わせた対応も効果を発揮すると考えられる。

学童期の子どもを育てる家族への援助

　学童期の子どもへの支援には，これまで子どもへのプレイセラピーと親面接を組み合わせた母子並行面接が実施されることが多くあった。現在でも，それぞれに寄り添いながら，子どもの成長と親の理解を促していく支援は一般的である。しかし最近では，怒りの問題を抱える子どもへのアンガーマネージメント・プログラム（本田，2010）や，強迫性障害の子どもへの認知行動療法プログラム（マーチら，2008）など，問題に対応する治療法による支援も広がっている。また親に対しても，子どもへの関わり方をスキルとして学ぶための心理

教育や行動療法的アプローチも展開している。具体的には，ADHDの子どもの親を対象としたペアレント・トレーニング（岩坂ら，2004）や，子どもと大人のきずなを深めるCAREプログラム（福丸，2011），親子相互交流療法（PCIT）（小平，2013）がある。また虐待的関係にある親子のためのプログラム（AF-CBT）などの導入も始まっている（保科ら，2014）。このように，さまざまな援助理論や技法を組み合わせた形での統合的な治療がますます注目を集めている。

　最後に，マクゴールドリックとカーター（McGoldrick & Carter, 2011）によれば，子どもの教育やしつけをめぐって大人が意見を交わし，方針を選択していかなければならないこの時期は，親の葛藤が生じやすいと言う。まして共働きの家族が増え，「男は仕事」「女は家事・育児」という伝統的な役割が十分に機能しない現代においては，仕事と家事や育児などの多重の役割をめぐって衝突するケースもある。親たちの間で意見が折り合わない場合には，激しい対立が続いたり，互いを回避して口をきかなくなったり，また子どもを巻き込んでの三角関係に陥ることもある。このように状態が硬直化してしまうと，一層問題は大きくなりやすい。よく見られるケースとして，母子の密着と父親の疎外が起こり，夫婦関係がますます悪くなる。そして親が親としての役割を十分に果たせていない時に，子どもが親的な役割をとったり（親役割代行），子どもに心身症や不登校，行動上のトラブルが起こったりしやすくなることもある。

　こうした場合には，親子への支援だけでなく，夫婦関係にもはたらきかけていくことが求められる。しかし，その場合でも早急に夫婦の問題として取り扱うのではなく，あくまでも子どもの問題に焦点を当てながら，夫婦が互いに協力し合える関係になるようはたらきかけていくことが重要である（中釜，2008a）。なぜなら，自分や夫婦関係の問題に向き合うことには抵抗を感じても，子どものためなら問題に取り組もうと思う親は多いからである。そして，子どもへの理解を育むと同時に，夫婦が互いの違いを認め合いながら，コミュニケーションをはかるためのスキルを身につけることが必要である（Gottman, 2011）。子どもの問題をきっかけに，親が自分自身を振り返り，自分の原家族との体験から受けた傷つきや考え方を乗り越えて変化していくこともある。夫婦は問題を乗り越えていくことで，お互いの絆は深まり，夫婦として，さらに親としての成長がもたらされるだろう。

（大西真美）

4 思春期・青年期の子どもを育てる時期

アイデンティティと関係性

青年期のアイデンティティ研究においては，これまで青年個人の自律性，独立性などに関心が払われ，家族は単に「離れるための対象」として扱われてきた。そのため臨床においても，家族は青年の自立を阻止する障がいとしてとらえられ，支援の対象として扱われることは稀であったと言えよう。

しかし，近年の研究においては他者との関係性がアイデンティティ形成に大きく寄与していることが指摘されている。その中には当然家族も含まれる。グローテヴァントとクーパー（Grotevanto & Cooper, 1998）は，独自性と結合性の相互作用を有する家族とのコミュニケーションが青年のアイデンティティ探求と関連があると示している。フランツとホワイト（Franz & White, 1985）は，エリクソン理論は，発達に不可欠なアタッチメントの発達を説明するには不十分であるとし，個体化とアタッチメントの2つの経路で説明する二重らせん構造モデルを提唱し，青年のアタッチメントの危機は「相互性，相互依存　対　疎外」と記述している。

このように，自立のプロセスは，直線的な経過というよりも，個体化と関係性の双極が相互作用しつつ発展すると考えることが妥当であろう。つまり，他者とのコミュニケーションを通した相互作用自体が青年期の発達に重要な役割を担うと考えることができる。アイデンティティは関係性の中で修正され，関係へのコミットメントを通してアイデンティティの統合が行われると言える（Josselson, 1994）。家族は青年を取り巻く最も親密な関係性の1つであることを考えると，自立を疎外する存在どころか，自立を生み出すための器として重要な役割を担うのである。

思春期・青年期の子どもを持つ家族の発達的課題

　マックゴールドリックら（McGoldrick et al., 2011）は，家族ライフサイクルを7段階に分けて記述した。発達段階の移行は成員の出入りが契機となって開始され，移行期は家族システム全体が不安定になると述べている。青年期家族の移行のテーマとして「子どもたちの自立を許容するための境界の柔軟性を高めること」「上の世代の老いの受容」を挙げ，システムの第2次変化として，「システムに出入りすることを許容するような親子関係への移行」「中年期の夫婦，職業的課題」「上の世代の世話の開始」「親子関係の新たな関係性の移行にともなう上位社会システムとの再編成」とまとめている。親世代は，それまで子育てに割いてきた時間を自分のために使う，あるいは，自らの体力の衰えを意識しだすなど，中年期のアイデンティティの再編が求められる。さらに上の世代の介護や死の問題に直面することもある。不安定さを抱えるのは青年だけではなく，親世代も孤独感，喪失感との直面化を余儀なくされ，家族全体が不安定となると考えられる。日本の家族については，北島（1993）が，思春期の子どもを持つ母親へのインタビューを通して家族関係の変化を「凝集性の緩和」「親子の権威構造の変化」「父親の参加」「夫婦関係の再編成」の4点でとらえる試みをしている。さらに，思春期は，「家族内のもめごとが多くなる」「家族が一緒に過ごす時間が少なくなる」など，家族が不安定となることを示す一方，子どもが思春期後半となると家族が「友愛的な関係」となり，再び安定期に至ると示唆している。

　ここでは主に青年期の家族支援に際して重要となる第2次変化を3点にまとめて記述する。

① 家族ルールの変化：子どもの自律性，活動性の高まりにともなって，門限や休日の過ごし方などに関する家族ルールの変更が求められ，変更をめぐって親子間の緊張も高くなる。また，ルールの決定に関しても，相互の話し合いのプロセスが重視されるようになる。「以前のルールへの頑なな固執」あるいは「葛藤回避のため，ルール自体の消失」などは家族機能の低下を示している。

② 家族構造の変化：子どもの自律性の高まりは家族構造にも変化をもたらす。思春期前は，親は子どもよりも上位に位置し，子どもは親に従うことが当

然とされた。しかし，子どもが親の命令に抵抗し始めると，親子間の葛藤が生じる。その結果，親子構造は「上下関係」から「対等な関係」へと変化する。「子どもだからといって一方的に命令しない」「一人の人間として尊重する」などの変化がみられる。

また，ビーバーズとボエラー（Beavers & Voeller, 1983）は，家族メンバーを外側に追いやる遠心的パワーと家族メンバーを内側に吸収し埋没させる求心的パワーによって家族の説明を試みている。子どもが「部活動」や「友達づきあい」などで家族外に出ていくことで，育児に手がかからなくなった母親が就労を開始する，管理職世代となった父親が単身赴任となるなど，家族システム全体に遠心的パワーがかかるようにみえることがある。

③コミュニケーションの質的変化：親から子どもへの命令的，指示的なコミュニケーションから，「親が子どもに相談する」「子どもが親を労る」など，より対等で相互的なコミュニケーションへ変化する。それぞれが適切な境界を保ち，相手を他者として尊重した関係へと変化する。

　以上のような変化は，日常的なコミュニケーション，時には葛藤を通して，数年かけて徐々に進むと考えられる。自立は，単に青年が家族メンバーから抜け落ちるという単純な問題ではなく，関係性を維持しつつも，関係性の質的な変化をともなうプロセスであると言える。他者とともに存在しつつ，かつ自分自身でいられる力とは，カーとボーエン（Kerr & Bowen, 1988）のいう自己分化と関連している。青年の自立にともない，青年だけではなく親世代にも自己分化が求められると言えよう。

青年期家族の問題

　臨床的な場面においては，成績不振，家出，非行，摂食障害，パニック障害など，主に青年側の問題に焦点づけられることが多い。しかし，これまで述べたように家族の移行期であること，子ども自身が抱える不安だけではなく親自身も孤独を感じる時期であることを考えると，両者が共振して関係性の問題に発展し，問題を複雑化していることがしばしばある。その場合，青年個人を治療しても効果は得られないため，関係性の問題として取り上げる必要が生じる。この時期にテーマとなりやすい関係性の問題を以下に3点述べよう。

①コミュニケーションの混乱：子どもは不安感や挫折感を「親の責任でこうなった」という責任転嫁や，「自分にはかかわるな」という拒否的なコミュニケーションによって表現することがある。それに対して親が対称的コミュニケーションをとると，エスカレーションが生じ，親子間の対立，緊張が強くなる。反対に，親が子どもの不安に巻き込まれ「責任をとろうとする」「謝罪する」などの相補的コミュニケーションが生じると，役割の硬直化が生じ，問題の慢性化に至る。介入としては，コミュニケーションの悪循環を取り上げ，安定させる必要がある。

②親の青年期課題の葛藤再燃：子どもが自立する時期となり，親は子どもを通して，青年期だった自分に再び出会うこととなる。実際，親自身が抱く家族の価値観が移行のとらえ方に影響を与えるという報告（北島，1999）もある。特に親自身が自分の源家族から拒否された，援助をもらえなかった体験などは，青年の支援を難しくさせると推察できる。逆に親自身が上の世代と融合した関係の場合，三世代を含めての葛藤が再燃し，問題の拡大が予測できる。

③三角関係：青年が自立に向かうことによって，これまでの夫婦のバランスが崩れることがある。特に夫婦関係が不安定な場合は，夫婦のどちらかが青年を巻き込み，「一方の親との融合，他方の親との情緒的遮断」「夫婦間の調整役にまわる」など三角関係が生じる。家族葛藤に巻き込まれると，「勉学」「ボランティア活動などの社会体験」「サークル活動」などの青年の自立のために必要とされる探索行動へのコミットを難しくさせる。

これらの問題は，青年の自立を引き金に誘発された親世代の不安感が深く関係している。家族成員それぞれの自己分化の度合いが問われる時期であるため，不安が高い家族ほど，ホメオスタシスがはたらき，青年の自立への抵抗を示すことになる。家族が次の発達段階に移行するためには，家族システムがメンバーそれぞれの揺らぎを抱えられる器として機能することが重要であると言えよう。

家族支援の実際

医療機関や学生相談などでは，個人を対象として支援が発展してきた。しかし，実際には青年の自己分化度が低いほど，自律性が乏しく支援にたどりつか

ない。また，たとえ青年が自立を目指していても，家族力動が自立を阻害する方向に動くこともある。そのような場合，家族が青年の心理的成長を支えられるよう家族システムを整えることが支援者には求められる。一方，支援者としては「親子葛藤に巻き込まれることへの恐れ」「葛藤の取り扱いの難しさ」などから，家族への介入に躊躇を感じるのは当然であろう。ジョンソン（Johnson, 2008）は，家族支援の際の治療マップを明確にするためにアタッチメント理論の援用が有効であると述べている。アタッチメントは，乳児期に養育者との関係の中で構築されるが，その後も生涯にわたって他者との関係性の構築に深く影響することが明らかにされている（Rholes & Simpson, 2014）。幼児期のアタッチメントは主に身体的近接を通して形成されるが，青年期は言語を媒介として形成され，成長にともなってアタッチメントも質的な変化を遂げると言われている。ボウルビー（Bowlby, 1973）は，安定したアタッチメントは，青年の自立の妨げというよりも，青年の探索行動を助け自立を促進させると指摘している。三角関係化，情緒的遮断などの家族病理は，アタッチメント理論でのとらわれ型，アタッチメント軽視型と関連づけられ，アタッチメントの不安定さを示しているととらえられる。

　ここではアタッチメント理論を援用した家族療法としてダイアモンドら（Diamond et al., 2003；Diamond, 2005）の提唱したABFT（Attachment Based Family Therapy）を紹介する（北島，2012）。ダイアモンドらは，抑うつの青年と家族を対象に，家族合同面接での親子の直接的なコミュニケーションを通じて安定したアタッチメントの構築を目指す。そのことは，今の世代の家族関係を安定させるだけではなく，青年の内的作業モデルの修正を通じて次世代への世代間伝達を防ぐ目的も有している。治療的流れをまとめると以下のようになる。

①青年個人とのセッション：まず，青年との個人面接を通じて，青年自身のナラティヴ，すなわち防衛的でない内的な語りの構築を目指す。ここでの目的は非難，叱責によって問題行動を修正させることではない。セラピストは，青年に積極的に関心を抱いていることを伝え，セラピストとの関係の中で，「親と信頼関係を構築できない理由」「自身の不安感」「挫折感」などの内的葛藤を十分に語ることが重要となる。

②親とのセッション：親のみのセッションは，両親が青年の語りを「聴く」ための準備段階として，設定される。青年の両価的，攻撃的なコミュニケ

ーションに対して適切な対処法をセラピストと考えることが目的となる。親役割を困難にしている理由を探索し，子ども同席の場では語るのが難しい親自身の不安感，青年の問題行動への不満，夫婦の葛藤などが扱われる。時には親の源家族に対する失望が語られることもある。両親のみの面接という構造自体が，親世代と子世代のバウンダリーの明確化を助けると考えられる。この段階では，アタッチメント対象として両親が機能できるよう準備を整えることが大事なテーマとなる。

③家族合同面接：ここでは，青年，親，セラピストの合同面接を設定し，親子の直接のコミュニケーションを通じてアタッチメントの修復を行うことが目的となる。青年が，最も認めてほしいと思っている対象は多くは親である。その親から直接的にアタッチメントの充足が得られることは青年の心理的安定に大きく寄与する。青年が「孤独だった」「親のことを気遣っていた」などの問題行動の背景にある不安感を親の前で語ることを支援し，親がそのことに耳を傾け，受容，理解という不安への手当の場を作ることがセラピストの役割として求められる。すでに行ってきた「青年」「両親」との面接を通じて，セラピストにそれぞれのナラティヴがイメージできていると家族合同面接がスムーズにすすめられる。ダイアモンドは，青年期のアタッチメントとして「必要なときに連絡がとれアクセス可能であること」「ネガティブな気持ちも語れる開かれたコミュニケーション」「必要であれば支援がもらえるという信頼感」の３点をあげている。青年と親との間に安定したアタッチメントを形成することが最終的な目的となる。

青年期家族の支援のためにアタッチメント理論を援用したものはその他にもある。ヒューズ（Hughes, 2007）は，養子縁組の青年期家族のセラピーの経験をベースとして，親が子どもの感情を共感的に表現することを助ける感情調整を重視したAFFT（Attachment-Focused Family Therapy）を提唱している。ジョンソンとリー（Johnson & Lee, 2000）は，EFFT（Emotionally Focused Family Therapy）にて，防衛的な行動の背景にある「悲しみ」「恐れ」「恥ずかしさ」などのより深い感情を扱うことを重視している。ダロスとベテレ（Dallos & Vetere, 2009）は，アタッチメントとナラティヴを重要視したANT（Attachment Narrative Therapy）アプローチを提唱し，家族発達の移行期は，安定したアタッチメントへ再組織化がなされるか，不安定なアタッチメントの形成に至るかの分岐点となるととらえている。

家族支援の重要性

　アタッチメント対象としての親機能を高める家族支援は，自立の時期の方向性と一見矛盾するととらえられるかもしれない。しかし，実際，家族合同面接の中で，親は「子どもの努力を初めて知った」「家族への思いやりがあったことに気がつかなかった」と，青年の問題行動の背景にある密かな努力や家族への忠誠心を発見することが多い。そのことは親子葛藤を抑制し，青年の共感，受容につながる。一方，青年側も「自分の気持ちを両親に理解してもらえた」と親とのアタッチメントを確認することで，葛藤から自由となり積極的な自己探索が開始される。家族それぞれの考え方，感じ方の違いに驚いたり，相手に対する期待をあきらめたりしながらも，お互いの存在を受け入れ，家族で居続けることはまさに自己分化の過程と考えられる。それぞれのメンバーの安心感が得られないままで自己分化を高めるような介入は，かえって家族の抵抗を招くと思われる。不安が高いほど，他のメンバーに対する巻き込みやしがみつきが生じると推測されるからである。このようなアタッチメントの修復と自己分化の過程を支えるために，青年期臨床において家族合同面接の導入は重要な意味を持つと言える（北島，2014）。

　青年期は，源家族と新しい家族の分岐点にあたる。この時期に家族に焦点づけた支援を行い，家族の第2次変化を支えることは，次の世代の家族形成に影響を及ぼすこととなり，臨床的に大いに意義があることと言える。

（北島歩美）

⑤　中年期・老年期

　本稿では，中年期から老年期を生きる人々の家族成員との結びつきや，彼らが直面しているさまざまな家族をめぐる問題に焦点を当てる。特に長寿化や核

家族化によって，中年期以降の夫婦関係のあり方が大きく問われていることから，典型的なトピックとして，はじめに子どもの巣立ちと夫婦関係について取り上げる。続いて，この時期に顕在化しやすい成人子と老親の役割逆転，老年期の家族と対人的ネットワーク，さらには家族介護と看取りの問題について論じていく。

子どもの巣立ちと夫婦関係

　子どもの成人期への移行にともない，親たちは子どもの巣立ちに向けた支援が求められるようになる。しかしながら，巣立ちに関連すると思われるライフイベントは多岐に及び，親元を離れての生活の開始，大学や高等学校などの学校段階の終了，就職，結婚など，どのような状況やライフイベントをもって巣立ちと判断するかは個人に委ねられている。内的な対象喪失（小此木，1997）でもある子どもの巣立ちは，特に母親に焦点を当てて論じられてきた。いわゆる"父親不在・母子密着"や"良妻賢母"という言葉が示唆するように，子どもを持つ成人女性にとって，母親という地位が大きな位置を占めていた（社会からも強く期待されてきた）ことが関係していると考えられる。

　欧米では，子どもの巣立ちによって夫婦の不和のリスクが高まることが示される一方で（Hiedemann et al., 1998），子どもの巣立ちを通して結婚生活への満足感が高まるとの報告もみられる（Gorchoff et al., 2008）。子どもの巣立ちが夫婦関係に転機をもたらす可能性を示唆する知見といえよう。また，子どもの巣立ち期に夫妻間で葛藤が生じている場合，対面による会話によって解決を図る傾向が示されており（Mackey & O'Brien, 1999），配偶者との相互交渉の中で共有し，調整するための手段として，会話が有用であることがうかがえる。

　わが国をみると，子どもの巣立ちに焦点を当てたものではないが，夫妻ともに会話時間が長いほど，配偶者を情緒的に必要な存在として位置づけており（伊藤ら，1999），とりわけ女性では会話によるコミュニケーションの重要性が示唆されている（池田，2000）。しかしながら，夫は妻に比べると，「無視・回避」や「威圧」といった否定的コミュニケーションを配偶者に対してとる傾向があるため（平山・柏木，2001），共有される会話の時間が双方にとって歓迎すべきものかどうかは疑問が残る。

　中年期から老年期にかけての移行の中で，どのように夫妻間の相互交渉や互

いの存在の意味づけがなされるかによって，老年期での結婚生活の質や果たす役割は大きく異なるものと思われる。配偶者との関係が脆弱であれば，子どもの巣立ちは家族システムの不安定化をもたらす脅威となるため，さまざまな形で阻まれる可能性もあり（宇都宮，2011），個人としてだけでなく，夫婦としても巣立ちの問題に取り組む必要性が指摘される。

成人子と老親における役割逆転

　成人子は自らが中高年を迎えると，老親の扶養や介護をめぐる意思決定の問題に直面しやすくなる。これはケア役割の逆転と心理的適応の課題ともいえる。宍戸（2008）は，世代間援助の逆転のタイミングについて，「娘夫婦と老親」の組み合わせの方が，「息子夫婦と老親」よりも遅く訪れ，親から子に対して援助する期間が長く継続しやすいことを明らかにしている。彼はその背景に「娘夫婦」よりも「息子夫婦」に，さらには妻方よりも夫方の親に援助すべきといった家族規範が存在していると指摘している。このことは，妻方の実家からは援助を多く受ける一方，夫方の実家には逆に援助を多くするといった非対称的なつきあいが生じている可能性を示唆している。成人子が両家の狭間でこうしたギャップへの対応に迫られる際，家計への影響も含め，夫妻間での葛藤の一因となっている場合もあることが推察される。

　また，成人子と老親との間には，“育てる－育てられる関係”という歴史を持つ。役割逆転が生じた際には，「互酬性」の観点から（Shuey & Hardy, 2003），自分が受けてきた養育に見合う援助を老親に提供することが想定される。すなわち，成人子側の被養育体験の受け止めが，老親への扶養や介護に少なからず反映されるものと思われる。“育てる－育てられる関係”の歴史によっては，自分を育て上げた親の老いの受容（自身の親の認知症発症の受け止めも含め）が困難な場合もある。無藤（2008）は，役割の交代をめぐり，成人子と老親の双方が有していた“強い親”や“美しい親”などのイメージを修正し，ケア役割の授受のあり方を探ることで新たな関係性を構築する必要性を示している。

　介護期への移行については，どのような意思決定をするかも大きな問題となる。高齢者の若い層では，子どもによる介護に抵抗感を抱く傾向が報告されている（小谷，2006）。また，直井（1993）は，老親の要介護状態への移行や両親のどちらかが他界するなどを契機に，老親との途中同居が開始する「途中同

居慣行」が普及してきたものの，近年では「途中同居規範」による拘束力の弱まりとともに，途中同居の減少ないしは再同居までの期間の長期化が生じているのではないかと指摘している（直井，2012）。別居のまま老親のみの生活を見守るのか，成人子側に老親を迎え入れるのか，逆に成人子側が老親のもとに戻るのか，施設入所を選択するのか等々の判断は，タイミングの見極めも含め，中高年世代の子ども（家族）と老親が直面している切実な課題であるといえる。

老年期の家族と対人的ネットワーク

次頁の図Ⅲ-5-1は，高齢者の家族形態を示している。「夫婦のみ」と「一人暮らし」を合わせた世帯数が，子どもと同居する世帯数を上回っていることがわかる（内閣府，2015c）。老年期における夫婦関係の重要性が高まる一方で，一人暮らしの高齢者が増加する現状から，離れて暮らす家族との関係や，家族の枠を超えた対人関係を充実する必要性が指摘される。

対人関係のあり方は，サクセスフル・エイジング（successful aging）の構成要素として注目されている（田中，2011）。対人的ネットワークのあり方については性差が確認されており，内閣府（2011）の調査によると，男性が女性に比べると「配偶者あるいはパートナー」の選択率が突出し，大きく依存している実情が明らかにされている。女性の方がより豊かなネットワークを有することは，これまでにも報告されている（たとえば，西村ら，2000）。そうした社会的資源の性差は，近隣とのつきあいなどにおいて配偶者に任せきりの男性が少なくないことを示唆している。夫妻の年齢差と平均寿命の違いから，先立つのは夫の側という夫婦が多数を占めるが，それに反する予期せぬ事態（妻の介護，施設入居，死亡など）となった際の，男性の生活面ならびに対人面での問題が懸念されている。

これまでの研究によって，わが国の老年期夫婦の関係は比較的円満であることが示されてきた（伊藤・相良，2012；河合，1992；高橋，1991；宇都宮，2004）。しかしながら，ここでもジェンダーによる差異が確認されており，女性は男性に比べると，配偶者との関係性に対して，両価的な感情を抱いていたり，妥協的であったり，拡散的であることが報告されている（宇都宮，2004；2014）。また，配偶者と拡散的な関係を有する場合，自分の好きな余暇活動への関与に制約を受け，心理的不適応が高いことが報告されている（宇都宮，2014）。単に配偶者がいるだけでなく，どのような関係性を有するかによって，

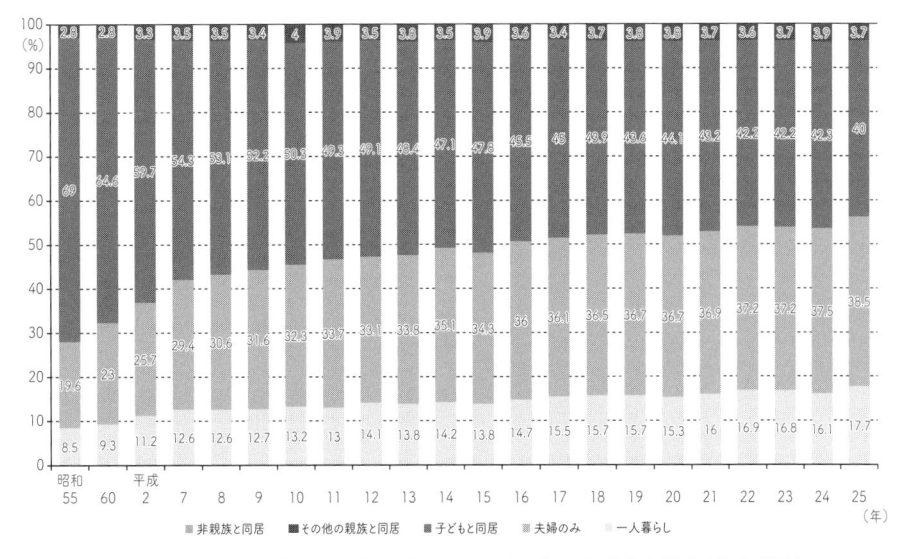

資料：昭和60年以前は厚生省「厚生行政基礎調査」，昭和61年以降は厚生労働省「国民生活基礎調査」
（注1）「一人暮らし」とは，上記調査における「単独世帯」のことを指す。
（注2）平成7年の数値は兵庫県を除いたもの，平成23年の数値は岩手県，宮城県及び福島県を除いたもの，
　　　平成24年の数値は福島県を除いたものである。
（内閣府，2015c）

図Ⅲ-5-1　65歳以上の高齢者の家族形態

サクセスフル・エイジングの実現はかなり異なるものと思われる。

　老年期のソーシャル・ネットワークの構成要素として，祖父母－孫関係も注目される。高齢者の祖父母役割をめぐっては，すでにいくつかの実証研究が行われている（例：宮田・大川，2006；中原，2011；諏澤，2012）。三世代同居は今や少数派となっているが，社会的な子育て支援の未整備により，成人子から実質的な祖父母役割を強く期待される高齢者も少なくない。そうした状況にある高齢者では，主に子育て研究で検討されてきた"多重役割"への適応の問題が生じている。すなわち，社会的活動と孫の世話との間でバランスをいかにとるかといった問題である。成人子との子育て観の違いなどをめぐり，葛藤が生じているおそれもあることから，今後の研究の発展が期待されるところである。

家族介護と看取りをめぐる問題

　わが国の高齢者介護はその大半が在宅で行われており，家族の中でも“妻”や“嫁”といった女性（68.7％）に大きく依存している。また，介護者の３分の２以上が60代（男性：69.0％，女性：68.5％）の「老老介護」という特徴を持つ。家族の介護や看取りで離職や転職を余儀なくされている人も多く，2011年10月から2012年９月までの１年間では，10万1100人に上っていた。その大部分（80.3％）が女性である（厚生労働省，2015a）。

　家族介護者のQOLは，被介護者の日常生活動作能力（ADL: Activity of Daily Living）や認知障害の程度によって異なることが指摘されている。たとえば，岡林ら（1999）は心身の障がいという１次ストレッサーが直接的にも，対処方略を媒介として間接的にも，２次ストレッサーである介護拘束度に影響し，ひいてはバーンアウト（燃え尽き症状）につながることを明らかにしている。対処方略については，「ペース配分」や「気分転換」の有効性が上記の研究で確認されている。また，別の研究（安田ら，2001）では，介護者の主観的幸福感にとって，介護者の年齢の若さ，介護負担感の低さ，さらに対処方略として「ペース配分」ができていることが重要であると報告されている。介護役割への拘束感や負担感は，家族介護者のメンタルヘルスを左右する重要な鍵を握っているといえよう。

　被介護者本人との関係の歴史や，介護期への移行による変化についても留意する必要がある。特に配偶者間の介護は，それまでの長い結婚生活を経て迎えることが多いため，心理的に適応していく前提に過去の夫婦の歴史が重要であると考えられる。ただし，夫婦２人暮らしを続けながらの介護の場合も，要介護となった方が施設に入所している夫婦の場合も，介護の継続意思や意欲において関係性が大きな支えとなっている一方で，現実の介護−被介護関係を通して，気持ちが揺らぎやすいことも指摘されている（原沢・山田，2011；高橋（松鶴）ら，2006）。

　終末期の介護をめぐっては，残される介護者のその後の適応にもつながる問題である。田口（2002）によると，配偶者の評価が消極的な肯定やアンビバレントな状態であった親密性の低い高齢女性に，配偶者への介護に対する後悔の念や罪悪感が確認されている。配偶者との死別については，孤独感や抑うつ感などの否定的影響がみられる一方で（河合，1990；岡村，1992），近年では近

親者との死別を通しての人格的発達を示唆する研究（渡邊・岡本，2005；2006）もみられる。残された者が介護期をどのような時期であったと意味づけるかにおいて，当事者間の関係が重要であることは言うまでもないが，その関係を左右する要因として，彼らを支える介護環境の質についても慎重に議論していく必要がある。

（宇都宮博）

IV

現代家族の特徴

① 多様化する家族

多様化の軸

構成人員

　1世帯の平均世帯人員は1986年の3.22人から2013年の2.51人へと年々減少している。具体的には、これまで「標準世帯」と言われてきた「夫婦と未婚の子のみの世帯」が減少傾向にあり、一方で、「ひとり親と未婚の子のみの世帯」や「夫婦のみの世帯」、そして、「単身世帯」が増加している。中でも、生涯未婚者や離婚・死別後に再婚しない者、独居老人などといった単独世帯は、1986年の682万6000世帯から2013年の1328万5000世帯へと増えており、全世帯に占める単独世帯の割合も4分の1を超えている（厚生労働省，2014b）。朝日新聞（2012）は、家族がバラバラになり、家族そのものも孤立していく様子を「孤族」という造語で表した。世間との接触や身内とのつながりも切れ、単身で暮らす「孤族」は、外部から状況が把握されにくく、社会的・心理的サポートも得にくいため、注意を要すると言える。

超高齢化

　日本はすでに超高齢社会となっており、65歳以上の者のいる世帯は年々増加し、2013年には全世帯の44.7%を占める状態となっている。そして、65歳以上の者のいる世帯のうち、単独世帯は25.6%、夫婦のみの世帯は31.1%であり（厚生労働省，2014b）、独居老人や老老介護といった社会的問題が顕在化している。老人ホームなどの施設における利用者集団は、疑似家族・代理家族と見ることもできる。

夫婦関係の多様化

　晩婚化や共働き夫婦の増加の傾向が続く中で、結婚観が多様化し、夫婦の状

況もさまざまになっている。離婚件数は2002年の29万組をピークに現在は減少傾向にある（厚生労働省，2009b）。また，DINKs（Dual［Double］Income No Kids）と呼ばれる共働きで子どもを意識的につくらない選択をする夫婦，婚姻届を出さずに事実上の結婚生活を送る「事実婚」を選択する夫婦，近年話題となっている同性婚など，法律や慣習にとらわれない夫婦生活を送る動きも見られる。

親子関係

「ひとり親と未婚の子のみの世帯」が増加しているが，特に未婚のシングル・マザー及びシングル・ファーザーの数は2005年から2010年の5年間で急増している（総務省，2012a・b）。子どもを持つことに対する夫婦の考え方はさまざまであり，子どもを育てられず施設や赤ちゃんポストに預ける夫婦もあれば，生殖補助医療に高額の費用を投ずる夫婦などもいる。里親・里子のように血縁関係がない親子の場合，後に生みの親と育ての親のそれぞれに対する葛藤が子どもに生じる可能性もある。

居住の多様化

1つの家の中に同居しているのが家族であるという考え方も，もはや過去のものとなりつつある。野村総合研究所（2007）は，同居はしていないものの，近隣に住んで経済的・精神的に支えあう家族を「インビジブル・ファミリー（擬似同居家族）」と定義し，新しい家族形態として紹介している。また，週末婚のように，常に同居している状態が当たり前とは言えない場合も存在する。

人間以外の家族メンバー

人間以外の家族メンバーの存在を無視することはできない。近年のペット産業の拡大を踏まえると，欠けている家族機能を補うべく，ペットとの情緒的なかかわりを求める人は少なくない。ペットの喪失体験によって心身の不調を来す「ペットロス症候群」や動物虐待といった問題も起こっている。また，動物を模したロボットペットや，簡単な会話ができる人型のロボットも出てきている。

家族多様性のマッピング

これまで述べてきた多様性の軸を元に，家族形態と関連するキーワードをマッピングした（図Ⅳ-1-1）。ひと口に多様化といっても，それが無秩序である

ととらえると，各家族に対する支援を考える際に「すべてケースバイケース」
になり，あまり有効ではない。多様性における軸を設定することで，家族形態
が整理され，1つの家族形態が複数の軸にまたがるような多面性・多次元性も
見えてくる。

生殖補助医療

生殖補助医療と課題

1978年に英国で世界で初めての体外受精児が，1983年には東北大学で国内初
の体外受精児が誕生した。今日では，生殖補助医療（Assisted Reproductive
Technology：ART）により国内で生まれてくる赤ちゃんは，約30人に1人に
のぼる（日本経済新聞，2014）。わが国の生殖補助医療は，施設数が世界第1
位，実施回数は米国に次ぐ第2位（小川，2008）と，生殖補助医療を受ける家
族は，決してめずらしくはなく，生殖補助医療による出生子は急増している。
その一方で，生殖補助医療を規制する法律は存在しない（南，2011）という現
状もある。

生殖補助医療技術の進歩により，今までにない新しい親子関係や心理的負担
を生み出すことになった。最も問題となるのは，親子関係である（森岡，
2001）とされる。平山（2006）によれば，従来は遺伝的なつながりが前提であ
った親子関係が，遺伝子上の親，養育上の親，そして子宮の（母）親という分
離を引き起こし，1人の子に対し最大5人の"親"を誕生させることになった
という。それにともない，ドナーの匿名性の保障のもとに生まれ，自らの出自
を知りたいと願う子の出自を知る権利が認められていない現状をどのように考
えるべきかが課題であると指摘している（南，2013）。子の知る権利や養育上
の親による告知，遺伝子上の親のプライバシー保護など，問題は複雑に絡み合
っている。

生殖補助医療は，子どもをもたらしてくれる希望でありながら，さまざまな
苦痛を強いるものであり，アンビバレントな気持ちを持ちやすい（伊藤，2004）。
長年の治療の経過で徐々に心理的に不安定になっていくと推測されること（蛭
田，2014），生殖補助医療によって妊娠した女性の多くは妊娠初期に流産に対す
る不安を持ち，これらの不安が高いほど妊娠末期における胎児への回避感情が
高いこと（前原ら，2012）から，心理的ケアの必要性があると考える。

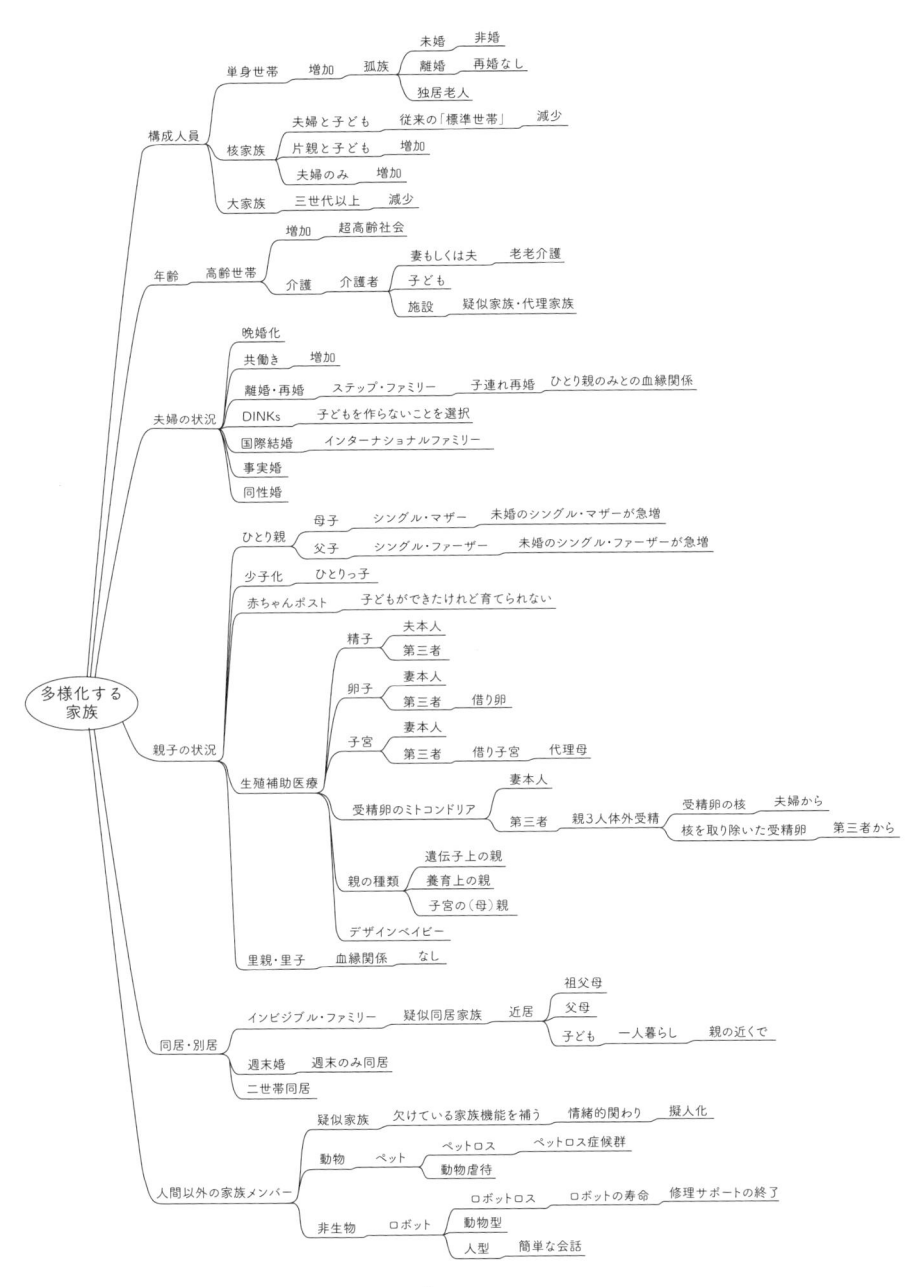

図Ⅳ-1-1　家族多様性のマッピング

生殖心理カウンセリングと家族

　不妊カウンセリングの基本は，①情報提供，②助言，③心の悩みの解決（霞，2006）である。不妊の悩みは，①外圧（他者から出産を期待あるいは強要される圧力），②内圧（当事者が自ら出産を強いる圧力），③医療をめぐる悩み，に大別できる（赤城，1999）。しかしながら近年，不妊のテーマを自身の人生や家族の関係性に位置づけるなど見直しがされてきている。生殖カウンセリングは，不妊体験を自身の人生に組み入れることを援助しようとする営み（柴原，2012），不妊治療後妊娠者と自然妊娠者の妊娠経過への不安感や児への感情の比較から，不安は妊娠形態によるものというよりは個人特有のものである（佐々木，2014）との指摘や，夫婦の不妊の問題は，その原家族の関係と切り離して考えることはできない（平山，2014）との指摘がなされている。

同性婚の家族と課題

　現在，同性婚および登録パートナーシップなど同性カップルの権利を保障する制度を持つ国・地域は世界中の約20％に及んでいる（NPO法人EMA日本）。
　欧米諸国で同性カップルの法的保護が実現していく背景には，社会全体の結婚や出生に関する大きな変化があり，その１つが，異性愛者の非婚化であり，婚外子の増加である（砂川，2009）。対策として生殖補助医療の推進があるが，シングル女性，さらには，レズビアン・カップルの利用を認める国（州）が増えつつある（南，2011）。日本においては，同性婚が認められない法的根拠は明確ではないにもかかわらず，同性婚は認められていない（大野，2009）。しかし近年，同性カップルを結婚に準じる関係と認める「パートナーシップ証明書」を発行する全国初の条例が2015年３月31日に東京都渋谷区議会本会議で可決・成立した（朝日新聞，2015）。
　日本でもスウェーデンのジェンダー中立性の婚姻法（善積，2011），フランスの2013年5月の同性婚法（北原，2014），アメリカにおける法的整備（中村，2007）のように法整備が加速する可能性もある。
　異性婚だけが婚姻でないという意識の切り替えと同性婚についての寛容（有澤，2014）や，米国では婚姻当事者の個人的な選択の結果としての家族ととらえる者も多いとされている（池谷，2014）傾向がある。欧米諸国に追随するだけでなく，日本独自の文化を考慮して，課題に対応することも必要不可欠であ

ると考える。

ステップ・ファミリーの現状と課題

　子どもをともなった再婚も多いことがうかがわれる。また，子連れ再婚により，夫婦関係ばかりではなく，血縁を前提としない家族関係は「ステップ・ファミリー」と呼ばれている。結婚件数が減少する中で，夫婦のいずれかが再婚する割合は，高止まりしており（厚生労働省，2015f），子どものいる離婚者が多い（厚生労働省，2014f）ことから，子連れ再婚も多いと推察されるが，親の再婚を経験する未成年子に関する公的な統計が見当たらない。このことは，離婚後の家族に対する社会的関心の低さを傍証している（野沢・菊地，2014）との指摘もある。

　フランスでは，離婚後の親子関係は，父母が共同親権を持つため，離別後も一貫して産みの父母が子どもの父母役割を続ける（舩橋，2011）。しかし，日本の法制度は，単独親権の原則を維持しているため，親権のない親（多くは父親）はケアする権利の制度的基盤を失うことになる。また，ステップ・ファミリー経験者自身もその数的な稀少さゆえに，自らの経験を共有し確認しあう機会は少なく，これを方向づけるための指針や公的支援システムが欠如していたこととあいまって，孤立した状況に置かれていた（早野，2008）との指摘がある。

　一般的に，ステップ・ファミリーの中心課題は，継親子関係の構築である。継親子の関係性は複雑であり，その実態としては継親が実親に代わる養育役割を担っていても，意識としては継親子が互いに「親子」という関係性を自認・志向するとは限らない（駒村，2011）ことや，母親が，継子に対してネガティブな感情が生じることは稀ではなく，その場合は適切な心理的距離をとれない（水谷，2014）など，継親子の関係構築には困難をともなう。

　子どもの心の成長という点からは，別れた実親をめぐる体験についても家族間で整理される必要がある（勝見，2014）。加えてステップ・ファミリー内の家族関係の変遷の多様性に対する支援も課題である。

　米国におけるステップ・ファミリー研究は，臨床ケース分析に基づく介入・支援に関する研究，家族生活教育への支援・教育プログラムの開発，家族法や社会福祉制度にかかわる政策研究など多方面に拡がっており（野沢，2008），わが国でもステップ・ファミリーの実態把握をし，支援体制を整える必要がある。

（亀口憲治・矢口大雄・中村友一）

② ワーク・ライフ・バランスと家族

　歴史的にみると，ワーク・ライフ・バランスという考え方は，1980年代の米国で生まれた。当時，米国ではIT技術の発達等によって女性の労働人口が増加し，15歳以上の女性の労働力率は50％を越えた。そこで問題になったのが女性の仕事と子育ての両立であり，企業はさまざまな支援策を実施した。はじめは「仕事と子育て」というテーマであったがために，こうした支援策は「ワーク・ファミリー・バランス」「ワーク・ファミリー・プログラム」などと呼ばれていたが，1990年代には，仕事とそれ以外の生活の調和は，子どものいない女性や男性にとっても重要と考えられるようになり，現在は「ワーク・ライフ・バランス」と言われるようになっている。

　ワーク・ライフ・バランスについて両角（2008）は，「人間の生活を仕事すなわち有償労働とそれ以外の部分に分けた上で，個人がその2つをバランスのとれた状態で両立できる状態を指している」とし，「個人的なライフスタイルの選択の問題でもあるが，それにとどまらず，少子化，過労死・過労自殺，男女間の不平等，教育問題，家庭の崩壊，先進国と途上国の格差問題など，さまざまな負の社会現象と密接に関わる問題」であり「（その）重要性が強調される背景には，現代社会において人々の生活の中で有償労働があまりにも大きな比重を占めるようになったため，それ以外の生活（たとえば育児・介護，家族との団らん，友人とのつきあい，地域活動への参加など）が圧迫され軽視されているという問題意識がある」と述べている。

　このような状況を受けて，政府もワーク・ライフ・バランスを政策に盛り込んでいる。

　内閣府のサイトによれば，「我が国では2007年（平成19年）に，関係閣僚，経済界・労働界・地方公共団体の代表等からなる『官民トップ会議』において，『仕事と生活の調和（ワーク・ライフ・バランス）憲章』『仕事と生活の調和推進のための行動指針』を策定し，さらに2010年（平成22年）に，政労使トップによる新たな合意が結ばれた」（内閣府，2015d）。

それによれば，仕事と生活の調和が実現した社会は，「国民1人ひとりがやりがいや充実感を感じながら働き，仕事上の責任を果たすとともに，家庭や地域生活などにおいても，子育て期，中高年期といった人生の各段階に応じて多様な生き方が選択・実現できる社会」とされ，具体的には，

（1）就労による経済的自立が可能な社会
（2）健康で豊かな生活のための時間が確保できる社会
（3）多様な働き方・生き方が選択できる社会

が挙げられている。

　しかし，さまざまな理由により必ずしもワーク・ライフ・バランスが浸透・実現しているとは言いがたい状況がある。また，それにかかわる要因として男性と女性とでは異なる事情が存在する。

　林（2014）は，「1980年代から始まった長時間労働問題と過労死の問題は，2000年代にも，働き盛りの男性の問題であり，長時間労働問題と過労死問題から，男性にとってはワーク・ライフ・バランスが必要とされるようになった」のであり，「女性のワーク・ライフ・バランスは，"母性"という言葉に象徴される家庭役割が滞りなく遂行されることを前提に，それでも労働において差別されないように働くことができるようにすることが必要であるということが要求されている」と述べている。山口（2009）は，「男女の伝統的役割分業は，仕事も家庭も犠牲にしないということを，個人でなく家族のレベルで図ろうとしたシステムとして見ることができる」と指摘している。すなわち，男性は仕事を優先して家庭を犠牲にし，女性は仕事を犠牲にして家庭を優先することで，全体としてワーク・ライフ・バランスをとってきたわけである。

　こうしてみると，個人におけるワーク・ライフ・バランスの実現は，男性は家族への関与を増やし，女性は仕事への関与を増やす，という方向になることはただちに理解できよう。しかし，山口が「ワーク・ライフ・バランスは個人のレベルで仕事も家庭も犠牲にしたくない人が，特に女性で増えている」と述べているように，現実にワーク・ライフ・バランスが問題となるのは女性が中心である。たとえば育児休業の取得率をみると平成25年度において女性が76.3％であるのに対し男性2.03％である。共働き世帯の夫婦の家事関連時間をみると，平成18年度には，妻の方が90％程度を占めている。このように育児を含めた家事労働に従事しているのは女性が圧倒的に多いのが現状である。

　それに対して，男性の長時間労働などはその労働に対して対価が支払われ，家族の経済的な安定に寄与することになる。さらには労働による成果は生きが

いや社会的評価にも通じる。したがって男性が現在の働き方に不満を持つ余地は，相対的に低いと考えることができよう。

　以上のような現状から，主として女性の視点からワーク・ライフ・バランスについて考えることとする。

育児と少子化

　女性は産後休業（いわゆる産休）後に育児休業を取得することが可能である。また，2010（平成22）年からは改正育児介護休業法が実施され，短時間勤務制度，所定外労働の制限が事業主に義務づけられた。このように法的には仕事と育児の両立支援策は整備されたものの，現実には妊娠・出産・育児を理由に退職する女性は依然として少なくない。こうした実情に関して武石（2011）は次のような点を明らかにしている。

　出産後も就業を継続できる仕事や職場の要因として，出産前に正社員であること，勤続年数が長いこと，専門・技術・管理職であることが大きい。彼女たちはまた，就業を継続するにあたって，育児休業を選択する傾向があるが，同時に育児休業制度を利用しやすいという条件も重要な要素であった。ただし専門・技術・管理職では育児休業を取得しないで就業を継続する傾向もみられ，休業取得が職業キャリアに及ぼすネガティブな影響に配慮してあえて休業取得しないケース等もあると考えられる。夫に関しては，自営業であることが女性の就業継続，特に育児休業を利用した就業継続を促進する効果があることが見出されたが，これは夫の働き方の裁量度が女性の就業継続に及ぼす重要性を示すと考えられる。

　短時間勤務制度を含めた両立支援策をみると，育児休業制度の利用を高める要因に高学歴が含まれるが，一方で短時間勤務制度に関しては，学歴の効果がなくなり，販売・サービス職での利用が多くなる傾向がある。育児休業の利用のみ学歴の効果がみられ，子どもが小さいときの親の関わり方といった育児観や，制度利用に対する権利意識などが関係していることが考えられる。また，働き方に関する変数としては通勤時間が有意に影響する。通勤時間が60分以上と長いと休業が選択され，30〜59分では短時間勤務等の制度が選択されている。通勤という負荷が，子育て期の両立支援策の選択に影響する可能性が指摘できる。

育児に関する両立支援策の限界は，育児と就業とのトレードオフにおいて育児への参加を制限することによってバランスをとろうとする傾向を生むだろう。それが事実ならば，育児制限は少子化につながることが予想される。

　山口（2005）によれば，OECD（経済開発協力機構）諸国における合計特殊出生率と女性の労働力参加率（有給の活動に従事している人々の総人口に占める比率）との相関は，1980年以前は負の関係にあったが，1990年以降は正の相関に転じた。これにはさまざまな議論があり単純に因果関係を語ることはできないが，山口（2009）によれば，少なくとも労働力参加率が合計特殊出生率に与える影響（筆者注：労働力参加率が合計特殊出生率を抑制する傾向）が弱まったと言えると主張している。その理由について詳細に分析した結果，大きくいえば，①女性の育児と仕事の両立度，②職場や労働市場の柔軟性による仕事と家庭の両立度，③出産における伝統的価値観が影響することを明らかにした。①は，託児所の充実や育児休業，②はフレックスタイムの導入や育児で離職した者の再就職，③は未婚・非婚等の婚外出生に対する許容度である。

　これに関連して樋口と府川（2011）は，出産ペナルティという概念を使ってワーク・ライフ・アンバランスを論じた。出産ペナルティとは，母親とそうでない女性との，あるいは出産前と後との間に観測される賃金水準の差，つまり出産することで被る不利益のことである。この研究が盛んになった1990年代には，北欧諸国での低さが顕著であった。出産ペナルティの低さは，国が仕事と家庭との両立が可能になるような施策を実現していることによる。しかし，その後，出産ペナルティが高かった国でも，国の施策によらず企業が山口が指摘した育児と家庭の両立，職場の柔軟性を採用した結果，それが減少したという。野崎（2011）はわが国の状況を分析して，出産ペナルティは，学歴が高く，専門性の高い職種の女性には見られない。しかし，彼女たちも，私的にも社会的にも，家庭と仕事とのバランスがとれない環境では出産をしないという選択をしていることを指摘している。

　武石が述べたことを，両立支援策を利用しない女性の立場からみた場合，彼女たちは両立支援策を選択することによって，周囲となんらかの軋轢が生じたり不利益を被ることを恐れているかのようである。職業キャリアへの不安は直接的な表明であるが，非正規職員であれば契約解除になる可能性があり，夫の支援が得られない場合に夫との関係の悪化などを考慮しなければならない。両立支援策を選択することによって豊かな育児環境を手に入れるという積極的な意味よりも，それによって失うものが少ないか当然の権利として主張できると

判断できた場合に選択されている。

介護

　家族問題としてワーク・ライフ・バランスを考えると，高齢化社会を迎えて大きな課題となるのは介護である。大津（2013）は，要介護者との同居が介護者に与える影響として，離婚率を手がかりにして分析している。50-64歳の就業者の翌1年間の離職率に与える影響を分析し，その結果を以下のようにまとめている。

　それによると，第1に，要介護4・要介護5の要介護者が同居している夫婦の場合，妻の離職率が高くなる一方，夫にはその傾向が見られず，夫婦間において，稼ぎ主である夫が就業を継続し，妻が離職して介護に専念するという役割分担がなされる傾向にあることが示唆された。第2に，要介護者が同居している場合，介護者が独身の場合には，男女にかかわらず離職率が高くなることが観察された。ただし，男性の場合，所得が高ければ介護サービスを利用して介護を外部に委託し，就業継続を図る傾向にある可能性を指摘している。

　この結果について大津は，次のようにまとめている。すなわち，2000年に発足した介護保険制度は，施設介護から在宅介護への移行を企図している。しかしながら，在宅介護は離職を促進する要因となっており，介護と仕事の両立は困難であると思われる。高齢化社会を迎え，要介護者が増加する状況の中で，さらなる在宅介護サービスの強化や介護休業制度の充実といった施策が求められている。生涯未婚率は上昇傾向にあり，今後は介護を担う独身者が増加していくと予想され，彼らにとって介護と仕事の両立がより困難となる可能性を考えれば，重点的な施策が検討されなければならないであろう。

　大津の結果が示すように，介護の問題でも女性のワーク・ライフ・バランスが偏っていることが明白である。

夫婦関係

　これまでみてきたように，ワーク・ライフ・バランスを考える上で重要な視点の1つは夫婦関係である。労働に従事する女性が増加し，従来言われてきたわが国におけるM字型曲線は年々解消されつつある中で，仕事と家庭の両立が問題となりやすい共働き夫婦について考える。

加藤（2010）は，仕事生活と家庭生活の関連について5つのモデルを紹介した上で，個人内に起こる仕事役割と家庭役割の間の葛藤であるワーク・ファミリー・コンフリクトについて述べている。ワーク・ファミリー・コンフリクトには，家庭領域での責任が仕事領域での責任を妨げるときに起きる「家庭→仕事葛藤」とその逆である「仕事→家庭葛藤」が区別されるが，加藤は前者を中心に論じている。

　ワーク・ファミリー・コンフリクトが生じればそれへの対処行動が起こるのは当然である。対処行動は個人として実行できることと夫婦間で行われることに分けることができる。個人として実行できることは，家庭役割の量や質を低減することや，反対に特に質の充実を図るという方法がある。前者は納得できるとして後者はこれと矛盾する行動にみえるが，コンフリクトが生じている状況にあっても，たとえば「料理は手を抜かない」など，家庭役割を充分に果たせることを示すことによって，心理的安定という効果を得ることができる。

　他方，夫婦間にみられる対処行動としてまず行われるのは，夫婦いずれの側に葛藤が起きた場合でも，家庭役割を調整することである。葛藤を体験した側が相手に家庭役割の一部を担ってくれるように期待したり関与を促したりする。ただし，夫と妻では若干の相違が見られるという。

　妻が葛藤を意識した場合には，家庭生活に関与してくれるよう夫と交渉する。しかし，交渉が成立したようにみえてもそれは不十分であったり齟齬があったりすることが少なくない。したがって，交渉はくり返し行われなければならない。この場合の妻のうつ傾向をみると，それでも低下する現象がみられる。

　それに対して夫の場合はどうかといえば，まず行われるのが家庭役割の調整であることは妻と同様である。だが，交渉をするまでもなく，妻は夫の状況を察すると同時に対処行動を開始する傾向がみられる。その点が妻の場合とは異なり，妻の方は家庭に関するうつ傾向，仕事に関するうつ傾向が上昇している。

　加藤は，このように夫婦で異なる結果がみられるのは，伝統的な性別役割分業意識が依然として強く作用しているためであろうと述べている。妻は性別役割分業意識に従うような行動をしつつも，心理的には葛藤を抱えており，特に夫の対処行動に自ら進んで協力する状況では葛藤が顕著である。だがいずれの場合でも，夫婦間の対処行動が起きるためには，次のような条件が必要だという。すなわち，家庭役割は夫婦で担うという認識があること，妻の仕事がフルタイムであるという認識が共有されていること，夫婦間の勢力関係が均衡していること，である。妻のうつ傾向が上昇するにしても，家庭役割の調整がされ

る過程で夫婦間のコミュニケーションが活性化され，結婚満足度を高める効果が生じるという。

　次に，ワーク・ライフ・バランスという視点から結婚満足度を考えたい。結婚満足度への影響は，心理的要因，経済的要因，社会的要因等が絡み合って関係している。ここでは結婚満足度を夫婦関係満足度と読み替えて，山口（2009）の研究を概観する。

　山口は，夫婦関係満足度を構成する要素として，妻の精神的満足度と経済的満足度とを検討している。それによると「心の支えになる人」という夫への精神的信頼度が夫婦関係満足度へ影響する程度は，夫への経済力信頼度の3倍強大きいことを見出した。また，夫への信頼度に影響するのは，主にワーク・ライフ・バランスに関係する4変数（共有主要生活活動数，夫婦の平日会話時間，夫婦の休日共有生活時間，夫の育児負担割合）であり，ほかには結婚継続年数（負の効果）と夫の失業（負の効果）であった。

　加藤と山口の研究から見えてくるのは，仕事と家庭とが葛藤する状況の中で，たとえば夫婦のどちらが家庭役割（家事労働）を担うかという調整を図ることが必要であるとしても，夫婦関係満足度にとって重要なのは，時間や作業量といった物理量の配分や分業以上に，コミュニケーションを頻繁にとるとか，共に過ごす時間を増やすといった，夫婦が家庭で時間を共有し作業を協働することである。

　これを実現するためにはさまざまな制度の整備と実現が不可欠であるが，現在存在している，たとえば育児休業制度の利用実態が示すように，それだけでは充分とはいえない。社会の基本的な意識や価値観の変化こそが求められる。特に，伝統的性別分業の考え方には非常に根強いものがあり，それと表裏の関係にある仕事に対する評価の偏重を再考する必要があるだろう。ただ，部分的には改善の兆しがあることも事実である。年齢別に見た女性労働者比率のいわゆるM字型曲線が解消される方向にあるとか，家事労働に占める女性の割合が減少しつつあるなどがそれである。若者を中心に動きがあることに期待したい。

（大熊保彦）

③ 子育て家族の支援

親子関係の成立

愛着の形成

親は子どもに関心を持ち，子どもに声をかけ，子どもの動きに反応するという点では，親子関係は妊娠期から始まっている。子どもの誕生後は，身体的な接触，直接的な世話などかかわりの質が変化する中で親は子どもに対する愛情を深めていく。

一方，乳児は誕生直後から自分の母親のにおいや声を区別できることが知られているが，親との間で特別な関係がつくられるのはもう少し後になる。生後4か月くらいになると，親しい人がはたらきかけたのと見知らぬ人がはたらきかけたのでは，微笑み方が異なってくる。いわゆる社会的微笑みの誕生である。そして，乳児は，生後6，7か月になると母親や父親などの親しい人に対して，他者に対するものとは明らかに異なる反応をするようになる。親しい人が近づくだけで喜び，その人がいるだけでストレスが軽減される。すなわち，愛着（attachment）が形成されるのである。愛着の対象となる人がそばにいると，子どもは見知らぬ人や物に近づいたり，新しい活動に挑戦したりすることができる。そして，そのような経験を通して新たな知識を獲得していく。その点で，愛着の対象者は子どもにとっての安全基地（secure base）として機能する。

しかし，特定の人に対する強い，情緒的な結びつきである愛着が形成されると，乳児は同時に分離不安（separation anxiety）を示すようになる。すなわち，その人がいないと泣いたり，不安な表情を浮かべたりする。「安心」と「不安」は対になっているのである。なお，愛着の形成には，親しい人との継続的な関係だけではなく，乳児の認知発達，とりわけ目の前に人や物がなくてもその人や物は存在し続けているといった「永続性の概念」の獲得が関係している。

愛着関係の連続性

　精神分析学者のボウルビィ（Bowlby, 1981）は，エソロジー（動物行動学）の知見を援用して，母子関係における愛着の重要性を提唱した。彼は，①愛着は生存上の意義を持つこと（生物学的機能），②愛着行動は1人に向けられる傾向があること（モノトロピー），③青年期に新しい愛着関係が形成されるようになっても幼少期の愛着はいつまでも残る（持続性）ことを強調した。したがって，初期の母子関係を基礎につくられた内的作業モデル（IWM：Internal Working Model）が，その後の対人関係の枠組みを規定すると考えた。

　このような愛着理論に基づく親子関係支援では，「親の内的作業モデル」が「親の養育行動」に影響し，それが「子どものアタッチメントの質」に影響するといった伝達モデルを仮定する。そして，親の内的作業モデルや養育行動，あるいはその両方に介入することによって，子どものアタッチメントの質を高めようとする試みがなされている（北川, 2013）。

　しかし，ラター（Rutter, 1979）によれば，①生後1年未満の子どもでも複数の大人との愛着関係を形成できること，②実際に母親だけでなく父親とも同じように愛着関係を形成している子どもが多いこと，③愛着関係の形成は，親子で一緒に過ごす時間というよりもかかわりの質に依存すること，などが示されている。したがって，初期の母子間の愛着の質だけが後の適応や順応を決めるわけではなく，他の家族の成員や他者との相互交渉や関係も，子どもの発達にとって重要であると考えられる。すなわち，子どもは複数の人との親密な関係を形成し，その多様な関係の中で豊かに育っていく（ソーシャル・ネットワーク理論）と考えられる。

家族システムの中での子育て

二者関係から三者関係へ

　従来，親子関係は，もっぱら母子関係に焦点が当てられることが多かった。そして，父親が取り上げられる場合，母子関係と父子関係の違い（父親の1次的役割）や母親と子どもとの関係を側面から支える役割（2次的役割）に注目されてきた。しかし，実際には，子どもとのかかわりにおいて父母間の違いはそれほど大きくないことが知られている。また，5か月児を対象としたペダー

センら（Pedersen et al., 1986）の研究では，5か月児が父母に向ける行動に違いはなく，むしろコミュニケーション状況によって5か月児は行動を変化させていることが報告されている。すなわち，父親と母親が話している時には，あまりはたらきかけず，父母が話していない時には両者に積極的にはたらきかけるというのである。このように，乳児は三者関係の中で状況に応じてコミュニケーションを展開する能力を発達させていくのである。

父親の育児参加と夫婦関係

　一般に，父親の育児参加が多い方が母親の負担も軽減され，夫婦関係もよくなることが知られている。しかし，育児は母親の責任であるといった「母親主導」の考え方を母親自身がしている場合には，父親の協力度が高いほど母親の育児不安が高いことも知られている。また，父親がかかわる領域によっても夫婦間の関係に及ぼす影響が異なることが報告されている。ファーガンとカブレラ（Fagan & Cabrera, 2012）は，子どもが9か月時の身体的世話（おむつの交換，食事，着替えなど）への父親の関与が高い方が2歳，4歳の時の育児に関する夫婦間の葛藤（どのくらい子どものことで口論するか）が多いことを示した。一方，認知的刺激（本を読む，お話をする，歌を歌うなど）への父親の関与が高い場合は，夫婦間の葛藤が少なくなっていた。この結果は，父親が子どもの世話に多くかかわることは母親のアイデンティティを犯すことにつながり，母親が自分の地位を守ろうとするためではないかと解釈されている。

　同様に，ジアとショップ－サリバン（Jia & Schoppe-Sullivan, 2011）の研究では，4歳時点での父親の遊びへの関与は5歳時点での協力的コペアレンティング（supportive coparenting）を高め，阻害的コペアレンティング（undermining coparenting）を低減させること，逆に父親の世話への関与は，協力的コペアレンティングを低減させ，阻害的コペアレンティングを高めることが示されている。コペアレンティングというのは，夫婦関係と養育行動を合わせたような概念である。協力的コペアレンティングというのは，子育てをする楽しさの共有，両親間の情緒的サポート，道具的サポートなどである。また，阻害的コペアレンティングというのは子育ての楽しみを共有しない状態，両親間の情緒的距離，怒りや対立などがある状態である。

　以上の結果は，父親の育児参加が夫婦関係に及ぼす影響は一様ではなく，母親の子育て観，父親のかかわる子育ての領域，父親のかかわる程度などによって変わってくることを示している。したがって，子育て支援に当たっては，そ

のような要因を考慮することが重要となる。

親子関係の相互性

夫婦関係が子どもに及ぼす影響

親の養育態度や夫婦関係は子どもの成長や発達に大きな影響を及ぼすことが知られている。スクリムジャーら（Scrimgeour et al., 2013）の研究では，母親の丁寧な説明をするようなかかわり（inductive reasoning）と両親の協力的コペアレンティングが4歳時点の子どもの向社会的行動と関係していることが示されている。しかし，母親の丁寧なかかわりが少なくても，両親の協力的コペアレンティングがなされていれば，子どもの向社会的行動は維持されていた。その点で，協力的コペアレンティングは向社会的行動の「防御的－安定化」因子となり得ると考えられている。

青年期以降の影響について，平山（2001）は，父親の家庭関与と中学生の精神的健康との関連を検討している。その結果，最も子どもの神経症傾向が高かったのは，父親は自分自身の家庭関与を高く評価しているが，母親は父親の家庭関与を低く評価している群（「父高・母低」不一致群」）であった。したがって，父親の家庭関与そのものというよりも夫婦関係の調和が子どもに影響を及ぼしていると考えられる。

このような夫婦関係が子どもの精神的健康に及ぼす影響は，男女で異なることも知られている。大島（2013）は20歳前後の若者に及ぼす影響を検討した結果，息子の場合も娘の場合も，①夫婦間の信頼関係が両親の子どもへのかかわりに影響すること，②「父から子どもへの支持的かかわり」（子どもの認識）が多いと子どもの「抑うつ」が低く，「主観的幸福感」が高いことを報告している。しかし，③息子の場合は，「夫から妻への信頼感」が「父から子どもへの支持的かかわり」に影響しているのに対し，娘の場合には，それに加えて「妻から夫への信頼感」が「父母の子への支持的かかわり」に影響していた。このような違いは，母親と娘が日常的に父親について話す機会が多いことによると解釈されている。このように，青年期以降になると夫婦間の関係が子どもに影響するだけでなく，親子間の関係が子どもの親に対する認識に影響を及ぼすようになると考えられる。

子どもが親に及ぼす影響

　親子関係は相互的な関係である。したがって，親が子どもに及ぼす影響だけではなく，子どもが親に及ぼす影響も考慮する必要がある。この点について，菅原ら（1999）は，生後11年間の縦断的研究から，子どもの外在的行動傾向（活動性が高い，反抗的などの特徴）が母親の否定的愛着感（じゃまな・わずらわしい）に影響していることを示している。

　また，デイヴィスら（Davis et al., 2009）は，子どもの気質が夫婦のコペアレンティングに及ぼす影響を報告している。彼らは，子どもが3か月半の時点と13か月時点での両親のコペアレンティングと子どもの気質との関係を検討した。その結果，図Ⅳ-3-1に示されるように，3か月半時点での子どもの「気難しい」気質（よく泣く・むずかる，新しい環境に慣れにくい）は，生後13か月時点での協力的コペアレンティングに負の影響を及ぼしていることが示されている。また，3か月半時点での協力的コペアレンティングは，13か月時点での子どもの気質を「気難しい」ととらえる傾向に負の影響を及ぼしていることがわかる。その点で，乳児の気質とコペアレンティングは，双方向的な影響関係にあると言える。なお，彼らの研究では，それは母親よりも父親に対する影響が大きいことが報告されている。

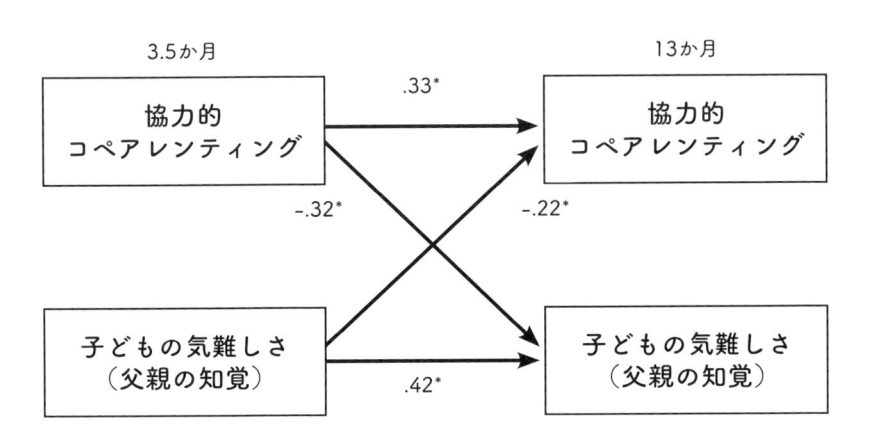

（Davis et al., 2009を改変）

図Ⅳ-3-1　子どもの気質と父親の養育行動

「気になる」子どもの保護者支援

保護者支援の進め方

近年，保育・教育の現場では，知的側面では顕著な遅れがないものの，「落ち着きがない」「集団のルールを守れない」「他児とのトラブルが多い」などの特徴を持つ，いわゆる「気になる」子どもが問題となってきている。このような子どもについては，保育の難しさに加えて，園・学校と家庭での行動が違うため，子どもについて保護者と共通理解をするのが難しいことがある。

したがって，保護者支援に当たっては，子どもの問題行動について一方的に伝えるのではなく，「保護者の話を十分に聞く」といった配慮・心がけのもとで，「子どもの成長の見通しについて話をする」とともに「事実をはっきり伝える」ことが重要となる（本郷ら，2007）。すなわち，子どもの原因を家庭での問題に帰するのではなく，保護者の置かれている状況を理解するという基本的態度のもとで，子どもの現在の問題（事実）とともに子どもの成長の可能性（見通し）について伝えることが重要となる。なお，保護者との面談の際には，考慮すべき点として次の7点があげられる（本郷，2010）。すなわち，①定期的な話し合いを持つ，②原因を追及しない，③障がいには直接言及しない，④取り組みについて具体的に話をする，⑤取り組みに対する保護者の要望を聞く，⑥他の保護者への支援も念頭に置く，⑦関連機関との連携を進める。

さらに，支援を進めるのに当たっては，家族システムへのはたらきかけを考慮する必要がある。たとえば，母親に対する支援だけを続けると結果的に子どもに対する母親と父親の認識が大きく異なってしまうことがある。その点で，母親に対する支援だけでなく，父親に対する情報伝達や支援を考慮する必要がある。

保護者支援の水準と時間軸

上述の支援の原則に沿って保護者支援が行われたとしても，すべての保護者と短期間で協力的な関係を築けるわけではない。問題の性質，保護者の特徴などに応じて，支援の水準あるいは目標を設定する必要がある。

図Ⅳ-3-2には，支援の水準が示されている。第1の水準は，「保護者への福祉的かかわり」である。子どもに対する養育が不十分な場合，ネグレクト状態

４．協力関係の形成
①相互信頼と尊重，②保育・教育支援計画への参加

３．保護者支援
①短期的支援，②中・長期的支援

２．保護者対応
①クレームへの対応，②形成的・予防的支援

１．保護者への福祉的かかわり
①子どもの生命の維持，②子どもの生活と発達の保障

図Ⅳ-3-2　保護者対応と支援の水準

にある場合の対応などがこれに当たる。第２の水準は，「保護者対応」である。ここで，「形成的・予防的支援」の中には，親としての意識の形成や虐待の予防が含まれる。第３の水準は，「保護者支援」である。「短期的支援」とは，「いま，ここ」で抱えている問題をどう乗り越えるかということである。また，「中・長期的支援」には，親としての成長，子どもの発達を見据えた支援が含まれる。第４の水準は，「協力関係の形成」であり，保護者と共に保育・教育支援計画を策定し，評価し，進んでいく段階である。

　このような保護者対応と支援の水準は，「気になる」子どもの保護者に限られるわけではない。すべての保護者支援において，現在の保護者の状況に応じて，短期的な保護者支援の目標をどこに置くかをあらかじめ整理した上で，支援計画を立て，保護者とかかわっていくことが重要となる。

（本郷一夫）

4 子どものいない家庭と不妊問題

はじめに

　「子どものいない家庭」という表現は，それ自体では単にある時点における家庭の状態を示すにすぎない。「子どものいる家庭」にさまざまな成り立ちや形態，そして構造や関係があるように，「子どものいない家庭」にもさまざまなありようが存在する。しかしながら，多くの家族発達理論において「新婚期」の次の段階が「小さい子どもを育てる時期」と設定されるように，私たちの「家族」イメージには親子が基本的単位として存在し，「子どものいない家庭」は，"まだ"子どもがいないか，子どもが巣立って"すでに"子どもがいないかのどちらかであると想定されやすい。本稿では，「子どものいない家庭」のさまざまなありようについて紹介し，その中でこれまで家族心理学でもあまり注目されてこなかった不妊家庭の現状と家族心理学からの理解について概説する。

子どものいない家庭の諸相

子どものいない家庭の分類

　私たちが「子どものいる家庭」という場合，男女の両親と子どもというユニットを想像しやすい。しかしながら単身者でも離婚や死別などでシングルマザー／ファーザーとして子どもを育てる人も増えている。親子関係からみても，法的な実親子関係や養親子関係のある親子として，あるいは里親として子どもと暮らす家庭もあれば，ステップ・ファミリー（子連れ再婚家庭）の形をとる家庭もある。さらには後述するように生殖技術を利用すれば，提供された精子により単身女性や女性カップルが，また代理出産を用いて男性カップルが子どもを持つことも技術的にはあり得る。

「子どものいない家庭」についても，その形はさまざまであるが，ここでは「どうしてその家庭に子どもがいないのか」という理由から分類を試みる。子どもを望んでいる（いた）のか，そもそも望んでいなかったのか，家族援助を行う際には，その成り立ちを理解していくことが有用なためである。

①子どもを必要としない家庭：1980年代後半からその存在が注目されるようになった，意識的に子どもをつくらない共働きの夫婦のことを指す。DINKs（Double［Dual］Income No Kids）家庭がこの典型である。現在もこのような夫婦の形態をとるものは少なからず存在する。意識して子どもを持たないことを選択していることで不妊夫婦とは異なるが，外面的には区別がつかないため，不妊夫婦がDINKsと誤解されることで「欲しくてもできない」つらさを理解されないことも多い。また逆にDINKs夫婦にとっては，子どもがいないことを自分たちの選択によるものであるにもかかわらず「かわいそう」と周囲に思われることに苦痛を感じる可能性もある。DINKsは夫婦間契約に基づくライフスタイルの選択であるが，生殖年齢の限界が近づいてきたときに夫婦のどちらか（あるいは両方）が子どもを望むようになることもあり，不妊夫婦に移行する場合もある。また，子どもを望まないために結婚も望んでいなかった単身者においても，同様の経過をたどり結婚や妊娠に向かうことがある。

②子どもを持つことが公的，もしくは社会通念上認められていない家庭：単身者，同性カップル，生殖年齢を過ぎて婚姻した夫婦などが当てはまる。しかしながら，これらの人々も子どもを持つことを望んだ場合，非配偶者間生殖医療などの利用により可能となることがある。

③医学的理由で子どもが持てない家庭：妊娠するための身体的機能は持ちながらも，身体的疾患（腎疾患や心疾患など）のために妊娠や出産を許されない人もいる。また，卵巣機能不全をともなうターナー症候群や先天的な子宮欠損をともなうロキタンスキー症候群（MRKH症候群）など生殖にかかわる器官や機能に障がいを抱えている人や，悪性腫瘍等の治療（生殖器の摘出，抗がん剤による化学療法や放射線治療などの副作用による性腺機能不全）のため生殖能力を失う人もいる。従来「絶対不妊」とよばれ妊娠することが不可能であったこれらの人々においても，非配偶者間生殖医療や子宮移植（世界で数例の出産例報告があるが日本ではまだ動物実験段階）の利用で子どもを持つことが可能になる場合がある。ただし，これらの医学的要因がある場合でも，当事者が不妊である（不妊になる）ことを

知らない場合もあり，その場合は不妊当事者と同様の心理過程を経験することになる。さらに近年「がん・生殖医療」という新しい医療分野が注目されている。これは，がんの診断から治療が行われるまでの間に，生殖技術を用いて，婚姻関係にある場合は胚凍結，単身者でも精子や卵子，あるいは卵巣組織の凍結をすることで妊孕性（子どもを持つ能力，妊娠しやすさ）の温存をしておき，がん治療が終了した後に生殖医療で妊娠を試みるというものである。患者に将来の子どもを持つ可能性を示すことでがん治療への意欲を高めることが期待されるが，がんの診断という自身の生命の危機事態に将来の子どもを持つ可能性について短期間に決断しなくてはならないという意思決定の難しさもあり，また温存された胚や配偶子で妊娠できるかどうかはあくまで可能性でしかなく挙児（子どもを得ること）を保証することができないという問題点も残されており，この医療における心理援助も端緒に就いたばかりである。

④子どもを望んでいるが，現在のところいない家庭：多くの新婚夫婦は，将来子どもが授かることを前提としており，そこに困難が生じる可能性を想定せず，子どものいない現状を単に子どもを産み育てるまでの「移行期間」や「待機期間」として苦痛なく過ごしている。しかし，いったん子どもを望みながらも得られない可能性に遭遇すると，"当たり前"と考えていた子どもを持つことに困難があることに苦痛を感じるようになり，不妊夫婦としての生活が始まる。

⑤子どもを望んでいたが得られなかった家庭：不妊治療の経験の有無を問わず，結果として子どもを持たない人生を送ることになった家庭である。この場合，「子どもを望んだが得られなかった」事実をどのように人生に意味づけるかにより，幸福感や満足感に差が生じると考えられる。④のような「現在はいない」状態からこの「得られなかった」状態は，子どもがいないという見かけは同じであるが，その心理的移行は容易でないため，心理援助が求められることも多い。

⑥子どもがいたことがあるが，現在はいない家庭：子どもが存在した時期を経験した後，子どものいない状態になった家庭である。この場合の子どもの喪失は，死別のような明確な場合と，離別や巣立ちのような「あいまいな喪失」（ボス，2015）の場合があり，喪失による悲嘆反応や意味づけの仕方は個別的なものとなる。

以上，便宜的に子どものいない家庭の分類を試みたが，厳密な区別は困難で

あり，複数のカテゴリーにまたがるものや，状況によりカテゴリー間を移行するものも当然あり得る。たとえば，流産を経験してその後挙児に至らなかった夫婦は，生児という形では子どもが得られなかったが，夫婦にとっては短い期間でも確実に子どもがいたと考えるため，⑤と⑥の両方に含まれるといえよう。

不妊と不妊治療（生殖医療）の現状

　妊娠を望む健康な男女が避妊をしないで性交をしているにもかかわらず，1年間妊娠しない場合，医学的に「不妊症」と診断される。しかし，この診断と「不妊であること」は必ずしも一致しない。またこの定義に当てはまらなければ不妊治療（生殖医療）を利用すべきでないということでもなく，特に主に女性の加齢による妊孕性の低下を懸念して，不妊期間が短くても不妊治療を受けるカップルも多い。

　不妊症の一般人口における比率は明らかではないが，およそ6組に1組の夫婦が不妊を経験すると言われている。わが国においては，結婚年齢や挙児希望年齢の上昇から，子どもを望んでも妊娠が得られない夫婦の割合が増加していることが予想される。国立社会保障・人口問題研究所による調査（2016b）では，不妊を心配したことがある，もしくは現在心配している夫婦の割合は35.0％（子どものいない夫婦では55.2％）にのぼり，実際に不妊の検査や治療を受けたことがある，もしくは現在受けている夫婦は全体の18.2％，子どものいない夫婦では28.2％であった。

　不妊治療には，排卵日を診断して性交のタイミングを合わせる「タイミング法」，内服薬や注射で卵巣を刺激して排卵を起こさせる「排卵誘発法」（人工授精や体外受精でも用いられる），採取した精液から良好精子を回収し，妊娠しやすい時期に細いチューブで子宮内に注入して妊娠を試みる「人工授精法」などの「一般不妊治療」と，卵巣から卵子を取り出して（採卵），体外で精子と受精させ，培養した受精卵（胚）を子宮内に返す（胚移植）「体外受精・胚移植法（IVF-ET）」に代表される「生殖補助医療（ART）」とがある。また，体外受精の際，1個の精子を卵子に顕微鏡下で直接注入する「顕微授精法（ICSI）」や，受精・発育した胚を凍らせて長期間保存しておく「胚凍結保存法」などが用いられることもある。

　これらの不妊治療に用いられる生殖技術は，不妊原因そのものを治療するものではなく，精子と卵子を出会わせる確率を上げ，胚の子宮への着床条件をよ

くするための方法にすぎない。その意味では原因療法ではなく対症療法である。もちろん子宮内膜症の治療や卵管の疎通性を回復する手術など，原因療法を行い妊娠を試みる方法も用いられるが，一般的に不妊治療というときには，上記のような生殖技術を用いたものを指す場合が多い。

生殖補助医療を利用して子どもを持つカップルは増加の一途をたどっており，わが国では，2014年において年間39万3745周期（治療を受けた延べ患者数）が実施され，4万7332名の児が誕生している（齊藤ら，2016）。これは全出生児のおよそ21人に1人が体外受精関連技術で誕生しているということになる。さらにタイミング法や人工授精法で誕生する子どもの数はこの数倍に上ると考えられるため，不妊治療で子どもを持つということは，現在では決して特別な出生の方法ではないと認識すべきである。

また，生殖技術の進歩は「家族をつくる」ことの選択肢を増やした。生殖を男女の性交から解放し，挙児に必要な要素である卵子・精子・子宮，そして養育者をそれぞれ別の人物が受け持つことが可能となり，「親」の概念を拡張した。さらに最近は，受精卵の段階で遺伝子レベルでの形質を診断する技術が進歩し，「どのような子どもを持つか」を選ぶ（デザイナー・ベビー）ことの可能性が拡がっている。「できること」が増える中で，当事者は「選択しなければならない不自由」を経験するようになったともいえ，倫理的問題も含め，社会全体が「家族をつくる」ことについてどのように考えるのか，議論を深める必要性はますます高まっている。

家族心理学的視点から不妊問題を理解する

不妊と個人・カップル・家族・社会

不妊が他の疾患と異なることの1つは，不妊であることそのものが問題なのではなく，不妊であることや不妊治療を利用すること，子どもを産み育てることについての意味や価値に，カップルや家族，社会との間で齟齬を生じる場合に問題となるということである。たとえば，夫婦に不妊が判明しても，お互いが子どもを持つことにこだわっておらず，家族も夫婦の意思を尊重する態度を示すような場合には，その夫婦にとっての不妊は問題とならない（子どもを持たない夫婦として生きることの社会的困難はあるとしても）だろう。このように，不妊を個人・カップル・家族・社会がどのようにとらえ，それらがどのよ

うに関連しているかというシステム論的視点が，不妊理解には不可欠である。

個人内システムにおける不妊

①喪失体験としての不妊：不妊当事者の心理を理解する際には，喪失の観点が欠かせない。不妊の喪失の性質として以下のようなものが挙げられる。

(a)反復性：不妊当事者は妊娠を望んでいるにもかかわらずそれが得られないという事実を生理周期ごとに突きつけられ，希望と絶望の激しい波を上下する“感情のジェットコースター”と呼ばれる心理状態を経験する。しかし不妊治療を受けている場合には特に，期待していた子どもが授からなかったという喪失を悲しむよりも，できるだけ早く次の妊娠機会のために前向きにならなければならないと考え，悲しみが見過ごされてしまいがちである。

(b)あいまい性：すでに存在する人を失うのではなく“授かるはずだった子を失う”事態のため喪失の対象が明確でない。これは「あいまいな喪失」の一種と考えられ，悲嘆過程および喪失からの回復を困難にする可能性がある。

(c)多様性：授かるはずだった子ども，親・家族イメージ，親に孫を授ける機会（やそれにともなう婚家や実家における地位），社会的信用，女性・男性としての自信や価値やアイデンティティ，経済的時間的損失などさまざまな具体的象徴的喪失を意味する，多様で複雑な喪失であるといえる。

(d)非公認性：流産や死産といった他の生殖にかかわる喪失と同様，当事者も周囲も，さらには医療関係者にも悲しむべき喪失として認識されにくい。

(e)フラクタル性：不妊の喪失は，短期的には生理周期ごとの喪失をくり返し，長期的には幼いころから夢見ていた子ども（想像の赤ちゃん）を得られないことによる喪失に向かうフラクタル（入れ子）構造になっており，両方の悲嘆過程が同時並行的に進行するため，援助の際にはその両方を視野に入れる必要がある。

②生殖物語：人はそれぞれ，「子どもの頃から始まって大人になっても抱き続けている無意識の語りごとであり，親になる人生をどのように考えているかという物語」を持っており，これを「生殖物語」（ジャフェ，2007）と呼ぶ。ふだんは意識されないこの物語が不妊などの生殖のトラウマ事態

に直面すると意識化され，物語が想像したように進行しないことは自己愛の傷つきにつながるとされる。心理援助においては，まずクライエントがどのような生殖物語を持っているのかを丁寧に聞いていくことが重要である。不妊という危機により意識化された部分と，まだ意識化されてはいないが抱き続けた生殖の物語を共にたどっていき理解することである。そして不妊によって物語の"編集"を迫られることとなったクライエントに対し，それを書き直さなくてはならなくなった悲しみを共有し，この編集作業を共にしていくことが心理援助の過程といえる。その際援助者は，クライエントの生殖の物語が当初の期待どおりに進まず書き直されたとしても，十分に満足し納得のできる物語とすることが可能だという信念を持つ態度を一貫してクライエントに示していることが，彼らの生殖物語の編み直しの支えとなる。

夫婦システムにおける不妊

①男女不平等な不妊治療：対症療法である不妊治療は，不妊原因にかかわらずその多くが女性側に医学的介入を要求するものであり，その負担は女性に重くのしかかる。身体的負担の男女差は治療に対する心理的反応差にも表れ，女性側の負担感を男性側が理解できずに女性が不満を募らせることが多い。また，妊娠・出産の主体であることはもちろんであるが，加齢にともなう卵巣機能や卵子の質の低下に代表されるように，生殖現象そのものが女性に責任を負わせやすい不平等なものであり，このことを夫婦がお互いに理解，尊重できるかどうかが夫婦関係に大きく影響する。

②暗黙裡の夫婦間契約の顕在化：多くの夫婦にとって，子どもは自然に授かるもの，あるいは望んだときに得られるものと考えられており，子どもを産み育てることは夫婦の未来のライフイベントとして共有されている。しかしながら不妊問題に直面した夫婦は，2人の子どもを産み育てることが当たり前に約束されたものではないことに気づかされる。このとき夫婦が，治療の選択など不妊問題にどのように取り組むかについて，同じ方向に進むことができれば問題とならないが，不一致を経験する夫婦も少なくない。それまで2人がともに「子どもがほしい」と夫婦間契約が成立していたと考えていたにもかかわらず，実は「子どもはほしいが，自然に授からないならばいなくても仕方ない」と「子どもがほしいので，そのためにはいかなる努力も惜しまない」のように異なっていたことに気づく場合などであ

る。契約の内容自体が双方の思い込みによる不完備なものであったにもかかわらず，契約が成立したと認識しているため，この相違を相手の裏切りと感じ，怒りや失望につながりやすい。不妊問題に夫婦で取り組むためには，この時点で改めて夫婦が子どもを産み育てることについての契約を結び直す必要があるが，それが困難となることも少なくない。

③夫婦関係の葛藤回避のための三角関係化としての不妊：夫婦の子どもをめぐる三角関係化は家族理解において重要な概念であるが，不妊夫婦においては子どもが存在しないために夫婦間の葛藤に直面化しやすいといえる。しかしこのとき，まだ存在していない子どもや，不妊治療そのものを第三項に配置することで三角関係化を図り，夫婦間の葛藤を回避しようとすることが見られる。不妊であることが夫婦の問題の原因と認識し，子どもさえ生まれれば夫婦関係が改善すると期待するような場合である。すると，子どもを持つことが唯一の解決と考えてしまい，それに執着する姿勢につながりやすい。また，不妊治療を続けている限り夫婦の問題に向き合わなくて済むため，治療終結が困難になり，不妊治療の長期化の一因となることもある。

家族システムにおける不妊

　結婚は新たな家族単位として原家族から独立する機会である。しかしながら夫婦に子どもがいない場合，原家族との境界があいまいになりやすく，不妊問題への取り組みにも原家族からの介入が起こりやすい。古くから夫の原家族からの圧力により嫁（妻）が苦痛を感じることは知られているが，その場合も夫が妻ではなく原家族側と同盟を組んだり，そうでなくても原家族と妻の双方から距離をとったりすると，妻の孤立感は増大する。さらに妻側に原家族との連合が強い場合，夫婦の不妊問題が原家族同士の代理戦争の様相を示すことがあり，双方の多世代の家族関係を考慮した介入が必要となることもある。このような場合，夫婦サブシステムの連合を強化し，双方の原家族との適切な境界の設定が重要となる。

　また，子世代の不妊は親世代の生殖物語の編集も余儀なくすることでもある。特に少子化が顕著な現代においては，子が不妊であることは親にとっては孫の不在となることも多く，人生の統合期における発達課題とも関連し，親が子の不妊を受け入れられないこともある。そのため子世代へ過剰な介入をしてしまい親子関係の葛藤を引き起こしやすい。

まとめ──子どものいない家庭を理解するということ

不妊カップルをはじめとする子どものいない家庭を理解するためには，家族の多様性に自身がどの程度開かれているか，自己の価値観の検証が不可欠である。さらに時代や社会の変化に関心を寄せること，子どもがいることが当たり前とされる文化の中でそうでない状態を生き抜くことの苦痛や困難に共感できることも求められる。また本稿では触れなかったが，不妊経験後に子どものいる家庭にも支援が必要となることがある。生殖や不妊の問題に敏感であることは，あらゆる家族の理解にも役立つと考えられ，その感受性を養うことが重要である。

（平山史朗）

⑤ 障がいを持つ子どもと家族

はじめに

現在，わが国にはおおよそ420万人の身体的な障がいや知的な障がいを持つ子どもや大人がいる。この他，自閉症スペクトラムや注意欠如・多動性障害などの発達障害を持つ子どもの数はおよそ20万人とされる。認知症に代表される高齢の障がい者は，400万人と推定されている。また，精神障害を持つ人の数は320万人である。これらを合計すると，障がいを持つ人の数は1200万人にもなる。これは，国民の約1割がなんらかの障がいを有することを表している。その意味において，障がいは非常に一般的な状態になっているとも言える。しかしそうは言っても，障がいを持つ子どもの誕生は家族にとって予期しにくいことであろう。そして，養育には多くの困難がともなう。障がいを持つ子どもとその家族は，この状況にどのように対処して，家族としての成長を実現して

いくのだろうか。本論は，障がいを持つ子どもを抱える家族のさまざまな困難とその要因を整理し，障がいを持つ子どもとその家族のウェルビーイングの向上や成長に必要な要因について考察する。

家族のライフサイクルとストレス

　障がいを持つ子どもの家族は，子どもの障がいが判明した時点からさまざまな困難に直面する。最初に直面する最も大きな困難は，障がいを持つ子どもとしてのわが子をいかにして受け止めるか，障がいを持つ子どもの親としての自分をどう受け止めるかという障害受容の問題である。

　障害受容は，障がいを持つ子どもの成長や家族のライフサイクルの課題に応じて変化する。渡辺（1997）は，ライフサイクルの視点から家族の危機的な時期を，乳幼児期，就学期，思春期から成人前期（青年期），成人期に分けている。乳幼児期には，適切な医療や療育を確保することや，障がいを持つ子どもの親としてのアイデンティティを確立し，子どもの障がいを受容することが課題になる。就学期には，適切な教育の確保や家族内での役割の再調整が必要になる。思春期や青年期には，卒業後の進路決定や子どもの自立が課題になる。さらに，青年期以降は，「親亡き後」の親に代わる扶養の問題や地域との関係づくりが課題になる。

　ライフサイクルに応じた課題解決の問題に加えて，障がいを持つ子どもの家族は養育にともなう身体的な疲労や家族メンバー間の役割の葛藤，仕事や社会的な関係の制約，収入の減少などの問題に遭遇する（目良・柏木，1998；河野，2005）。こうした状況の中で，とりわけ，障がいを持つ子どもの養育に直接かかわる母親のストレスは大きい。植村・新美（1982）は，母親のストレスとして，「家族外の人間関係から生ずるストレス」「障害を持つ子どもの問題行動そのものから生ずるストレス」「障害を持つ子どもの発達の現状および将来に対する不安から生ずるストレス」「障害を持つ子どもを取り巻く夫婦関係から生ずるストレス」「日常生活における自己実現の阻害から生ずるストレス」を挙げている。

　母親のストレスを高める要因は，夫婦の原家族との関係性にもある。春日（2001）は，父方の家族は障がいを持つ子どもの出生の原因を嫁方（母方）に帰属させ，嫁（母親）の実家が障がいを持つ子どもと母親を引き取るべきだという感情を抱くことを指摘している。そのため，母親は子どもを囲い込んで自

分の監視下に置き，閉鎖的な空間において責任をとろうとして孤立感を深めてしまう。また，母親は障がいを持つ子どもとしてわが子を産んだことへの自責感と愛情をいくら注いでもまだ足りないという不充足感などから，極端な母子一体化した親子関係を形成する可能性がある。そのため，父親は子どもへのかかわりの糸口を見失うことになり，夫婦の連帯感や家族機能に不全が生じることになる。

　こうした事態の改善や防止に必要な要因として挙げられるのは，母親を孤立させないためのサポートである。三木（1998）は，夫や自分の両親，母親の仲間，近所の人々，通園施設などのサポートに対する満足度の高い母親は，自分の子どもの障がいに対する「ふっ切れ感」が高いことから，これらのサポート源が母親の障害受容を促進する要因であると指摘している。

きょうだいへの影響

　障がいを持つ子どもの存在は，きょうだいにも影響を及ぼす（田倉，2008；大瀧，2011）。障がいを持つ子どものきょうだいは，家族からさまざまな制約を受けている。それらは次の３点に集約される。①障がいを持つ子ども・者に対して否定的な感情を持つことはタブーであるという強固なルールができ上がっていき，家族の中に障がいに関して「触れてはいけない」ことが増えていくこと（強固なルール），②親からの過剰な期待と現実の自分とのギャップに関する悩みと，親の期待に応えようとすることから生じる悩みや苦痛を家族内でオープンに語ることができないこと（家族成員間の葛藤の否認），③母親がきょうだいに，自分の相談相手（夫代わり）としての役割を期待し，夫婦間の葛藤を含め，障がいを持つ子どもへの対応の仕方など，夫婦同士で解決すべき問題が，本来それを考える立場にない子どもの領域にまで持ち込まれてしまうこと（家族成員の境界線のあいまいさ）。

　家族からの制約は，きょうだいの不満や情緒的な問題を引き起こしやすい。さらには，社会の障がいに対する無理解や偏見に対する悩み，結婚への不安，障がいを持つ子どもが生まれることへの不安，親亡き後の不安に縛られることになる。

　このような影響を改善する取り組みの１つに，きょうだいへの援助がある。わが国では，米国のジブショップス（Sibshops）を参考にして1995年に「全国障害者とともに歩む兄弟姉妹の会」が発足し，この頃から本格的な援助が始ま

ったとされる（今田・佐野，2010）。その目的は，①きょうだいが，リラックスした楽しい雰囲気の中で仲間と出会う機会を提供すること，②きょうだいに共通した喜びや心配事を話し合う機会を提供すること，③きょうだいがよく経験する状況に，他のきょうだいがどう対処しているかを知る機会を提供すること，などである。こうした援助を通して，きょうだいは，精神的な成熟，洞察力，忍耐力，障がいを持つ同胞に対する誇り，障がいのある人への権利擁護意識などを育み，きょうだいでなければ経験できない成長の喜び体験をするようになる。

虐待の問題

　障がいを持つ子どもの多くは，家族の愛情のもとで幸せな人生を送っている。しかしその一方で，親からの虐待に苦しんでいる障がいを持つ子どもも少なくない。李（2011）によれば，わが国では，虐待を受ける障がいを持つ子どもの数が健常児の4倍から10倍にもなる。虐待の種類では，ネグレクトが41.3％，身体的虐待が39.5％，心理的虐待が6.5％，性的虐待が3.2％である。障がい別では知的障害を持つ子どもが最も多い。また，情緒や行動の統制が困難な自閉症スペクトラムや注意欠如・多動性障害といった発達障害を持つ子どもも虐待を受けやすい。加害者は実母が最も多く，69.4％に上る。

　虐待の発生に関する主な要因として挙げられるのは，障がいを持つ子どもの気質や障がい特性の問題，親の不安感などの問題，世間体や周囲の態度などの社会・対人関係的問題，経済的問題などである。それに加えて，母親の孤立も大きな要因である。障がいを持つ子どもの家族は，地域から孤立していることが多い。母親は家族からも地域からも孤立するという二重の孤立によってストレスを高め，虐待を引き起こしやすくなる。障がいを持つ子ども側の要因としては，自身のコミュニケーション能力の不足や自己保護力の不足，虐待に対する理解不足とそれによる関連機関に報告する能力の不足，などが指摘されている（Sobsey et al.，1997）。

　虐待を防止するためには，地域住民による障がいを持つ子どもの家族に対する見守りやサポートなど，地域で障がいを持つ子どもを支えるシステムを築く必要がある。また，近年，虐待の世代間伝達が問題になっている。これは，母親が自分の母親から虐待を受けた経験があると，自分が母親になったときわが子に対して同じような対応をしてしまうことである。今野・吉川（2004）や

Yoshikawa & Konno（2008）は，虐待の世代間伝達の不安を訴える妊婦に動作法面接を試みている。これは，動作法の快適な体験を通して妊婦の心身の安定を図ることと，妊婦の心身の安定感によって促進された胎児の動き（胎動）を媒介にして妊婦と胎児との間に愛着関係を形成し，虐待の世代間伝達を防止するものである。この援助を夫と一緒に行うことによって夫婦のコミュニケーションと，子育てに対する夫婦の協力関係を育むことができる。また，実際に虐待に悩んでいる母親は，動作法の援助によって静かなとらわれのない気持ちで過去の自分を見つめ直すとともに，イライラ感や怒りの衝動をコントロールすることが可能になる（今野・吉川，2008）。

家族機能の回復や成長に向けた援助

　障がいを持つ子どもの家族に関する従来の研究では，健常なわが子のイメージの喪失に対するショックや悲嘆をどのように受容するかという障害受容に重点が置かれていた。それに対して近年では，複雑な思いを抱きながらも自分の人生に積極的な意味を見出そうとする家族の姿を質的にとらえる研究が登場してきている（笠井，2013）。これらの研究では，それまでは負の側面に焦点化されがちだった障がいを持つ子どもとその家族を，幸福を追求する主体として位置づけている。また，幸福の実現において家族のレジリエンスや耐久力を重視している。

　薬師寺（2002）は，障がいを持つ子どもを抱える家族の家族機能の回復や家族の成長の鍵として，耐久力（family hardness）を挙げている。その特徴は次の4点である。①コミュニケーション能力の向上による，子どもに粘り強くかかわる姿勢，②家族が抱える問題の優先順位を修正し，受容の限界を設定するコントロール能力，③子どもの葛藤体験を意味のある人生としてとらえることで生まれる自信，④これまでの困難が家族を成長させ，家族に課せられた挑戦であるという認識。

　家族機能の回復や成長には，さまざまなサポートが必要である。その中には，セルフヘルプ・グループ（自助グループ）や家族を介護から一時的に解放するためのレスパイトケアがある。三原（1999）は，セルフヘルプ・グループの効果として①認知の再構成，②生活技術の学習，③情緒的サポート，④個人的な情報の提供，⑤社会化，⑥自己信頼と自尊心の獲得，を挙げている。また，北川・岡崎（2005）によれば，障がいを持つ子どもの親は，セルフヘルプ・グル

ープにおける経験や感情の共有を通して，仲間として子育ての経験を共有し，励ましたり励まされたりすることによってエンパワーされ，効果的な子育ての知識や技術を学んだり，現在の問題をとらえ直して解決の方向性を見出すことができる。

　レスパイトケアの目的は親の負担を軽減することであるが，家族全員の心身の健康の回復や障がいを持つ子ども自身の自立に向けた援助としても重要な役割を担っている。現在，重症心身障害を持つ子どもや成人は全国で4万人近くいると推定され，そのうちの約7割が在宅介護である。母親の平均睡眠時間は5時間程度である。夜間は2時間ごとに気管吸引や体位変換，おむつ交換，体温コントロールのための室温調節などのため継続して睡眠をとることが困難である。そのため，母親の大半が腰痛や関節痛などの体調不良や抑うつ傾向にあることが指摘されている（菊池，2013）。このような家族にとって休息は必要不可欠なものである。しかし，介護者である家族は，レスパイトケアを利用することに罪悪感を抱いたり，障がいを持つ子どもを慣れない環境に預けることに抵抗感を覚えたりする傾向がある。そこで，こうした抵抗感を緩和する取り組みとして，山田ら（2013）は，「親子レスパイトケア」を提唱している。これは，従来のように障がいを持つ子どもが家族と離れて施設のショートステイを利用するものではなく，家族が共にレスパイトケアをすることがねらいである。また，レスパイトケアは，障がいを持つ子ども自身にとっては自立に向けた練習の機会となり，親にとっては子離れの練習の機会となる。

今後の方向性

　従来は，障がいを持つ子どもはマイナスのイメージや価値を持つ存在として受け止められてきた。障がいを持つ子どもとその家族にとって，障害受容とは，そうした負の価値を受け入れることや負の価値をプラスに変えるということを意味していた。しかし，障がいは負の状態なのであろうか。2001年に成立した国際生活機能分類（ICF）によれば，障がいは特別なニーズを持った状態である。それは，特別なサポートを必要とする状態のことである。したがって，障がいを持つ子どもとその家族とは，子どもの養育と家族の幸福やウェルビーイングを実現するための特別なニーズを持っている家族のことである。そして，障がいを持つ子どもとその家族は，ケアされる存在から地域の成長を導く主体としてとらえ直すことができる。

つまり，障がいを持った子どもとその家族のニーズに周囲が応えていくことによって，互いに人間としての成長の喜びを共有する共生の社会が実現するのである。その意味において，障がいを持つ子どもは単に受容される存在ではなく，家族の成長や地域の成長を担う一員として位置づけられる。こうした視点は，これまでの負の側面に焦点化されがちだった障がいを持つ子どもとその家族を，幸福を追求する主体としてとらえ直すことであり，今後このような考え方は共生社会の実現に向けた大きな流れとなっていくことだろう。そこでは，家族心理学の研究と実践から得られた知見が大きな貢献を果たすことが期待される。

（今野義孝）

⑥ 児童虐待

はじめに

　児童虐待は，子どもが健全に発達し成長する権利を侵害する行為である。児童相談所等の対応件数の増加（平成28年度統計12万2578件－速報値－）に見られるように，近年注目されている家族病理現象の１つである。児童虐待は，被害を受けている子どもから相談される（親告）ことは稀である。そのため虐待を行っている親からの相談や周囲の大人によって気づかれない限り発見が難しい，いわゆる「隠された病理現象」である。虐待問題に対応するには，親や子どもの攻撃や抵抗に直面することも少なくない。対応の遅れは子どもの死亡につながることもあり，緊急性が高いと判断されれば司法的な強制介入が行われる。一方で虐待は，古くから起きていた現象である。したがって近年の対応件数の増加だけで，家族病理が進行しているととらえるべきではないという意見もある。

児童虐待とは

　虐待はAbuse（アビューズ）とNeglect（ネグレクト）に二分される。Abuseは「濫用（abnormal use）」といい，「行きすぎた使用」を意味する。Neglectは「放任」をいい，「行き届かない状態」を意味する。つまりアビューズ（虐待）は親の行きすぎた体罰や権利の乱用を，ネグレクトは養育の責任放棄や放置のことを指す。「虐待」と「ネグレクト」を分けて考える場合もある[1]が，本稿では両者を統合して「虐待」と呼ぶこととする。いずれも子どもが健康に発達成長する権利を阻害し，成長過程で人格的にも大きな影響を及ぼすと考えられている。

虐待の類型

　児童虐待は，平成12年に制定された「児童虐待防止等に関する法律（以下，防止法）」で規定されている（第2条「児童虐待の定義」）。それによると児童虐待は，以下の4つに分類される（カッコ内は統計割合を記述した）。
　①身体的虐待：児童の身体に外傷が生じ，又は生じるおそれのある暴行を加えること。具体的には，打撲，火傷，内臓損傷，骨折，激しく揺さぶる，溺れさせる，冬戸外に締め出す，意図的に子どもを病気にさせる等（平成28年度の虐待対応件数全体に占める身体的虐待の割合は26.0％）。
　②性的虐待：児童にわいせつな行為をすること，または児童をしてわいせつな行為をさせること。具体的には，子どもへの性交，性的暴行，性器を触る又は触らせる，性器や性交を見せる，ポルノグラフィの被写体などに子どもを強要する（同1.3％）。
　③ネグレクト：児童の心身に正常な発達を妨げるような著しい減食又は長時間の放置。保護者以外の同居人による身体的あるいは性的虐待と同等の行為を保護者が放置し，保護者としての監護を著しく怠ること。減食や放置の他に，家に閉じ込める，重大な病気になっても受診させない，子どもの意思に反して学校等に登校させない，長時間不潔なままにする等（同21.1％）。
　④心理的虐待：児童に対する著しい暴言又は著しく拒絶的な対応，夫婦間（内縁関係を含む）の暴力等を児童が目撃する（面前DV），その他児童に著しい心理的外傷を与える言動を行うこと。具体的には，子どもの心を傷

つける言動，拒否的な態度等（同51.5％）。近年は，警察を介した面前DVの通告が増えている。

主たる虐待者

主たる虐待者は統計開始以降，実母，実父，内縁の父及び継父，内縁の母及び継母の順に高い割合となっている。平成27年度では順に50.8％，36.3％，6％，0.7％である。

子どもの年齢

児童福祉法で定められた児童は0歳から18歳までを指す。虐待を受けるリスクは年齢が低いほど高くなる傾向にある。また発達段階で起きる反抗期においても虐待が起きる可能性は高くなる。近年では虐待問題の社会への浸透もあり，子どもの所属する施設（保育所，学校園等）の発見による通告や子ども自身が虐待を受けているという意識を持ち大人に親告（自ら告げる）をすることも少ないながらあり，学童期以降の対応も増えつつある。なお虐待を受ける子どもの年齢による割合（平成27年度）は，0～3歳19.7％，3歳～学齢前23.0％，小学生34.7％，中学生14.3％，高校生8.3％である。

虐待による死亡

厚生労働省は虐待（心中を含む）による死亡事案を平成15年から集計している（子ども虐待による死亡事例等の検討委員会）。それによると平成26年度は虐待死が43件（44人），心中が21件（27人）で合計64件（71人）である。統計をとり始めて以降，年齢が低いほど高い水準で推移しており，心中を含まない虐待死では3歳未満が32人で全体の7割を占める。加害者は実母28人（63.6％）で最も多く，実母の抱える問題として妊婦健康診査未受診，望まない妊娠，若年（10代）妊娠が多くなっている。

近年の傾向

虐待は法律によって定義づけられているがその解釈は多岐にわたり，周囲が気づかなければ発見はされにくい。揺さぶりっこ症候群（シェイキング），代理によるミュンヒハウゼン症候群，（主として）宗教上の理由による手術や輸血の拒否，児童養護施設退所後の子どもの自立の侵害など，専門職が虐待と思われる事実関係を持ち，より慎重に判断をしなければならないケースが増えつ

つある。

しつけと虐待の違い

　加害者である親は「しつけのつもりだった」と虐待の意図を否定することが多い。親の中には自分が叩かれて育ったことを肯定し，しつけのための体罰容認を主張する場合がある。しつけと虐待は連続線上にはないとされているが，しつけと虐待の線引きは難しい。一定の境界を認識するためには，暴力性の有無（怪我や傷，体の変調の程度），反復的で意図的，子どもが抱く恐怖，子どもの退行の程度等，子どもの健全な発達の侵害状況等，子どもの立場で慎重に吟味する。近年は，明確な虐待の事実は確認できなくとも，親の不適切な養育態度をマル・トリートメント（mal-treatment）と呼び，広汎な虐待の解釈が行われるようになっている。

対応件数にみる特徴

　児童虐待の件数は，厚生労働省が1990年から集計を始めた全国児童相談所の対応件数統計でおおよそ把握することができる。件数は1990年の1101件から2016年の12万2578件と増加の一途をたどっている。増加の背景として，虐待防止法により虐待が明確化されたこと，通告が義務化されたことなどが挙げられる。児童虐待対応件数は，法改正や虐待死亡事件等マスコミ報道による影響も受けているとともに，家族病理や都市病理を明らかにしていると考えられよう。

要因

親の要因

　体罰肯定の考え方や低い自己評価などが挙げられる。多くの虐待に共通する養育環境として，失業や不安定就労による経済的困窮，親族や地域社会からの孤立，夫婦間葛藤等がある。個人の要因としては，精神疾患やパーソナリティ障害による攻撃性や衝動性の高さ，知的発達の遅れや発達特性（自閉症スペクトラムなど）による未熟（不適切）な養育，子どもへの敵意的感情や親の被害的認知，そして虐待を受けた経験である。被虐待体験は世代間連鎖との関連で

着目されやすい。しかし、虐待を体験しても虐待に至らない場合や、体験がなくても加害者になり得ると考えられている。つまり、虐待を受けた体験の有無よりも、親と祖父母との幼少期からの関係不全（愛着形成の失敗）が、親の低い自尊感情や孤立の要因となっている、とする世代間連鎖の考え方が今日の定説である。親の中には、周囲から親失格の烙印を押されたくないという思いから、自ら孤立し地域から逃走するケースもある（岩上ら、2010）。なお虐待死に至るハイリスクの要因は若年妊婦、望まない妊娠、母子手帳申請の遅れなどが挙げられ、自治体レベルでは虐待の予防策として若年妊婦の支援策が実施され始めている。

子の要因

虐待を受けるリスクに年齢の低さが挙げられるが、発達上の課題としてのリスクが、発達障害と愛着障害である（古荘、2008）。特にADHDに代表される多動児は、行動抑制のための体罰や厳しい叱責を受ける可能性が予測される。愛着障害と発達障害の臨床的な鑑別は困難であるが、親による厳しい体罰や放任など不適切な養育が背景にあれば愛着障害を疑う。また発達障害を基礎に持つ愛着障害も存在し、慎重な判断が求められる（杉山、2007）。愛着障害は衝動性が高く、相手の嫌がることをするという特徴がある場合に関係がつくりづらい。こういった反応が親を刺激し、膠着した虐待的関係が形成される場合もある。

社会的要因

紹介した虐待統計を概観すれば、虐待は都市部に多く発生していることがわかる。理由として、都市社会は、子育て世代が定着して住み続けることが少なく（流動性）、隣近所が誰かわからず（匿名性）、話し相手が見つからず閉じこもる状態（閉塞性）が続く、といったストレスを高めやすい養育環境である、ということがあげられている（岩上ら、2010）。また、近年の"子育て支援ブーム"は子育てひろばや地域拠点施設の設置といった面では喜ばしいが、反面子育てを誰かに監視されるようだと感じている親も少なくない。離婚の増加や地域社会の希薄化などは子育てのしづらさの要因として1970年代から言われているが、近年は、非正規雇用の増加により経済的な貧困が精神的貧困を喚起し、不適切な養育環境から抜け出せないという貧困の世代間連鎖が起きている（倉石、1992；阿部、2008）。

歴史的経緯

日本

　わが国で最初の児童虐待防止法が成立したのは1933（昭和8）年である。監獄教誨師として免因保護事業を行っていた原胤昭（1853〜1942）が制定に奔走した。大正から昭和の社会活動家をみれば，賀川豊彦（1888〜1960）は，自ら貧民窟へ出向き，そこでの生活の様相や児童虐待の実態として嬰児殺し，棄児，孤児，人身売買，障がい児の見世物などといった児童虐待の実態を「児童虐待防止論」（1919）として報告している（吉見，2012）。

　遡ると，徳川時代の全国人口調査によると人口はほとんど一定で増加していない（岩間，1998）。農民社会では生活困窮から「間引き」が一般的に行われていたと推測される。一説では，関東から奥羽地方にかけて年間6〜7万人が「間引き」されていたらしい（岩間，1998）。「7歳までは神の内」「輪廻転生」といった考え方で，子どもは死んでも（時に殺されても）生まれかわってくるという考え方も浸透していた。このように子どもは家族の所有物の1つであり生死すらも親の都合で決められていた。

米国

　1874年のニューヨークのメリイ・エレン事件により，米国のみならずヨーロッパでも児童虐待防止の機運が高まった。その後，1924年国際連盟がジュネーブに創設され，子どもの権利宣言（ジュネーブ宣言）が唱えられる。子どもの権利擁護の流れは第2次世界大戦後に継承されるが，児童虐待の科学的検証は1960年代に米国に始まり，放射線学，小児科学の進歩により「殴打された子ども症候群（battered child syndrome）」が小児科医ケンプ（Kemp, C. H.）により明らかにされた。1974年に児童虐待防止に関する法律が米国議会を通過し，1989年には「児童の権利条約」が国連で採択されている。

「児童の虐待防止等に関する法律」の成立まで

　わが国では2001（平成13）年に児童虐待の防止等に関する法律が施行される。法律制定の契機は国連が1990年に発効した「子どもの権利条約」の批准（1994）[2]であった。2001年に施行された防止法では，虐待が定義され（第2

条），虐待を発見したもの（虐待と疑われる場合も）の通告義務（第5条），都道府県や市町村による虐待予防の啓発や研修，相談体制の整備（第4条）など，虐待への対応が明文化された。

対応と介入

虐待問題への対応は，不適切な養育や虐待が疑われるところから開始される。虐待が疑われた場合の通告先は市町村福祉事務所（担当部署）あるいは都道府県（政令指定都市等）の児童相談所となる。通告先としての市町村と都道府県の役割分担は，主として市町村は家族維持を中心とした予防的対応（在宅支援）を行い，児童相談所は重篤（深刻）な虐待が疑われ，親子分離の必要性が高いケースについて介入的対応を行う。

予防的対応

予防的対応は主として市町村が担う。ハイリスク妊婦への支援，生後4か月までの乳児のいる家庭の全戸訪問（こんにちは赤ちゃん事業），養育困難家庭への養育支援家庭訪問，子育て支援拠点などでの利用者支援等，地域の医療・保健・福祉・保育・学校園等が連携し，医師・保健師・社会福祉士（精神保健福祉士）・臨床心理士・保育士・教員，主任児童委員（民生委員・児童委員）等による支援が行われている。市町村は地域住民や関係機関から通告を受けると福祉事務所（保健・母子・保育等の主幹事務）を主幹とする，関係機関実務者による要保護児童対策地域協議会でケース受理会議を開催し（児童福祉法第25条），対応を協議する仕組みとなっている。

介入的対応

くり返される虐待，親による支援拒否，子どもの安否が不明，子どもの生命が脅かされるような重篤な虐待の場合には，児童相談所による介入的対応が実施される。児童相談所には措置（児童福祉法第27条），一時保護（同33条），立ち入り調査（同29条，虐待防止法9条）といった法的な権限が付与されており，親や子どもの拒否や抵抗に遭ったとしても安全確保のための介入が行われる。

この他にも，子どもの施設入所（あるいは里親委託）を親が拒否（不同意）する場合には，施設入所について家庭裁判所の審判を仰ぐことができる権限（児童福祉法第28条）や親権の停止，親権の喪失を家庭裁判所に請求する権利

（児童相談所第33条，防止法15条）を児童相談所は有している。

課題

　虐待は親や子の支援拒否や抵抗もあり，継続的なかかわりが困難を極める。特に子どもを分離保護された親は児童相談所等への攻撃が激しくなり，従来の信頼関係に基づく支援ができにくくなる。虐待リスクのアセスメント，親への支援のあり方や職員体制など課題は多い。

注

⑴　一般社団法人日本子ども虐待防止学会発行の機関誌は「子どもの虐待とネグレクト」となっている。
⑵　日本では「児童の権利条約」として批准されている。

（倉石哲也）

7　DVについて

DVとは

　DV（ドメスティック・バイオレンス）は，「Domestic＝家庭内」の，「Violence＝暴力」で，夫婦間暴力の意味で使用される。親密な関係で起きる暴力で，力の強いものから弱いものに対して行われる。パートナー間で，同居の有無や婚姻関係に関係なく，恋人関係も含む。児童虐待や高齢者虐待など，家族間で起こる暴力（ファミリー・バイオレンス）の１つである。
　暴力形態は，多様である。
　①身体的暴力：殴る，蹴る，物を投げる，首を絞めるなど
　②心理的暴力：大声で怒鳴る，脅す，罵る，無視をするなど

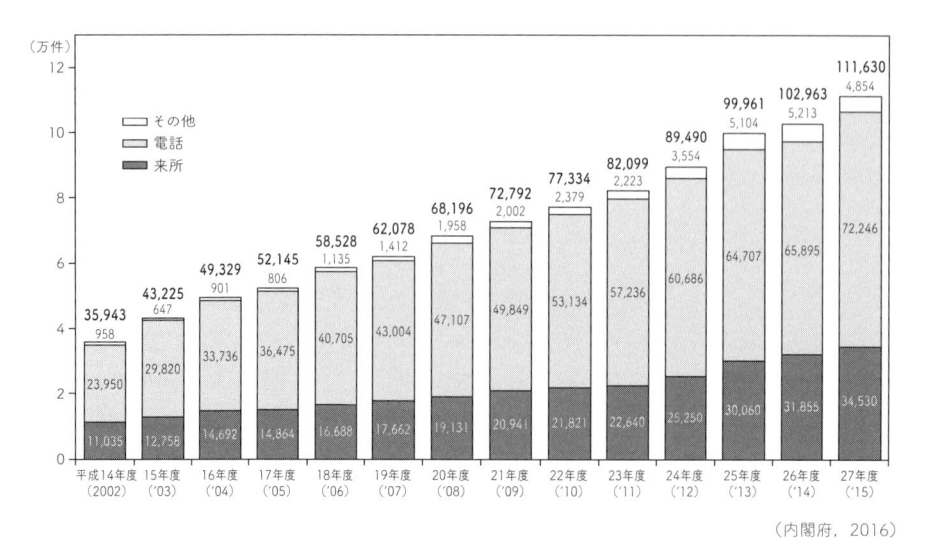

（内閣府，2016）

備考：配偶者暴力防止法に基づき，都道府県の婦人相談所など適切な施設が，支援センターの機能を果たしています。市町村が設置している支援センターもあります。相談件数は，全国の支援センター262か所（うち市町村設置の支援センターは89か所）における件数です。

図Ⅳ-7-1　配偶者暴力相談支援センターにおける相談件数

③性的暴力：性行為を強要する，避妊に協力しない，ポルノを見せるなど
④経済的暴力：生活費を渡さない，外で働くことを許さないなど
⑤社会的暴力：行動監視，実家や友人との付き合いの制限など
②と⑤を一緒に分類する場合もある。

DVの歴史

　DVが注目されたのは米国で，ウォーカー（Walker，1979）の『バタード・ウーマン』出版後，各地で被害女性を保護するシェルターがつくられ，社会問題となった。1985年にDV防止法が制定され，さまざまな取り組みがなされた。
　日本では1970年代は，子どもから親への暴力として「家庭内暴力」が使用されたが，1990年代に夫婦間にDVという言葉が使われはじめた。
　2001年「配偶者からの暴力の防止及び被害者の保護に関する法律」（配偶者暴力防止法）が制定された。それまで，「内輪のこと」「夫婦げんか」として見過ごされてきたことが，社会的な問題であり，「犯罪」として認知され始めた。

配偶者（事実婚や別居中の夫婦，元配偶者も含む）から「身体的暴行」「心理的攻撃」「性的強要」のいずれかを1つでも受けたことがある。

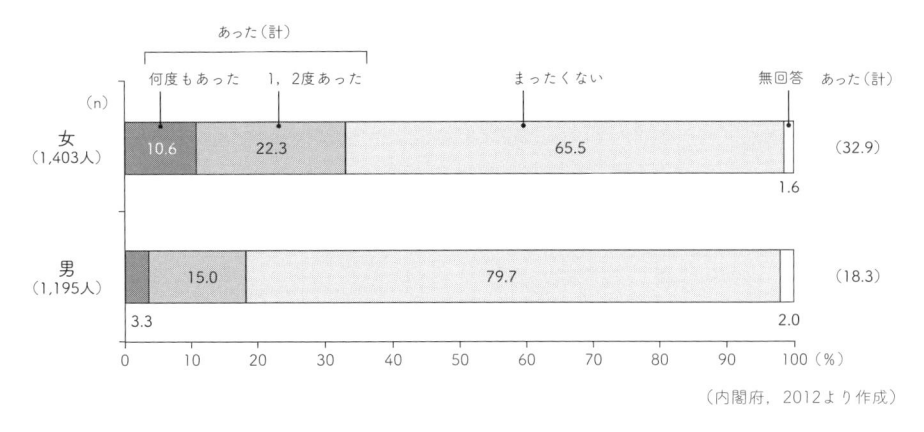

（内閣府，2012より作成）

図Ⅳ-7-2　被害体験

2014年，3回の法改正を経て「配偶者」には事実婚や離婚後も含まれ，身体的暴力だけでなく，「心身に有害な影響を及ぼす言動」も含まれた。また，警察や裁判所などへの同行支援が明記され，通報，相談，保護，自立支援などの被害者支援の法的整備が進められている。

男女ともに対象になるが，被害者の多くは女性であり，支援対象は女性中心となっている。

DVの現状

警察庁の統計によると，2010年の97.6％から2014年は89.9％へと下がっているが，DV被害者は圧倒的に女性であることが多い。

内閣府の「男女間における暴力に関する調査報告書（平成26年度調査）」（2014b）によると，配偶者暴力センターの相談件数は10年間で2013年には約3倍の10万件へ，警察における暴力相談等の対応も2001年の3600件から2014年には約6万件へと激増している。

配偶者からの被害経験を見ると，女性の23.7％はいずれかの暴力被害を受けたことがあり，約10人に1人は何度も暴力を受けている。男性も，16.6％が被害を受けている。

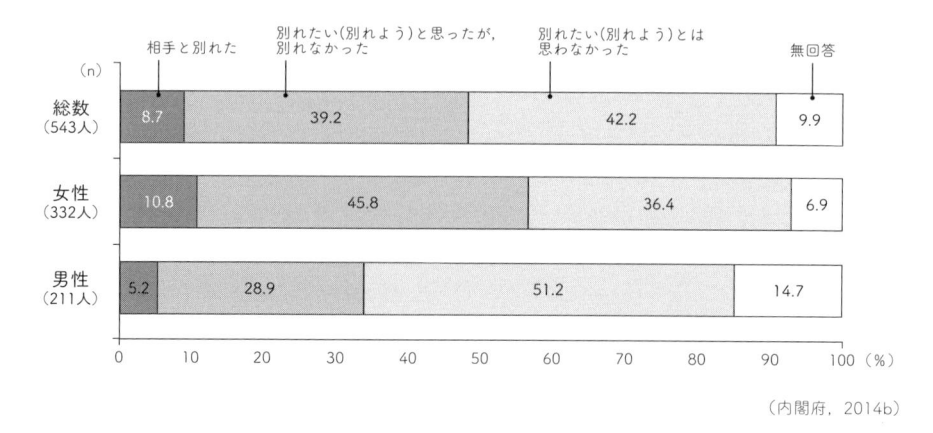

（内閣府，2014b）

図Ⅳ-7-3　配偶者からの被害を受けたときの行動

しかし，被害を受けた女性の4割，男性の8割はどこにも相談していないというデータもあり，まだ表面化していないDVが多いと思われる。

男性被害者も増えているが，相談しにくいのはDVの「被害者は女性」という偏見があることが影響しているとも考えられる。

被害後の行動

2014年の調査結果（図Ⅳ-7-3）では，被害を受けた時，「別れようと思わなかった」被害者は42.2％おり，「別れたい（別れよう）と思ったが別れなかった」被害者を含めると80％は，被害を受けた後も加害者と同居していることになる。

女性の56.6％が「別れたい（別れよう）」と思いながら，実際に別れたのは10.8％であった。しかしこれは2006年の2倍以上で，別れる場合のDV被害者支援が役立っていることを表しているのかもしれない。

別れられなかった理由は，「子供がいるから，子供のことを考えたから」が女性65.8％，男性59％である。「経済的に不安があったから」は女性44.7％，男性14.8％と大きく差があり，経済的な男女の格差が影響していることがうかがえる。

DV支援の問題点

　緊急な場合，命にかかわるので，被害者の安全確保のため，加害者から離す
ことが最重要課題となる。加害者にとっては突然妻子から引き離されたり，い
なくなったりする事態に対応できない。もともと自分が悪いと思っていないの
で，いなくなった妻を恨み，ますます危険な存在となることがある。

　日本では，加害者へ法的に更生プログラムを受講させる制度が存在していな
い。民間の相談機関での加害者更生プログラムはあるが，効果が確定しないた
めに，積極的な紹介は確立されていない。罪を認めることが難しい加害者の自
発性に任されるため，加害者への支援は立ち遅れていると言えるだろう。

　保護命令は一時的なので，その後の加害者からの報復を恐れ，保護命令を申
し立てることをためらうこともある。別れる以外の選択肢への支援が不十分で
ある。

　また，DVと児童虐待は同時に起きていることも多いので，それぞれの個別
の支援でなく，家族の課題として取り組まなければ，結果として被害者を守る
ことにならない場合がある。

被害者への影響と回復

　被害者は「自分が悪いからいけない」と思い込んで自己否定的になったり，
不安感や恐怖感，無気力，低い自尊心や抑うつ，不眠など長期的な心理学的問
題を抱えやすい。友人や親との関係から孤立し，逃げられない状況にある場合
もある。さまざまな症状や子育ての問題などで，DVが主訴ではない形で相談
に現れることも多い。

　逃げられない女性の心理として，ハーマン（Herman, 1992）は「監禁の心
理」を指摘し，長時間暴力を受けると，自己への恥辱感，自責感などを持ちや
すく，支配・服従関係の中で，生きる気力や考える力を失うと考えた。

　この見解は，被害女性をサポートするとき，被害者が「悪いわけではない」
ことを伝え，夫と別れるかどうか決めきれない状態を急かさない必要性の根拠
となっている。

　個人カウンセリングや自助グループが被害者の回復に役立っている。

DV防止に役立つ視点

フェミニズムの視点

　DVは女性が被害者になることが圧倒的に多いことから，男性優位の社会の仕組みに根ざし，当たり前のこととして見過ごされやすいジェンダーに基づく暴力だと考えられる。

　また，DVを暴力的な男性と虐待されやすい女性の個別の関係の間の出来事ではなく，男性優位社会の男女の不均衡な関係から生じたもので，男性が女性を支配する試みとして理解する。

　時に，男性＝加害者，女性＝被害者と単純化し，対立的になりがちであるし，暴力を振るわない男性との相違を無視していると批判がある。

　夫婦や家族という親密な関係の中での相互作用として問題をとらえる家族療法は，力の差を無視し，男女のヒエラルキーを疑問視していないとフェミニストから批判された。このことは，援助者のジェンダー・バイアスに気づくことや，ジェンダー・センシティブである必要性として受け入れられている。

加害者への援助

　加害者への更生プログラムが制度化されている諸外国では，「被害者」のためのプログラムと位置づけられていた。フェミニズムでは，加害者の歪んだ男性支配の認知を変えようとする試み，つまり加害者個人内で変えようとした。また，DVの構造を理解し，行為の責任をとらせるべく再教育すべきとして対決的な姿勢になりがちだった。プログラムの効果については諸説あった。

　日本では，加害者の自発的参加が前提なので，参加をいかに動機づけるか，制度自体の違い，夫婦・家族に関する文化的な違いなどを考慮したプログラムが必要である。

　公的なDV加害者更生プログラムはなく，民間のいくつかのプログラムがある。「被害者の安全のため」のプログラム，「非暴力のための人間への援助」（味沢ら，2002）を目指すものなど，その基本的立場や方法論は異なっている。

　暴力の再生産を防ぎ，予防のためにも，カウンセリングや男性だけの自助グループ，男女ペアのファシリテーターでのワークショップなどの組み合わせや，被害者側との連携など，さまざまな工夫が行われている。

社会の仕組みは男性の方に有利に働くことが多いため，男性自身も気づきにくいが，「男らしさ」「男の沽券」に縛られている。自殺や突然死など男性に多く，感情に気づきにくく，言語的表現が苦手だったりする。男性もまた女性とは異なった形でジェンダーによって苦しむ存在である（柏木・高橋，2008）。

加害者は攻撃的な表面とは逆に自尊心が低いとされており，加害者の中には，子どもの頃虐待を受けた男性もいる。世代間伝達として考えれば，加害者はかつての被害者でもあり，加害者自身の援助の必要性が認められる。

別れることを望まない「被害者」にとって選択肢の一つとなるかもしれない。

解決志向のアプローチ

夫婦間での「加害者」は昔「被害者」であったかもしれず，今，夫婦間での「被害者」は子どもとの関係では「加害者」であるかもしれない。

夫個人，妻個人のパーソナリティや問題点だけで夫婦間でDVが起きるわけではなく，この夫婦，家族を取り巻く社会状況は無視できない。また，複数の要因が複雑に絡み合っており，システムのあらゆる部分は相互にかかわり合い，連結している。「なぜこうなったか」「なにが問題か」という「問題」を語るより，円環的関係に焦点を絞って「今なにが起こっているか」が重要という考え方はシステム的視点である。

解決志向のアプローチは，長所重視の視点に立ち，「解決」と「ゴール」について語ることや，暴力を使わないで済んだ「例外」を見つける（Lee et al., 2003）。夫婦の葛藤はどの夫婦にもあるが，その解決が暴力になっていると理解すると，加害者にとっても，夫婦，家族にとっても，今起きている暴力を止める有効な手立てとなる。ここでは中立的であることが重要と考えられている。

文脈派のアプローチ

家族は親密で，情緒的な関係である。「家族だからこそ，わかってほしい，認めてほしい」という期待と，それが満たされないときの失望は，夫婦それぞれにある。

原家族からくる個人内の経験と，夫婦，家族という関係で起きた夫婦の歴史と今をつなぐ視点として，文脈療法のナージの理論は役立つだろう。

また，公平さを柱に置くこの理論では，家族の中で不公平な状況にある人を尊重する。男女で不公平である現実に配慮できるアプローチであり，家族と個人の両方に開かれている。中釜（2003）は文脈療法の特徴を「統合的」「多世

代的視点の重視」「資源（リソース）志向」と表現している。

　このアプローチはまた，特に，共感性がなく，無慈悲でさえある男性の傷つきをどう理解するかの道筋を立ててくれる。

　本来なら受け取るはずだったケアを受けられなかった子どもが，破壊的権利付与（自分には破壊的に振る舞う権利がある）を持って大人になり，「なぜそうするのか」が，丁寧に聴き取られて受け止められる。そういうプロセスを経て，人への共感が可能になると考える。

　この理論では，中立的ではなく多方向の肩入れが基本となっており，夫婦それぞれの意味のある過去が今へとつながっていく。

　お互いの傷つきをお互いにケアできる道を探す可能性があるのではないかと考える。

（森川早苗）

# ⑧ 離婚・再婚
～親が離婚した子どもの支援も含めて

離婚の現状とその背景

日本の離婚の動向とその特徴

　日本の離婚率は，1999年に2％となった後，2002年の2.3％をピークにやや減少傾向をたどり2016年の推定値は1.73％となっている（厚生労働省，2016d）。これを件数で示すと，2016年の離婚件数は約21万7000組となる。結婚件数は約62万組なので，単純計算すれば結婚している夫婦の3組に1組近くが離婚をしていることになり，国際的にも決して離婚の少ない国とは言えない現状が見えてくる。

　諸外国と比較されることも多いわが国の離婚だが，日本では夫婦間の話し合いのみで離婚が成立する協議離婚が全体の9割近くを占めており，調停離婚，

審判離婚，裁判離婚など司法機関がかかわる離婚は1割前後である。また，結婚後5年から10年以内の夫婦の離婚率が最も高く，未成年の子どもがいる世帯は全体の6割程度を占めている（親の離婚を経験した子の数は，近年20万人を超えている）。離婚後の子どもの養育は，父母が子育てを共同して行う共同親権・共同監護の形をとる場合が多い欧米に対して，どちらか一方が親権者となる単独親権制度をとっており，その約8割が母親であるという点も特徴である。

2011年の民法改正にともない，協議離婚の際の面会交流や養育費の取り決めに，子どもの利益を最優先することが定められたものの，未だ法的な拘束力はなく，子どもの親権や面会交流，養育費の取り決めをはじめとする離婚後の生活について，多くの夫婦が自分たちの話し合いだけで決めているのが実情である。

近年，ひとり親世帯，特に母子世帯における貧困率の高さが指摘されているが，一般家庭の貧困率が11%，父子家庭は19%であるのに対して，母子家庭では66%と非常に高い状況にある。このことから，親の離婚やその後の養育費の問題なども子どもの貧困に影響を与えている現状が指摘できる（阿部，2014）。

夫婦にとっての離婚

離婚の理由で最も多く挙げられるのは，男女ともに「性格が合わない」であるといわれている（最高裁判所，2012）。しかし，離婚はさまざまな要因が相互に影響しあっている一連のプロセスでもあり，夫婦のコミュニケーションにかかわる要因は，とりわけ離婚と大きくかかわっている（藤田，2014）。結婚生活や相手への期待とそのずれ，子どもの誕生などの家族ライフサイクル上のストレスなどのさまざまな要因は，夫婦間のコミュニケーションに影響を与え，その悪循環が深刻な不和へとつながることが少なくない。夫婦関係に関して縦断研究を行ってきたガットマンら（Gottman et al., 1999）によれば，関係が不安定な夫婦のコミュニケーションは，相手に対する非難が始まるとさらなる非難が呼び起こされ，相手の人格への中傷に結びつけてしまう「相手への非難」や，自分の責任を逃れて言い訳ばかりすることや，「自己弁護」といったやりとりが多く，否定的コミュニケーションのエスカレーションが生じやすいという。

こうした多様な要因を背景に，夫婦間の関係修復が困難になったとしても離婚に踏み切れずに形だけの夫婦・家族関係を維持する場合もあれば，別の道を歩む離婚という選択をする場合もある。離婚の選択により，挫折感，抑うつ感，

表Ⅳ-8-1　離婚を経験する家族のライフサイクルのステージ

段階		変化に対する情緒的過程：先行する態度
離婚の受容	離婚の決心 別れの計画	関係を続けたまま解決できないということ 存続可能な関係の一部の支援
離婚渦中	別居	養育の協力関係の確立 配偶者への愛情の解消
	離婚	情緒的離婚に向けてさらに努めること
離婚後	一人親家庭（子 どもを引き取っ た場合）	経済的責任を果たし元配偶者と親としての関係を持ち続ける 元配偶者と子どもの接触を保つように支援する
	一人親家庭（子 どもを引き取ら なかった場合）	経済的責任を果たし元配偶者と親としての関係を持ち続ける 子どもとの接触を保つ

（Carter & MacGoldrick, 1999より作成）

配偶者への怒りや，子どもをひとり親にしてしまったという罪悪感を抱えやすく不安定な状態がある程度続く一方で，周囲の適切なサポートを得る中で，時間とともに離婚のもたらす否定・肯定の双方の意味づけが可能となったり，人生の転機と受け止められるようになることも示されている（小田切，2009）。表Ⅳ-8-1が示すように，離婚は喪失体験をともないつつ変化するプロセスであるともいえる。

子どもにとっての親の離婚

親にとっての離婚と子どもにとっての離婚

　同じ家族の中でも大人と子どもとでは離婚という出来事の体験は異なる。時間の経過とともに肯定的な認識を持ちやすい親に対し，子どもは親の離婚を恥じ，「普通」の家庭ではないと感じやすい（小田切，2005）。両親の不和を子どもなりに感じていても，子どもは選択の余地のない結果として受け止めざるを得なかったり，十分な説明もなく曖昧な形で一方の親を失ったりという経験をすることも少なくない。それゆえ，夫婦関係について悩み，気持ちの整理をする機会を比較的持ちやすい親と，そうでない子どもとの情緒的準備のずれも存

在しやすい。子どもはどちらの親とも違う目で見，違う感じ方で親の離婚という現実を受け止めている（片山，2014）ことを意識し，離婚を夫婦の問題だけでなく子どもの視点からとらえることも重要である。

親の離婚を経験する子どもに関する知見

離婚した家族とその子どもに対する25年間におよぶ縦断研究を行ったウォラースタインら（Wallerstein et al., 2000）によれば，親の離婚は子どもにとって累積的，長期的な影響を及ぼし得るが，その影響は子どもの発達段階ごとに異なった形で表れ，子どもの年齢や家庭生活の状況なども関係することが示されている。また，親の離婚そのものが，子どもの発達や精神的問題に影響するというより，離婚前後の夫婦の不仲や親子関係などが，子どもの成長やその後の適応問題に影響することも見出されている（Amato, 2010）。

わが国でも，離婚そのものが子どもの問題に，単一かつ，画一的な原因になるのではなく，経済的安定，親子の心身の健康と交流，周囲の支援などが，否定的影響の程度を決め（池田，1989），たとえ離婚に至らなくても親の不仲が続くことが子どもの精神発達に影響を及ぼし得る（野口，2009）ことが指摘されている。一方，説明のない突然の両親別居や，愛着対象であった非監護親による子どものあからさまな拒絶とその後の接触のなさ，監護親の不適応状態と親機能の長期にわたる低下などの要因が重なると，離婚後の子どもの適応に長期的な影響を及ぶこと（棚瀬，2004），幼い子どもにも離婚の説明は必要であり，逆にどちらの親と暮らすかといった選択の責任を負わされることに子どもは戸惑いを感じること（家庭問題情報センター，2005）も示されている。

これらの知見から，村本（2014）も指摘するように，子どもにとっての離婚のマイナスの影響は，離婚そのものというよりも離婚中の親とその子どもたちに作用する家族の変化によって生じたストレスや支援システムの欠如が大きいこと，また，発達段階を踏まえつつ親の離婚を子どもがどのように体験しているのか，子どもの立場から改めてとらえ直すことが大切であるといえる。

再婚の状況とその課題

再婚家庭を取り巻く現状

2015年の統計では再婚件数は約17万で，婚姻件数との割合を単純計算すると，

4組に1組近くの夫婦が一方または双方が再婚ということになる。先述のとおり，未成年の子どもを持つ親の離婚も多いことを考えると，子ども連れの再婚も増えていることが予想される。

　夫婦の一方あるいは双方が，それ以前の結婚で生まれた子どもをつれて再婚した家族（離別，死別を問わず）をステップ・ファミリーという。継親と継子が法的に親子の関係となるには，新たに養子縁組をする必要がある。しかし，その際に子どもが未成年の場合でも裁判所の許可は不要であり，子どもが15歳未満であれば，別居親の同意がなくとも親権のある同居親の許可だけで養子縁組することができる（民法797条および798条）。

再婚家庭が抱えやすい課題

　このように法制度的には，継親は別居親に代わって継子との親子関係を築きやすい一方，「初婚の両親がいる家族」を前提とした社会制度のもとでは，別居親と継親のどちらが「親」なのか，家族のメンバーには誰が含まれて誰が含まれないのか，など再婚家庭の関係の再編をめぐって葛藤や困難に直面することも少なくない（菊地，2014）。特に子どもの立場にたてば，同居親の再婚は，同居親・別居親それぞれとの実親子関係と，再婚相手との継親子関係を，また別居親の再婚は，実親である別居親が他の子どもと（継）親子関係を持つという状況が生じる。継親は努力すれば「親」になれるはずだし，なるべきだと，周囲も家族自身も信じて疑わないことが家族内の誰かを追い詰めてしまう（野沢，2011）。新しい家族の関係づくりには時間をかけることや周囲の理解が不可欠であり，わが国におけるステップ・ファミリーは，探求すべき課題が多い（菊地，2014）。

離婚や再婚を経験する子ども・家族に向けた支援

支援の現状

　離婚や再婚を経験する家族への支援の重要性が指摘される中で，家庭裁判所での父母教育プログラムの実施や，支援機関による面会交流の仲介といった取り組みも少しずつ見られるようになってきた（棚村，2010）。とはいえ，子どもへのケアの必要性を認識しつつも，葛藤を抱える親への対応を優先せざるを得ない状況や，相談の受け皿が少ない中で領域間の連携の難しさを指摘する援

助専門職の声も少なくない（大瀧ら，2011）。また，一方の親を喪失したことが直接的な痛手というより離婚によって疲労困憊しやすい親の育児機能をいかに回復させるかが，ひとり親家庭の家庭システムと回復のプロセスに大きな課題であるという指摘もある（堀田，2005）。離婚・再婚などの家族の問題を扱える相談機関の充実や，心理教育などによる親子・家族への支援，とりわけ子どもへのケアを視野に入れた取り組みが，今後さらに重要になるだろう。

心理教育プログラムを通した取り組み

　離婚・再婚の多い米国では，子どもの監護や面会交流についての「父母教育プログラム」が急速に義務化されつつある（棚村，2010）。こうしたプログラムでは，離婚に際して子どもや家族に生じやすい課題や問題を親自身が理解し，子どもとのかかわりに役立てることや，離婚という同じ体験を通して親同士が，体験や知恵を共有し支えあうことなども大切にされている（Brown，1994）。

　また，その対象には児童期や思春期の子どもも含まれており，親の離婚や再婚の際に，悲しみや不安，怒りなどさまざまな感情が湧くのは自然であるといったノーマライズや，感情への気づき，適切な感情表現や対処方法などについて，発達段階に即して学べるよう工夫がされている。さらに，親の離婚は自分のせいではなく夫婦の問題であること，夫婦関係は解消されるが親子の関係は続くこと，離婚や再婚にまつわる疑問や将来への不安などを親や信頼できる大人に伝えてもいいこと，などを子どもが再認識し，親の離婚に過度に巻き込まれずに家族の移行期を過ごすことを大切な目標としている（福丸，2013；2014）。

今後に向けて

　近年，離婚後の面会交流や共同養育のあり方において，子どもの利益を最優先に考慮することの重要性が指摘される中で，自治体や民間団体による支援も少しずつ積極的になりつつある。心のケア，とりわけ家族臨床の現場に携わる専門家にとっても，離婚や再婚の問題はますます重要なテーマになるだろう。欧米に比べて，離婚に際しても三世代の関係を視野に入れる必要がある（福丸，2014）といったわが国の文化的状況を踏まえたり，自らの家族観・ジェンダー観を改めて振り返ったりすることも大切である。また，単に支援や予防をという視点だけではなく，移行期における子どもや家族の回復力，レジリエンスに対するまなざしも必要だろう。子どものケアや将来の親子関係の再構築に向け

た丁寧な取り組みが，今後さらに重要である。専門家はもちろんのこと，子ども
とかかわる大人全体，社会全体でこうした課題に取り組んでいく必要がある
だろう。

（福丸由佳）

⑨ 家族と貧困

はじめに──家族と貧困

　貧困は家族に大きな影響を与える。貧困は家族システムの脆弱性を促進する
ためにさまざまな問題が悪循環を引き起こし，貧困が再生産され，子世代への
貧困の世代間連鎖が生じやすい。非行や児童虐待，不登校，DV，アルコール
依存症などの社会問題もその背景に貧困が大きくかかわっているといわれてい
る（阿部，2008；山野，2014など）。とりわけ，わが国の母子家庭の相対的貧
困率は先進諸国の中でも極めて高く，実に母子家庭の2組に1組が相対的貧困世
帯になる（厚生労働省，2016f）。また，30代男性の既婚率は収入が多いほど高
く，厚生労働白書（2013a）によると，年収300万円以上〜400万円未満が26.5
％であるのに対して300万円以下では9.3％と急激に低下している。これらのデ
ータからも男性の非婚化，未婚化の背景に経済的問題があることがうかがい知
れる。しかし，これらの日本における貧困は見えづらく，支援の手も届きにく
い実態がある。日本の貧困の実態や特徴を知り，貧困対策や家族支援をしてい
くことは喫緊の課題であるといえよう。

貧困とは──絶対的貧困と相対的貧困

　貧困の定義は国や機関によってさまざまである。国際連合開発計画（United
Nations Development Programme：UNDP）では，貧困を「教育，仕事，食料，

保健医療，飲料水，住居，エネルギーなど最も基本的な物・サービスを手に入れられない状態のこと」と定義し，長寿で健康な生活（出生時平均余命），知識（成人識字率と初等・中等・高等教育の総就学率），人間らしい生活（1人当たりの国内総生産）の3つの分野と先進諸国は長期失業率を加えて算出する「人間貧困指数（Human Poverty Index：HPI）」という指標を作成している。これは，所得以外の要素を重視して貧困を測ることで，貧困撲滅への国際的な取り組みにも利用されている。

　また，貧困の概念には，絶対的貧困と相対的貧困という概念がある。絶対的貧困という概念は，20世紀初頭，英国のシーボルム・ロウントリーによって提唱され，労働力を維持するために必要な最低限の衣食住の生活水準以下であると示された。その後，世界銀行で絶対的貧困レベルが策定され，2008年には世界最貧国の国々の平均にあたる1日あたり1.25ドル以下未満で生活している貧困レベルを指し，発展途上国の人口の約22％が多次元貧困の脆弱性の中にいるとされている。また，世界人口の約12％（8億4200万人）が慢性的な飢餓状態に苦しみ，労働者のほぼ半数（15億人超）が非正規雇用であると報告されている（UNDP，2014）。

　一方で，相対的貧困とは各国で若干計算式は異なるが，OECD加盟国では，等価可処分所得（収入から税金，社会保険料などを除いた収入を世帯員の平方根で割って調整した所得）の中央値の50％にあたるところを貧困線と呼び，貧困線に満たない世帯の割合を示すものを「相対的貧困率」という。平成28年国民生活基礎調査（厚生労働省，2016f）によると，2015年の貧困線は，122万円となっており，日本における相対的貧困率は1980年代半ばから上昇し，2012年には16.1％を示し，OECD諸国の中でもメキシコ，トルコ，米国についで4番目に相対的貧困率の高い国となった（厚生労働省，2013a）。その後，2015年には15.6％と微減したものの依然として高い数値を示している（厚生労働省，2016f）。世界的動向をみると絶対的貧困層は減少傾向にあるが，先進諸国は富裕層と貧困層の二極分化傾向にあり相対的貧困率は微増傾向にあるといえる。

見えづらい日本の貧困——子ども・母子家庭・老人の高い相対的貧困率

　経済大国と言われている日本は，貧困が目に見えにくいという特徴がある。しかし，その実態は深刻であり，2015年の生活保護受給者数は約214万人と過去最高を記録した（厚生労働省，2016f）。また，子どもの相対的貧困率は，

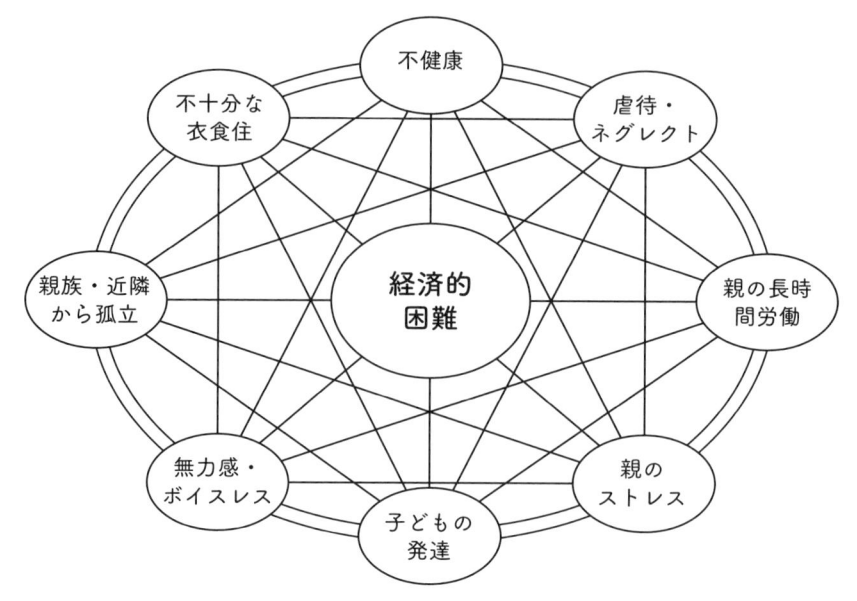

（山野，2014，p12）

図Ⅳ-9-1　経済的困難から派生する諸問題

2009年は15.7％（OECD34か国中25位），2012年は16.3％と0.6％上昇し，過去最悪を更新した（厚生労働省，2013b）。すなわち，約6人に1人の子どもたちが貧困な生活を強いられていることになる。また，厚生労働白書（2014c）によると，2011年の母子家庭は75万5972世帯にのぼり，その平均年収は291万円で，父子世帯の平均年間収入455万円を大きく下回っている。2012年度の母子家庭の相対的貧困率は54.6％で，OECD加盟国34か国中33位になっている。また，65歳以上の相対的貧困率は，OECD諸国12.8％に対して，日本は19.4％と高い水準を示している（OECD，2013）。このように日本の女性，子ども，老人の貧困率の高さは，世界の先進諸国の中で顕著になっている現状がある。

　山野（2014）は，小西（2009）が作成したものを一部改正して，経済的困難から派生する諸問題を図Ⅳ-9-1のように示し，親の長時間労働やストレスが不健康をもたらし，不十分な衣食住，近隣からの孤立が，子どもに対する虐待の温床につながり，子どもの発達にも悪影響を与える等，さまざまな要因が経済的困窮を核として，複雑に絡み合いさらに問題が生じやすくなっていることを指摘している。

鈴木（2014）は，働く世代の単身女性の３人に１人が年収114万円未満であること，そして10〜20代女性に貧困が集中しているデータを基に，セックスワークをしている女性へのインタビュー調査から，人が貧困になる要因として，低所得に加えて３つの無縁「家族の無縁・地域の無縁・制度の無縁」と３つの障がい「精神障害・発達障害・知的障害」があることを挙げている。鈴木（2014）は，低所得であっても家族や地域との関係が良好であればお互い助け合うことができるが，家族や地域，友人などありとあらゆる人間関係を失い，精神的に困窮している状態を本当の貧困であると主張している。

貧困の世代間連鎖と悪循環

　デンマーク人の社会学者イエスタ・エスピン＝アンデルセン（2011）は，貧しい子どもは貧しい親になる確率が高く，この徴候は，世代から世代へと受け継がれる世代間連鎖が起こっていることを指摘し，英国やフランスにおける調査から貧しい子どもは離学する確率がそうでない子どもと比べて３〜４倍高くなり，教育の達成レベルや，のちの雇用状態や稼得に悪影響を及ぼすと予測しなければならないと指摘している。

　日本においても平成25年の社会保障審議会「生活困窮者の生活支援の在り方に関する特別部会」の報告書によると生活保護を受給している世帯主の約25％が生活保護を受給する家庭で育ったという世代間連鎖の問題が指摘されている。また，親の学歴と子どもの学歴，そして親の職業階層と子どもの職業階層の相関に関して，阿部（2008）は，東京近郊における20歳以上の男女1600名を対象とした調査から，子ども期の貧困が子どもが成長した後も継続して影響を与えることを明らかにした。すなわち，「15歳時の貧困」が，「限られた教育機会」となり，「恵まれない職」しか得られず，その結果「低所得」となり，「低い生活水準」を強いられる，というように貧困という不利が見えない形で蓄積されていく図式を明らかにした。

　以上述べてきたように，経済的困窮は，低学歴，安い給与，劣悪な住環境をもたらし，無計画な妊娠・出産が生じやすく，夫婦・家族関係にも大きなストレスを与える。そのため，地域から孤立しやすく，非行や犯罪，依存症，DV，不登校，児童虐待，高齢者虐待などが高率で発生しやすいハイリスク群となる。そのため，適切な支援を受けずに育った子どもは，親になった時に脆弱性を抱え，貧困が再生産されていく可能性が高い。ちなみに筆者が生活保護世帯を支

援していたときに，大きな壁となったのが現実に対する圧倒的な無力感であった。彼らが，問題に向き合い，解決をしていこうとする意欲や動機づけを高めることにひと苦労をした経験がある。それほどまでに困難に立ち向かうための資源や，だれかに相談にのってもらうという肯定的な体験を持たず，あきらめの連続の中にいたことがうかがい知れた。このような多元的貧困の悪循環の中に身を置いてきた人たちが貧困を脱するためには，一個人の，一家庭の努力ではとうてい太刀打ちできるものでなく，社会の理解と有効な支援が必須となるのである。

貧困の連鎖の悪循環を断ち切るための施策

　今や世界人口の半数にあたる約30億人が1日2ドル以下で暮らしている現状があり，国連では，世界の絶対的貧困率を2015年度までに半減させるというミレニアム開発目標を掲げてきた。2016年からは，2030アジェンダ・SDGs（持続可能な開発目標）の「目標1（貧困の撲滅）」に引き継がれている。一方，相対的貧困対策は，各国によってさまざまな方策がとられている。
　厚生労働省（2012b）は「生活支援戦略」（骨格）の中で，生活保護制度の見直しと共に，生活困窮者支援体系の確立に向けて，①経済的困窮者・社会的孤立者の早期把握，②初期段階からの谷間のない総合相談や，待ちの姿勢ではない，訪問型支援やチームアプローチによる「包括的」かつ「伴走型」の支援態勢の構築，③民間との協働による就労・生活支援の展開，④すぐに一般就労を目指すことが困難な人に対して，生活習慣確立のための指導や就労体験などを通じた訓練を含めた「中間的な就労」などを提供する「多様な就労機会」と「家計＋居住の確保」などの新たなセーフティネットの導入の検討，⑤ハローワークと一体となった就労支援の一層強化，⑥「貧困の連鎖」の防止のための取組，⑦「地域の力」を重視した基盤・人材づくりと政策の総合的展開，を戦略として掲げている。その中の先進事例として，たとえば「TOKYOチャレンジネット」では，住居を失いネットカフェなどで寝泊まりしている不安定就労者や離職者に居住支援，生活支援，就労支援，貸し付けを実施しており，複数の民間法人に委託，補助しつつも窓口を1か所に集約して利便性が高い仕組みをつくっている。また，「さが若者サポートステーション」では，困難を抱える若者に対して，家庭教師式の訪問支援を通して，学習支援のみならず，カウンセリングから各種適応訓練，家庭環境のコーディネートまで包括的に実施し

ており，約3分の1の若者の就職などの進路決定に結びつけたという報告もなされている（厚生労働省，2012b）。

　また一方で，子どもの貧困の世代間連鎖を防ぎ，子どもがその生育環境に左右されることなく健やかに育成され，教育の機会均等をはかり，子どもの貧困対策を総合的に推進するために「子どもの貧困対策の推進に関する法律」（子どもの貧困対策大綱）が議員立法で2013年6月に成立し，2014年1月17日から施行されている。この法律の中では，大きく教育の支援・生活の支援・保護者への就労の支援・経済的支援が当面の重点施策として取り上げられている。教育支援では，①学校をプラットフォームとした総合的な子どもの貧困対策の展開，②貧困の連鎖を防ぐための幼児教育の無償化の推進および幼児教育の向上，③就学支援の充実，④大学等進学に対する教育機会の提供，⑤生活困窮世帯への学習支援などをあげている。また，生活の支援として①保護者の生活支援，②子どもの生活支援，③関係機関が連携した包括的な支援体制の整備，④子どもの就労支援，⑤支援する人員の確保等をあげている。そして，保護者の就労支援では，親の学び直し支援を含めた支援を，経済的支援では，児童扶養手当の見直しや，ひとり親家庭の支援施策についての調査・研究の実施，母子福祉資金貸付の父子家庭への拡大，生活保護世帯の子どもの進学時の支援などが含まれている。

　貧困対策は，個人の力では抜け出せない貧困の世代間連鎖を食い止め，未来の社会を築いていく大きな投資と言えよう。

（布柴靖枝）

実践報告

貧困家庭の次世代育成支援——ある特別区の活動から

　ある特別区では平成20年度から次世代育成支援員を設置した。子どもの貧困が社会的に問題視されており，区内の調査でも生活保護世帯の中学生の不登校の発生率が前年同期の区全体の不登校発生率の約4倍であり，早急な支援が必要とみなされた。次世代育成支援員は，生活保護受給中家庭の中でも特に支援が必要な小学生〜概ね30歳の青少年及びその家族に対する訪問や助言などの支援を行うことと位置づけられた。

【次世代育成支援の開始】

　次世代育成支援は，生活保護の地区担当員（以下CW）が該当ケースを会議で検討し，選定される必要がある。CWからの依頼内容としては，中高生の不登校に関する相談と進路選択に関するものや，就職など青少年の社会参加に関するものが挙げられた。筆者が担当したケースはひとり親家庭や外国人母子家庭が多く，不登校や引きこもり，虐待，非行，精神疾患などさまざまな問題を複数抱えていた。

【次世代育成支援のかかわり】

　支援決定後は，CWと次世代支援員とで対象家庭を訪問し，同意を得て支援開始となる。初回訪問では，対象者の要望を把握し，支援の目的や目標を共有するように努めた。CWの要望とは一致しないこともあったが，家族が変化していく中で，双方の要望が一致する場合も多かった。最善のタイミングで介入ができるようにCWとは適宜打ち合わせを持った。少しイメージが持てるように事例を紹介したいと思う。なお，事例は，複数の事例を組み合わせた仮想ケースとして紹介する。

　中学2年生のAくんは，母と小学4年生の弟と生活していた。DVにより両親の離婚後，生活保護を受給することになった。生活保護受給開始直後よりAくんが不登校になり，さらに弟も不登校になった。CWは2人の不登校改善のため次世代育成支援を要望した。

　初回訪問時，母は支援に肯定的であり，「外に出るきっかけとして，事務所で面談をしたい」と申し出があった。以降，母とAくんとは月に1～2回程度面談をした。母は，不登校の原因はDVや離婚であり，傷つけてしまった子どもたちのことを一番に考えて生活したいと涙ながらに語り，次世代育成支援へは子どもの心のケアを希望した。Aくん自身は担任に勧められた別室登校を希望した。

　Aくんが登校しだすと，母親の来所はなくなり，Aくんだけの面談となった。Aくんは当初は順調に登校していたものの，しばらくすると登校日数が極端に減った。この頃のAくんは面談の中で，現在はすべての家事を母が行っているが，共働きの両親が離婚する前は家事のほとんどをAくんが担い，弟の面倒を見ていたことを語った。

　両親の離婚前はAくんが母を支えていたが，離婚後は母がAくんを支えようと家事を行いAくんの行動にも口を出すようになった。この変化は，一般的に

はとてもいい変化に思えるが，このケースではむしろＡくんの不安定さを引き出しているようにも見えた。Ａくんは，家庭の中での役割がなくなり，母親が過干渉になったことで「頼りにされていない」というメッセージを受け取ったとも考えられる。そのため，このケースを母親が子どもたちに過干渉になり，子どもたちが自発的な行動をとれなくなっている悪循環であると見立て，母親が子どもたち以外に関心を向けることが必要だとCWに伝えた。CWはいずれかの段階で母親への就労相談を考えていたため，このタイミングで母親の社会参加を促すことにし，面談を設定した。

　CWに就労を勧められると，母は子どもの不登校を理由に拒否を示したが，話を進めて行くにつれて，これまでパート経験しかなく人間関係もうまく行かなかったため，仕事をする自信がないことを語った。母は，就労支援員の支援を受けながら資格を取って就職し，Ａくんも弟も家事を分担しながら応援した。Ａくんはスーツ姿で生き生き仕事に出かける母の姿に刺激を受け高校進学にも意欲を見せるようになった。

　この事例のように，親の就労などの社会参加を介入の１つとして検討する場合もあった。生活保護の制度上，介入しやすい部分であるという理由も大きかったが，親が社会参加している姿は家族に大きな影響を与えた。他にも家族が大きく変化するきっかけとしては，誰かに褒められたり，志望校に合格したりと，認められるという経験からくることが多かったように思う。ライフイベントに合わせて介入を計画することも有益なのかもしれない。

【次世代育成支援をする上で大切にしたこと】

　CWからの要望で支援を開始するため，支援を望まない家庭も多かった。家族になじめるように服装や持ち物に気を使い，ユーモアを交えながら威圧的にならないように心がけた。また，家族が抱える問題が多いほど関係機関も多くなるため，各機関のかかわり方も把握し，足並みを揃えてかかわるように常に連携した。支援対象者として男性を担当する場合は，男性CWが同席する機会もつくった。当初は，異性に相談しにくい場合に相談ができるようにと始めたことだったが，CWとの雑談を通して少年たちが大きく成長していくことを見ると，同性だから伝えられることもあるのだと改めて実感した。

　次世代育成支援を通して，貧困家庭が抱える問題は複雑に見えるが，そういう場合こそ問題をシンプルに見立てて，シンプルに介入することが大切だと感じた。継続的な支援につながるまでには時間がかかることもあるが，焦らずに

介入のタイミングを待つことも時には必要である。また，ゆくゆくは生活保護制度から自立し支援対象から外れる日が来ることを考えると，家族の力で問題を解決できるように支援することが大切ではないかと思う。

（下川　恵）

⑩ 災害と家族

はじめに

　本稿の目的は，災害がもたらす家族への心理社会的影響と家族支援の指針を示すことにある。ここでいう災害とは，「個人や社会の対応能力を超えた不可抗力的な出来事や状況，さらに少なくとも一時的には，個人や社会の機能の重大な崩壊状態をもたらすもの」（p.18）というラファエル（Raphael, 1986）の定義にもとづく。災害の多くは突発的で人々の資産と生活基盤を揺さぶり，生命をも脅かす。喪失は身体的，心理的，社会的，経済的，そしてスピリチュアルといった重層的側面に及び，持続的な変容と適応を余儀なくさせる。時間とともに回復の程度に差が生じ，階層化の波が被災家族を苦しめる。被災の突発性，重層性，持続性，そして階層性は，家族のあり方を一変させる。同時に，家族は回復への重要なレジリエンス（回復力）の源でもある。復興支援は，個人のみならず，家族そのものを支える眼差しなくして成立しない。

　以下，災害の家族に及ぼす影響に関する理論的枠組み，家族としての被災体験，家族支援モデル，そして今後の課題という視座から本稿の目的に迫ってみたい。

理論的枠組み

　「災害と家族」という問題設定は，家族全員が同時に同一の災害に遭う状況

を想定させる。しかし，家族の一部が被災して所在不明となり，家族全体が危機に陥る，または家族の一部が被災して精神的苦痛から立ち直れず，家族の営みが崩れてしまうような状況も考えられる。被災によって変容した家族関係そのものが，耐え難いストレスとなってしまう場合もあるだろう。

災害が家族に及ぼす心理社会的影響は，ラファエル（Raphael, 1986）が設定する「脅威」「衝撃」「被災直後」，そして「長期的立ち直り」の4段階から読み解くことができる。

「脅威」段階では，家族の凝集性は高まり，適応に向けた意思決定と行動化が行われやすい。「親密な対人システムを再構築しようとする傾向」（Raphael, 1986, p.269）がこの段階での家族の特徴として表される。「衝撃」段階は，家族の命が再優先される。家族は，死傷を避けるための団結した行動を起こすとされる。「被災直後」段階は，ハネムーン期にあたり，家族の安全から友人をはじめ，周りの人々への援助や協働が芽生えてくる。そして「長期的立ち直り」段階では，利用可能なフォーマル／インフォーマルな社会的ネットワークへのアクセスによる復興が模索される。社会的，経済的状況や家族形態，そして役割や力関係といった家族システムのあり方によって回復過程は大きく変化する。家族内の身体的・精神的後遺症や死は外傷性ストレスとなり，家族にトラウマと悲嘆への適応を余儀なくさせる。

ラファエルのモデルは，家族アセスメントのための4つの視点を提供する。それらは，①家族が被災前に保有していた心理的・社会的資源，②復興の時間経過と適応課題の変化にともなう家族の凝集性及び役割の柔軟性，③外的ネットワークとの有機的な関係構築を可能にする家族のオープンネス，そして④被災ストレスの強度，としてまとめられる。家族内で痛みを共有し，家族が1つとなって対処する態勢を維持しながら，心理社会的なサポートを得ることが回復に重要とされる。

家族ストレス理論の立場から，マカビンとパターソン（McCubbin & Patterson, 1983）は，二重ABCXモデルを提唱し，危機前から危機後に至る家族の対処過程を俯瞰した。このモデルは，まず危機前の家族の営みを①ストレス（日常生活やライフサイクルの変化によるもの）(a)，②資源（個人的資源［教育歴やパーソナリティなど］，内的資源［家族の心理的な絆や柔軟な役割など］，外的資源［社会的サポートなど］）(b)，そして③認知（家族のストレスに対する認識や意味づけ）(c) の3要因からなるダイナミズムによってとらえる。次に，危機によって増幅したストレス（aA）に対して，新たな資源

（bB）と危機の認知（cC）のダイナミズムから，危機後の家族の適応状態を理解しようとする。二重ABCXモデルもラファエルのモデルと同様，多様な資源とのつながりと家族内のストレス認知の相互作用から，家族の回復力を評価しようとする。

　資源の保全理論（Conservation of Resource Theory: COR理論）は，家族と資源とのつながりに焦点を当てながら，「資源喪失の連鎖」への警鐘を鳴らす（Hobfoll, 1998）。COR理論は，被災後の社会的サポートといった外的資源と家族の絆といった内的資源は，家族の危機脱出において不可欠なものという前提に立つ。一方，この理論は，資源そのものに「喪失を増長するさらなる脅威」が存在する点をも強調する。たとえば，被災前から資源へのアクセスに困窮していた家族は，被災後に現れる相互扶助という人間関係の綾に順応する術を持たず，孤立を強めてしまうような負の連鎖に陥る可能性がある。従来から家族システムの凝集性や柔軟性に偏りがある場合，被災後の社会的サポートや資源とのかかわりが家族内葛藤を顕在化させ，再被害化ともいえる家族の崩壊を招くこともある。COR理論は，社会的サポートは単に肯定的な影響をもたらすものではなく，複合的なインパクトを有し，さらなる危機やトラウマをもたらす危険性があることを示唆する。

　上記の理論は，いずれも家族を開放システムとしてとらえ，家族を支援ターゲットの単位として位置づける。そして，システム家族療法，すなわち役割，パワー，階層，コミュニケーション，ライフサイクルといった側面から家族の凝集性や適応力を見つめ，活用可能な資源と家族の交互作用の視点から回復過程を見通す方法論の適用にも示唆を与える（Nichols, 2013）。たとえば，家族間で生じる被災への認知や意味づけのズレは，心的葛藤やストレスの否認など家族システム内に偽解決のコミュニケーションパターンを生じさせ，限られた感情表出と融通性に乏しい家族関係を促進させる。被災ストレスそのものではなく，日々の家族関係が被災体験を想起させるきっかけとなり，回復を阻むことにもつながっていく（Mcfarlane, 1995）。

家族としての被災経験

　「阪神淡路大震災で家具に圧迫され，クラッシュ症候群となり，その後『腓骨神経麻痺』から右足に障がいを負った50歳代女性。夫と両親を震災で亡くし，やむなく親族に預けた二人の子どもは新しい環境になじめず不安定となり，治

療を切り上げて被災地に戻らざるを得ない。遠く離れた長期の入院生活は，家族を疲弊と孤立に追い込み，二次被害ともいえる困難を生じさせた。『あの時，きちんと治療を継続できていれば，後遺症がましになっていたかもしれない』と女性は吐露する」（池埜，2011，p20）。

　家族としての被災体験は，災害の衝撃の程度にではなく，その後長期にわたって家族としていかに災害がもたらす重層的な軋轢に向き合い，克服しようとしてきたのか，その過程全体を見通す視座に立つことによって初めて接近することができる。

　長谷川（1998）は，阪神淡路大震災後2年間に兵庫県女性センターに寄せられた相談事例を紐解き，家族に押し寄せる被災のインパクトをまとめている。子育て関連では，子どもの退行現象や登校しぶりへの親の懸念，転居にともなう養育環境の変化，遊び場所の減少による親子のいらいら感などの相談があった。夫婦関係では，多くは妻からの相談で占められ，被災への対処行動をめぐる夫への不満（かばってくれなかった）や夫の男性としての強さに不満を持ち，離婚を考えたいという訴えがあったという。家屋の損壊から親族との同居を余儀なくされ（震災同居），同居によるストレスを夫婦間で共有しきれず不満を募らせる，また，被災直後のハネムーン期には愛情の確認ができたにもかかわらず，時間とともに元の関係に戻って落胆してしまうといった悩みも寄せられた。

　吉川（1998）は，家族療法家の立場から阪神淡路大震災後の家族の変容を描く。彼は，震災直後には家族の凝集性は高まり，家族に生じる問題の原因を「震災」に求めることで問題行動や症状の外在化（自分たちの問題ではなく，震災のせいという認識）が行われていたと述べる。外在化は，家族の一体感を支え，危機対処に有効であったと評価する。一方，外在化の効用は長続きするものではなく，避難所，仮設住宅，あるいは震災同居といった家族移行期にともなう複合的なストレスが「震災のせい」とすり替わることで家族システムの閉塞性が助長され，ハネムーン期後の凝集性の低下とともに日常生活への柔軟な適応が困難になる家族も見られたという。

　災害による家族の死，そして身体的・精神的後遺症は，家族の立ち直りに重大な負荷をかける。家族が同一場所，同時刻に同じ災害に遭遇して，家族内に死亡，重傷，軽傷といった差異が生じることは少なくない。寝ていた場所，家具の配置，なに気ない動きなど微細な要因が家族内に被害の格差を生じさせる。被害の階層化は，家族に生存者罪悪感を生み，外傷体験を共有する機会や悲嘆

のプロセスを阻む。「あと2秒早く手を伸ばしていれば，娘は怪我をしなくて済んだ」（池埜，2011，p.21）。阪神淡路大震災で子どもが脳損傷を負った父親は，「守ってやれなかった」という罪障感を持ち続け，悩みを家族で共有できない痛みを吐露していた（池埜，2011）。

　被災家族と取り巻く社会との関係が，家族をさらなる窮地に追い込むことがある。怪我の後遺症があるにもかかわらず「生きているだけまし」と面と向かって言われた（池埜，2011），欠勤を認められていたにもかかわらず「わがまま」と評され，家族や会社への気遣いで疲弊した（吉川，1998）。復旧，復興の波は被災地に押し寄せ，家族間に見られる回復の差異は不可視化されていく。いつしか社会全体が災害の負の側面を否認し，「復興」「成長」「バネ」「克服」といった未来を見通す表象から災害が再規定されていく。社会が被災家族の痛みを否認する中，家族が心の拠り所となるような資源とのつながりが保ちにくくなってしまう。

家族支援モデル

　被災家族の支援目標は，家族を1つのシステムとしてとらえ，災害後の心理社会的変化に対処可能な家族のレジリエンスを高めることにある。被災直後からの物心両面の資源導入は，支援において不可欠である。一方，家族システムの特徴とニーズを無視した資源供給のあり方は，家族内の不調和を助長させ，孤立を招くことにもなりかねない。当然のことではあるが，家族の心理社会的なアセスメントに依拠した支援計画が立案され，支援が展開されることが肝要といえる。

　災害を家族全体に波及する外傷性ストレス（traumatic stress）ととらえるとき，フィグリーの家族支援モデル（Figley，1995）とハリスによる家族危機介入モデルは，家族臨床の見地から具体的な介入方法を提起する（Harris，2004）。両モデルともに，家族システムとの援助関係構築（ジョイニング），家族間コミュニケーションの促進，問題の肯定的な再枠組み化などを通じた二次的変化（second-order change）を家族内に生じさせ（Watzlawick et al.，1974），災害後の閉塞した家族機能から新たな対処機能を獲得できるように家族を導く。

　実際のところ，被災地においては自発的に家族臨床の支援を望む被災者は限定的で，家族臨床家や支援機関も足りないのが現状であろう。以下に示す両モ

デルに共通する援助プロセスは，あらゆる支援者が被災家族に接近する際の臨床的指針として，活用可能なエッセンスといえる。

　信頼関係の構築：被災家族との信頼関係の形成は，支援の土台となることは言うまでもない。被災家族の場合，表出する問題をすべて被災のせいにして，家族として取り組むべき姿勢が見られない場合もある。支援者は，オープンな雰囲気をつくりだし，家族の訴えをできるだけ受容することに努める。被災体験のみに焦点化せず，これまで各家族が試みてきた問題に対する認識や解決方法を尊重し，家族が互いに聴き合い，サポートできる可能性を感受してもらうことに重点が置かれる。そして，目標の共有と今後の支援に参加する動機づけを高めるようにはたらきかける。

　問題の探索：この段階では，各家族の問題に対する認識を明らかにすることに主眼が置かれる。被災体験に限定せず，日常感じている心身のストレスについて尋ね，“私は”での発言を促し，各家族との問題認識の違いを尊重するように援助関係を維持していく。ある家族からは，被災前に存在していた家族葛藤や世代を超えた家族神話などが話される場合もある。これらを抑制せず，ジャッジせずにかかわり，問題は家族全体にとって重要なことであり，解決のためには家族全員の協力が必要であるという認識が家族に生まれるように支えていく。支援者の共感的でフェアな家族への応対は，肯定的な家族内コミュニケーションを促進させ，社会資源への関心を高めることにつながる。

　問題の再規定：支援者は，家族が被災体験やその後のストレスにともなう感情を表出できるように支えていく。各家族の被災への認識や対処行動を，「家族への思いやり」あるいは「積極的なかかわり」として家族全体が肯定的にとらえ直すことができるようにかかわる。問題の再規定により，家族は被災を1つの試練として受け止め，「家族として成長できる機会」という新たな認識を持つことが可能になる。この結果，困難の克服に向けての家族の協働が芽生えるきっかけとなる。

　克服のための具体的な手立ての共有：被災にともなうストレス状況，ストレス対処の仕方，そして今後同じような状況が起こった場合どのように対応するべきか，などの点について家族で話し合い，分かち合えるように支えていく。被災後の軋轢について，「なにが起こったのか」「なぜ起こったのか」「どのように対応したのか」「もし今後同じようなことが起こったらどのような違った対応ができるか」などについて家族が共有し，災害への新たな認識を家族全体

で再確認できるようにはたらきかける。支援者は，各家族の意見の相違を容認しながら，家族が具体的な解決策を見出せるように援助していく。

　フォローアップ：家族が援助過程で話し合い，協力してきた成果を共有し，家族の自信を回復させる。また支援者は，今後のための予防的措置として，架空の危機的状況を家族に示唆し，家族がどのように対応するべきかを話し合うような場面を設定することも考える。この課題に対する家族の反応を見ることによって，家族の変化やフォローアップの必要性を評価することができる。また，深刻な心身の不調を訴える家族の他機関送致や就労，介護をめぐる関係調整などケース・マネジメントにも配慮する。

今後の課題

　1995年の阪神淡路大震災をきっかけに，災害の被災者に対する心理社会的支援について理論的，実証的検討が加速した。「こころのケア」を合言葉に，急性期の心理社会的支援の枠組みが整理され，東日本大震災後の被災者支援に反映されていった。

　一方，中長期的な見地に立った家族臨床にもとづく被災者支援は，事例検討の枠組みから検討されてきたものの，効果測定に関する実証的研究は限定的なものにとどまる。その結果，被災後の長期的な復興段階に応じた家族臨床の方法論構築は途上にある。山本ら（2014）は，東日本大震災の被災者支援に従事する精神保健の専門家（n=7）へのインタビュー調査から，家族という視点の重要性に気づくものの，接点の取り方がわからず，かかわり方に戸惑う現場の状況を浮き彫りにした。彼女らは，調査結果から被災家族支援プログラムを作成し，実践に活かそうとしている。今後のプログラム評価による検証が待たれる。

　今後，ハイリスクといわれるひとり親家族，災害弱者と呼ばれる高齢者や障がい者を有する家族，家族の喪失あるいは行方不明にともなう悲嘆あるいはトラウマを有する家族，そして福島第一原発事故によって地域生活を剥奪された家族に固有の支援方法構築と実証的研究による効果検証が望まれる。「こころのケア」から「家族を支えるこころのケア」が，災害後の支援のあり方として当たり前のように語られるために，臨床・研究両側面からさらなる検討が期待される。

（池埜　聡）

⑪ 非行・犯罪と家族

はじめに

> ### 10年以上続いた「壮絶な虐待」 祖母・母殺害の17歳
>
> 　北海道南幌町の高校２年の三女（17）が昨年10月，就寝中の母親（当時47）と祖母（同71）を包丁で刺して殺害した事件。背景には三女が10年以上にわたって受けた激しい虐待があった。事件は防げなかったのか。
>
> 　殴る。ける。竹刀でたたく。火のついたたばこを腕に押しつける。トイレを使わせず，風呂は夏でも週１回だけ。冬には庭に立たせて水をかける──。
>
> 　「壮絶な虐待」。三女の少年審判に提出された家裁調査官の報告書にはそう記されていたという。関係者によると，三女は主に祖母から虐待を受けていた。母親は育児放棄の傾向があり虐待もしていたという。
>
> 　（中略）
>
> 　三女は逮捕後に「厳しいしつけだと思っていた」と話し，少年審判でも「虐待」とは認識していない様子だったという。（以下略）
>
> 　　　　　　　　　　（2015年２月９日　朝日新聞電子版の記事から）

　このような虐待のケースを聞くと，余りの悲惨さに胸がつぶれる思いがするが，同時に家族間暴力の持つ恐ろしさを感じる。閉ざされた家庭の扉の内側で起こる家族間暴力は，2000年の「児童虐待の防止等に関する法律」の成立や，2001年に「配偶者からの暴力の防止及び被害者の保護に関する法律」が制定（2004年12月から改正法が施行）されて，警察が家族間暴力に介入することで，

その実態が明らかになってきた。

　家庭裁判所調査官（以下，家裁調査官）としても，児童相談所の児童記録等を見ると，実際にどのような行為（虐待やDVなど）がなされていたのか詳しい情報が得られる。ことにどのようなルートで家族間暴力が明るみになったのか，近隣の人の対応の様子などがリアルに書かれていて大変参考になっている。

　さて，筆者（2005）は，『家族心理学年報23』で「虐待を内包した少年非行事例～信頼関係が取れない難しさ」として虐待と非行の関係について論考した。心の深い部分で傷ついた人は，簡単には話をしてくれない。また，話をしようにもその実態を歪んでとらえてしまう。北海道の事件で言えば，虐待を「厳しいしつけと思っていた」というようなことが起こりがちである。

　家族間暴力にはまだまだわかっていないことが多く，どのようなことが家庭の扉の向こうで起こっていたのか，通常では考えられないことが起こっていることがあり，強い関心を持たざるを得ない。このような事件を通してそのメカニズムにできるだけ迫ることで，家族間暴力の実情を深く理解したい。

　「非行・犯罪と家族」という領域でいうと，家族間暴力（虐待やDVなど）は，人間の攻撃性というものを考えるに当たって根源的な部分にかかわることで，「家庭内で暴力が起こりやすいのはなぜなのか」ということに迫れると，非行・犯罪の「前提条件」としての家族の理解が進むと考える。今回は，児童虐待に限定せずに，家族間暴力という視点で，非行・犯罪と家族というものを考えてみたい。

家庭内暴力事例（再構成）

　以下の事例は，筆者が家庭裁判所調査官として少年事件の調査で担当した比較的最近の事例で，家庭内暴力，DV，児童虐待，いじめのエピソードを持つ3つ以上の事例の共通点を抽出して，事例のプライバシーに配慮して再構成したものである。事例の秘密性を保護するためにあらかじめご了解をお願いしたい。

　鋭一（仮名，16歳）は，祖母に対する傷害事件で家庭裁判所へ送致されて，少年鑑別所へ2回目の入所となった。現在は父と弟と郊外の一戸建てに住んでいて，通信制の高校に籍は置いているが，仕事もせずに自宅に引きこもっている状態で，趣味である電車の写真を撮るために外出することもあるが，概ね自

宅でパソコンを触って時間を過ごすという状態だった。

　近所に住む父方祖母が以前から食事の世話などをしてくれていた。この日は父と外出して，帰宅してから2階の自室で鋭一はパソコンを触っていたが，1階で父と祖母が鋭一のことを話していて，鋭一には自分の悪口を言っているように聞こえた。1階の居間に父と祖母がいたが，鋭一が抗議をすると，父は取り合わず，祖母は家の外へ逃げ出した。逃げた祖母を追いかけて，髪の毛を持って拳で頭を叩き，道路上で馬乗りになって拳を振り回すなどしており，みかねた近所の人の通報で警察がやってきて逮捕された。

　鋭一は，以前から祖母や弟に気に入らないことがあると暴力を振るうことがあった。ことに祖母に対しては，人前でも暴力をくり返していて，近所では「有名人」であった。

　父とは，鋭一が前回保護観察になって以降，けんかをすることがあり，最終的には殴り合いとなって，近所に住む保護司が仲裁をしてくれることもあったが，父に攻撃が向くことがときどきあった。しかし，父はまだ腕力では鋭一に負けないと思っており，そのことが鋭一の攻撃を抑止していた。

　弟との兄弟げんかもよくあったが，小学中学年くらいからその程度が激しくなり，仲裁に入った祖母から叩かれたことがきっかけで，一方的な暴力となり，弟は鋭一の前ではおどおどしている状態になった。

　祖母に対しても弟との兄弟げんかの仲裁で祖母が鋭一を叩いたときくらいから，しばしば暴力を振るっていた。

　鋭一の父母は，5歳のときに離婚することになった。母は父から離れるために，都会へ転居した。子どもは家に置いたままだった。

　母は，弟が2歳を過ぎるとスナック勤めをするようになり夜間に家を空けることがしばしばあって，どうも子育てが苦手な人のようだった。子育てのことで父と口げんかをしており，段々と夫婦関係に亀裂が入り，母が浮気をしていると疑った父が，母に暴力を振るうようになった。父は深酒をしがちになり，お腹がすいたと泣く鋭一にも暴力を振るうことがあった。

　近所に住む祖母が，鋭一たちの面倒を見てくれたが，家庭的には恵まれていない状態が続いた。父から暴力を振るわれるためか，鋭一は人とのかかわりを避けるような子どもに育っていった。

　鋭一は小学校の中学年くらいから，何度かいじめを受けるがなんとか無事卒業した。しかし，中学1年くらいから，クラスで仲間はずれにあっていたようで，不登校に陥った。鋭一はこのような生活を改め事態の打開を図りたいと考

えて，母親の住む都会へ転居することを望み，中学2年になって母親の家へ行くことになった。母は，鋭一が家族に暴力を振るっていることは知らなかったようで，子どもを「捨てた」ことへの後ろめたさもあって，鋭一を受け入れた。都会の中学校へ転校すると，ちょっと悪そうな子たちがちょっかいをかけてきて，仲間に入れてもらって夜遊びなどを始めて，他中学校の生徒とけんかをするときなどについていくようにもなった。不良の一員として，同級生からは一目置かれる存在となり，自分の腕力に自信を持つようになった。しかし，ささいなことで母親に対する暴力が始まり，その程度が激しくなり，今までの「遺恨」をはらすような状態が始まった。中学3年の3学期に母はたまらず警察へ被害届を出し，何度目かの被害届出で，鋭一は少年鑑別所へ入所して，父の住む近郊部へ帰ることが条件で，審判で保護観察決定となった。

　鋭一は，父の家に帰ってしばらくは大人しくしていたが，父や祖母，弟に対して暴言を吐き，暴力を振るうことが多くなり，今回の事件となった。

　なお，鋭一の「こだわり」や衝動統制の悪さ，引きこもりがちな行動傾向などから，2回目の鑑別所入所では広汎性発達障害の疑いありという診断が鑑別所の精神科医から出された。

家庭内暴力のメカニズム（本事例）

　鋭一は，幼い頃から父母の夫婦げんかや母の養育放棄で，父からは身体的暴力を受け，母からはネグレクトという状態で，自分の生存が脅かされる状態だった。世の中は信頼するに値するという感覚を十分に持てないまま，祖母などの援助で養護施設に入所することなく育てられたが，細やかな愛情には恵まれてこなかった。人づきあいが苦手で1人遊びをしているような鋭一だったが，小学中学年から学校でいじめを受けるようになった。そのような面白くない状態で，家に帰ると弟と兄弟げんかをして，弟に暴力を振るうと自分が強いような感覚が味わえて，何度かくり返していたが，それを祖母に見とがめられて，祖母から叩かれたことで，祖母にも反撃する形で暴力を振るうようになった。弟も祖母も鋭一を恐れるようになり，学校での自分の惨めさを相殺するような感覚になった。八つ当たりとしての攻撃が，相手に対する威圧として受け取られて，ある種の征服感を鋭一にもたらした。これが鋭一の家庭内暴力の行動パターンの出発点であった。

　鋭一は祖母が少年らの世話をしてくれていると認識はあるが，祖母に対して

愛着を感じているところはなかった。

　その後，母の元に転居して再出発を期したが，不良仲間に受け入れてもらって，暴力を肯定するような考えが強化され，今度は母親に対してもそれまでの「遺恨」を晴らすような家庭内暴力に陥った。ただ，このころは不良仲間に受け入れてもらっていたので，家に引きこもることはなかったことが，母への攻撃を弱める要因だった。しかし，母親は我慢できずに警察に被害届を出して，鋭一は保護観察がついた状態で父の元へ帰ることになった。ただ，鋭一にとって自分の不満を解消する仲間のいない状態で，鉄道写真を撮るために外出するだけでは生活をしている感覚もなく，不適応感だけがよどむ状態で，それを発散するために祖母や弟，それに父にも攻撃を向ける状態だった。父は鋭一に対抗するほど腕力があったので，祖母や弟に攻撃が向き，今回は鋭一の悪口を祖母と父がしていると被害妄想的にとらえて，祖母を攻撃したというように理解できる。

夫婦間の暴力

　鋭一の両親への暴力は，家庭内で生理的欲求や愛情欲求などの基本的欲求が満たされなかったことによる欲求不満が遠因として考えられる。鋭一の両親は家庭生活でこのような欲求の充足が図れずに，夫婦関係が破綻し，さらに家族関係にとって破壊的な夫からのDVが生じていったと考える。

　このような夫婦関係のもとでは，日常的な暴力が行われ，多少の暴力沙汰は許容されるという家族規範（文化）が形成されると，家族全員が暴力に対する抵抗感が少なくなる。

児童虐待（ネグレクトと身体的暴力）

　人生の初期で，親に全面的な信頼をして，人間と世界に対して基本的な信頼感を育てる時期に児童虐待があると，不信と恐怖を体験して，他人との関係が育たなくなる。他人との関係が育たないと，学校でいじめなどに遭いやすくなり，自己破壊と愛情飢餓に陥る。

　また，被虐待児が長じて親になると，その虐待の連鎖が続くといわれており，暴力が暴力を生むことになる。

いじめ, 仲間はずれ

　小学校時代は, 教室でやや特異な感覚などを示すと, それに共感してくれる仲間内では人気者になれるが, 変わり者というラベルを貼られると仲間はずれやいじめを受けることになる。広汎性発達障害の子などは, そのような社会的排斥を受けやすいことが, 大きなハンディである。

　鋭一のように, 学校でいじめを受けると, 家庭内でそのつらさを発散する形で家庭内暴力となることがある。このつらさが, 言葉として家族に受け止められると家庭内暴力とはならないが, そう簡単に行動を変えることは難しい。

　社会的排斥は, その程度が激しくなればなるほど, 家庭内での暴力の「圧力」を高めることになり, それが頂点に達すると大きな「爆発」につながることがある。鋭一が中学で不良仲間に受け入れてもらえたのは, 家庭内での不満を低減していたということで, 鋭一にとって暴力を抑制できたポイントであった。それくらい社会的排斥は暴力の行使に関係している。

衝動統制の問題

　広汎性発達障害はしばしばADHDからくる衝動性を併発していることがあって, 鋭一の場合もこの衝動性の問題がみられる。しかし, 鋭一が暴力を振るうときにその衝動性が作用してはいるが, そのことが家庭内暴力の原因のすべてではない。しかし家庭内暴力の「留め金」を解除しやすくしている要因ではある。

欲求の充足と情緒の安定

　人間にとって家族は, 「身体面の世話, 感情の支えあるいは知的交流などの要求や, 子どもの養育や行動の制御, 意志の疎通や性愛などの欲求は, 基本的には家族の関係を通じて充足されるものであろう」(岡堂, 1991)。いわば基本的な欲求が充足されていれば, 家族にとって情緒的な安定が与えられる場となる。

　「家族内の人々の交わりが調和の取れたものであれば, 心理面の安定と健康な状態が推進される。家族には, その生活自体に大きな潜在力が内在していると考えられる。しかし, この想像力と等しいほどのおそるべき破壊力が家族関

係の中で作り出されることがようやく認識されるようになってきている」（岡堂，1991）。このおそるべき破壊力が，ときとして家族などを死に至らしめることになる。

親密な関係

　人間は群れの中でサバイバルを続ける種であって，生後間もなくから自分の生存を助ける人（他者）を求める。他者から与えられるあたたかさ，優しさの体験から，交わる相手との親密な関係から大切なことを身につける。いわば，基本的な信頼感（世の中は信頼に値する感覚）を獲得できるかどうかが大きい。

　このような家族の健康度を親密性（intimacy）といい，主に夫婦の間に見られる親密な愛のある段階をいう。家族の発達段階でいえば，新婚期の課題である。逆にいうと，結婚ができるほどに成熟した人格が親密性を持つといえる。

　家族関係では感情や情動を受け止めてもらえるという期待から，思わずスキンシップのつもりで肩を叩くなどして，それが家族間での暴力となる危険性もある。親密な関係ほど，適正な距離を保てるということが必要だろう。

　さらに重要なのは，親密な人たちとの絆が犯罪や暴力に対する心の砦となることである。家庭が情緒的な安定という面で機能する状態にあれば，攻撃性は家族の間で健康に解消され，犯罪や暴力に対する砦となるだろう。

（辻村徳治）

⑫　高齢者虐待

はじめに

　高齢者に対する虐待防止支援は，後述する法律によって規定されており，それに基づき介入や支援がなされる。法律は，虐待を行う者（以下，虐待者）を，

介護サービスを提供する施設等の職員と家族に大別している。本書の性質上，後者を中心に扱うことになる。しかし後者のみを取り上げるだけでは，高齢者領域の実際に即したものにならない。そこで，前者も適宜取り上げ，高齢者虐待について述べていく。

　では，虐待防止支援の支援はどの時点からなされるものであろうか。そして，臨床心理学を含む心理学，特に家族心理学を学ぶ心理専門職（以下，心理職と表現する）は，どのような役割を担えるのであろうか。この問いを考えていくために，高齢者虐待に関連する模擬事例を提示する。

事例から見る高齢者虐待

事例1：在宅事例

　ハルオ（78）は，5年前から認知症になった妻ナツ（80）の介護をしている。子どもは2人いるが，ともに結婚し独立している。また，介護の面倒を子どもたちにさせたくないと考えるハルオは，3年前から介護保険サービスを利用し，自分で最後まで面倒を見ようと考えていた。近隣には妻が認知症であることを伝えてあるため，時々お隣さんが「夕食におかずを多めにつくった」と言って惣菜をお裾分けしてくれることもあった。

　しかし，最近ハルオは介護に疲れ，介護ストレスを感じるようになっていた。妻ナツの症状が進行し，ハルオの介護を拒否するようになってきたのだ。それに合わせるように，ナツの利用するデイサービススタッフは，入浴支援中に，ナツの二の腕やわき腹の背中側に，赤紫の丸いあざを見つけた。どうやらハルオが，ナツが介護拒否をするときにつねっているようであった。

　2か月に1度開催されているデイサービス利用家族向けの家族会が，非常勤の臨床心理士Aの進行で行われた。その席で，ハルオ自身がその話題に触れ，介護のつらさを吐露するのであった。

事例2：施設事例

　特別養護老人ホーム「N」で，ケースカンファレンスが開かれていた。その日は，認知症があるためか，隣室に入ってはそこの入居者の品物をとってしまうアキオさんが話題となっていた。「本人の部屋にいてもらうとか，行動制限するのは難しいですよね」「薬でコントロールは？」「それはドラックロック，

拘束になるよ」「でも，部屋に入らないように声をかけると，逆に怒鳴られることもあって……。ついこっちも大声で対応してしまいます」「そうそう，止めようとすると払いのけるから『あっ！』とは思うけど，腕をとって部屋から出しちゃうんですよね。『痛いよォッ！』と怒られましたが……」「その対応は控えないといけないね」「でも，認知症だから仕方ないのでは？」「全部病気のせいにしたら，そこで考えが止まってより良い対応が出てこなくなるよ。認知症なら誰でも同じことをするわけではない。虐待は当然，禁忌だけど，虐待と判断しづらい不適切な対応もしないように気をつけましょう」

　職員たちは，改めてアキオさんの行動をアセスメントし直し，適切なケアの内容を検討した。

模擬事例から高齢者虐待の内容を考える

　高齢者虐待防止法つまり「高齢者に対する虐待の防止，高齢者の養護者に対する支援等に関する法律」が平成18（2006）年4月に施行されてから，その現況が毎年調査報告されている。平成25（2013）年度の調査結果（厚生労働省，2017c）をみると，在宅における家族・親族等による虐待内容は，身体的虐待65.3％，心理的虐待41.9％，介護放棄22.3％，経済的虐待21.6％，性的虐待0.5％であり，その程度は約50％が「生命・身体・生活に著しい影響」以上の程度を占め，虐待の程度が深刻であることを示している。加えて，虐待を受ける高齢者に認知症がある場合，虐待の程度が深刻になりやすい傾向が示されている。虐待者の続柄は，息子が41％と最も多く，次いで夫19.2％，娘16.4％と続いている。この発生要因として介護疲れや介護ストレス，虐待者の障がい・疾病，経済的困窮があげられる。

　事例1の場合も，夫が虐待者であり，介護疲れを感じており，妻は認知症を有していた。そして，虐待の自覚もある。つまり不適切なことをしていると感じつつ，介護疲れのために自分の感情を統制できずに虐待に走ってしまったといえる。

　つぎに，介護施設等の職員による虐待内容をみると，身体的虐待64.2％，心理的虐待32.8％，介護放棄16.7％，経済的虐待7.7％，性的虐待3.5％であり，その3割弱が「生命・身体・生活に著しい影響」以上という深刻な虐待の程度であった。そして高齢者に認知症がある場合に身体的虐待を受ける割合が特に高い傾向にあること，虐待者は30歳未満の割合が高いと指摘されている。

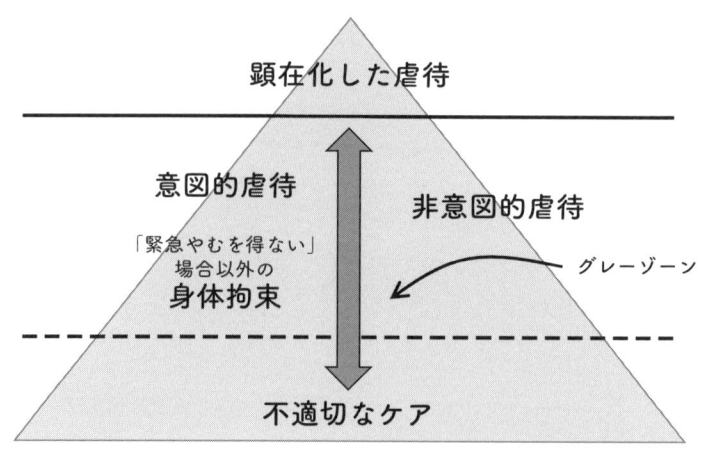

（認知症介護研究・研修仙台センターら，2008，p14より）

図Ⅳ-12-1　「不適切なケア」を底辺とする「高齢者虐待」の概念図

　事例2は，明らかな虐待行為は生じていない。しかし限りなく虐待が疑われる不適切なケアが行われていたといえる。そして虐待に対する職員の自覚は，不十分であり判然としないものであった。特に認知症に対して「病気だから仕方ない」とそこで思考停止してしまう言動は，高齢者臨床に限らず，精神科領域でもともすると耳にする言動であり，専門職としての知識不足，倫理不足が指摘される。

　この2つの事例のように，高齢者虐待と明確にされる以前のいわゆるグレーゾーンのケア行為が指摘される。これは「不適切なケア」と表現される。図Ⅳ-12-1に示すとおり，不適切なケアは顕在化した虐待の底辺に存在し，虐待と連続している（認知症介護研究・研修仙台センターら，2008）。図Ⅳ-12-1に示されている「身体拘束」も緊急やむを得ない場合に用いるべきものとして，厳格にルール化されている。そのため安易に隔離をする，ベッドや車椅子に拘束するなどの対応は虐待行為につながるものになる。

高齢者虐待の現状と高齢者虐待防止法

調査報告から見る現状

　前述した平成27（2015）年度の調査結果（厚生労働省，2017c）をみると，

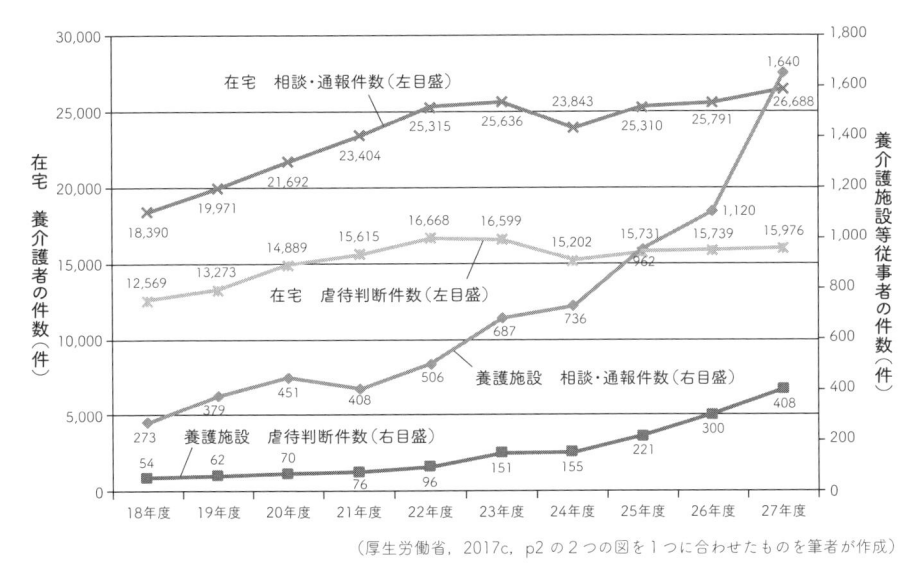

（厚生労働省，2017c，p2 の 2 つの図を 1 つに合わせたものを筆者が作成）

図Ⅳ-12-2　養介護者ならびに養介護施設従事者等による高齢者虐待の相談・通報件数と虐待判断件数の推移

要介護施設従事者等（つまり高齢者福祉サービスを提供する施設や事業所に従事するすべての職員）による虐待判断件数は408件（前年度比36.0％増）であった。これらは相談や通報に基づいて調査され判断される。その相談・通報件数は1640件（前年度比46.4％増）であった。同様に在宅における養護者（つまり，高齢者を在宅で介護している家族，親族，同居人等）による虐待判断件数は 1 万5976件（前年度比1.5％増），その元になる相談・通報件数は 2 万6688件（前年比6.2％増）であった。これらの数値が高いものなのかどうかの判断は難しい。しかし，図Ⅳ-12-2に示すとおり，双方の虐待判断件数は，法制定の調査において，緩やかながら増加傾向にある。相談件数と判断件数の比率をみると，虐待の発生数に大きな変化はないことから，本法律が周知されてきたことによる相談件数の増加ともいえる。

高齢者虐待防止法制定の経緯

　平成15年に居宅介護サービス事業所等に対して「家庭内における高齢者虐待に関する調査」（医療経済研究機構，2003）が実施された。この調査結果は，平成18（2006）年 4 月に高齢者虐待防止法が施行された際，厚生労働省が関係

機関に提示した資料（厚生労働省老健局，2006）に引用されている。平成15年の調査は，高齢者虐待に関する法律を制定する必要性の論拠の1つとなっている。平成12（2000）年に介護保険法がスタートし，介護の社会化が謳われた。しかし「虐待を受けている高齢者のうち，約1割の高齢者が生命にかかわる危険な状態にあり，約半数が心身の健康に悪影響がある状態」（厚生労働省老健局，2006）であることが平成15年の調査で明らかとなった。この社会的対応として，高齢者虐待防止法が制定された。

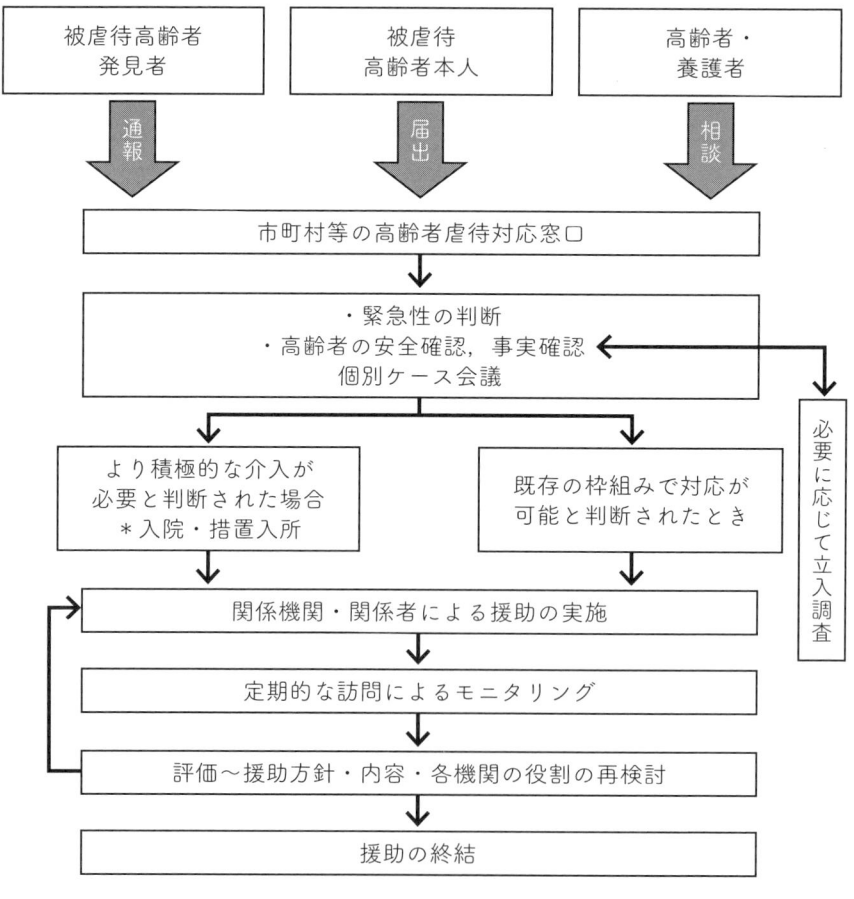

養護者による高齢者虐待への具体的な対応手順

図Ⅳ-12-3　養護者ならびに養介護施設従事者による高齢者虐待への対応手順

高齢者虐待防止法の概要

　高齢者虐待防止法は，児童虐待防止法，DV防止法のつぎに制定された虐待防止関連の法律である。先の2つの法律は，児童，DV被害者（主に女性を想定している）の保護が中心となり，虐待者側に対しては，児童虐待防止法は「指導」を行う旨を定めているが，DV防止法は虐待者への再犯防止などの教育的対処は記されていない。一方，高齢者虐待防止法は，その第一条目的に「こ

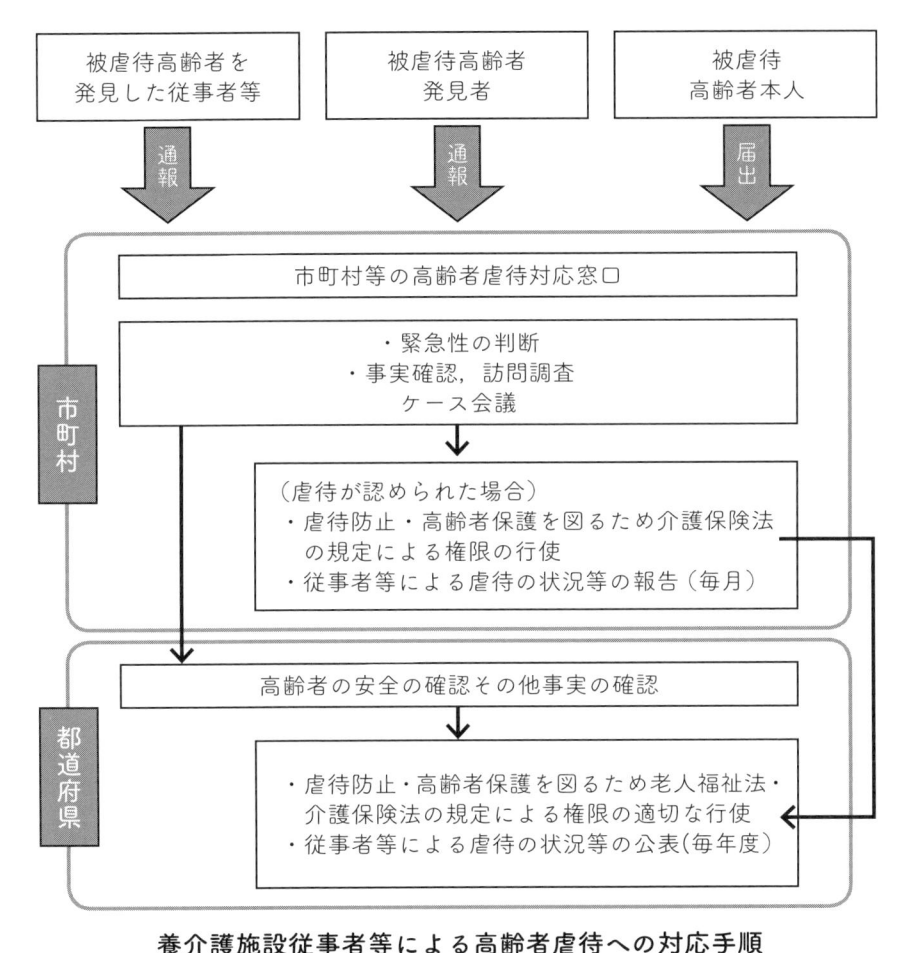

養介護施設従事者等による高齢者虐待への対応手順

（厚生労働省，2006，p28とp96の図をもとに，一部省略し筆者が作成）

の法律は（中略）高齢者虐待を受けた高齢者に対する保護のための措置，養護者の負担の軽減を図ること等の養護者に対する養護者による高齢者虐待の防止に資する支援のための措置等を定めることにより（中略）高齢者の権利利益の擁護に資すること」と述べ，被害高齢者の保護とともに，養護者の負担軽減などによる再発防止の支援を行う旨が定められている。高齢者虐待防止法においては，特に在宅での家族介護の場合，背景に介護負担や介護ストレスが存在することから，当事者の保護のみではなく，養護者への支援も行っていくことを重視しているといえる。

　高齢者虐待防止法に規定される虐待内容は，児童虐待防止法にならい「身体的虐待」「介護・世話の放棄・放任（いわゆるネグレクト）」「心理的虐待」「性的虐待」の4つ，それに「経済的虐待」（高齢者の財産を不当に処分することや高齢者から不当な財産上の利益を得ること）を加えた5つとなる。

　高齢者虐待防止法において，虐待に関する通報等が寄せられてからの対応手順を図Ⅳ-12-3に示した。この手順は，基本的に虐待が疑われ，それが通報・届出・相談で行政が把握してからの対応を示した。このほかに，虐待が疑われる状況を知った場合の通報の義務や，通報にかかわる守秘義務，通報者の保護などが定められている。これらに関しては，本項で取り上げる範囲を上回るので割愛する。これらの対応が必要になった場合の主体は行政となる。しかし，高齢者虐待防止支援にかかわる者は，これらの内容を学習し把握しておくことが必須である。

心理職に求められる高齢者虐待防止支援

　高齢者領域における心理職の活動場所は，医療領域と福祉領域に大別される。医療領域は，精神科病院を中心に一般病院やクリニック等になる。福祉領域は，福祉行政職や介護保険事業所を中心とする高齢者福祉施設等への勤務を通じての関与が中心となる。ただし福祉施設勤務は，常勤は少なく非常勤が多いといえる。他に，心理相談室への相談を通じてのかかわりが生じる場合があろう。このような勤務環境で高齢者虐待防止にどのような役割を果たせるか。

　第1は，予防的支援の役割である。前項で示した模擬事例も，まだ明らかな虐待とまでなっていない時点の事例であった。このような前段階の事例に行い得る支援や介入に関与することが，心理職の機能が発揮できると考える。

家族システムをアセスメントする視点

　高齢者虐待が生じる以前の段階は，サービス提供者がケアの延長線上で対応することになる。当然，いずれの専門職も高齢者ケアを虐待防止第一で実施しているわけではない。支援の対象となる高齢者の尊厳を保ちつつ，その生活の質の維持や向上を第一義として支援を行っている。

　しかし，アセスメントの中には虐待の有無等の評価も含まれる。そこで求められる専門技能は，家族関係図（ジェノグラム）を活用しつつ，家族心理学の理論に基づいた家族関係のアセスメント技能である。高齢者を中心にしつつ，高齢者と家族との関係，その家族同士の関係を，アセスメントする。そこに多世代家族が抱える多問題が潜んでいるかもしれない。たとえば，認知症自体が問題ではなく，家族内に障がい者がいる，経済問題がある，家族間の介護観の相違があるといったケア自体ではない家族システムの歪みが，ケア環境の歪みに置き換えられているかもしれない。ゆえに「認知症だから」と思考停止するのではなく，「家族は介護するもの，ケアは大変」と固定観念にとらわれるのでもなく，柔軟で多様な視点からのアセスメント技能が求められる。そして，その専門職が心理職といえる。

　さらに，高齢者虐待は，被虐待者となる高齢者のみが被害者ではなく，主たる介護者や介護が生じたために自身の生活を一部犠牲にしている家族も高齢者介護の被害者であるという視点を忘れないことである。介護などから生じるストレスの歪みととらえることを含めた家族アセスメントを通して，未然に虐待の発生要因と可能性を評価し，その内容をケアスタッフに適切に提供し，高齢者支援に活用してもらうための協働を行うことが求められる。

臨床心理的援助：多職種連携を支援する役割を担うこと

　ケアサービスを中心的に提供していく職種は，介護専門職である。当然のことであるが，心理職は身体的ケアスキルがないゆえ，ケアサービス提供者の中心にはなれないし，なる必要もない。心理職に求められるのは，心理アセスメントという専門技能を活用するとともに，対人支援技能を活用した，事例検討におけるファシリテーション，個別のコンサルテーション機能，介護ストレスを抱える介護専門職のメンタルヘルス支援を行うことである。これが多職種連携における心理職の役割であるといえる。そして，その結果が高齢者の生活支援につながる。つまり間接支援であり，高齢者に直接支援を行う専門職を心理

的側面から支援する黒子の役割を担うことといえよう。

　家族全体を支援対象とする家族心理学は，家族を中心に家族以外の関係者も援助対象とすることが可能である。高齢者領域には，援助が必要と周囲がとらえても援助を求めない人も存在する。すると問題意識のある家族の一員やその周辺の関係者にかかわり支援することで，さらなる支援を展開することができる。高齢者の割合が増加していく日本社会において，家族心理学を学び実践する心理職が，高齢者臨床の分野で活躍することは，今後さらに期待されるといえよう。

（小野寺敦志）

V

家族療法の
理論と技法

① 家族療法の歴史

家族療法の誕生──伝統的人間観への挑戦

　「家族療法」を家族の複数メンバーを集めて面接を行う心理療法の手法ととらえるならば，その始まりは1950年代ごろである。米カリフォルニア州パロアルトにあるメンタル・リサーチ研究所（Mental Research Institute：MRI）において，ベル（Bell, J. E.）が最初に家族合同面接を手がけたとされる。しかしその土壌はしばらく前から，各分野の研究，臨床，理論的な発展によって丹念に耕されてきた。家族療法発展の潮流について，日本語で読むことのできる文献はすでに一定数みられるが（Hoffman, 2002；2005；平木，1998；中釜，2010；日本家族研究・家族療法学会，2003；2013など），その多くは家族療法の歴史を「家族を対象とした臨床的アプローチの歴史」（中釜，2010）ととらえて包括的に紹介している。本稿でもこの視点に則って，ラシードら（Rasheed et al., 2011）が紹介する「人間観の変遷」を踏まえつつ，主に欧米での歴史をひも解いてみよう。

　米国における家族療法の萌芽は，19世紀後半から20世紀初頭にかけて起こったソーシャルワークの専門性の発展に始まり，20世紀のグループワーク，マリッジカウンセリング，子どもへの援助活動（Child guidance）運動の勃興と展開などに見ることができる（Becvar & Becvar, 2014；Nichols&Davis, 2016）。さらに1940年代後半から50年代にかけて，家族の相互作用に関するより深く強固な理論的枠組みが登場した。サイバネティックス理論，システム理論，そしてコミュニケーション理論である。社会学，文化人類学，生物学などを背景にするこれらの理論は，米国における統合失調症の家族に関する初期の研究の概念的道標となっていった。「こころの病」は個人の中に存在するという仮説から，家族関係の混乱の徴候なのだという仮説が唱えられたのである。代表的な発信元はMRIであり，統合失調症患者の家族におけるコミュニケーションパターンや対人相互作用のパターンの研究が行われた。牽引となったのはジャクソ

ン（Jackson, D. D.）やワツラウィック（Watzlawick, P.）らである。また時を同じくして，文化人類学者のベイトソン（Bateson, G.）が当時コミュニケーション学の大学院生だったヘイリー（Haley, J.）をMRIに迎え，元化学技術者のウィークランド（Weakland, J.）らとともに二重拘束理論（double-bind theory）を見出したのだった。

ラシードらによれば，家族療法の歴史はその黎明期から，「こころの病」につながる原因理解が大きく転換していく流れと一致すると言う。それはある種の人間観の展開，すなわち「自立した自己（autonomous self）」という認識から「関係の中の自己（relational self）」というシステム論を基盤とした概念へと変遷していく挑戦の歴史でもあった。さらに現代に入り「語りによる自己（narrative self）」という視点へと変化をとげていくことになる。

西洋において人間というものを理解する上で最も古くから根強くある考え方は，個人主義および個人へのゆるぎない信頼に則っている「自立した自己」と呼ぶべき人間観であろう。人間とは他者や環境から独立して存在できる能力を持った主体であると信じられており，特に20世紀前半の心理療法モデルはこの考えを基盤にして，その理論を構成していた。「自立した自己」という人間観によれば「こころの病」は混乱した内的自己の顕れである。家族は個人の集合にすぎず，自立した自己の成長をサポートしたり阻害したりする制度にすぎないと考えられていた。この「自立した自己」という人間観に「関係の中の自己」という人間観で挑戦をしたのが家族システム理論やコミュニケーション理論の研究者たちであった。統合失調症などのこころの病を関係性の視点から理解し，人間とは関係性とコミュニケーションの存在であることを主張したのだ。このような自己のとらえ方から見れば，人間とは関係性のネットワークのシステムに埋め込まれた存在であり，最も基礎的なネットワークは家族だったのである。「関係の中の自己」は初期の家族療法の道標となった。統合失調症など人間のこころの病の源とは，混乱した家族関係あるいは混乱した家族内コミュニケーションのパターンが顕在化したものだったわけだ。

さて自立した自己から関係の中の自己へと移り変わっていった人間のありようへの眼差しだが，20世紀後半に入り第三のパラダイムが登場する。ポストモダン的視点を反映した人間観であり，ラシードらは「語りによる自己」への着目と呼んでいる。もはや統一したあるいは一貫した「自己」という信念はある種の「西洋的歪み」（Hoffman, 2002 ; 2005）をもたらすとされたのだ。この考え方によれば，人間はそれぞれ独自の家族理解をしているが，注目すべき点

は，家族内で起こった経験が家族成員間でどのように言語的に組み立てられるのかということである。言葉は人生経験を組織化し，構成する手段である。ナラティヴこそが個人のアイデンティティ感覚をつくり上げるのである。ここに至ると，着目すべき点は関係性の相互作用やコミュニケーションパターンから，言語表現に埋め込まれた意味へと変化する。人間の行動や関係性は語りによって表現され，この努力が語りや物語に反映され，個人や家族を組織作り構成する（Kilpatrick & Holland, 2009）。したがって家族の問題とは，ナラティヴの意味構成の中に存在するとみなされたのであった。

家族研究から家族療法へ──研究成果と実践の相互作用

　家族療法の創成期の特徴のひとつは「精神分析や来談者中心療法などとは異なり，ただ1人の創始者がいるわけではないこと，同時に複数の臨床家が合同面接の試みを始めた，といういわば寄り合い所帯だったこと」（中釜，2008b）であり，その後の多様な発展を遂げていく素地となった。本節では，家族研究の成果と家族療法の実践が相互に影響し合いながら発展していく様子を記述してみよう。

　1950年代に入り，統合失調症の患者と家族との臨床を通じて研究を重ねる先駆者たちが登場した。リッズ夫妻（Lidz, T., Lidz, W. R.）はジョン・ホプキンズ病院に入院する統合失調症の患者に関する研究を行った。中でも病因論に父親の役割を考察したことは現代においても注目に値するだろう。またメンタルヘルス国立研究所における観察研究を行ったボーエン（Bowen, M.）は統合失調症の発症には少なくとも三世代にわたる感情的な葛藤のプロセスが関係していると主張した。また同研究所にはウィン（Wynne, L.）がおり，統合失調症患者のいる家族のコミュニケーションパターンについて研究を行っていた。このように家族臨床と家族研究の相互作用の歴史は主に統合失調症の家族研究とその実践に始まったといっても過言ではなく，精神的疾患を関係性からみる視座を提示した功績は計り知れない。その一方で研究成果が直接疾病の治療や日常生活の質の向上に活かされることは少なく，「非難の的が個人から家族に移っただけ」（Hoffman, 2002；2005）というイメージを生んだことも否定できない。

　精神的な困難を抱える家族とともに臨床活動を行う家族療法家たちが現れたのは1970年代のことである。ラシードら（Rasheed et al., 2011）は，第1世代

の家族療法家たちは精神分析の訓練をしっかりと受けた者たちとシステミックな見方をより明確に持っている者たちの2つのグループに分かれると述べているが，その後双方が自分の理論的な殻に閉じこもらず，相互に交流し，影響を与え合い，協力し合ったことは，より柔軟な理論的発展を生んだと言えよう。精神分析の流れは家族の構造や機能を重視した実践につながり，もう1つはコミュニケーションや相互作用に重きをおいた臨床家たちを育てた。前者は，精神分析的家族療法理論（psychodynamic family therapy）を唱えたアッカーマン（Ackerman, N.），文脈療法（contextual therapy）のボゾルメニ・ナージ（Boszormenyi-Nagy, I.），グループ家族療法（group family therapy）を提唱したベル，そして構造派家族療法（structural family therapy）の創始者ミニューチン（Minuchin, S.）などがあげられる。後者には象徴的・体験的アプローチ（symbolic experiential approach）で知られるウィタカー（Whitaker, C.），人間性家族療法（humanistic family therapy）のサティア（Satir, V.），戦略派家族療法（strategic family therapy）のヘイリー（Haley, J.），パラッツォーリ（Palazzoli, M. S.）らが率いるミラノ派グループ（Milan Group）が名を連ねている。

　第1世代の家族療法家らはみな，システム理論の影響をはっきりと受けており，自分たちを家族システムの外部にいる観察者であると見なしていた。最適な家族機能とはこうあるべきであるという理論的枠組みに従って治療の介入を行う「専門家」であった。正しい理論とモデルに従っていれば家族システムの相互作用の特徴が明らかになり，変化が生じて問題が解決すると考えていたのだ（Becvar & Becvar, 2014）。ラシードら（Rasheed et al., 2011）によれば，ミニューチンの構造派家族療法理論および生態学的理論の影響を受けた考え方はその例外だったとされ，ホフマン（Hoffman, 2002）によればサティアもまた専門家としての「神秘的な雰囲気」に頼らず「自分がなにをしているかをオープンにしながらも，セラピストとしての権威を損なわずに」いたそうだ。しかしこの時期の家族療法家たちはおおむね，家族内の力関係のダイナミクスの理解が重要であることは認識していたが，クライエントおよび家族療法家自身のジェンダー，人種，民族や文化などのより大きな社会的背景がセラピー過程に影響を与えることへの着目が欠けていたのだった。

　さてこれらの批判を受けて，いわゆる第2世代の家族療法家たちが登場するのは1980年代のことである。その理論的背景の特徴の1つは，システム理論を理解の中心に据えながらも，ジェンダー理論（gender theory）や多文化主義

（multiculturalism），そして生態学的システムの視点（ecological systems perspective）によってその理解が拡大していったことにある。個人や家族の問題を「病理」とみなすのではなく，ある環境における不足や欠損であったり，その結果としての成長や発達の阻害であるとみなしたのだった。またその実践は社会構成主義（social constructionism）を初めとするポストモダン的思考が中心に据えられていた。自分は世界について「知っている」「わかっている」という無邪気な確信を疑問視し，「なにを知っているか」ではなく「どのように知っているのか」を重要と考えたのだ。その代表的なアプローチとしては，ド・シェイザー（de Shazer, S.）とキム・バーグ（Kim Berg, I.）の解決志向アプローチ（solution-focused approach），オーストラリアのホワイト（White, M.）とエプストン（Epston, D.）が創始したナラティヴ・アプローチ（narrative approach），ノルウェーのアンデルセン（Andersen, T.）が開発したリフレクティング・プロセス（reflecting process），グーリシャン（Goolishian, H.）とアンダーソン（Anderson, H.）の協働的言語システムアプローチ（collaborative language system approach）などがあげられる。かつての家族療法のように，専門家であるセラピストが理論上望ましいとされる家族に変化をするようにはたらきかけるのではない。セラピーとはクライエントとセラピストの共同作業であり，クライエントがこうありたいと望む家族のあり方をともに目指していく過程であるとされたのだった。

現代の家族療法——わが国における発展

前節のような認識論の変化とともに，心理臨床家が必要とされる現場の拡大を受けて，20世紀末の実践家の多くは，すべての家族や人々に効果がある唯一絶対の心理療法のアプローチは存在せず，理論的，実践的，あるいは技法的なメタ枠組み（metaframeworks）の創出が必要なのだということに気づき出した。このような心理療法の統合的アプローチ（the integrative approaches）への動向には，個人や家族，そして人々が生きる環境全体を含む広義のシステミックな文脈の中で仕事をする家族療法の視点が貢献できる可能性が最も高いとされる（Becvar & Becvar, 2014）。わが国でも21世紀に入り，家族療法を中心とした統合的心理療法の試みが展開されている（平木・野末, 2000；中釜, 2010）。

2000年代に入り，心理臨床の実証に基づく実践（Evidence-Based Practice;

EBP）の流れが家族療法の分野でもますます求められるようになってきた。い
くつかのメタ分析の結果が公表されているが，たとえば，カー（Carr, 2000）
によれば，児童青年期の心理療法における家族療法のエビデンスは，次の6つ
の領域で見出されるという。①幼少期の身体的虐待とネグレクト，②児童青年
期の行為障害（反抗行為を含む），③注意と多動性の問題，④薬物関連問題，
⑤気分障害（不安，鬱，喪失後の悲嘆反応を含む），⑥心身症の6つである。
また英国の英国国立医療技術評価機構（NICE, 2004a）が公表する摂食障害治
療ガイドラインには青少年の摂食障害には家族療法を実施すべきであると記さ
れている。同様に成人に対する家族療法は，統合失調症の家族教育（NICE,
2002）やうつ病を抱える患者のパートナーへのカップルセラピー（NICE,
2004b）としても推奨されている。カミングスら（Cummings et al., 2000）に
よれば，近年，家族療法は子どもが患者とみなされている場合においても親が
患者とみなされている場合においても，さまざまな状況における家族の問題を
軽減するのに役立つという見解が一貫して示されている。21世紀の現代，EBP
に基づく実践を行う責任は家族療法家にますます求められることになるだろう。

　最後にわが国における家族療法の歴史についてごく簡単にふれておこう。日
本の家族療法の展開史の一端については日本家族研究・家族療法学会（2003；
2013）などでも読むことができる。1980年代に欧米のシステム論的家族療法が
導入され，1984年には日本家族心理学会が設立された。本学会では1986年に
ド・シェイザー，1992年にウィークランドを招き，海外の家族療法が次々と紹
介された。

　2000年以降も社会・政治・経済的な潮流の中で，わが国の臨床現場に根づい
た家族療法の実践と研究がますます展開されている。引きこもり，いじめ，児
童虐待など子どもをめぐる種々の課題，自然災害やテロのサバイバーや遺族へ
のケア，犯罪被害者や自死遺族へのケア，高齢化にともなう終末期の心理的ケ
アの必要性の拡大など，家族療法はこれからもわが国の文化や人々の生き様，
時代や社会背景の変化に細やかに対応しながら，柔軟に進化と発展を遂げてい
くだろう。これまで見てきたように，家族療法の歴史は心理療法の一技法の単
なる歴史ではない。課題や困難を抱える人々とともに，どのような眼差しで心
理的援助実践を行うのかという認識論と人間観の歴史でもあるのだ。

（田附あえか）

② 家族療法の過程
～基礎技法　家族面接の基本

はじめに

　本稿では，まず家族療法の各学派に共通した治療的面接過程の考え方と代表的な理論について紹介する。さらに家族面接の過程と臨床で用いられる技法について取り上げる。

家族療法の理論

一般システム理論

　家族療法の中にはさまざまな理論があるが，どの立場をとってもその根本は一般システム理論を前提としている。一般システム論は，ベルタランフィ（Von Bertalanffy, L.）が提唱したもので，システムを構成する個々の要素の相互作用によってそのシステムが機能しているとする考え方である。これを家族に当てはめた家族療法では，家族全体を1つの有機的なシステムとみなし，家族成員間の相互作用に注目し，家族の機能不全を改善させるように支援する。家族療法では，特定の原因と結果を直線に結ぶような直線的因果律の立場はとらない。問題の原因を一点に帰結させるのではなく，家族システムを構成する個々の家族成員が相互に影響しあう円環的因果律で問題をとらえる立場をとる（亀口，2000）。

　個人心理療法では，困難を抱えて，援助を求めて来談する者をクライエント（client）と呼んでいる。しかし，円環的因果律に基づく家族療法では，家族システムの機能不全により，たまたま問題を抱え，症状や問題を表している人を，IP（Identified Patient）と呼ぶ。つまり，個人や1つのことに問題を起因させるのではなく，家族システムの機能不全そのものを改善すべき課題として取り組む。同時に，家族に原因を求める直線的因果律に基づく考え方ではないこと

も，改めて強調しておきたい。

構造学派

　構造学派は，ミニューチン（Minuchin, S.）が創始者であり，家族の問題を関係の構造からとらえようとする理論である。この理論の特徴は，家族の相互交流の構造を直接的にとらえた上で，その交流の渦中にセラピスト自身が入り込むことにある。第三者であるセラピストが家族の交流の中に入り込むことで関係構造に変化が生じ，IPの症状や問題が解消されることを援助目標においている。

　面接の流れとして，まず家族の構造をとらえる必要がある。その際に，世代間の境界が設定できているか否かに着目することが重要になる。家族システムの中には夫婦，親子，兄弟などのサブシステムがあるが，世代は家族システムが正常に機能する上で特に重要な境界線だとされている。それぞれの家族機能をとらえるために，家族構造図を作成して，可視化できるようにする場合もある。そうした工夫によってとらえた家族の構造に基づいて，面接の援助目標を設定し，家族交流の場面に，セラピストが介入を行っていく。このように，構造学派では，家族構造をとらえた上で，セラピストが家族交流に積極的に介入すること（ジョイニング）により，世代間境界を明確化することで関係構造を効果的に変化させ，症状や問題が解消されることを主眼としている。

多世代派

　多世代派は，ボーエン（Bowen, M.）による家族システム論を軸に，多世代間の精神力動に着目する。親世代である夫婦間の不和や葛藤などの問題が，子世代あるいは孫世代へと受け継がれていくと考える。世代をわたって家族内で重視されてきたルールや習慣，行動パターンなど，その家族独自の歴史に着目する。

　家族アセスメントの観点から，家族からの情報を手がかりに，多世代の家族構成や家族関係が可視化できるように，家族関係図（ジェノグラム）を用いて整理する。この家族関係図（ジェノグラム）を用いて，家族成員がそれぞれの関係を見直すことにより，問題を今現在だけのものに固執してとらえるのではなく，未来を含む長い時間軸の中でとらえる視点を取り入れることができる。視点の広がりが家族関係に変化をもたらすきっかけとなるのである。

コミュニケーション学派

ベイトソン（Bateson, G.）のコミュニケーション・プロジェクトに参加していたメンバーが発展させた理論である。コミュニケーション学派では，コミュニケーションをしないことは不可能であるということを理論の前提にしている。つまり人間関係においては，私たちが意図しようがしまいが，言語・非言語を問わず，なにかしらの形で，他者へ情報を常に伝達していることになる。そのため，家族が普段生活する上で行っている無意識のコミュニケーションの結果，問題が生起したと考える。この考え方に基づけば，家族が訴えている内容は，これまでに家族がその問題に対して解決しようと向き合ってきた結果であるととらえることができる。このように，コミュニケーション学派では，訴えている内容そのものよりも，コミュニケーションの機能に焦点を当てる。家族がそのコミュニケーションパターンに気がつき，機能不全に陥っているコミュニケーションが改善されることで問題が解決することを目的としている。

戦略学派

ヘイリー（Haley, J.）を中心に築かれた理論であり，コミュニケーション学派の流れを汲んでいる学派である。戦略学派では，家族システムの性質や機能よりも，訴えられている問題の解決そのものに重点を置く。さまざまな技法を用いて，セラピストが介入し，効果的に速やかに問題解決を図ることを目的としている。

介入に用いられる代表的な技法としては，「リフレーミング」と呼ばれている視点の転換や，逆説的反応を引き出すことをねらいとする「パラドックス法」というものなどがある。技法の詳細については後述する。

ナラティヴ（物語）学派

ホワイト（White, M.）らによって創始された比較的新しいアプローチである。人が現実と信じているものは，実は心理的に構成され，社会的に構成されたものだとする構成主義の発想が理論の基盤になっている（氏原ら，1992）。家族においても，その関係の中で生まれた体験をもとに，自分たちの物語をつくり上げている。そこに，援助者が加わることにより，今までの物語とは違った新たな物語を家族とつくり上げることが可能となる。家族療法では，固定化されつつある家族の物語に，第三者である援助者が加わることにより，新しい

視点や発想を生み出し，主訴の問題を新しくとらえ直す契機になることを目指している。

理論の統合

　家族療法には，さまざまな学派があり，これまでに多くの理論が誕生してきた。その歴史を遡ると，1970年代は，家族療法の主要な理論や技法が輩出され，大発展をとげた時期であった。その後，家族療法は今日に至るまで，各学派の理論的・技法的統合を試みる流れが続いている。どの理論に依拠するか，ではなくその時々に生じる家族の変化や，アセスメントに基づく家族の状態に応じて柔軟にさまざまな変化をもたせることが望まれる。

家族面接の過程

面接様式

　家族面接は，通常家族の中の誰かが面接を申し込むところから始まる。電話での申し込みや他機関からの紹介などと経緯はさまざまであるが，この申込者が家族の中の誰なのかは，当該家族の抱える問題を誰がどのようにとらえているかなどの重要な情報を含んでいる。

　原則として家族面接には家族全員が参加することになっているが，夫婦や親子のみ，あるいは当該家族のみならずその拡大家族（祖父母など）の参加を求める場合など，参加者はさまざまである。来談する家族を通して家族全体にはたらきかけることが，家族面接においては重要なのである。そのために，申込者に対して家族全体の来談をどう要請するかが大切になってくる。

　面接回数や頻度に関して，月1〜2回を目安として計画される。ただし家族の状態や問題解決の程度によって回数が前後することは大いにあり得る。10回を目安に援助計画を立て，面接を重ねる中で変化していく家族の状態をその都度見定めていく。

　面接をするセラピストの体制が，1人ではなく複数になることもあるのが家族面接ならではのユニークな点である。援助の依拠する理論によって活用するかどうかはさまざまであるが，Coセラピストやリフレクティング・チームといった，セラピスト以外のメンバーが面接にかかわることがある。Coセラピストは，セラピストの補助的な役割として当該家族との面接にセラピストと共

に参加する。リフレクティング・チームは3，4人で構成され，ワンウェイミラー越しで家族面接を観察する。面接中に電話でセラピストとやりとりをする，事前ミーティングや事後ミーティングを通して面接に多くの視点を盛り込むなど，家族面接をより充実させるために活躍することが知られている。1対1の面接とは異なり，複数の関係性を扱う家族面接では，1人のみの観察眼ではクライエント及びその家族全体の一挙一動を見落としてしまいがちである。また，客観的に面接を観察することで複数の視点を取り入れることができる。これらの理由から，Coセラピストやリフレクティング・チームを設けることがある。このように，家族という複数を相手にする面接において，セラピスト側も複数で臨む場合もある。

(1) 初期

　初期の面接において重要なのは，家族のそれぞれとの関係づくりである。セラピストは家族の中に身を置きながらそれぞれと適切な距離をとり，平等な立場をとることが求められ，これを「中立性」と呼ぶ。セラピストが家族の中の誰ともつながっていない一方で，自分の立場を尊重してくれると家族のそれぞれに認識してもらうことで，家族が各々の話をしやすい環境が生まれる。また，家族成員それぞれが面接に関してどのように説明され来談に至ったのかは，家族内の関係性を知る上で，あるいは個々の面接に対するモチベーションを知る大きな手がかりとなる。

　続いて，特に初回面接においてすべきことに，来談理由である主訴について家族の1人ひとりに確認することが挙げられる。すでに電話申し込みなどで確認していても，問題のとらえ方が各々違っていたり，そもそもの問題視している点が違ったりすることは大いにあり得る。そのような場合でも誰の声も埋もれてしまわないようにするために，主訴を改めて来談した1人ひとりの言葉で説明してもらうことが重要である。

　以上の情報を踏まえてセラピストは，当該家族がどのような状態なのか，どんな問題を訴えているのかを査定する。これが，いわゆる「システム仮説設定」と呼ばれるもので，セラピストがとらえた暫定的な家族の状態及び抱えている問題となる。ただしこの仮説は面接が進行するたびに修正されながら洗練されていくものである。このように設定した仮説に基づいて援助計画を立てていく。

（2）中期

　初期面接でセラピストが家族と関係性を構築し，仮説設定に基づいた援助計画を定め，家族もまた面接終了の目標を確認できると，いよいよ介入の段階に入る。介入の仕方は，理論の違いによってさまざまだが，共通しているのは，現段階の家族内で維持されている家族内の関係性や定着しているルールなどに変化を及ぼすということである。どの部分の変化に重きを置くのかによって用いられる介入は異なってくる。詳しい技法については次項で扱うことにする。

　介入と同時に，その効果も精査する必要がある。セラピストが家族に対して指示や課題を与えた場合，それらをどれだけ守れているか，こなせているかが，その時点における家族の状態を表す。この状態を精査し，継続して同じ介入を続けて様子をみていくのか，方針を変えていくのかの選択をする。

（3）終期

　この段階になると，問題の大部分は解決に向かっており，家族はセラピストの課題をこなせるようになっていることが多い。介入の効果が表れ，家族は家族の持つ本来の力を取り戻してくる。この段階では，問題が解決されているだけではなく，新たに問題が生じても家族内で解決できるようになっているのが理想的である。初期に定めた面接回数ですでにその状態にあれば面接は終結となり，継続して面接を望んでいるようであれば追加の面接（ブースター面接）を重ねることもある。

（4）フォローアップ

　面接終結後も，その後の様子の把握や経過観察のため，半年や1年など一定期間を経て面接を行うことがある。

家族療法の技法

　家族面接の中では，その経過過程に応じて家族療法独自の技法が取り入れられる。依拠する理論によって技法もさまざまである。しかし重要なのは，その時点での当該家族に対するアセスメントにおいて，家族のなにに焦点を当てて問題解決に臨むのが最適かを判断し，その判断に基づき柔軟に家族と接していくことである。ここでは家族療法で用いられる技法の中でも代表的なものを，その技法を用いる目的に沿って紹介する。

関係性の構築

①ジョイニング

　家族面接を進める上で，まずはセラピストが家族に受け入れてもらう必要がある。このためのセラピストのはたらきかけをジョイニングと言う。家族の中に溶け込むことで，セラピストはその家族内のルールややりとりのパターン，使われている言葉などを体験する。これにより，当該家族の理解が深まるとともに，家族との関係性を構築し，以後の面接をスムーズに進める足がかりができる。

②多方向への肩入れ

　セラピストはどの家族成員にも心理的に近づきすぎても遠ざかりすぎてもいけない。どの家族成員の訴えにも耳を傾けその気持ちを汲みつつ，常に中立性を保つ必要がある。これを多方向への肩入れと言い，揃っている家族成員が継続して来談するモチベーションを保つことや，セラピストに対する信頼を得るためにも大切である。

変化をもたらす

①円環的質問法

　家族が問題視する状況において，当事者以外の家族成員がどう動いているか，どう感じていると思うかを問うことで，自分の感じ方に偏らず家族全体へ視野を広げる方法。自分だけに固執せず，他の家族成員の視点を持たせていくことで，多角的な視点を持つように促し，家族全体の機能を向上させていく。

②パラドックス法

　ある問題となっている行動や指摘されている問題点を続けるように指示する方法。問題が維持されているのは，問題自体が利益となっているという仮定のもと，逆説的な行動変化を引き起こす。

③リフレーミング

　当事者が否定的に訴える語りを，別の視点からとらえた語りに言い換える技法。問題とされている内容に対する視点を増やし，否定的な側面のみならず肯定的な側面，あるいは別のとらえ方にも目を向けられるようにする。

問題の外在化

①ジェノグラム（家族関係図）

　家族の成り立ちを可視化した家族関係図を作成する。視覚的に整理することで，世代を超えて受け継がれて来た家族のルールや習慣を明確にできる。世代を超えた縦断的な視点で問題をとらえることにより，当該家族への原因帰属を避けたり客観的に問題を整理したりできる。

②エナクトメント（実演化）

　問題とされる家族内で起こっているやりとりを実際に実演してもらうことで，問題点をその場で外在化し，自ら再体験することで再確認する。

　これらの技法を，実際の面接ではさまざまに織り交ぜながら進行していく。これらの中から適切な技法を使えば大きな変化が起こせるというものではなく，それぞれの技法から起こる小さな変化を積み重ねながら面接が進んでいく。面接の中でどのように技法が用いられるかを，具体的なやりとりを用いて紹介する。

例：中学2年生のA子の不登校を主訴に来談した家族の面接場面（Th：セラピスト）
家族構成：父親（42歳），母親（40歳），A子（14歳），B男（12歳）

　母親　A子のことはいつも私ばっかりが気にかけていて，主人に相談しても，「疲れてるから」とか言って，全然相手にしてくれなくて。私だって，家事とかB男の受験のこともあるし，忙しいんですよ？　でも誰かがやらなきゃいけないじゃないですか？

　　Th　お母さんも忙しくて大変な中，必死にやりくりしてるわけですね。一方で，お父さんも日々の仕事で相当お疲れなんですね。

　父親　ええ，私ももちろんA子のことは気になってましたよ。でも，仕事で疲れてやっと休めるって思った時に，毎晩まくしたてるように妻から相談されるんですよ。私だって休む時間はほしいです。

　このやりとりでは，セラピストは妻の訴えを受け止めながら，責められてい

る夫の立場も尊重するという，いわゆる「多方向への肩入れ」が用いられている。こうすることで，セラピストが妻のみの味方になってしまうことを避け，夫婦どちらの意見も平等に聴く立場を確立している。妻の訴えのみを聴いてしまえば，夫はセラピストが自分の意見を聴いてくれないように感じ，面接であまり発言しなくなったり，面接に来なくなってしまったりする可能性がある。このように，家族のどの成員とも同じ距離を保つことが，家族全員の発言を促す。

A子　私は別に構ってほしいとかって思ってないし，ほっといてよ。今までだって，ずっとそうだったんだから。

母親　ほっといてって……。心配するでしょう？　急に学校に行かなくなるし，なにがあったかも言わないし。

A子　心配って別に……。いろいろ言われるのめんどくさいだけだし。

母親　めんどくさいって，なんでそういう言い方するの？

Th　A子さんとしては，お母さんに見守っていてほしいっていう思いがあるんですかね。

A子は「ほっといてほしい」と言い，母親からあれこれ言われることを鬱陶しがりながらも，一方で「今までだってそうだったんだから」と，これまで自分にあまり目を向けてくれなかったことに対する不満もメッセージとして発している。つまり母親に対し，干渉せずに自分に目を向けてほしいと訴えている。しかし「ほっといてほしい」と言われた母親は，自分がA子をほっとけない気持ちを汲み取ってもらえずにいる。A子の「ほっといてほしい」がこの場の対立を生むきっかけになっている。そこでセラピストは，A子の訴えと母親の心配する気持ちの両方を汲み取った上で，「ほっといてほしい」を「見守ってほしい」に，リフレーミングしているのである。

以上，面接でのやりとりの中で多方向への肩入れとリフレーミングが用いられている場面を抜粋し，紹介した。このように，実際のやりとりの中で，家族の中で混沌としている問題を少しずつ整理する作業を積み重ねていく。この小さな積み重ねにより，家族が徐々に問題解決に向けて変化していくのである。

（亀口憲治・麻田(小野島)萌・矢口大雄）

③ 構造的モデル

はじめに

　家族が普遍性のある構造的特徴を持ったものだというと，自動的に「家族はこうあるべし」といった標準モデルがあるかのように思われてしまう。しかしあらゆるものが多様化する昨今，家族の「あるべしモデル」のようなものは，受け入れられない人も多い。実際，当事者が良いと考えているなら，どのような形を家族と呼ぼうと問題はない。

　しかし家族が私たちの世界で，いつの時代も永らえてきた存在形式であることは否定できない。ネガティブに論じられるだけの存在なら，とっとと消えてしまっていてもいいのだが，現実に家族と呼ばれる形式が消滅したことはない。

家族の構造と変化

　家族を自明のものとして，いきなり問題や症状に目を向けてしまうと，すぐに原因（犯人）探しに踏み込みがちである。しかし構造理論では，問題や症状の有無にかかわらず，家族には典型的な構造と機能パターンがあると考える。それが，「境界」「サブシステム」「パワー」と呼ぶものである。

　問題を抱えるか否かにかかわらず，固有する構造的特徴の中に，現状（症状や課題）に変化を起こすヒントが含まれている。これが因果論的な発想とは一線を画した，システム論的発想である。

　たとえば，なんでも父親が決めてきた一家においては，次の課題は母親が1人で決めてみる，これが簡単に着手可能な変化である。決定システムのワンパターン化が診断面接で抽出できたら，そこは変化のチャンスである。

　このとき，「そうすれば良くなるのか？」とか，「そもそもどういう問題なのか」等と問うのは適切ではない。現状が望ましくなく，そこに家族のパターンと言える特徴があることがわかったら，そこを変えてみる。

「変化」は変化する以上のなにも保障するものではない。今のまま継続してしまう点に変化を処方するのだから，問題解決のための因果論的処方ではない。家族の選択行動（その結果が，上手くいっていないこと）に関するパターンの変化処方である。

原則としてその結果，主訴症状がどうなるかを短いサイクルで因果論的に推測したり解説したりはしない。

家族はさまざまな状況変化に対応しながら，新たな安定，持続性を保とうとするものである。だから新たな恒常性（ホメオスタシス）がつくりだす秩序に期待して一歩進めるのが健全な変化志向である。

問題

家族員に起きる問題はしばしば，その家族の中でパターン化している。しかし1つの問題が病原菌と症状のように因果で確定されてはいない。むしろ，「わが家ではなぜ次々こんなことばかり起きるのだろう……」と嘆息するような事態が少なくない。

長男が不登校で，次男が入学したら同じことになって，末娘も幼稚園に行きたがらなくなっている。こんな訴えがあった時，3人の子それぞれに個別診断を行ったり，担任との関係を調査して，1人ひとりに診断名をつけていくのはおおいに疑問である。

こういう場合，家族の構造的特徴をアセスメントする目的の面接を実施する。そしてその家族の特徴的パターンが抽出できたら，可能なところから変化を処方すればよい。どこから手をつけるかに絶対はないし，それが問題や解決に直接的に結びついている必要もない。

境界

家族は家族である者と，そうではない者との間に境界を持っている。そこには「内外の境界」と「世代間境界」がある。

「内外の境界」のイメージを具体化するなら，家の玄関だろう。そこから誰が入るのか，勝手には入らないのか。入るための手続き（ルール）や資格はどうか。その管理責任を監督者である者（家主）が持っているかどうか。

ここがルーズになっている家には，外部からのさまざまな侵入が起きる。親

の知らない間に子どもの部屋に勝手に友人が入り込んでいたり，家に怪しげな宗教や他人，薬物等が入り込んだりする。

　一方，親が子どもの部屋に入れず，中の様子を知らない事態なども生まれている。この場合は，あるべきではないところに，プライバシーと称して境界が設けられている。

　息子の部屋に長期間監禁されていた人があり，大騒ぎになった事件が新聞紙上を賑わした。そこには，家の中にあるはずのない強固な境界がつくられていたことになる。原因を言い出せばいろいろあるだろうが，そんな事態が家族にとってリスキーであることは議論を待たない。

　「世代間境界」のほころびは，たとえば単身赴任中の夫の代わりに，長男になんでも話してしまう妻（母）のところで起こる。そこでなにが起きているかの問題ではなく，そういうことが日常化すること自体が問題の温床になる。

　親子も夫婦も皆，１人の人間として平等公平な家族などという考え方は危うい。子どもは親の役割まで分担されなくていいし，夫婦の問題に口を挟む必要もない。

　住宅を買ってくれた夫の両親が，合い鍵を持っていて，突然尋ねてきたりするケースを経験したことがあるが，まさに両方の侵入である。内外の境界も世代間境界もいつまでも引ききれないところにさまざまな葛藤が生まれ，問題の火種になる。

　近年多発する「振り込め詐欺」事件もこれにかかわっている。家族を装って侵入した他人が，日常的消費行動なら慎重になるはずの金額の出費ハードルを下げている。

　そしてここには後述するが，「金」というパワーを発揮できる誘惑が秘められている。家族の役に立つと思えるのはパワーで，寄付などしたことがない人が，身内には常識外れな多額の出費を厭わない。

サブシステム

　家族全体のシステムは下位分類としていくつかのサブシステムを持っている。結婚当初は２人でひと家族であるから家族イコール夫婦である。そこに子どもが生まれると，夫婦でありながら両親でもあることになる。これを夫婦サブシステムと両親サブシステムに分けて考える。同じ２人の関係だが定義を区別する。当然，夫婦と両親とでは機能も意味も異なる。

　よく言われるのは，日本社会では，子どもができると妻は母親になってしま

い，夫も父親化する。お互いを「お父さん」「お母さん」と呼び合い，男女関係ではなくなる。

仄聞する米国の夫婦中心の結婚観とは大きく異なった現実である。どちらが良いという問題ではなく，どちらもそれなりの課題を抱えていると考えるのが適切だろう。

男女関係の愛を核に考えるカップルは，自分たちの親密関係の変化に従って離婚，再婚をする。そこにいる子どもは，新たな男女関係の下で，子の立場での適応を求められる。子ども中心の日本の家族観からすると，なかなかのストレスである。もっとも近年，離婚の増加，再婚の増加によって，この傾向も増えつつある。

夫婦サブシステムと両親サブシステム，どちらが得意なカップルであるかを面接で見きわめると，苦手なところに変化へのヒントがある場合が多い。主訴症状がそこになくても，ひとまずここを焦点にする。

娘の急激な非行化に混乱している両親の相談を受けたことがある。面接をしてみると2人は離婚の危機を抱えていて，「娘の問題は，自分たちが原因だと思う」と語った。

そこで，「先ずその件は棚上げにして，今はお嬢さんのご両親として，しっかりはたらいてもらえませんか」と提案した。お互い不誠実な父親，母親ではありたくないと考えたのだろう。両親は力を合わせて娘のために努力し，面接にも2人で来続けた。やがて娘の事態が落ち着きをみせた頃，夫婦の離婚問題は色褪せていた。俯瞰してみると，なにが要解決課題だったのか微妙だ。

子どもが複数生まれると，子どもたちに「同胞サブシステム」が成立する。同胞関係にトラブルを抱えているのは，親世代の子どもの扱い方によることが少なくない。親は公平平等と言うが，子は差別待遇だと思い込んだところで不満を抱えていることが多い。

そして長寿社会化した現在，上世代（祖父母）のサブシステムも活発に存在する。そこの関係が危うかったり，どちらかが早く亡くなっていたりすると，親からの侵入を子である者（夫，妻）が受けやすい。上からの世代間境界の侵入によって，夫婦サブシステムが浸食される。

サブシステムはそれぞれ意味を持ちながら，家族という全体の構成要素の一部として，よく機能できるようアレンジされるのが好ましい。

そんな目安の1つとしてサブシステム内の秘密が守れるかどうかがあげられる。うまくいっていないところでは秘密が漏れる。

パワー

　ここには「決定」「コントロール（権威）」「金」「暴力」，という4つのカテゴリーがある。

　中でも，「決定」は家族にとって，とても重要で見えやすいキーワードである。家族は毎日さまざまなことを決め続けて形成されていく。

　そもそも，家族になるという決定が行われなければ「家族」はあり得ない。出来ちゃった結婚にも，夫婦別姓にも，居住形態にも，転職や進路選択にも，離婚にも，その他あらゆる家族の行動に「決定」要素はつきまとう。そしてそれぞれの家族に，決定にいたるプロセスづくりの特徴が読み取れる。

　決定は「なにを決めるか」よりも「誰が決めるか」の方が意味を持ちやすい。結果が良くなかった時，「なぜこうなったのか」よりも，「誰がこうしたのか」が議論になりやすいのをみればわかる。だから変化として，決定のパターンを変えてみるのは得策である。

　家族が手にする結果は，どこかの段階での選択決定に起因している。そしてそれは，しばしばくり返されている。もし変化を望むなら，次の決定を以前のものと変えればよい。すでに述べたように，結果を期待することはできるが，確実を約束できたりはしない。変化とはそういうものである。「必ずうまくいくのでなければ，今のままで良い」という発想（これも決定である）が，現状を固定する。そこに変化が生まれることはない。

　「コントロール（権威）」を考える時，家族の日常では「しつけ」を連想するとわかりやすい。親が子をどのように指示，指導するかにはパターンがある。甘いと批判される人にも，口うるさすぎると言われる人にもパターンがある。

　その結果，望ましくないことが発生しているなら，そこを変えればよい。いきなり親自身の人柄を持ちださずとも，「うまくいかないやり方」だけを変えれば十分である。変わりたいと思うなら，やり方を変えればよい。

　家族ではないが，職場の小集団内（固定されたメンバー）における関係にも同じことは言える。中間管理職のマネージメント能力を，その人の人柄に置き換えて批判するのは人格攻撃でしかない。管理者が適正に発揮するコントロール（権威）機能は，構成メンバー全体の安心を引き出す。いい人であるとか，優しいなどという管理者評は，平穏無事な時以外は意味を持たない。

　「お金」が家族を混乱に巻き込むのは古今東西のことである。だから，「お

金」の問題で家族が傷つけられることから自衛するためには，構造の中の「お金」の位置づけを適切に理解しておかなければならない。

相続問題の混乱で兄弟姉妹がバラバラになってしまう家族が少なくない。家庭裁判所の紛争の定番の１つである。そこでは特定の子のズルさと親の甘さが結託している。当然，他の子どもたちは不満である。

病弱や障がいのある姉弟と育った人や，他人からちやほやされる才能や容姿の姉弟と育った人が，してもらっていない感一杯に，大人になってから，「お金」の問題で葛藤を起こすことも少なくない。

認知症高齢者の成年後見制度利用の要請が激増するのも，未成年後見人に親族ではなく，弁護士など第三者が増加しているのも，家族内の金の動きは，家族員を揺さぶるからだろう。

「暴力」については文字どおりである。「暴力は許されない」とか「体罰は良くない」とか言っていて済む問題ではない。

実際に児童虐待があり，DVが頻発する現代家族。そして昨今の日本社会では，殺人事件の半数以上が家族内で起きている事実もある。親密関係間の暴力発生と予防は理念の問題ではない。

ケース検討と介入プラン

家族を構造的に見立てるための初回面接は，相手の目前でジェノグラムを描きながら進める。これが相手への理解度の表明になり，結果，信頼関係の形成にもつながる。

家族は必ずしも自覚的な症状を持っているわけではない。そして症状がなければ，構造的特徴がないわけでもない。つまり問題，症状と家族の構造は因果的に結びついているわけではない。課題は抱えていないとしても，構造的特徴は皆持っていると考えるのが適切である。

ここで実際の家族を見ながら考えてみることにする。プライバシーへの配慮から多少の加工を加えているが，多くの今日的特徴を持った人たちである。

ジェノグラムにあるように，現在４人暮らし。夫は２人の子をもうけた後，結婚生活20年で離婚している。妻も同級生結婚し，子を１人もうけた後，昨年離婚した。現在，実家で母と息子，そして50歳の男性と暮らしている。婚姻関係がないのは法律上の問題（離婚後300日問題）で，それがクリアされたら入籍するつもりだという。

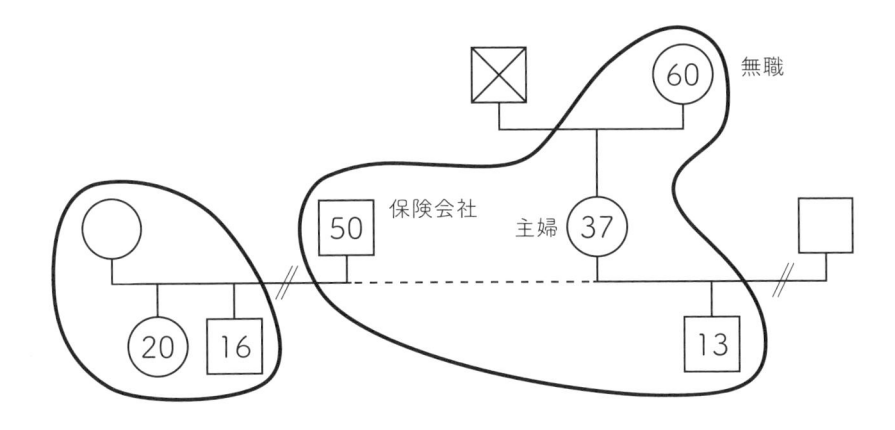

図V-3-1　来談者家族のジェノグラム

　夫は実子2人に養育費を支払っている大手保険会社の管理職。子どもたちが大学を卒業するまでという話し合い結果になっている。現在の妻は会社の元部下である。

　まず，「境界」のことを考えてみよう。事情含みの複雑な家族を営みながら，表立ったトラブルは抱えてはいない。それを支えている要因に，境界のけじめのつけ方が関連しているようである。

　経過には不倫関係であった時期の存在を思わせるが，双方離婚が成立し，親権や養育費の問題もクリアされている。そして新しい家族（ステップ・ファミリー）の形成も内縁関係ではあるが輪郭がはっきりしている。

　表には出てこないが，1人娘を育てた60歳になる母親（祖母）にとっても，自分の老後の生活を考えると，現状には許容的なのかもしれない。

　「サブシステム」をみると，夫婦サブシステムの問題が一番微妙である。20年の結婚生活で，娘が成人式を迎える状況にありながら離婚を選択する父親は少数派だろう。両親サブシステムを意識の前面に押し出せば，婚姻生活継続のまま，37歳の女性と交際を続けるような関係（いわゆる不倫）は世間にいくらでもある。

　しかし双方共，最初の夫婦サブシステムを解消して，新しいそれを手にしている。一般論で言えば，契約に基づくものの解約は手続きの適正さで確保できる。だから親子関係のリセットにおいては，親にも子にも葛藤を生みやすい。

　この家族の場合，父（50歳）と娘（20歳），息子（16歳）の関係がポイント

である。事実，娘は父親に対して音信不通を持続しているという。そこには父娘関係の問題もあるが，母親と同居する娘としての，母親に対する忠誠心も含まれるだろう。

　一方，息子は時々，父親の新しい家族の家を訪れて，一緒に食事をするという。スポーツマン同士の父子は，離婚後も競技を通じて交流があり，男兄弟のなかった息子と，再婚相手の一人っ子（13歳）も，お互い兄弟づきあいに肯定的であるらしい。これは新たな同胞サブシステムの形成であり，聞いていてやや米国のカップル，家族の雰囲気を感じた。

　「決定」に焦点を当てると，数多くのそれが見られる。今の暮らしの形は自然の成り行きではない。離婚は大きな決断と相手方との合意が成立しなければ難しい。そのための条件提示にも判断，決定が必要である。カップル両者に前の結婚の精算が必要な事態が，一般的にはかなり難しい。

　それに夫婦関係を解消した後，新しい2人の関係がこじれてしまい，結局，新カップルが破綻したケースにも複数出合った。

　不倫状態の間は良好に維持されていた関係が，一歩前進することで破綻に向かうという皮肉は，システム論的変化がよく現れている。沢山問題を抱えながらも，現状維持に留まる人たちの無意識の知恵は，こんなふうに働いている。

　この一家の場合，離婚にたどりつくには然るべき金銭負担が不可欠であった。父親として継続的に養育費の支払いを確約できる職業環境にあったことは，離婚にとってポイントだろう。

　妻の離婚理由は面談の中で明らかにされなかった。こういうジェノグラムのパターンとして，妻側の元夫にDVがあって，その相談を受けていた元上司などという下世話な話は世間に事欠かない。

　ジェノグラムを見ながら家族を考え，腑に落ちない点を確認していくと，多くの家族の現状と課題点の置かれた構造がよく見える。そんなあらゆる場所に変化のヒントがあることは言うまでもない。

（団　士郎）

多世代モデル（文脈療法）

家族療法における多世代モデル

　1950年代半ばから米国を中心に始まった家族療法にはさまざまなアプローチがあるが，とりわけ家族システムの発達的歴史的側面を重視するものは多世代モデル，あるいは多世代家族療法と呼ばれる。多世代モデルには，ボーエン（Bowen, M.）の自然システム理論（natural systems theory）やフラモ（Framo, J.）の源家族療法（family-of-origin therapy），そして文脈療法（contextual therapy）などがあるが，いずれも共通しているのは，個人・夫婦・家族の問題や関係性を三世代以上の拡大家族の歴史的プロセスを視野に入れて理解し治療的介入をする点である。多世代モデルは，構造派家族療法やブリーフセラピーなど他の家族療法よりも過去を重視するため，過去を原因と見なす考え方だと誤解されることがある。しかし，過去から現在に至るまでの拡大家族の歴史的プロセスを理解することによって，現在の個人・夫婦・家族の問題や関係性をより多面的に理解できるようになるだけでなく，過去から現在に至るまで家族が抱えてきた苦悩を癒すことが可能になり，未来に向けての変化を探ることにつながるのである。つまり，多世代モデルは，家族の病理よりも資源（resource）を重視するアプローチである。

文脈療法とは

　文脈療法とは，ハンガリー出身の精神科医ボスゾルメニイ・ナージ（Boszormenyi-Nagy, I.）が1950年代後半に創始し，米国を中心に発展してきた家族療法である。遊佐（1984）によれば，ナージは米国の家族療法家に大きな影響を与えたセラピストの第10位にランキングされたこともあるという。ナージは，一般システム理論（general systems theory）の影響を受けながらも，フェアーバーン（Fairbarn, W. R.）の対象関係論やブーバー（Buber, M.）

の実存主義哲学，サリヴァン（Sullivan, H. S.）の対人関係論をも取り入れ，独自の統合的アプローチを確立した。同じ多世代モデルに位置づけられるボーエンが，どちらかと言えば家族メンバー1人ひとりの個の確立を重視したのに対して，ナージは家族メンバー同士の関係性をより重視した。また，家族の過去や歴史には，文化，民族，ジェンダーにかかわることも強く影響を与えていると考え，家族システムのみならず家族を取り巻くより大きな社会システムも視野に入れている。

文脈療法における4つの次元

文脈療法では，以下の4つの次元から個人・夫婦・家族を理解する。これらは1つひとつが独立しているというわけではなく，相互に関連し合っていることはいうまでもない。

①客観化可能な事実（objectifiable facts）
人々の生活上の客観的事実とみなせるものである。生物学的事実としての遺伝的身体的要因（性別，人種，疾患や障がいなど），個人・夫婦・家族にかかわる歴史的事実（結婚・離婚・再婚・養子縁組・死別・出生順位など），職業や失業，戦争や災害といった社会的環境的事実などである。セラピーにおいては，これらの事実が1人ひとりの家族メンバーや家族全体にどのような影響を及ぼしているのかを認識し，第4次元と関連させながら考慮することが重要になる。

②個人の心理（individual psychology）
家族メンバー1人ひとりの心理的世界で，来談者中心療法，精神分析，認知行動療法など，個人療法が主として扱ってきた側面である。具体的には，パーソナリティ，自我の強さ，防衛機制，自己愛，アタッチメント，欲求，認知，不安，思考，感情，価値観などである。家族療法の多くの学派では，どちらかといえば軽視あるいは無視されてきた側面であるが，文脈療法では非常に重要な次元である。

③交流パターンのシステム（systems of transactional pattern）
家族におけるコミュニケーションや悪循環のパターン，世代間伝達，三角関

係，境界，連合と同盟，ルール，パワーなどであり，家族の中で問題が維持強化されているメカニズムを理解することでもある。第1世代の多くの家族療法は，もっぱら家族の相互作用に着目し，家族の誰と誰がどのようにやりとりをするかしないかを問題にしていたのに対して，文脈療法では，それに加えて，三世代以上の多世代にわたる歴史的影響過程も重視する。

④関係の倫理（relational ethics）

　第4の次元は，他の3つの次元を包括するものであり，文脈療法の中核を成すものである。ここでいう倫理とは，道徳的な意味での倫理ではなく，家族などの親密な人間関係を結びつけている信頼感や信頼性のことであり，他の心理療法理論ではほとんど扱われてこなかった側面である。ナージは，家族における症状や問題行動の根底にある，家族メンバー1人ひとりが関係の中で体験している「公平さ」（fairness）や「不公平感」（unfairness）に注目した。公平さとは，ある家族メンバーが他の家族メンバーや家族全体のためになんらかの努力や貢献をしていること，すなわちgiveしていることを，他の家族メンバーによってきちんと認識され正当に評価されること，すなわちtakeできることとのバランス（give & take）がとれる体験を積み重ねることによって得られるものである。

　たとえば，非常に幼い時から子どもは親にさまざまな形でgiveをしているが，それを親が認識し受容し正当に評価して子どもに返すことができれば，子どもの自己価値観はより確かなものとなり，家族以外の人間関係においても，より親密な関係を築ける可能性が高くなる。

　しかし，子どもが親にさまざまな形でgiveしても，親がそれに気づかなかったり，過小評価したり，子どもができる以上のことを過剰に求めてしまうと，give & takeのバランスがとれず，「大切にされていない」「どうして自分だけが」「裏切られた」「わかってくれていない」といった不公平感や，「自分が悪いのではないか」という罪悪感を覚えたりすることになる。そして，そうした公平さをめぐる問題が，個人の症状や問題行動，家族が抱える葛藤や問題と密接につながっているのである。

　したがって，セラピーでは，症状や問題行動あるいは顕在的な葛藤について家族が語るだけでなく，公平さをめぐるそれぞれの家族メンバーの体験や思いを具体的に聴き，丁寧に扱っていくことが重要になる。give & takeのバランスを再構築していくこととなる。

文脈療法における家族の機能

文脈療法では家族の機能や問題をどのように理解するのか，ここではその最も中核となる要素に焦点を当てて説明することにする。

① 忠誠心（loyalty）

忠誠心とは，人と人，人と集団，集団と集団をつなぐ見えない心の絆であり，家族同士を結びつけているものであり，それは本人が意識しているといないとにかかわらず，具体的な言動として現れる。たとえば，妻の誕生日を忘れて夫が職場の同僚と飲みに行き，帰宅後に妻とそのことをめぐって口論になったような場合，夫は妻よりも仕事や職場の同僚に対する忠誠心が強いことが推察される。

家族における肯定的な忠誠心は，信頼感，親密性，同一化，理想，肯定的な配慮として現れ，その忠誠心を基盤として家族以外の人間関係の中でも新たな忠誠心を築くことが可能になる。一方，否定的な忠誠心は，拘束，自己犠牲，罪悪感などにつながり，家族内での問題や葛藤につながるばかりか，家族以外の人間関係の中でも否定的な影響を及ぼしかねない。いずれにせよ，忠誠心は家族の人間関係に大きな影響を及ぼす。

忠誠心をめぐる問題としてまず挙げられるのが，垂直的忠誠心（vertical loyalty）と水平的忠誠心（horizontal loyalty）の葛藤である。垂直的忠誠心とは，子どもと親あるいは子どもと祖父母などの親族のように異なる世代間の忠誠心である。水平的忠誠心は，夫と妻，きょうだい同士など，同じ世代内の人間関係における忠誠心である。そして，家族ライフサイクル上，新婚期はこの2つの忠誠心がぶつかり合うことが起こりやすい。結婚したパートナーとの関係をより優先するのか，それとも実家の親との関係を優先するのかということについて，夫婦はしばしば葛藤に直面し，それが深刻な夫婦間の問題に発展することは珍しくない。

次に，見えない忠誠心（invisible loyalty）と呼ばれる問題がある。これは，意識レベルでは自分の親を否定したり反抗したりして，表面的には親とはまったく異なるように見えながらも，実は非常に似通った問題を抱えているような場合である。たとえば，子ども時代に親のアルコールと暴力の問題に苦しめられた人が，自分は親のようには決してなるまいと誓い，アルコールは一滴も飲

まない実直なサラリーマンとなったものの，結果的にワーカホリックになって家庭を顧みず，妻や子どもと親密な関係が築けないで孤立するような場合である。一見すると，顕在化している妻や子どもとの関係の問題は，まったく過去の親子関係とは無縁のように見えるが，実は非常に大きな影響を受けているのである。

　また，引き裂かれた忠誠心（split loyalty）という問題も起こる。これは，重要な誰かに忠誠心を持つことが他の重要な誰かに対する裏切りや反抗といった否定的な意味づけがされ，両者の間に挟まれた人の苦悩や関係の問題につながるものである。しばしば見られるのは，両親夫婦の葛藤が非常に深刻で，一方（あるいは双方）が子どもを自分の味方につけ，子どもとパートナーとの関係を断ち切ろうとするものである。本来，子どもにとって最も幸福なのは，父親と母親それぞれに対して忠誠心を持てることであるが，そうすることを親から許されず，自分自身も否定されてしまうのである。そのために，さまざまな心身の症状や問題行動，さらには将来の家族形成など親密な人間関係を築く上での妨げにもなる。また，実家の親が，結婚した子どもが自分（たち）に対して強い忠誠心を持ち続けることを強く求めると，子どもがパートナーとの関係で忠誠心を育むことの妨げにつながり，子ども夫婦の関係に深刻な影響を及ぼすことも起こり得る。

② 権利付与（entitlement）

　entitleとは，「〜する権利がある」「〜する資格がある」という意味であり，「〜しても良いことになっている」と言い換えることもできる。entitlementはその名詞形であり，文脈療法では権利付与と訳される。すでに述べたように，家族の中ではさまざまなやりとりがあり，それぞれが他のメンバーのために努力していることや貢献していること（give）があるが，どのような形でどの程度しているのかはさまざまである。また，そうした努力や貢献をきちんと認識し評価し受け入れることができる人もいればそうでない人もいる。裏を返せば，giveしたものに見合うだけのものをtakeできる場合もあれば，十分にtakeできない場合もある。

　建設的権利付与（constructive entitlement）とは，自分が家族のために努力貢献したこと（give）に見合うだけのものを家族から獲得できる（take）体験を積み重ねてきた場合の権利付与の感覚である。たとえば，母親が発熱し苦しそうにしているところに，幼児が「ママ，大丈夫？」と言って心配そうな顔を

した時，「心配してくれているの？　ありがとう」と笑顔で返し頭を撫でてあげれば，幼児が母親にgiveしたことと母親からtakeできたことのバランスはとれていると言える。一見些細でとるに足らないことと思えるようなこうした日常的なやりとりが積み重なっていくと，子どもは「信頼されている」「愛されている」「人の役に立つことができる」といった感覚を身につけていくことができる。

　一方，破壊的権利付与（destructive entitlement）とは，さまざまな形で自分は家族のために努力貢献してきた（give）にもかかわらず，それが無視されたり拒絶されたり軽視されたりして，giveしたものに見合うだけのものを獲得（take）できない体験を積み重ねてきた場合の権利付与の感覚である。先の幼児と母親の場合を例にとれば，幼児が「ママ，大丈夫？」とgiveしたにもかかわらず，「うるさいわねえ。あっちに行っててよ」と怒鳴り，幼児は「ごめんなさい」と言ってその場を去るようなやりとりである。幼児は，罪悪感，恥，怒り，自他への不信感といった否定的な感情や自己感覚を持つことになる。

　こうした否定的なやりとりはどこの親子でも起こり得るものであるが，頻繁に生じたり長期間持続すると，子どもの中には次第に「誰か，特に身近な人や弱い立場にある人に対して，破壊的に振る舞って良い，そうする権利が自分にはある」という感覚が無意識のうちに強まっていくことになる。そして，将来の結婚後のパートナーに対して，あるいは子どもに対して，関心や配慮や共感性の欠如といった問題を引き起こすことにつながる。したがって，臨床的には，夫婦間の不和の問題，子どもの症状や問題行動の背景に，夫婦あるいは親の破壊的権利付与の問題が隠れていることは珍しくない。

③ 親役割代行（parentification）

　破壊的権利付与の１つの現れ方が，親役割代行である。家族の中で子どもが一方の親に対して，または両親に対して，あるいはきょうだいに対して，あたかも親がするような養育的保護的な役割をとり続けている状況である。物理的に親やきょうだいの面倒を見たり，親の夫婦関係に介入して葛藤を解決しようとするなどして，情緒的に家族を支えたりする。こうした子どもの存在によって，両親夫婦や家族のストレスは軽減されたり，問題が表面化しなくなったりするものの，結果的に子ども自身が自分の成長を犠牲にしているともいえ，その影響は無視することができない。自尊心の低下，学校生活や対人関係における不適応，家族に対する過度の義務感や罪悪感，さらには，将来のパートナー

との不安定な関係など，さまざまな形で現れる。

　機能的でうまくいっている親子関係においても，時に親子の立場が逆転し，子どもが親の世話をし，面倒を見るということは生じるだろう。たとえば，母親が入院中に，小学校高学年の娘が家事を中心になって行い，父親やきょうだいを支えるなどである。しかし，母親の入院が短期間で済めば，退院後は母親代わりをしなくても良くなるし，なによりもその期間の子どもの家族に対する貢献と努力が正当に評価されれば，子どもの苦労は報われ建設的権利付与にもつながる。つまり，子どもが担う親的な役割（give）が一時的であり，子どもの大変さが斟酌され十分ねぎらってもらえれば（take），大きな問題が生じることは避けられる。

　このような親役割代行は，両親の夫婦関係に深刻な葛藤がある場合によく見られるが，それだけではなく，死別や離別によってひとり親になった場合，親の心身の疾患や障がい，きょうだいに疾患や障がいなどの特別なケアを必要とする子どもがいる場合など，さまざまな家族の中で起こり得る。

多方向への肩入れ（multidirected partiality）

　文脈療法におけるセラピストの基本的態度であり技法でもあるものとして，多方向への肩入れがある。複数の家族メンバーが同席する夫婦・家族療法では，セラピストが客観的中立的であろうとして家族メンバー1人ひとりと一定の距離を保とうとしてもうまくいかない。だからといって，セラピストが特定のメンバーだけと強く結びつき，他のメンバーと良好な関係を築けないと，家族内の葛藤や問題は解決されるどころか，よりこじれてしまうことにもなりかねない。

　ここでmultidirectedとは，多方向に向けられたという意味であり，ここでは家族メンバー1人ひとりを意味する。そして，partialityとは，えこひいきとか偏愛という意味である。したがってmultidirected partialityとは，家族1人ひとりをえこひいきする，偏愛するということになる。最も基本的な意味あいとしては，セラピストが家族メンバー1人ひとりを大切にし，受容的共感的に耳を傾け尊重するということである。そして，まずは面接に参加している家族メンバー1人ひとりを大切にするのだが，同居しているが面接に参加していないメンバーの立場や気持ちや思いもセラピストは考慮しようとする。また，同居していない祖父母などの重要な家族メンバーのみならず，場合によっては，

すでに亡くなっている家族メンバー，離別などによって交流が絶たれている家族メンバー，これから生まれてくる子どももその対象となる。

　このセラピストの基本的なかかわり方は，文脈療法における家族機能のとらえ方と密接に関連している。つまり，臨床的問題を抱えた家族では，家族の中でさまざまな不公平が生じているので，セラピストがかかわることによってより公平な関係を構築していくことが問題解決につながると考えられる。そのため，家族メンバー1人ひとりを大切にするといっても，皆を均等に扱うというわけではない。傷つけられてきたメンバーや立場の弱いメンバー，努力や貢献や苦労が十分理解されてこなかったメンバーに対しては，より積極的に肩入れをしていく。一方，他の家族メンバーに対する関心や配慮が十分でないメンバーや，他の家族メンバーを傷つけてきたメンバーに対しては，その否定的な影響力を指摘することもある。ただし，そのような否定的な影響力を持っているメンバーは，破壊的権利付与の問題を抱えていて，過去においてはむしろ弱い立場であったことが珍しくない。そのため，セラピストはそのメンバーがかつて体験した不公平にも関心を持ち，肩入れしていくのである。こうしたセラピストと家族とのやりとりが家族メンバー同士の対話（dialogue）を可能にし，より公平な家族関係が展開していくのである。

（野末武義）

⑤ コミュニケーションモデル

　コミュニケーションモデルは，問題を，個人内要因でとらえるのではなく，家族を含めた周囲の重要な他者との相互作用の問題とみなし，IP（Identified Patient）と家族などの周囲の重要な他者とのコミュニケーションパターンに対して介入を試みるアプローチである。また，コミュニケーションモデルはコミュニケーション派家族療法とも称されるが，1959年に，精神科医のジャクソンを所長としてカリフォルニア州のパルアルト市に設立されたMRI（Mental

Research Institute：以下MRI）において提唱されたアプローチであることから，パルアルト学派，MRIアプローチとも呼ばれる。設立時，ジャクソン（Jackson, D. D.），リスキン（Riskin, J.），サティア（Satir, V.）の3名でスタートしたMRIは，その後，ワツラウィック（Watzlawick, P.）やウィークランド（Weakland, J. H.），ヘイリー（Haley, J.），フィッシュ（Fisch, R.）が加わり，1960年代以降，家族療法の中心的な役割を担うとともに，1967年には，MRI内に，フィッシュを所長とし，ワツラウィックやウィークランドをメンバーとするブリーフセラピーセンター（brief therapy center）が開設され，さらなる発展を遂げることとなる。

　ところで，コミュニケーションモデルは，「一般システム理論」をはじめ，「サイバネティックス」「情報理論」「論理階梯論」「語用論」といった，心理学や精神医学の枠を超えた広範な領域から影響を受けている。これは，第2次世界大戦後，高名な科学者らを一堂に集めて開催されたメイシー会議において司会を務めたベイトソン（Bateson, G.）によるところが大きい。ベイトソンは，後にMRIのメンバーに加わるヘイリーやウィークランドとともに統合失調症のコミュニケーションに関する研究プロジェクトに着手するが，その成果が統合失調症の自我の弱さをコミュニケーション・モードの振り当ての問題ととらえ直した「ダブルバインド理論」[*1]であり，コミュニケーションモデルの理論的な柱となっている。

　コミュニケーションモデルは，第1世代家族療法の代表的なアプローチであるとともに，戦略派やミラノ派の家族療法にも影響を与えた。さらに，1980年代以降の家族療法の展開の中で生まれた解決志向アプローチのバーグとド・シェイザー夫妻は，ともにMRIのトレーニーであり，コミュニケーションモデルが後の家族療法の発展に果たした影響は計り知れない。

コミュニケーションモデルの主要概念

家族ホメオスタシス

　私たちの身体には，ホメオスタシス（恒常性）と呼ばれる安定を保つ機構が備わっているが，同様に，家族も1つのシステムであり，システムのバランスが崩れた際に，元に戻ろうとする力が働く（システムの自己制御性／ネガティブ・フィードバック）。逆に，家族成員に問題を抱える家族では，問題を抱え

た状態でシステムが安定しているため，IPの問題が解決すると，別の成員に問題が見られることがある。ジャクソンはこれを家族ホメオスタシスと呼んだ。

直線的認識論と円環的認識論

　問題には原因があり，原因を取り除くことで問題が解決されるとするものの見方を直線的認識論と呼ぶ。直線的認識論は，自然科学や社会科学をはじめ，広く一般に浸透した考え方といえる。一方，対人関係や社会現象など原因と結果が複雑に絡み合う事象においては，原因と結果が相互に影響し合い円環をなしていることが少なくない。こうしたものの見方を円環的な認識と呼ぶ。直線的認識論では，夫婦げんかの絶えない夫婦は，夫や妻のパーソナリティの問題に帰属され，パーソナリティに対してさまざまな手立てが講じられることとなる。他方，円環的な認識論においては，夫妻の相互作用の問題ととらえられ，夫婦間の相互作用パターンへの介入が目指されることとなる。

インタラクショナル・ヴュウ

　問題をIPとシステム成員（家族をはじめとするIPの重要な他者）との相互作用の問題としてとらえるものの見方は，インタラクショナル・ヴュウと呼ばれる（図V-5-1）。IPの問題は，システム成員の行動を拘束（bind）し，翻ってその行動が，IPの行動を拘束することで（相互拘束），問題が維持されると考える。IPとシステム成員は，コミュニケーションという糸で互いに操られる人

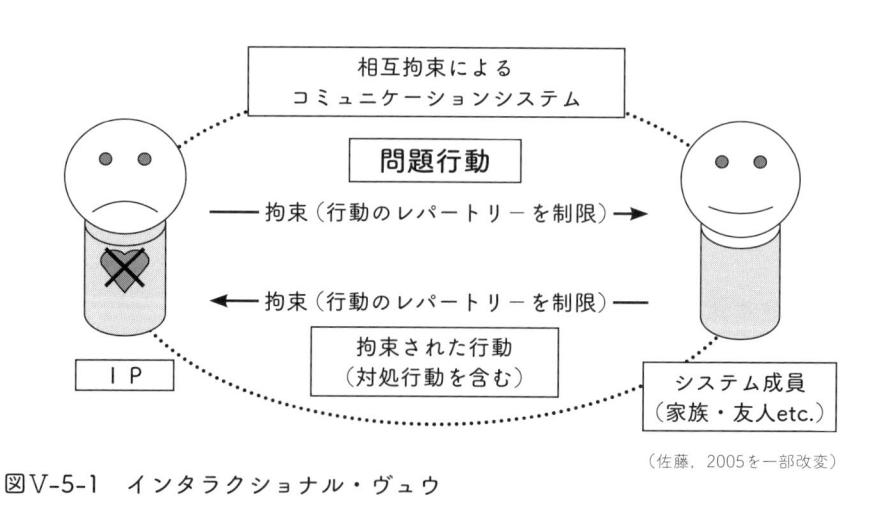

（佐藤，2005を一部改変）

図V-5-1　インタラクショナル・ヴュウ

形のような関係であるともいえるかもしれない。

コミュニケーションの５つの定理

ワツラウィックら（Watzlawick et al., 1967）は，家族成員間のコミュニケーションをとらえる際の着眼点を，コミュニケーションの５つの定理として整理している。

第１定理：「人はコミュニケーションせずにはいられない（下位公理として，すべての行動はコミュニケーションとなり得る）」

私たちは，友人が話しかけてこないことから「嫌われている」と感じたり，目を閉じている人を見て「話しかけるな」とのメッセージを読み取ったりする。物理やエネルギーの世界では，０は０にすぎないが，情報の世界，とりわけ人間のコミュニケーションにおいては，０（なにもしない）は必ずしも０（なにも伝えない）を意味せず，メッセージの送り手に伝達する意図がなくとも，受け手になんらかのメッセージが伝達されてしまう。この第１定理は，こうしたコミュニケーションの不可避性を指摘したものである。コミュニケーションモデルが注目するコミュニケーションとは，送り手の意図が受け手に正確に伝達されるといった意味でのコミュニケーションではない。むしろ，送り手の意図にかかわらず，常に発信され続け，伝達され得るメッセージの連鎖やパターンである。

第２定理：「コミュニケーションには報告と命令の２つのレベルがある」

「暑い！」「最近帰りが遅いわね」「学校つまんない」といったメッセージは，個人の感想や心情の報告である。しかしこれらメッセージの受け手は，命令や要求が明示されていないにもかかわらず，エアコンのスイッチを入れ，帰宅時間を早め，「なにかあったの？」とその理由を尋ねるであろう。これは，メッセージが本質的に報告と命令の２つの機能を持ち合わせているために他ならない。ワツラウィックら（Watzlawick et al., 1967）は，「コミュニケーションは情報を伝達すると同時に行動を押しつける」と述べている。また長谷川（2005a）は，メッセージの本質は「拘束」にあるとし，メッセージは行動の選択肢を制限すると指摘する。コミュニケーションモデルでは，家族のコミュニケーションを，報告と命令双方の機能に焦点を当てながら理解していく。

第３定理：「関係がどういう性質を持つかはコミュニケーションに参加する人のパンクチュエーション（コミュニケーションの句読点）によって規定される」

パンクチュエーションとは，句読点を指し，この第3定理は，句読点の打つ場所によって異なる現実が構成されることを示している。たとえば，ある夫は妻のことが気がかりで，日に何度も妻にメールを送るが，妻は，家事や子育てに忙しく，必ずしもすべてのメールに返事をしない。夫は，妻からの返信がないとみるや，すぐにまたメールを送り，妻の返信の頻度はさらに減っていく。このとき，夫は「妻が返信しないから，メールを送る」と主張し，妻は「夫のメールが多いから，返信しない（無視する）」と主張する（図V-5-2）。各家族成員は各々のパンクチュエーションで切り取った現実を家族臨床の場に持ち込むが，これらは1つの円を切り取った弧であることも少なくない。

　第4定理：「コミュニケーションにはデジタルとアナログのモードがある」

　私たち日本人は，日本語という文法体系にしたがった言語を話すが，こうした文法に規定される言語をデジタル言語と呼ぶ。一方，「こんなに大きな犬がいてー!!!」と，話す際の声の大きさやトーン等のパラ言語，また両手を大きく広げるハンドジェスチャー等の非言語はアナログ言語と呼ばれる。

　第5定理：「すべてのコミュニケーションは『対称的』または『相補的』のどちらかである」

　対称的コミュニケーションとは，エスカレートする夫婦げんかのような同方向へのエスカレーション過程を指す。一方，相補的コミュニケーションとは，

夫の現実構成：「妻が返信しないから，メールを送る」

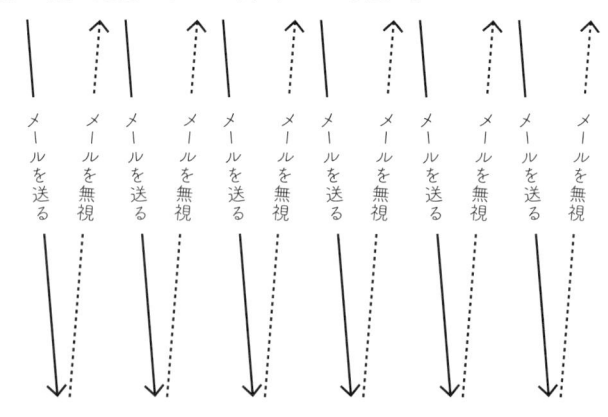

妻の現実：「夫のメールが多いから，返信しない（無視する）」

図V-5-2　夫と妻の現実構成

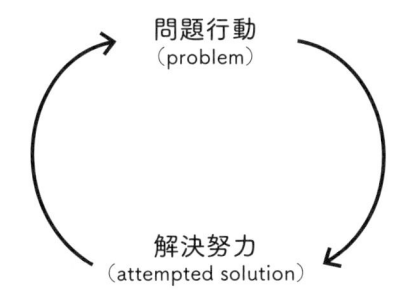

（長谷川，1987を一部改変）

図Ⅴ-5-3　悪循環の概念図

暴力をふるう夫と耐え続ける妻といったDVの夫婦関係のように，逆方向への
エスカレーション過程を指す。これらは，いずれにせよ，最終的にはシステム
全体が崩壊に向かうコミュニケーションとされる。ちなみに，この第5定理は，
ニューギニアのイアトムル族のナヴェンと呼ばれる儀式の分析からベイトソン
が導き出した分裂生成（シズモジェネシス）概念がそのルーツとなっている。

悪循環

　家族に問題が生じた際，私たちは常識に照らして妥当な対応で問題解決を試
みるが，これら常識的な対応が奏効しない場合，専門家の門を叩くこととなる。
コミュニケーションモデルでは，問題は，この解決努力（あるいは偽解決）と
呼ばれる周囲の他者による問題解決のための対処行動によって維持されるとし，
これを悪循環と呼ぶ（図Ⅴ-5-3）。コミュニケーションモデルの家族療法では，
家族の解決努力を丁寧に聴取することで悪循環を同定し，介入課題によりこの
悪循環を止める（あるいは変える）ことが目指される。

第1次変化と第2次変化

　上述のように，IPの問題に対して，家族システムはさまざまな解決努力を試
みる（という変化をする）。しかし，そうした変化が表面的な変化に留まり，
問題を支えているシステム自体の変化には至らない変化は「第1次変化」と呼
ばれる。他方，問題を支える家族システム自体が変化する変化を第2次変化と
呼ぶ。第1次変化は，単なる「変化」であるのに対して，第2次変化は「変化
の変化」であり，第1次変化はアクセルペダルに，第2次変化はアクセルペダ
ルの作用の仕方に変化を与えるギアに喩えられる。コミュニケーションモデル

が目指す支援は，第１次変化を促す支援ではなく，第２次変化を促す支援である。

構成主義

　私たちの目の前の風景は，光と，光を反射する物質と，人間の視神経及び中枢神経システムを中心とした知覚システムによってつくり上げられた世界である。他の生物は，それぞれの生物固有の感覚システムを通じて，人間とは異なる現実を構成している。また，IPの問題に対して，家族成員の見方やとらえ方は異なっているが，これは各々が問題に対する異なる現実を構成しているからに他ならない。このように，「現実はつくり上げられるものであり，客観的な現実は存在しない」とする考え方を構成主義と呼ぶ。構成主義は，「現実は人々の相互作用によってつくり上げられるものである」とする社会構成主義とともに，1980年代以降のナラティヴ・セラピーに非常に大きな影響を与えている。

治療的パラドックス

　治療的パラドックスとは，逆説的介入を意味し，症状や問題を強化するよう介入するものである。家族がとる常識的な対応が症状や問題を維持する悪循環を形成するのであれば，逆に症状や問題を維持するような介入課題が問題解決に有効であるという考え方に基づく。症状を観察・研究する観察課題や次回までに症状を出すように指示する症状処方はその代表例である。

リフレーミング

　リフレーミングとは，たとえば，IPを，「自らを犠牲にして家族を守ろうとしている家族の守護神」と肯定的に言い換える技法を指す。リフレーミングは構成主義の考え方に基づいているが，単に意味づけとしての現実を変えるのみならず，意味づけとしての現実が変わることで，現実の行動が変わり，システムの第２次変化につながることが期待される。

コミュニケーションモデルの面接の枠組み

　(1)空間的な枠組み：コミュニケーションモデルにおいては，面接室と観察室の２部屋が用いられる（図Ⅴ-5-4）。また面接の様子は，VTRで録画されるとともに，面接室と隣接した観察室に待機する数人の専門家チームのメ

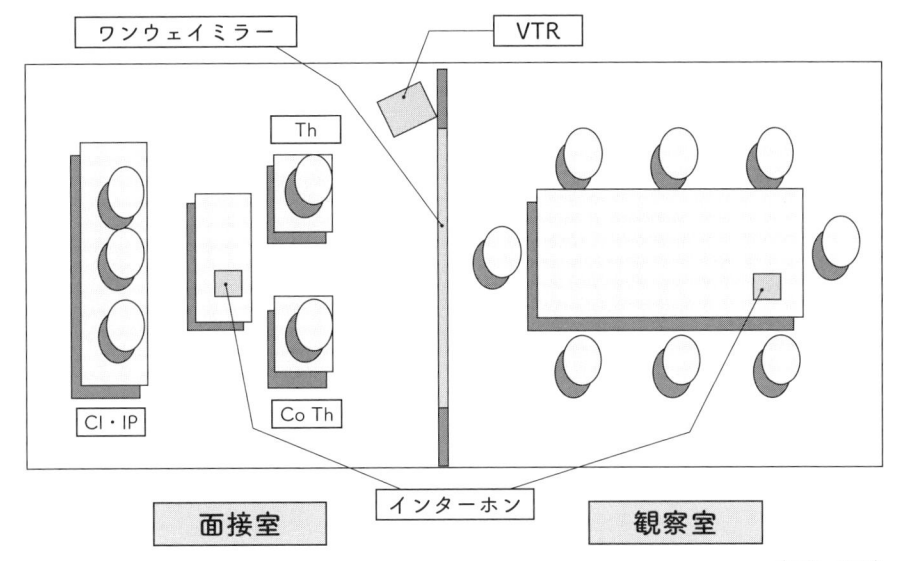

ワンウェイミラー　　VTR

Th

CI・IP　　Co Th

面接室　　インターホン　　観察室

（佐藤, 2016）

図V-5-4　コミュニケーションモデルの面接構造

　ンバーによって観察されている。さらに，面接室と観察室には，インター
ホンが置かれ，双方でやりとりが可能な状態にある。それゆえ，ワンウェ
イミラー，インターホン，VTRは，コミュニケーションモデルの3種の
神器と呼ばれている。

(2)時間的な枠組み：コミュニケーションモデルの面接は，①面接，②ブレイ
　ク（休憩），③介入の3つのセクションから構成される。①の面接では，
　問題の経緯やIPの問題に対する家族の解決努力の聴取が行われ，②ブレイ
　クにおいて，セラピストとCoセラピストは観察室でチームと介入案を考
　案する。③介入では，セラピストたちは再び面接室に戻り，介入案を家族
　に提示する。

　こうしたコミュニケーションモデルに特有の空間的・時間的枠組みは，治療
効果を高めることにつながるとともに，セラピストのトレーニングとしても有
効な枠組みとして機能している。

おわりに

　コミュニケーションモデルは，コミュニケーションの循環，連鎖，パターンに焦点を当てることで，個から関係へ，さらには直線的なものから円環的なものへと認識論を転換させた。加えて，現実はつくり上げられるものとする構成主義は，リフレーミングなどの支援技法にも生かされているともに，1980年代以降の家族療法の展開に影響を与えている。コミュニケーションモデルは，家族支援技法の１つの体系であるとともに，個と関係をめぐる認識論を含む一連の知識および思想の枠組みでもあり，今もなおその価値は失われていない。

（佐藤宏平）

　＊１：ベイトソン（Bateson, 1956）は，「自我のはたらき」を，「いま自分の心が，あるいは他者とつくる場が，どのようなコミュニケーション・モードにあるのかを識別するプロセス」とし，自我のはたらきが弱いとされる統合失調症患者を，「①他者から受け取るメッセージ，②自分が発するメッセージ，③自分の思考，感覚，知覚に対して，適切なコミュニケーション・モードを振り当てることが困難な状態」と再定義している。

　またこのダブルバインドの成立条件について，①２人以上の人間の間で，②くり返し経験され，③最初に否定的な命令＝メッセージが出され，④次にそれとは矛盾する第二の否定的な命令＝メタメッセージが，異なる水準で出される，⑤そして第三の命令はその矛盾する事態から逃げ出してはならないというものであり，⑥ついにこのような矛盾した世界が成立しているとして全体をみるようになる，と述べている。

　さらに，こうしたメッセージに長期に曝されることで，メッセージに対して適切なモードの振り分けが困難になり，「今日はなにをするの？」と言われた際，それが，①非難（「まだなにも決めてないのか！」），②性的な誘い（「どんなセックスをする？」），③文字通りの意味（例：催促（「決めていただけませんか？」）や善意（「あなたの意思を尊重します」）のいずれを意味するのか，判断が困難になると指摘している。加えて，①あらゆる言葉の裏に「隠された真の意味」を探すことに没頭する妄想型，言葉の真の意味の理解を断念し，ひたすら字義通りに理解しようとする破瓜型，周囲のあらゆるコミュニケーションを一切拒絶する緊張型の昏迷状態といった統合失調症に特有の症状を呈するようになるとした。

　またダブルバインドについて，以下のような統合失調症の青年と母親の例を挙げている。

　「ダブルバインド状況を浮彫りにする出来事が，統合失調症患者とその母親との間で観察されている。分裂症の強度の発作からかなり回復した若者のところへ，母親が見舞いに来た。喜んだ若者が衝動的に母の肩を抱くと，母親は身体をこわばらせた。彼が手を引っ込めると，彼女は「もうわたしのことが好きじゃないの？」と尋ね，息子が顔を赤らめるのを見て「そんなにまごついちゃいけないわ。自分の気持ちを恐れることなんかないのよ」と言いきかせた。患者はその後ほんの数分しか母親と一緒にいることができず，彼女が帰ったあと病院の清掃夫に襲いかかり，ショック治療室に連れていかれた」（Bateson et al., 1956）

6 解決志向ブリーフセラピー

(Solution Focused Brief Therapy)
〜解決に光を当てる

概略：SFBTとは

　解決志向ブリーフセラピー（Solution Focused Brief Therapy，以下SFBT）とは，スティーブ・ド・シェイザー（de Shazer, S.）とインスー・キムバーグ（Kim Berg, I.）によって創設されたブリーフセラピー（短期療法）のアプローチである。その特徴は，"例外（exception）"の概念にあり，問題が起きていないときを解決（例外）と考え，その例外の拡張を目指していくことにある。

　インスーの死後，彼らの知の遺産を引き継いだ解決志向ブリーフセラピー学会（SFBTA）は，SFBTを象徴する要素を以下の３つとしている（Trepper et al., 2008）。

①クライエント（以下CL）が関心を持っていることに，焦点を当てる
②CLが関心を持つこと，新しい意味を構成することに，焦点を当てる
③問題の解消を支援するために，特定の技術を使い，CLにとってより良い未来像の構築や，うまくいったことや強みの描き出しに焦点を当てる

歴史

インスーとド・シェイザーの出会い

　1970年代初頭，インスー等のソーシャルワーカーたちはMilwaukee Family Serviceで精神力動的心理療法による家族療法を実践していた。そしてMRI（Mental Research Institute）に影響を受けたFamily Institute of Chicagoでインスーは学び，ミルウォーキーでMRIの理論に基づく実践を始めた。

　また，ド・シェイザーもソーシャルワーカーとして仕事をしながら，MRIでのトレーニングを受けていた。インスーとはMRIで出会い，意気投合し，ド・シェイザーの故郷であるミルウォーキーで仲間を集めてMilwaukee Family

Serviceでの実践を始めた。これが後のミルウォーキー派となる。

BFTCの設立

ミルウォーキー派は，ヘイリー（Halye, J.）やMRI，ミラノ派などの革新的な概念に触れる中で，「1回目の面接の意味を，2回目の面接でセラピストはどのようにすれば解るのか」，そして「CLが満足する変化を生み出す介入とはなにか」を考えるようになった。この疑問に取り組むために，インスーとド・シェイザーはMRIのシステミックなアプローチなどを取り入れた実験的なセラピーを「ブリーフ・ファミリーセラピー（BFT）」と名づけ，セラピーの提供を開始した。

ド・シェイザーはBrief Family Therapy Center（BFTC）設立当初より，記録していた面接の映像を振り返り，「なにをしているのか？」「なぜそれをしたのか？」を深く考え，セラピーでなにが起きているのかを考えた。それが後の「エコシステミックなBFT」，そしてSFBTへとつながっていった。

ワンウェイミラーによる実践──エコシステミックなBFTの誕生

BFTCには経験豊富なセラピストたちが集まっており，セラピストとセラピストチームによるチーム面接を行っていた。ただ，当初は大部屋に仕切りを入れただけの部屋であり，ブレイクの際にはチームとセラピストは別室に移動しなければならなかった。また，セラピストとチームのやりとりはブレイクのみに限られていたが，ワンウェイミラーを設置してから，チームはブレイク以外でもセラピストをインターホンで呼び出すようになった。

またこの頃，ド・シェイザーは，エリクソン（Erickson, M.），ベイトソン

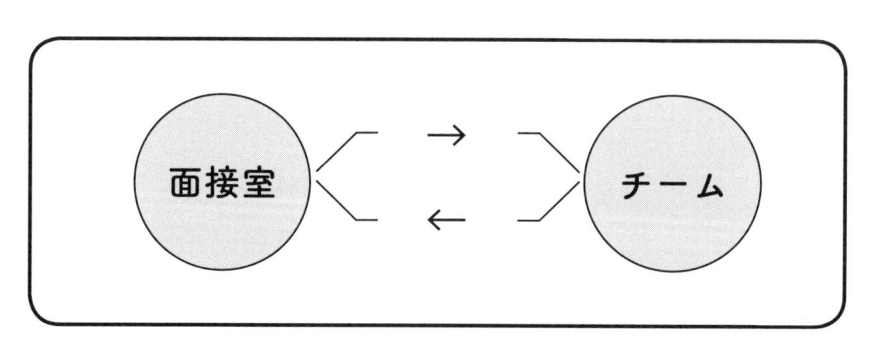

図V-6-1　スープラシステム

（Bateson，G.），MRI，仏教や道教，ホメオスタシスvs.モルフォジェネシス，ハイダーのバランス理論，社会構成主義などの影響を受け，これらのエコシステミックなモデルでセラピーを観察するようになっていた。

それらの観点からセラピーを観察していく中で，チームから直接フィードバックを受けたいと希望するCLが現れた。これにより，セラピストとCLとチームの間にあった壁を崩し，面接者も観察者もCLもその家族も，変化を生み出すための大きなシステム（スープラシステム：上位システム）の中に含まれる小さなシステム（サブシステム）であると，ド・シェイザーは考えるようになった。この考え方の変化により，SFBTの前身としての「エコシステミックなBFT」が生まれた（de Shazer，1982）。

初回面接公式

1982年，エコシステミックなBFTを続ける中で，チームメンバーの１人が新たな展開を提案した。それまで，面接の最後に「変化したいと思うもの」のリストの作成を課題として出すことが多くあったが，逆に，「変化したくないこと」を尋ねるべきではないかという提案だった。この新たな提案に対して，CLは変わりたくないことを報告するようになったのだが，その報告の中に肯定的な変化が含まれていた。これをきっかけに，初回面接公式（Fomula First Session Task：FFST）が開発された。

初回面接公式
次にお会いするまでの間に，あなた（あなたのご家族・生活・関係など）に今後も起こり続けてほしいと思う事のうち，実際にどんなことが起きるのか，観察してきていただきたいのです（de Shazer，1985）。

FFSTは，これまでのCLが変わりたくないと思っていることについて尋ねていた質問とは異なり，ポジティブで変化を前提とした質問となっている。FFSTが開発される前までのBFTCは，問題にはその問題に対応する解決があると考えていた。しかし実際には，CLは変化の最中にセラピーに来て，変化していること自体を好み，必ずしも当初訴えた”問題”と”変化”が結びついていない場合でも満足することに，FFSTの検証を続ける中で気づいたと，BFTCメンバーのカイザー（1995）は後に述べている。

SFBTへの到達

上記の発見以降，意図的に解決に焦点を当てるようになり，BFTCはセラピーのプロセスを，ジンジャーリッチら（Gingerich et al., 1988）によって開発されたコーディングシステムを用いてより深く観察・分析するようになった。これが後の，解決努力を尋ねる質問や，ミラクル・クエスチョン，コーピング・クエスチョンの開発に大きな貢献を果たした。その後も観察・共有・検証・開発を重ね，BFTはSFBTへと至った。

SFBTの基本

SFBTは，CLの過去の失敗や問題に対して意識を向けることを最小化し，強みや成功体験に注目するモデルである。CLが意識を向けていることや，周囲を取り巻く環境，そして変えたい・変えたくないと思っているものを理解することで，うまくいっている物事（解決）に焦点を当てる。

SFBTを実行するための基本的な信念をまとめると，以下の9つとなる。また，治療的会話の3つの要素についても記述する。

SFBTの9つの基本的信念

①問題を解決するのではなく，解決を構築する。
②セラピーの焦点は，過去の問題や現在の葛藤ではなく希望する未来である。
③今，役に立っている行動の頻度を増やすように促す。
④問題は終始起こっているわけではない。
　・例外—すなわち，問題が起こる可能性があったにもかかわらず，起こらなかった時が存在する。
　・例外は，セラピストとCLで解決策を共同構築するために使われる。
⑤CLが今現在において望まない行動や認識，相互作用があれば，セラピストはそれに代わるものを見つける支援を行う。
⑥解決行動がすでに存在すると仮定する。
　・スキルの新規獲得や行動変容のような行動療法の介入とは異なる。
⑦小さな変化が大きな変化につながると考える。
⑧解決策が問題と直接関係するとは限らない。
⑨SFBTのセラピストに要求される会話技術は，解決の構築をCLに依頼する

ためのものである。
　・CLの問題を診断し治療することに必要な会話技術とは異なる。

SFBTの治療的会話における3つの要素

　①全体像
　SFBTでの会話は，CLが関心を向けている物事に力点を置くものである。以下の項目を会話のトピックとすることで，関心事の全体像を明確にしていく。
　・CLにとって重要な人物や出来事
　・好ましい未来のビジョン（ゴール）と，そのためのリソースと到達度
　・CLの強み
　・CLの解決を見つけることへの動機のレベル
　・CLが解決を見つけられることへの確信のレベル
　②共同構築
　SFBTでの会話は，セラピストとCLによる新たな意味づけの共同構築プロセスである。
　③テクニック
　ゴールの共同構築や，これまでの解決努力の中にある例外，CLがゴールに近づくための強みやリソースを会話の中で扱うために，CLからの言葉に対しての反応やそれらを引き出す質問のテクニックを使用する。

ゴールについて

　SFBTで扱うゴールとは，CLが語る人生の文脈とは異なる文脈が望まれる感情，認知，行動，相互作用のことを示す。セラピーでは，クライエントが求める差異・変化に関する会話を通して，ゴールをセッティングし，近づいていく。
　セラピーのゴールのセッティングにおいて重要な点は，①明確さ，②具体性，③現実性の3点である。つまり，明確にわかりやすく，思考や感情のように抽象的ではなく具体的な，たとえば行動のように観測可能であり，今目の前にいるCLが実現可能な，実行が現実的に可能なゴールが理想的であると言える。

ゴールのセッティングに有効な要素

　①CLと協同して，治療同盟を作る
　②問題に焦点を当てるのではなく，解決を構築すること

③測定可能で，変化しやすいゴールを設定すること

④未来思考の質問および会話を通じて，未来に注目すること

⑤ゴールの達成度を定期的にスケーリングすること

⑥CLの問題の例外についての会話に着目すること（特に，CLが変化してほしいと思っていることに関係する例外に着目すること）

⑦例外を拡張するために，CLがすでに行った例外につながる行動を，今後も行うように促すこと

　面接の初期に行うカウンセリングの目標を明確にする質問をスターティング・クエスチョンという。たとえば，CLが「気分の重さを感じないようになりたい」と言った場合に，セラピストはそこからゴールを明確化し具体化していく。「事態がもっと良くなった場合に，あなたはいつ，どのようなことがあったらそれに気づきますか？」とセラピストが尋ねたとき，CLが「リラックスして落ち着いて，気分が良くなったら」と答えたとする。それに対してセラピストは，CLがどのような場面で落ち着きとリラックスを感じているのかに気づくのかを尋ねる。また，CL本人だけでなく，周りの人たちがそれに気づくときや，気づいてどのような行動をするのかを尋ねていく。

　この会話プロセスは，「気分の重さを感じる」という問題についての文脈に焦点化しているCLの視点を，パートナーや友人との関係や仕事や趣味などの問題の文脈とは別の文脈に向け，CLの人生に生み出される変化に向けて進行していく。このときに，CLがどのように事態を認識し（認知），どのような気持ちで（感情），なにをしているのか（行動），また，その行動が誰にどのような影響を与え合っているのか（相互作用）を，セラピストは複数の文脈で尋ね，それぞれの文脈の中で生み出される意味をまとめていくのが，SFBTには重要な要素となる。

例外を探すということ

　例外とは，問題が生じる可能性がある状況で，問題が生じなかった時である。例外の発生は，CLの意図の有無，理解の有無にかかわらず発生する。そのため，意図せず行っていたことが例外となっていたり，例外となっていたことをCLが理解していなかったりすることもある。そのため，CLが解決策を持たないと思っている場合さえ，ほとんどの場合"最近の例外"が存在する。

SFBTでは，問題を抱えた人々が，多くの問題を解決してきたということを知っている。今抱えている問題とは時間や場所などの状況が異なっているかもしれないし，問題が再発生したかもしれない。しかし重要なことは，CLが「問題を解決したことがある」という事実である。ただ，以前にうまくいった解決は，現在では続けることが難しかったり，CLが忘れてしまっていたりする。そのため，以前の問題の解決と今の問題の例外の差は，わずかかもしれないが重要な差であり，それを発見するための質問技法であると言える。

SFBTにおける「質問」

　どのアプローチでも，セラピストは面接を始める時や，ホームワークの結果を知ろうとする時，「質問」をすることは共通であり，重要なものと考えられているだろう。しかしSFBTの場合には，質問そのものが主要なコミュニケーションツールであり，介入ともなる。

　SFBTで行われる質問は，ほとんどが現在または未来に焦点を当てたものである。CLが自身の人生に，これからなにが起こってほしいのか，今現在すでになにが起こっているのかが強調される。代表的な質問技法としては，スターティング・クエスチョン，ミラクル・クエスチョン，スケーリング・クエスチョン，コーピング・クエスチョンなどがある。

コンプリメント

　コンプリメントは，直訳すると「ほめ言葉・賛辞」という意味なのであるが，SFBTにおいて主要な要素であり，以下の効果が見込める。
　①CLがすでに行っていることを確認する
　②問題がどれくらい難しいのかをセラピストが認めたことを伝える
　③セラピストがCLの話を聞いていること，理解していることを伝える
　④セラピストがCLを心配していることを伝える
　⑤①〜④によって，CLに肯定的な枠組みをつくり，変化を促す

　コンプリメントの後に，以前の解決策や問題の例外を発見していたなら，以前の解決策のリトライや，また起こってほしいと思う変化を起こせるような挑戦に向けて，セラピストは優しくCLにはたらきかけていく。新しい解決行動

はおおよその場合，以前の解決策や例外をヒントにして構築される。理想としては，新しい解決行動に向けた変化を生み出すアイデアや課題は，セラピストからではなく，CLから出るようになるのがベストである。

SFBTのセラピストのスタンス

　SFBTにおけるセラピストとは，CLがゴールに達成できるように支援する協同者またはコンサルタントであり専門家だと考えられている。求められる姿勢とは，Not knowing position＝無知の姿勢と，Leading from one step behind＝一歩後ろからのリード，である。この姿勢について，ド・シェイザーは「抵抗の死」という概念をまとめている。

Not knowing position（無知の姿勢）＝意味を生成する会話

　セラピストも1人の人間であり，専門家としての知識を持っている。そのため，セラピーの時に偏見を持つことは免れない。しかし，偏見に基づいて解釈をせず，CLの語ることに興味を持ってゆっくりと耳を傾け，文脈を理解し，協同で解決を探索していく姿勢を，「無知の姿勢」という。

　セラピストは，対話を継続・促進し，多様な考えを受け入れるためのスペースを広げ，その中で意味・行動・感情・相互作用などに新しいものを生み出すことが役割となる。そのために，CLの文脈を受け入れる「無知」が求められる。

　そして，「無知」であることに基づき，「知らないから質問する」ことが会話を進める有効な道具となる。セラピストが「無知」であることに対して，CLは問題についての専門家であると考える。セラピストは，「無知」ではあるが，「対話プロセス」の促進の専門家であると同時に，会話のパートナーである。この「無知」の姿勢の時，一般的なセラピストとしての専門知識は一元的で可能性を広げるものではないと考える。

抵抗の死

　ド・シェイザーによれば，セラピストに求められる基本スタンスは，ポジティブで肯定的であり，平等で敬意に満ち，希望にあふれ，解決に焦点を当てることである。また，セラピストとしての一般的な方針とスタンスも非常に重要である。根本的に，人間は非常に柔軟であり，変化のために連続してこの柔軟性を利用していくことができる。たとえ傷ついたとしても回復していく力があ

る。さらに，変化するための強みや知恵，および経験を持つ。クライエントは
これらのプロセスを辿ることができると強く確信する，と述べている。

　そのため，他の療法で「抵抗」として見るものを，SFBTでは以下のどちら
かまたは両方として考える。

　A）慎重に進みたい時の防衛的な反応　または　堅実な思考による要望

　B）セラピストがCLに適さない介入を提案したという失敗

　クライエントの「抵抗」をこのようにとらえることで，CLがセラピストの
ことを平等で協同的な存在であると感じることにつながる，と考えられる。

（生田倫子）

 ⑦　心理教育的アプローチ

心理教育的アプローチとは

　心理教育は，psycho-educationの日本語訳であり，アンダーソンら
（Anderson et al., 1986）によって統合失調症患者とその家族支援プログラム
にこの名が付けられたことから有名になった。心理的に教育するという意味で
はなく，「どう体験しているかを基本に据えたアプローチ」（後藤，2012），「問
題を維持しているコンテクスト（文脈）への介入になるよう，意図され」（大
河原，2007）たアプローチと言われるように，個々に異なる病気や問題への認
識・体験に細やかに配慮しながら情報を伝達するアプローチである。心理教育
の実践者らは単なる“教育”なのではなく，“心理教育”という言葉に含まれ
ている意味を重視して，病気や困難を抱える本人やその家族とのかかわりに活
かしている。まずは，定義をおさえた上でその目指すものについて見ていこう。

心理教育の定義

　統合失調症の治療とリハビリテーションに関する厚生労働省の委託研究を行

った蒲田らの「心理教育を中心とした心理社会的援助プログラムガイドライン」(2004) において，心理教育は次のように定義されている。「精神障害やエイズなど受容しにくい問題を持つ人たちに（対象），正しい知識や情報を心理面への十分な配慮をしながら伝え（方法１），病気や障がいの結果もたらされる諸問題・諸困難に対する対処方法を習得してもらうことによって（方法２），主体的に療養生活を営めるよう援助する技法（目標）」である。

　この定義から伺われるように，心理教育の対象者は，本人に限らず，家族やそれ以外の関係者など，受容しにくい問題や困難を持つ人であればその対象となり得る。特定の病気，障がいや危機を経験している人たちへ向けてのものに加えて，近年は健康な本人，家族への支援をねらった予防・開発的プログラムも増えつつある。特に，家族（本人を含む場合と家族のみの場合がある）を対象にした心理教育を家族心理教育という。また，その方法としては，単なる一方的な情報提供としての教育ではなく心理面に配慮すること，当該の本人や家族がすでに備えている対処方法や経験と融合させながら対処技法を習得することという共通した側面を持っている。そして目標には“主体的”という言葉が用いられるように，支援者は本人，家族が自己決定・自己選択において自らの力量を高め，資源活用できるようにかかわることが強調される。

心理教育的アプローチが目指すもの

　心理教育はエンパワメントのための支援と言われる。エンパワメントとは本来「権限を与えること」という意味の言葉で，本人・家族が自分の力に気づき，主体的に行動できるようになることを指す。具体的には，「参加したものが『気持ちが楽になり，自分がもともと持っている力に気づけるようになること』『いくらかでも希望が持てるようになり，問題を抱えていても“なんとかやっていけそう”と思えるようになること』『自分がどうしたいかを具体的に考えられるようになり，自分に必要なことを自分で選びとれる力がつくこと』といった感覚が持てるようになること」（福井・伊藤，2007）などが挙げられる。

　本人・家族は本来問題を解決できる力を持っているが，困難な状況に遭遇することで，問題に対する自責感や，無力感，自己否定感を抱えやすい。そこで支援者は，各々の問題のとらえ方と体験を十分に傾聴しながらも，その中でできている，頑張っている，工夫していることに注目したやりとりが展開するよう心がける。そうした自分の語りが受け入れられる雰囲気の中で，対処や工夫

などできていることに気づいたり，自分の経験に基づく助言が他者（他の家族）に役立ったりする体験が自己効力感へとつながる。

心理教育的アプローチの歴史的背景

　心理教育的アプローチは，非行をはじめ攻撃的行動を持つ子どもへの対応として教育領域において，そして統合失調症の患者とその家族への支援法として医療領域においての2領域で発展し，現在では一般的に幅広く用いられるようになってきたアプローチである。

教育領域における心理教育の歴史的背景

　1950年代初期から非行をはじめとする攻撃的行動を持つ子どもへのヒューマニスティック・アプローチとして開発され，発展を遂げてきた流れがその1つである。レドル（Redl, F.）がパイオニアハウスと名づけた一軒家において，スラム街の劣悪な環境で養育された情緒が不安定な子どもたちを受け入れて宿泊集団治療を行ったのがその始まりとされる。後の2001年には，子どもの情緒・行動問題の厚生にかかわる学会誌において，レドルのアプローチは心理教育運動の先駆けと位置づけられている（Morse, 2001）。

　レドルは，感情爆発などの混乱と危機にある子どもにカウンセリングでは不十分であり，日常の生活場面で問題行動やトラブルが起き，その感情的な葛藤や欲求不満・興奮・感情的体験がまだ生々しいときに，その問題に焦点を当て面接をする必要があると考えた。子どもの自己および他者理解の促進と相互信頼の環境づくりという心理的支援と，新しい行動の習得という教育的支援を併せ持つのがその特徴であり，心理教育と位置づけられる所以である。新たな言動を学ぶ動機づけとなる治療的環境と関係の構築を優先して，子どもたちの社会性の獲得や対人関係のスキルトレーニングを行う。

　この流れを汲む心理教育的アプローチは，主に情緒・行動的問題を持つ子どもをエンパワーする支援モデルとして発展し，行為障害・情緒障害・いじめといった問題行動として葛藤や不安を表現する子どもへの支援や，学級経営に際して日常生活で子どもと接する教育者にも用いられている。

医療領域における心理教育の歴史的背景

　もう1つは家族療法の領域において，統合失調症患者とその家族の支援法と

して開発されて先駆的に効果が実証され，その後多くの病気や障がいへと発展した流れである。1970年代から行われ始めたEE（Expressed Emotion：家族の感情表出）研究に端を発する。初期のエピソードとしては，統合失調症再発の1因子として家族の高い感情表出（高EE）が見出され，本人に対して批判的になったり感情的に巻き込まれたりといった高EE家族との同居は低EE家族と比べて再発率が高いとされた（Leff & Vaughn, 1985）。日本を含む世界各地で数多く行われたEE研究により，高EE家族と再発との関連が追試実証され，1980年代には，アンダーソンやマクファーレンらによる統合失調症の患者と家族のための心理教育となって，患者と家族の力を引き出す支援が展開されるようになった。1988年には両氏が来日しワークショップを行ったところから日本における家族心理教育も始まったといえる（後藤，2001）。

　脆弱性を持つものにとってストレスとなる環境要因の中に家族の高EEが含まれるため，当初はEEを下げることで再発を予防するのが家族心理教育の目的とされた。一方，家族の高EEは，長期にわたる病気・障がいのもたらす種々

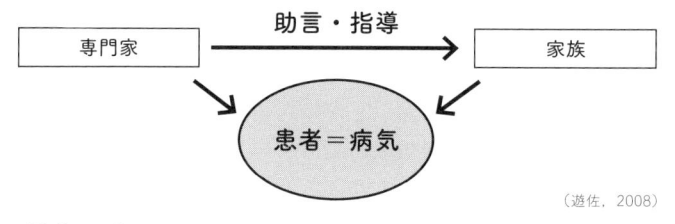

（遊佐，2008）

図V-7-1　医療モデル

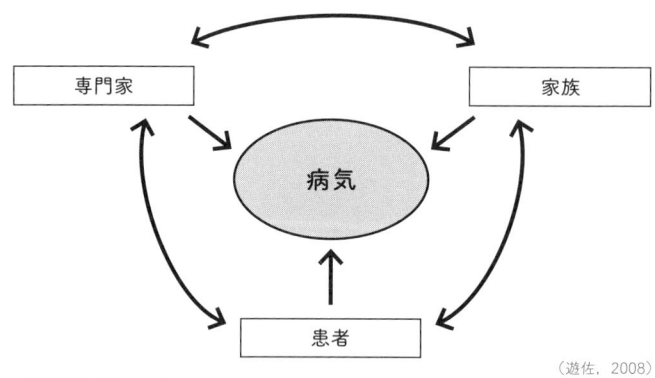

（遊佐，2008）

図V-7-2　共同治療モデル

の負担，スティグマや偏見による家族の孤立といった，家族が非常に困難な状況に置かれることでのストレス反応であると考えられるようになり，脳や精神障害への理解の発展も相まって，家族関係を精神障害の原因だと非難する見方は退けられるようになっている。そして現在では，退院後の生活で患者から影響を受けるのが家族であれば，退院後の生活で患者への回復を支援するという意味での影響力を大きく持つのも家族であるという見方が強調されるようになってきた。医療モデル（図Ⅴ-7-1）は補助的な位置づけとなり，共同治療モデルをとるため（図Ⅴ-7-2），専門家，患者，家族が協働して双方向的な対話の中で，原因追求型ではなく解決志向型で肯定的にものごとをとらえ，本人や家族の力を引き出す（エンパワメント）ことが最大のねらいとされる（遊佐，2008）。

　この流れを汲む心理教育的アプローチは，気分障害，アルコール依存，摂食障害，パーソナリティ障害などの精神科疾患に限らず，認知症や糖尿病，慢性身体疾患など継続的で患者や家族にかかる心理的負担が大きい障がい一般や，危機介入を必要とする疾患などへと適用の範囲が広がっている。

心理教育的アプローチの実際

　心理教育的アプローチは，実施形態に幅がある。体系的な心理教育を1回2時間，5回で1クールなどと構造化した上で実施するような心理教育プログラムもあれば，明確な構造は決められているものの心理教育以外の要素も含まれる心理教育関連プログラムと呼ばれるもの，また，個人または家族面接の中で心理教育を実施するような心理教育的な面接がある。また，その参加形態もさまざまであり，単一の家族を対象とする場合（単家族心理教育）と複数の家族グループを対象とする場合（複合家族心理教育），本人グループを対象とする場合がある。

　そして，いずれの実施形態に対しても，共通する枠組みがある（後藤，2012：福井・伊藤，2007）。①ニーズに合った知識・情報提供（教育セッション），②対処について相談できる場（グループセッション）であり，①と②の組み立て方は，メンバーやテーマ，情報提供とサポートのどちらをより重視するかのバランスなどによって工夫が求められる。ここでは，2つの構成要素と，それらを組み込みつつグループで実施する際のプログラムの概要を紹介する。

ニーズに合った知識・情報提供（教育セッション）

　置かれている状況について納得できるための適切な情報を多くの本人，家族が求めている。しかし，どのように支援者に尋ねたらよいのかわかりにくかったり，尋ねる機会を逸してしまったりして，病気や問題についての知識・情報が不足していることがある。知識不足や不適切な知識から，不安や戸惑いを抱えたり，知識を知っていればしないで済む無用な試行錯誤をしたり，希望が見えないことによる落胆を感じることもあるだろう。身近な人間関係においては，本人や家族自身を誤って責めたり，巻き込まれすぎることもある。そこで，支援者は病気や問題の症状や経過について正確な情報を，本人，家族の体験に配慮しながらできるだけわかりやすく伝える必要がある。問題に関する知識や情報を得て病気や問題を外在化し，客観的な視点を持つようになることで，問題に取り組みやすく，本人・家族・支援者が協力しやすくなる。そして，正確な情報を提供する上では，支援者は最新の知見にアンテナを立てておく姿勢と共に，その情報が本人・家族にどう役立つのかという点への配慮も欠かせない。

対処について相談できる場（グループセッション）

　回復や適応の過程で，本人や家族は困難を経験するが，その都度その状況に対処していくこととなる。そのためには，提供された情報をより自分の置かれた状況で使いやすく，実行しやすい対処策へとカスタマイズしておくことの方が，原因を考えることよりも効果的である。困難な状況への対処策は，経験の中で本人や家族が知恵や工夫を身につけていることがあり，複合家族グループの形態をとることで，経験を持ち寄って互いの経験を活用することにつなげやすい。他者の工夫や知恵をそのまま使うこともできれば，状況が違えば使いづらかったり，一部分だけ使えたりすることもあるので，自分に合った試せそうなものを対処策として持ち帰ることができるとよい。1家族ごとに行う場合には，他者からのアイデアが得づらいため，よりブレインストーミング的になるだろう。どちらの場合も，問題を解決することを目指すことが時に他者を変えようとすることばかりに目が向いてしまうのに対して，問題な状況にあっても自分にできることを見つけることに焦点を当てたやりとりが重視される。

心理教育プログラムの概要

　境界性パーソナリティ障害などの感情調節困難な方の家族を対象とした心理

<問題>　A	<相談したいこと>　F
（例）本人が感情的になると，夜になっても口論が続いて眠れない	口論の際に自分をできるだけ冷静に保つには？

<現在の状況>　B	<アドバイス>　G
・3か月前から頻度が上がっている。週に2回 ・ヒートアップすると，昔のエピソードを持ち出してくる	・自分がいっぱいいっぱいになっていることに気づきを向ける ・大事な話だからこそ，眠くて考えにくい今でなく，明日に続きを話そうと伝える ・普段のなに気ない雑談を大事にする

<本人ができていること（現在の工夫）>　C	<相談者が困っていること>　E	
・物に当たるが，大事な物は壊さない ・カウンセリングに通っている ・家事を頑張っている	・感情的に言われ続けると，冷静でいられなくなる ・翌日の仕事に差し支える ・眠くて起きるのがしんどい	
<相談者ができていること>　D		
・週末に一緒に出掛けることで会話する時間を作っている		

（心理教育実施・普及ガイドライン・ツールキット研究会，2011より国府台方式の板書を一部改変し引用。例は筆者による創作）

図Ⅴ-7-3　問題解決型グループワークの際の板書例

教育プログラムを一例として挙げる。12回で1クール，月に1回の頻度であり，2時間半のうち1時間をウォーミングアップと情報提供，1時間半をグループワークと感想の共有にあてる。参加者は平均して8〜10名，スタッフは4名である。グループの概要を伝え，ニーズのアセスメントをするためのオリエンテーションを実施した上で，参加を申し込んだ方を対象とする。

　初回は自己紹介を，2回目以降は参加の継続性と目的意識が高まるようなウォーミングアップの時間を短時間でも持ってから情報提供を行う。本人の困難のメカニズムを家族が理解し，また家族の変化が本人の回復にも影響を与え得るという認識を共有するような情報提供から始め，回を重ねるごとに本人との関係性において家族が用いることのできる具体的なスキルの紹介へと移る。

　3回目からは情報提供と併せて，後半でロールプレイや問題解決型のグループワークを取り入れる。日常生活でできるだけ使えるアイデアを持って帰ってもらうため，相談者を絞って具体的に検討を進める。国府台方式の進め方（心理教育実施・普及ガイドライン・ツールキット研究会，2011）を参考にし，一部改変して実施しているグループワークの板書例を図Ⅴ-7-3に示す。

まとめと展望

　心理教育的アプローチは本人と家族の心理的側面に細やかに配慮しながら，

正確な情報提供，対処・問題解決スキルの促進を通して，本人や家族がエンパワメントされることを目指すアプローチである。元々特定の病気や問題行動に関する知識やスキルを提供するような心理教育もその対象を広げると共に，結婚や子育てなど多くの人が経験する一般的な問題に対する心理教育も増えつつある。

　そして今後は，多様な援助職とますます協働的に活用されるだけでなく，本人・家族と協働する動きも活発になると期待される。米国では，統合失調症において家族による家族学習会（Family-to-Family Education Program；FFEP）という家族がファシリテートする心理教育が盛んであり，境界性パーソナリティ障害においてもファミリー・コネクション（Family Connections；FC）というプログラムが広がりを見せつつある。日本では家族教室の形で特定の病気や障がいに的を絞った家族会が数多く開催され，その中で家族が主体となって支援者をうまく巻き込んだ動きも活発になっており，家族による家族学習会も散見されつつある。支援者には，１対１の関係づくりとともに集団力動を活用したかかわりができることがますます求められるようになるだろう。

（田丸聡子）

8　ナラティヴ・アプローチ

ナラティヴと心理療法

　「ナラティヴ」とは，「語り・物語り（ストーリー）」や「語ること」を意味する。ナラティヴ・アプローチとは，「語り・物語り（ストーリー）」「語ること」などを通して現実や現象を理解し，かかわろうとする立場の総称である。
　そもそも，あらゆる心理療法は「語ることと語り直すこと」という観点からとらえ直すことができる。その意味では，「すべての心理療法はナラティヴ・セラピーである」（マクレオッド，2007）とも言える。そこに通底するのは，

クライエントが自らにまつわるストーリーを語り，それにセラピストが耳を傾けることを奇貨として，なんらかの新しいストーリーが生み出されるということであろう。では，「語る」こと，そして「（新たな）ストーリー」を持つことが，どうして人々に癒しを与え，生きる力を回復させるのか。

　私たち人間は，ナラティヴを通じて自らの経験を構造化し，個人的現実や社会文化的現実をつくり上げている。つまり，「語り」や「語ること」を通じて，身のまわりに起こったことがらを整合的に秩序立て，意味づけ，それを「現実」とみなしている。自分自身について語るストーリーが自己概念となり，社会的関係の中での自分自身の立ち位置や役割に関するストーリーが社会的アイデンティティとなる。本質として人間は物語を語る動物であり（マッキンタイア，1993），私たちは語られた世界に生きている（Sabin, 1986）。

　したがって，人々のナラティヴを知ること，つまり，どのように「現実」を見ているかを知ることで，人々の振る舞いや感じ方のよりよい理解が可能となる。特に，心理援助を求める人々には，社会文化的な期待や要請と，自らの経験・自己概念との間に齟齬や困難が生じており，不安や混乱，ストレスに苦しんでいる。そんなときに，クライエントが自己の体験を語り，それをセラピストに価値あるものとして聴いてもらうことは，混乱や苦境をある程度の距離を持って再体験できることにつながり，そこに，セラピストの準拠理論（＝物語）による介入が加わって，「現実」への新たな筋立てや意味づけができるようになる。これはすなわち，自らの存在やアイデンティティに関する新たな意味の創造であり，その新たな物語はクライエントの日常世界に再び持ち帰られ，新たな対人関係や感情，行動のパターンが築かれることになる。逆に，苦境の「語り」が聴き入れられる機会がない場合，もともとの「現実（＝苦境）」が自分の中で維持され続け，さらに孤立し追い込まれていく可能性が高い。

さまざまな「ナラティヴ・アプローチ」

　わが国における「ナラティヴ・アプローチ」は，大きく2つの立場からの発展を見せている。第1に，広く臨床場面や治療にまつわる事柄や現象を「語り」や「物語り」という観点から考えていくものであり，精神分析派，ユング派心理療法，ロジャーズ派あるいは認知行動療法など，いわばモダニズムの時代に確立した伝統的学派の専門家から言及されているものである。第2に，家族システム療法の進化・発展の過程や，社会構成主義の出現とともに生み出さ

れてきたポストモダン・セラピーとしてのナラティヴ・アプローチである。

　前者と後者との袂を分かつのは，近代的科学観への依拠の度合いである。前者は総じて，問題や悩みを抱えているクライエントは不完全な状態にあり，精神分析的洞察，深層心理や無意識の解明，自己受容と自己実現を遂げること，行動理論や認知理論による学習や修正などの専門的介入スキルを通じて，より適切な内的メカニズム，自立した「自己」に達することが望ましいという方向性を備えている。したがって，クライエントのナラティヴは，まず，セラピストの「専門的」知見から，不具合の状態を見立てるために活用される。次に，「治療的介入」により，それぞれの学派が「善し」とする解決像に則して，自己概念でもアイデンティティでもあるナラティヴを書き換え，より適切な別の物語を持つことを支援する。

　そのような「ナラティヴ・アプローチ」のとらえ方には，後者の立場からの批判的見解がある（マクレオッド，2007）。前者は，「ナラティヴ」という概念を既存の理論的枠組みの中に組み入れ，従来からの考え方に適合する側面を選んで抽出し活用しようとする一方で，既存の考え方に適合しない要素は拒絶したり無視したりしている。そこでは，クライエント個人の「内的メカニズム」や「責任」への比重が重視され，クライエントの「現実」がいかに社会的文化的文脈の影響を受けているかについては，あまり顧みられることがない。また，セラピストとクライエントの二者による排他的密室構造は，クライエントの社会的「仮面」を剥ぎ取り，クライエント個人に「内在」している「問題」を明らかにする場として機能する。そこでは，西洋的価値観や近代的科学観が絶対化され，正常か異常かを判断するのは権力を持った「専門家」の眼であり，クライエント自身の経験や判断が尊重されることは少ない。つまり，クライエントや家族が心理療法をどのように経験し，どのような介入を好むのかについてはほとんど顧みられることはない。

　人々がいかにして苦難に陥り，そしてなにが癒しをもたらすのかについてのストーリーは，決してただ１つではなく，数多くの可能性が存在する。しかし，近代的科学観に根ざした心理療法諸学派は，自らの専門性と有効性を排他的な形で主張し続け，それぞれの理論（＝物語）が，逆にクライエントを不自由にしてしまう。その支配的ストーリーが，クライエントの豊かな可能性や能力，本来なら生きられるはずの側面や余地を逆に覆い隠してしまうことも少なくない。

ポストモダン・セラピーとしてのナラティヴ・アプローチ

家族療法と社会構成主義

　一方，ポストモダン・セラピーとしてのナラティヴ・アプローチは，家族療法の進化の流れを受け継ぎ，社会構成主義という革新的な認識論に根ざしたアプローチである。

　家族療法は，クライエントの問題や症状を「原因→結果」という線型モデルに沿って理解しようとするのではなく，家族関係や対人関係，環境などの複雑な相互関係にあるコンテクスト（文脈）を重要視するアプローチである。その関係性コンテクストのとらえ方により，家族療法諸派やその介入手法が特徴づけられる。なかでも，現代のポストモダン・セラピーへの流れは，ベイトソン（Bateson, G.）によるシステミックな生態学的認識論の考え方（ベイトソン，1986），コミュニケーション派家族療法（フィッシュら，1986），ボスコロ（Boscolo, L., 2000）による後期ミラノ派家族療法，さらには，トム（Tomm, 1988）による質問による介入や，解決志向短期療法（ド・シェイザー，1994）などによって加速された。

　社会構成主義によれば，私たちが「現実」「真実」とみなしているものは，人々の「語り」やそのやりとりを通じて，社会文化的に立ち現れてきたものである。したがって，本人にとっての「現実」は，社会文化的なコンテクスト（文脈）の強い影響のもとで構成され，ナラティヴの形で維持されているものである。それは，同じようなコミュニティでは比較的似たようなナラティヴが構成される傾向があると同時に，逆の見方をすれば，究極的に万人が一致し得る真理のような現実は存在しないということでもある。

　たとえば，「周囲の刺激に過敏に反応し，落ち着きがなく，粗暴な子ども」は，実在するだろうか？　その子どもが，医療機関で「発達障害」と診断されているとすると，それは絶対的な「真実」なのだろうか？　では，もし仮に，その子が戦国時代に生まれていたとしたらどうだろうか？　その子は，敵が攻めてきた兆候をいち早く察知することに長け，一目散に刀を手に立ち向い，有能な人物として活躍した可能性はないだろうか？　あるいは，もし仮に，その子がこの世の中にたった1人の子どもだったとしたら，「落ち着きがない」とか「粗暴」とか「発達障害」などということは，どうやって判断できるのだろ

うか？

　このように，「真実」や「問題」は，時代や場所，準拠するコミュニティ，他の誰かとの比較や優劣などといった社会文化的文脈に常に依存している。そして，いったん「落ち着きがなく粗暴」というナラティヴが構成されると，それが人々のコミュニケーションを通じてより強化され，当の本人や家族は「落ち着きがなく粗暴」「発達障害」という自己概念やアイデンティティを内在化していくことになる。

　ナラティヴ・アプローチは，近代科学が絶対視する客観的実在論に基づく「真実」は，実は「専門家」による「物語」にすぎない可能性があるとし，その絶対性や有用性に疑問を投げかける。そして，医師や心理学者，教育者などの「専門家」による「障害」「落ち着きがない」「粗暴」などといった診断や判断，あるいは，「治療」や「更正」という考え方こそが，「専門家」に優越性と権力を持たせてしまい，社会統制の仕組みや構造をつくり上げ，弱者に位置づけられたクライエントや当事者の本来の能力や可能性を阻害してしまうのだと警告する。だからこそ，クライエントの「物語」（＝現実）がつくり上げられる社会的文化的背景を重視し，クライエントが生きる世界においては，まさにクライエントこそが自分自身についての「専門家」であるとし，セラピストの優越性や絶対性を否定する。

　ナラティヴ・セラピストにとっての，「治療」や「改善」とは，クライエント自身の「問題」や「苦悩」をめぐる言語実践，つまり，言葉を通してのやりとりや相互作用が変わることによって，「問題」や「苦悩」のあり方や意味づけが変わり，本人が持つ能力や可能性，回復力がより一層発揮されることである。そして，援助者の役割は，クライエントとの対話ややりとりを通じて，クライエントにとってより生きやすい新たな「語り」や「物語」を共に織り成していく営みにほかならない。

　この立場に立つ一連のアプローチが，社会構成主義傘下のポストモダン・アプローチである。その具体的な対話ややりとりの着眼点や工夫の違いによって，ホワイト（White, M.）やエプストン（Epston, D.）らによる「ナラティヴ・セラピー（狭義のナラティヴ・セラピー）」，アンダーソン（Anderson, H.）やグリーシャン（Gooloshian, H.）らによる「コラボラティブ・アプローチ」，アンデルセン（Anderson, T.）による「リフレクティング・プロセス」などに大別される。

ナラティヴ・セラピー

　ナラティヴ・セラピー（ホワイト&エプストン，1992；モーガン，2003）は，クライエントの「現実」は，ドミナント・ストーリーによって方向づけられるという観点を重視する。同時に，「問題」や「症状」は人々の存在とは離れたものであり，人々は自分の人生における「問題」の悪影響を減らすのに役立つようなスキル，遂行能力，信念，価値観，取り組む力などを豊富に備えているという前提に立つ。ここでは，ナラティヴ・セラピーの典型的な援助プロセスを6段階に整理し述べる。

①問題や症状が染み込んだストーリーの聴取

　クライエントの苦悩は，「問題」や「症状」に濃く色づけられている「語り」，すなわち，クライエントの人生を支配する「ドミナント・ストーリー」として顕われており，それは，人生の（良い意味での）複雑さや矛盾などのさまざまな可能性を含む余地がない「薄い」語りである。まずは，その「ドミナント・ストーリー」に虚心に耳を傾ける。

②問題を名づけ外在化する

　「問題」や「症状」を名づけることによって，それらが「外在化」される。その狙いとするところは，クライエントの心や人格そのものに「問題」が潜んでいるのではなく，いわば「外敵」によって苦しめられている存在として，クライエントが位置づけられることである。そのため，外在化は「問題」の擬人化や名詞化によってなされることが多い。その上で，命名され外在化された「問題」によって，クライエント本人がこれまでどんな影響を受けてきたのか，どんな苦難の歴史があるのかなどをセラピストとの間で共有していく。これらのやりとりを通して，クライエントが「問題」によって影響を受けている存在として自分を語れるようになると，前向きさ，問題への対処や取り組みの意欲，本来の能力，人生に対する興味や関心などが回復していく。

　たとえば，「親からの愛情が乏しく，思春期の頃から長らく抑うつに苦しみ，これから先の希望も持てない」と語る小学校教師のクライエントに対しては，「『うつ』（あるいは，『子どもの頃の残念なこと』『古くからのしつこいヤツ』など）があなたの意欲をくじき，これから先の希望すら持てないようにさせてきたのですね」と問うようなやりとりが，「外在化」の一例である。

③「ドミナント・ストーリー」に揺らぎを与える

　クライエントの生きづらさを支配してきた「ドミナント・ストーリー」やそれに強く影響されている「現実」を支持している常識，文化，信念，社会通念などを探り，質問をしていくことにより，それに揺らぎを与え，「脱構築」を試みる。

　たとえば，「暗い性格で，日々の意欲が持てない自分なんか，子どもたちを教え導く教師としては不適格」という「ドミナント・ストーリー」に対しては，「教師は元気で子どもたちを引っ張れるような人物であるべきだっていう考えは，どのように根づいてきたのですか？」「人はいつも明るくはつらつと生きるべきだっていう思いはどんなふうに蓄積されてきたのですか？」「それらの考えや思いは，あなたの心に優しいですか？」「それともあなたを追い詰めますか？」「子どもたちにとってはどうですか？」「運悪く，生きる苦しみを人よりも多く背負っている子どもたちにとっては，どうだと思いますか？」などの問いかけが「脱構築」の一例として考えられる。

④遂行能力の手がかりを見つける

　「ドミナント・ストーリー」に適合しない，つまり，クライエントが「問題」や「症状」に対処していたり，打ち勝ったり，逃れたりした「ユニークな結果（これは解決志向短期療法の「例外」の概念とほとんど同義である）」を質問や対話により探っていく。

　たとえば，セラピスト（Th）「毎日，苦しい中，どうやってお仕事を続けてこられたのですか？」，クライエント（Cl）「こんな自分でもなにか子どもたちの役に立てるかもしれない，子どもたちに迷惑はかけられないと自分に言い聞かせるように出勤していました」，Th「先生が頑張って子どもたちとかかわっていたとき，『うつ』（あるいは，『子どもの頃の残念なこと』『古くからのしつこいヤツ』）の支配や命令に立ち向かっていたように思うのですが，どうですか？」，Th「あなただからこそ，子どもたちが支えられたということがきっとあったように思うのですが，そんな体験を聞かせてくださいませんか？」，Cl「私はほとんどなにもできなかったような気がするんですが，元気のない子どもに，そっと声をかけるなどはしていました。そういえば，よく学校を休んでいたある子どもが，家の複雑な事情を泣きながら私に話してくれて，それから学校に来るようになったということがありました」などの対話を通じて，新たな語り（オルタナティブ・ストーリー），つまり，今まで「ドミナント・スト

ーリー」の影に隠れていた，クライエントの貢献や価値といった「現実」が生み出されることになる。

⑤新しいストーリーを練り上げる

　ユニークな結果にまつわる興味や好奇心を持った対話を重ね，新しいストーリー（「オルタナティブ・ストーリー」）を厚く豊かにしていく。共同作業によって織り成された新しいストーリーの中で，クライエントは新しいイメージを生き，人間関係や人生の新しい可能性と未来を生きられるようになる。

⑥治療や改善の証拠を記録する

　クライエントが自ら治療や改善を成し遂げたというプロセスや成果を，面接記録や面接場面の録画・録音資料，治療者からの手紙，治療認定書やシンボルなどを授与したり，それを共に分かち合える知人やピア・メンバーを集めて（「リ・メンバリング」の一例である）共にクライエントを讃えるなどして，新たに構成された「現実」を確実なものにする。

　たとえば，証明書の付与：「『うつ（子どもの頃の残念なこと，古くからのしつこいヤツ）』に影響されないで，人生を前向きに楽しんで生きようと決めたことを証明します」

　感謝状の付与：「先生がご自分の経験を糧に，家族関係に悩み学校で元気のない子どもたちを支えてきたことをここに称えます」など。

コラボラティブ・アプローチ

　コラボラティブ・アプローチ（アンダーソン，2001）は，クライエントの「現実」は，聞き手の姿勢によって方向づけられるという観点を重視し，セラピストが「問題」について関心を持って聴いたり，その「問題」について語り合ったりすることを通じて，むしろ「問題を含んだ現実」が形成，維持されてしまうと考える。よって，セラピストの役割は，対話を継続，促進し，さまざまな可能性に開かれるためのスペースを広げ，その中で，意味，行動，感情などに新たなものを生成することである。「いまだ語られていない可能性や物語」を開花させることが「治療」であり，セラピストは「専門家」ではなく，「（会話の）パートナー」「話し相手」「ストーリー・テラー」という位置づけとなる。その際，セラピストは「無知（not knowing）の姿勢」，すなわち，クライエントが話すことについてもっと知りたいという純粋な好奇心を持って，

理解の途上にとどまり続けることが肝要である。そのような，セラピストのありようが触媒となって，2人の「会話」がゆっくりと進化，発展を遂げ，新たな可能性や新たな現実に開かれていく。このクライエントとセラピストが織り成していく対話こそが，「治療的会話」であり「治療的な営み」にほかならない。

リフレクティング・プロセス

リフレクティング・プロセス（アンデルセン，2015）は，従来の家族療法家たちが，ワンウェイミラーや録画録音装置などを駆使して，圧倒的な専門性や優越性を持ち，家族にトップダウンの介入を行うことへの懐疑から生み出されたアプローチである。そのきっかけとなったのは，介入援助が行き詰っていたあるケースにおいて，「私たちが話すことを聴いてもらうことは，そちら側での皆さんの会話になんらかの助けとなるかもしれません」と，チームの会話や議論を，ワンウェイミラー越しに家族と担当セラピストに聞いてもらったことで，その後，家族や担当セラピストが，チームの語った内容について再び語り合うというプロセスを通じて，新たな良好な変化が訪れたという画期的体験である。

これが援助的であるのは，①セラピストチームの面々の意見が，客観的，学術的な意見でなく，個人的体験を踏まえた共感的，肯定的，尊重的なものとなる，②セッション中の家族の話をよく聴くようになり，家族を否定するような発言が少なくなる，③家族の日常の現実から極端にかけ離れた意見が少なくなる，④断定的な物言いが少なくなる，⑤言葉が専門用語から日常用語へと移行する，などの要因による。まさに，ポストモダン・アプローチを体現するセラピストのありようと言えるだろう。

（藤田博康）

9 統合的アプローチ

はじめに

　心理療法の理論・技法の統合の試みは1930年代に始まっていたとされるが，大きな流れとなったのは1980年代後半である。1970年代から始まっていた400以上の理論・技法の乱立と「イデオロギーの冷戦」(Norcross, 2005) は，多くの臨床実践者や初心者に混乱と疑問をもたらしていた。加えて，単一学派のアプローチがすべてのクライエントに有効ではないことに対する不満，学派の壁を乗り越えて他の理論・技法から学ぶことへの願望は，心理療法の折衷，統合，和解の動きを後押しし，有効性，効率，適用性の向上に大きく貢献した (Norcross, 2005)。

　もう1つの統合への契機は，心理療法モデルの効果研究の成果である。どのアプローチも他と比べてより効果があるものはなく，むしろ変化にはどのアプローチにも存在する共通因子が大きく関与していることが明確になったのである (Lambert, 1992)。

　そして，ポストモダニズム，社会構成主義の認識論からの近代科学への問いは，統合の必要性をさらに推進してきた。その認識論は，人はある社会文化的環境の中に生まれ育ち，そこで培われた言語とものの見方を通して現実を受け止めているので，事実や真実と思われている知識は社会的に構成されたものであり，その意味で近代科学が追求してきた万人に通用する普遍的，客観的真実はないというものである。この認識論は，逆に，異なるものの見方が共存し得ることを示唆する。ここに「クライエントの現実に寄与する臨床実践とは？」という統合への問いがある。

　1983年に設立された「心理療法の統合を探究する学会（SEPI：Society for Exploration of Psychotherapy Integration）」は，1991年より学会誌『Journal of Psychotherapy Integration』を刊行している。学会の一貫した活動方針は，統合とは新たな理論を創ることではなく，理論の矛盾を補完し，多元的でクラ

イエントにとって可能な限りの利益がもたらされるようなアカウンタビリティの高い実践プロセスの追求である（平木，2010）。

本稿では，上記のような歴史的流れの中で，家族療法が追求してきた統合的アプローチの考え方を紹介し，その考え方を基にして構成された統合理論の中から一例をとりあげて統合を考えていくことにする。

統合的エコシステミック家族療法の考え方

家族療法における統合の特徴は，システミックな認識論が個人・カップル・家族といったシステムをエコロジーの世界にまで広げたシステム間の相互作用としてとらえることを可能にしたことである。その試みは，マイクセルら（Mikesell et al., 1955）とマクダニエルら（McDaniel et al., 2001）の著書となってまとめられている。前著ではエコシステミックな統合理論の考え方を，後著ではエコシステミック・セラピーの進め方のプロセスを事例によって示している。また，マクゴールドリックら（McGoldrick et al., 2011）は統合的，多文脈的アセスメントの視点を図としてまとめている（図Ⅴ-9-1）。改訂を重

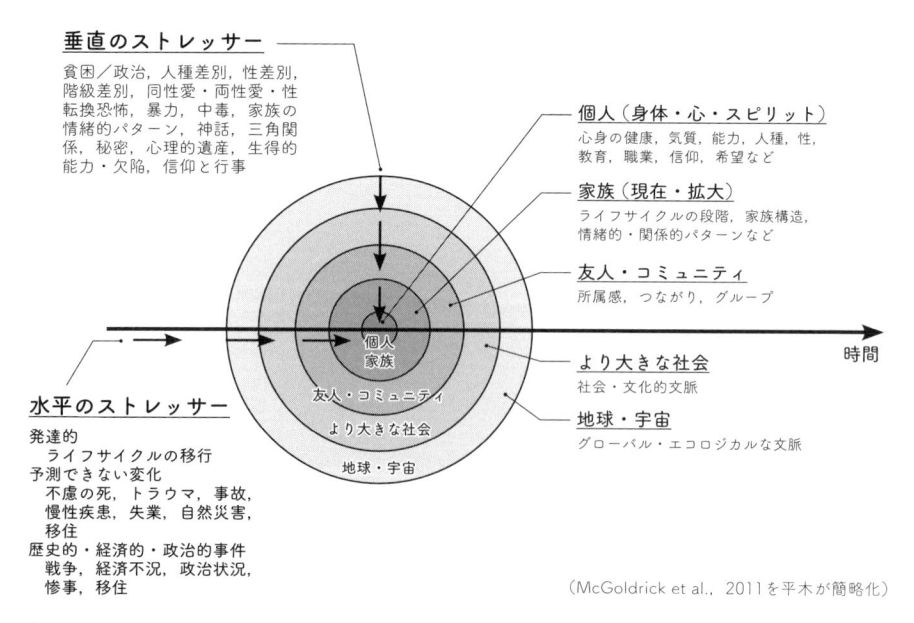

（McGoldrick et al., 2011を平木が簡略化）

図Ⅴ-9-1　アセスメントのための多文脈的視点

ねた第4版では，上記の著書でマクダニエルらがケース紹介の中で重視した文化，宗教，社会階級，人種，ジェンダー，心身の病気，人生の転機といった目に見えないストレッサーとして考慮されていることに注目したい。

　筆者は，家族療法と個人療法の統合を志向していたころ，統合的エコシステミック・セラピーのイメージを提示したことがある（平木，2003）。それは，人と人の関係性を中軸とした生態システムの統合のイメージであるが，同時に，Aに焦点を当てた内省中心の個人療法，Bを中心に実施する行動療法，関係性を重視する家族療法は対立するアプローチではなく，人間の存在を異なった次元でとらえているという意味で相補っており，変化は心理内界，言動，対人相互作用（関係）の次元内と次元間で，連鎖的，循環的に起きることを確認したものであった。（図V-9-2）。

　これは，人は人の関係の中に生まれ，関係の中で成長することを強調したイメージであり，2人以上のメンバーが存在する相互作用場面の基本である。したがって，家族，学校，職場など複数の人が集まる場面にも，またクライエントとセラピストの相互作用にも適用できるモデルである。内的，行動的，対人的変化の循環は問題をつくるが，問題解決や変化のリソースにもなるという社

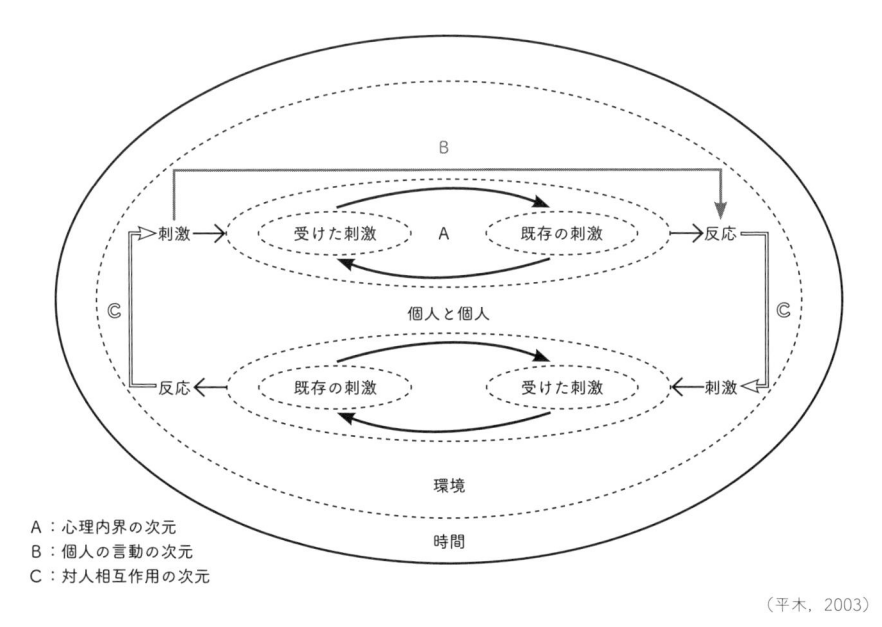

A：心理内界の次元
B：個人の言動の次元
C：対人相互作用の次元

（平木，2003）

図V-9-2　関係性を中軸としたエコシステミック・セラピー統合モデル

会構成主義の認識論の関係性を強調したイメージである。

統合的問題中心療法
（IPCT：Integrative Problem-Centered Therapy）

　次に統合的アプローチ理論の一例として，多くの著書で紹介されているピンゾフ（Pinsof, W. M.）の「統合的問題中心療法」を紹介する。これは，個人療法・家族療法・生物学的療法をシステミックな視点で統合したモデルであり，その前提には，クライエントは心理的問題解決を自分の力で試みて失敗した結果，問題解決能力を高めるための新たな方法を求めてセラピーを受ける。セラピストの役割は，目前にある問題解決を妨げている問題維持構造を見極め，その解決に必要な知識とスキルを提供することである。図V-9-3はその理論をマトリックスと介入の方向性としてまとめたものである（Pinsof, 2002）。

　ピンゾフの統合理論の背景には，①現代の心理療法家が出会う多様な問題を十分に扱い得る唯一のセラピーはなく，②一方で，どのセラピーにも特定の患者，問題などに適切で，有効な専門領域があり，③異なるセラピーを相互にかかわり合わせる（あるアプローチの失敗を他のアプローチで補う）ことで費用に見合った効果をあげることができるという考えがある。IPCTモデルでは，

方向性 （主な焦点となる拘束 constraint）	直接のアセスメント／介入の文脈		
	家族 コミュニティ	カップル	個人
行動療法的 （社会的組織）			
生物行動的 （生物）			
体験的 （意味：認知と情緒）			
多世代的 （源家族）			
心理力動的 （対象関係）			
自己心理学的 （自己愛）			

（Pinsof, 2002を筆者訳）

図V-9-3　問題中心原則の適用

あるアプローチの失敗を基にして順次他のアプローチを選択してセラピーを構成するので，アプローチの選択の順序は，最も簡単で，直接的で，経済的なものから，必要に応じてより複雑で，間接的で，費用がかかるものへと進んでいくことになる。

このモデルを支える基礎理論は，①"現実"ととらえていることは，客観的現実と人間の相互作用の産物であるという「相互作用する構成主義（interactive constructivism）」，②ものごとは多重なシステムの構成による相互作用と循環的変化を基本とするという「システム理論」，そして，③あるシステム内の異なったサブシステムや人々は，あるプロセスや結果に異なった影響力を持つという「格差の因果論（differential causality）」である。

焦点化する問題

問題とは来談者が支援を求めた問題であり，セラピーはその問題をめぐって行われる。

(1)主訴

主訴は，患者が援助を求める問題の定義であり，主訴には解決，あるいは目標（症状の消失など）がある。患者とセラピストの契約の核心となるものである。

(2)問題の循環

アセスメントと介入は主訴を中心に行われるが，焦点となるのは「問題の循環」と「適応的な選択肢の循環」の2点である。問題の循環とは，問題が表れる前のできごと，問題の出現，それに続く典型的なできごとから成り立ち，焦点はくり返される問題と悪化である。

適応的選択肢の循環は，問題の循環に代わるもので，セラピーの目的は，主訴に代わって他の適応的な行動が生じ，それが問題行動と競い合って，常時とれるようになる循環を創ることである。

(3)患者システム

患者システムとは，主訴にかかわり，主訴を維持し，あるいは解決する人々のことである。さまざまなかかわりの中でそのすべてを特定することも直接かかわることも不可能である。セラピストは，患者システムに直接かかわるかキ

ー・パーソンに間接的にかかわるかになる。

　セラピーは患者システムとセラピストシステムの相互作用であり，両者がセラピーシステムを形成する。セラピストシステムには，セラピーにかかわるすべての人（スーパーバイザーやケアマネジャーなど）の他に，セラピストの家族も含まれることがあり得る。

⑷問題維持構造

　これは，問題解決にかかわりのある最も重要な概念であり，患者システム内で問題解決を阻んでいるすべての要因や拘束（constraint）から成り立つ。それらの形・中身を明確に知ることはできないが，①社会組織の束縛，②生物学上の束縛，③情緒的，認知的因子を含む意味の束縛，④鍵となる患者システムのメンバーや源家族の束縛，⑤対象関係の束縛，⑥鍵となる患者の自己愛的束縛の6つのレベルがある。

　主訴には独自の問題維持構造があり，その構造は患者システムにより異なる。障がいの直接的・表面的治療ではなく，障がいを取り巻く問題維持の構造にアプローチする。

セラピーの進め方

⑴アセスメントと介入

　アセスメントと介入は不可分に共存するので，「プロセス診断」とも呼ばれる形で行われる。特定の問題維持構造の本質は，実際にかかわってみなければわからないし，セラピーの相互作用のプロセスでは，問題維持システムの形成，循環をアセスメントするかかわりをしながらでも介入するポイントが訪れる。これは「相互作用する構成主義」を理論的背景とするIPCTの特徴であり，患者自身が主訴を解決することになっていく。

⑵セラピーの進行方向

　以上の前提から，セラピーの進行は原則として図Ⅴ–9–3のマトリックスから選択される。

　セラピストが直接かかわるのは，家族・コミュニティ，カップル，個人の3つの文脈であり，それらのいずれかがアセスメントと介入のターゲットとなる。家族・コミュニティとは，セラピストが直接関与する患者システム内の年代の異なる最低2人のメンバー（親子・職場の人々など）であり，カップルとは同

年代の2人（夫婦・同胞・恋人など）を指し，個人とはセラピストがかかわる患者システム内の1人である。

　その目安として，マトリックスの縦の欄にある主な焦点となる拘束＝束縛・問題（constraint）を決める。ターゲットとなる各拘束への介入には，行動療法理論，体験療法理論，多世代療法理論，心理力動理論，自己心理学理論が活用される。

　この両軸のマトリックスの適用は，大きな矢印で示されている左上から右下に順次動くことが原則で，左上が最優先される。あるターゲットを決めてアセスメントと介入を行い，うまくいかなかった場合は，マトリックスを行きつ戻りつして（⇄），システムのどの文脈に，いつ介入するかを決めながら，問題解決に当たる。

　ピンゾフの研究グループは，「変化のシステミック・セラピー尺度」（STIC: Systemic Therapy Inventory of Change）を開発して，患者の進歩に関する量的情報をセラピストに継続的に伝え，介入の改良に活用し，エビデンスに基づいた実践と理論の洗練にも取り組んでいる（Pinsof，2002）。

おわりに

　本論では，統合的アプローチの考え方とモデルを，エコシステミックな統合の観点とピンゾフの統合理論により述べてきた。ピンゾフの統合モデルから，統合とは理論の合計以上のものを新たに創造することであり，複雑なケースに柔軟性のあるかかわりをもたらすことが想像できるだろう。一方，統合モデルを実行することは非常に困難であることも想像される。近年では，特定の専門分野の医師，精神科医，心理職，社会福祉士，学際的アプローチを必要とする専門家などに特化した統合モデルが開発され，実践されるようになってきた。統合とは，クライエントとの対話の中でセラピーを多元的，鳥瞰的にメタ認知する視点と，クライエントにとって可能な限りの利益がもたらされる実践を探り続けることではないだろうか。

（平木典子）

VI

個別領域における家族支援

① 保育現場での乳幼児と家族の支援

支援の対象

　乳幼児のいる家族の支援という場合，乳幼児をどのような年齢区分で考えるかは，いくつかの見解がある。たとえば，児童福祉法によって定められる児童の区分では，乳児と幼児はあるが，乳幼児という用語は存在しない。

　第四条　この法律で，児童とは，満十八歳に満たない者をいい，児童を左のように分ける。
　一　乳児　満一歳に満たない者
　二　幼児　満一歳から，小学校就学の始期に達するまでの者
　三　少年　小学校就学の始期から，満十八歳に達するまでの者

　　　　　　　　　　　　　　　　　　　　　（児童福祉法第4条より抜粋）

　他方，文部科学省においては，就学前までの子どもを乳児・幼児，小学生を児童，中学・高校生を生徒と定めている。

　現在は，保育所の指針と幼稚園の指導要領の内容が一部共通化され，満一歳までを乳児，満一歳から就学までを幼児と定められている。

　もう1つ，0〜3歳くらいまでを乳幼児として，特に親子の関係性との関連から乳幼児のメンタルヘルスをとらえる立場がある。いわゆる乳幼児精神保健（infant mental health）と呼ばれる学際的な分野で多く使用されている。ただしこの10年の間に，乳幼児のメンタルヘルスは，0〜5歳までを含めて検討されるようになっている。このように，乳幼児という用語を意味する年齢にばらつきがあることに留意しつつ，ここでは保育の場で出会う誕生から就学前までの子どもを乳幼児とする。そして保育の場での家族の心理的な支援について述べる。

保育現場での相談構造の特徴

　保育の場で生じるさまざまな子どもの心身の問題や，家庭の子育てに関する悩みについて行う心理相談を，保育カウンセリングという。通常のカウンセリングとは，相談の構造が大きく異なる。

　まず保育カウンセリングでは，子どもや家族からの直接的な相談の希望があって相談や支援が始まる場合よりも，支援者となる保育者がその必要を察知して支援が始まることが多い。つまり支援を受ける当事者の意識も含めて，支援のニーズというものを支援者がアセスメントして，適切な支援を実行しなくてはならない。場合によっては，家族が支援を受け入れるようになることが目標となる。

　また，保育の場で子どもと家族の支援を直接的に行うのは，主として保育者であり，保育相談支援と呼ばれる。しかしながら，今日の家庭の問題は，複雑かつ多様化しており，対応に苦慮する場合も少なくない。こうしたことから，心理臨床家は，保育者に対して臨床心理学的観点からの専門的助言，すなわちコンサルテーションを依頼される機会が増えている。

保育相談支援

　保育相談支援は，保育所保育指針解説書に示される保育指導としてその内容が示されている。すなわち，子どもの保育の専門性を有する保育士が，保育に関する専門的知識・技術を背景としながら，保護者が支援を求めている子育ての問題や課題に対して，保護者の気持ちを受け止めつつ，安定した親子関係や養育力の向上を目指して行う子どもの養育（保育）に関する相談，助言，行動見本の提示その他の援助業務の総体を指す。

　心理臨床家が保育の場で家族支援を行うというとき，おそらく最も多く求められる援助の形は，この援助業務への助言となる。もちろん，心理の専門的な知識を保育者がどのように活用するかは，保育者に任されるわけだが，良質なコンサルテーションを行うためには，保育業務の中で有効な心理的援助に即した助言が求められる。

　図VI-1-1は，保育相談支援の方略を主な対象と課題によって分類したものである。このうち，子どもの発達や心理的な援助のために，保護者と問題を共有

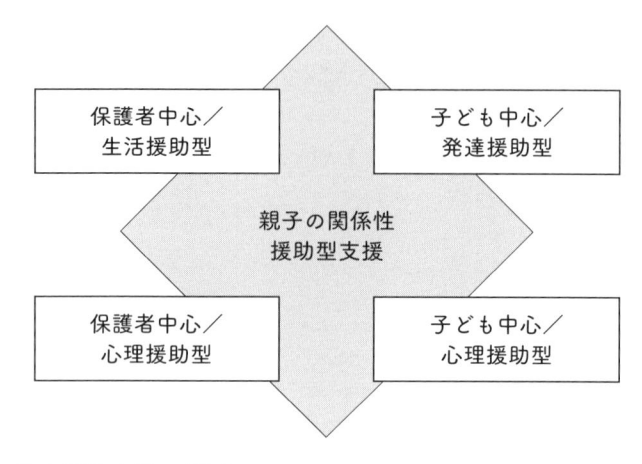

（青木，2015）

図Ⅵ-1-1　保育相談支援の類型

して協力し合う形が，最も自然で保育に馴染みやすいものとなるであろう。また，保護者への生活や心理的援助が主となる場合がある。

　支援過程においては，具体的な問題として保護者と共有しやすいところからとりかかることが望ましい。たとえば，登園渋りが急に始まり，毎朝激しい葛藤場面を繰り広げる親子の事例を考えてみよう。子どもの強い分離不安には，家庭の経済的困難のために保護者が疲労困憊している背景が垣間見えるが，保護者がそれを保育者に進んで打ち明けるようになるには時間がかかるかもしれない。当然ながら，子どもの問題に向き合うゆとりもない。このようなとき，まずは園で，子どもの心理的援助から始めていく。これが保護者への現実的な支援となり，その事実から保護者の信頼を得て，子どもや家庭のことを相談してみようという動機につながるのである。親と子のいずれかに変化が起これば，現実の親の相互作用も変化する。つまり結果として，図中の背景として示される親子の関係性が改善されていく。

　保育の場における家族支援について，心理臨床家がコンサルテーションを行う際には，こうした保育者の具体的な援助方略の特徴を大いに活用すべきであろう。

コンサルテーションの方法

　保育者からの相談依頼は，子どもの問題として始まるのが通常であり，この

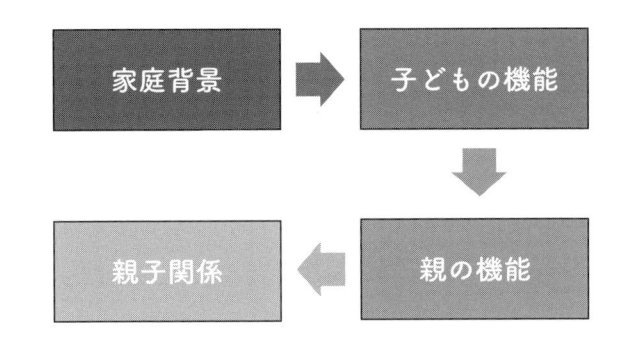

図Ⅵ-1-2　子どもと家族の関係性援助に関するアセスメント過程

問題がどのようなものかを吟味することが適切なアセスメントの第一歩となる。子どもの発達は，対人的文脈（子どもにとって重要な人物とどのような関係性の中で育ってきたか）と環境的文脈（家庭の生活構造全般）の中で進行するため，それぞれの状況をできる限り把握しておく。

　その過程で，家族支援として必要なものが明確になってくる。図Ⅵ-1-2は，子どもの問題理解のために必要な情報とそれを整理して，当該ケースの問題と方針を決める（ケースフォーミュレーション），アセスメントプロセスをまとめたものである。これらの情報は得られるものを得られる機会に，できるだけ多く収集し，親子関係の理解を深める。

家庭背景

　居住地域，住環境，家庭の経済状況，同居者の状況など，子どもの養育される環境の検討は，問題の理解に重要である。送迎で接触のある家族もまた，これらの環境的な要因に巻き込まれている可能性が高い。

　保育のコンサルテーションにおいては，集約的に情報を収集することは困難だが，家庭の様子として通常の保育の中で得られることを知らせてもらう。家庭的な背景は，実際の子どもの様子や，親子のやりとりを観察して得られた情報を統合するのに役立つ。

　たとえば，子どもや家族が抱えている考慮すべきストレスの度合いや期間などの情報が得られる。慢性的な日常生活での強いストレスは，家族機能を破壊し，子どもにとって1つのトラウマになる。このように，問題の背景としての理解と，今後の対応に関する援助資源の見極めをしていく上で，重要な情報と

なる。

子どもの機能

　保育場面を観察することで，最も多くの情報を得ることができる。保育者が気になる子どもの様子を自然な設定で観察することが主となる。個別の心理検査などは，保護者の同意なく行うことはないが，直接観察や保育者からの聞き取りによって，基本的な発達の状況を把握することは必須である。簡単な発達のチェックリストを行うことも有効である。

　保育の場では，子どもの生育歴に関して，詳細な情報が得にくい。確かに生育歴がわかれば，現在その子が抱えている困難の理解に役立つであろう。しかし，毎日継続的に子どもに接することによって，子どもの持つさまざまな機能，すなわち認知的な発達，一貫性をもって他者と適切にかかわる力，情動の不調から立ち直る力（他者に慰めと保護を素直に求められているか）等を丁寧に検討していくことができる。その中でも，優れた機能や，損なわれていない機能を見つけておくことが重要である。

　特に参与観察によって子どもと関係をつくり，一時でも遊びのかかわりが持てると，この機能の重要な側面を知ることができる。さらに，遊びを通して，観察者に養育者との関係性をどのように再演するかなど具体的な親子の相互作用を検討する機会の少なさを補うこともできるであろう。

親の機能

　現場での観察によって，子どもの様子と保育環境などから，問題が把握されるが，それがどうして生じてくるのかをさらに深く理解するために，家族，特に親の機能を検討する必要がある。子どもの心の発達に，親が与える最も重要な機能の1つは，保護的で，安心できるかかわりを提供することにある。この機能は，子どもが健全な愛着システムを確立できることに直結する。親の保護能力がうまく機能しない背景には，家庭の経済的な問題や家族内不和など，親のメンタルヘルスに影響する慢性的で強いストレスが考えられる。仕事や住まいの状況などの情報も重要である。

　愛着の問題は，子ども側の愛着形成の歪みの度合いをとらえる必要がある。分離がもともと困難な乳児期よりも月齢や年齢の高い場合でも，子どもが安全基地として誰をどのように活用するかを観察することで，愛着機能を臨床的にとらえることができる。極端なしがみつきによって自然な探索行動がとれない

場合や，反対に，特定の他者へのつながりが薄く，適切に助けを求められない
など，保育場面で安全基地の歪みが見られる場合には，親の機能について詳し
く情報を集める。

親子関係の機能

　子どもの機能や親の機能をそれぞれに吟味する過程で，対になって見えてく
る機能がある。たとえば，ジーナら（Zeanah et al., 2000）は，評価すべき親
子の関係性の領域について，親子それぞれを対にして示している。すなわち子
ども－親として「情緒調節－情緒的応答性」「安全感－保護」「慰めを求めるこ
と－慰め方・苦痛への反応の仕方」「遊び／創造力－遊び方」等，8つの領域
をあげている。

　もう1つ重要なことは，親子の関係性がどの程度機能しているか，問題の程
度を見ておくことである。親子が，双方の関係においてどの程度困難さを抱え
ているのかその強さと広さ，つまりいつでも，どこでも，困難を抱えているの
か，それとも特定の場面であるのか，などを見ておく。また，その困難がどれ
くらい持続しているのかも重要である。生活環境の一時的混乱は，どの家庭に
もある。たとえば，長い休み明けでは，生活リズムが混乱しやすく，保育場面
で不適応的な様子を示すことは多くある。こうした場合は，親子の「関係性の
動揺」とみなされ，自然な関係性の回復をまずは見守る。それが1か月以上続
くと，「関係性の阻害」という状況となり，家族のストレスも大きくなる。親
から相談を受ける機会が増えてくるのがこの時期である。さらに3か月以上続
くと，親子のまずい相互作用が硬直化して，子どもの発達のさまざまなところ
で支障をきたす事態のリスクが高くなる。これが「関係性の障害」と呼ばれる
ものである。これらの見極めは，介入をどのように行うかを決めていく上で，
重要なポイントとなる。

親子関係の修復につながるフィードバックのあり方

　保育現場では，保護者の保育参観や，保育参観のシステムが保護者と子ども
問題を共有する足がかりとしても広く利用されている。周囲に特別感を与えず
に，保護者に子どもの様子を見てもらうことができる。ただし，個別相談の場
と違って，観察場面は構造化されていない。心理臨床家は，保護者の近くにい
て，エピソードを共有できるようにしながら，過ごすこともある。あるいは，

もう少し，距離をとって，昼に振り返りを行う場を設けても良い。このように，非構造な場の特性を生かしながら，保護者が子どもの発達と関係性について内省的に理解できるようなフィードバックが求められる。

　自然発生的に見られた子どもの様子から，柔軟に子どもへの理解や子どもとのかかわりを振り返り，気づきを生じられるよう，年齢に応じた子どもの行動，欲求，感情などに関する情報を共有する。この際，実際の行動の意味を，保護者にいかにわかりやすく解説するかが鍵となる。子どもや保護者の深い内面的な葛藤を解釈するといった説明は，保護者の理解を超えるリスクが高く，適切とは言えない。

　一般的には，好ましい結果の部分から伝えていく。ただし，望ましくない結果も，その情報がもたらす感情的影響を考えた伝え方を工夫した上で，きちんと伝えねばならない。単に，発達の遅れや偏りについて認識させることだけが，この発達指導の目的とは限らない。話し合いが，具体的な改善策やその見込みも踏まえて深まるように，診断的なレベルで話を進めることよりも，親や子どもの機能上の具体的問題として進められるように努力する。

　どのような問題であっても，親としての尊厳を保障し，批判されない文脈で，子どもとの関係を振り返るプロセスをつくり上げることが重要である。子どもの行動は理解できないものではなく，むしろ自分のこだわりや葛藤が，思いもよらぬところで子どもに誤解や苦痛を与えているかもしれない，という親の自発的な気づきが，子どもへの愛情ある保護的なかかわりを回復させ，関係の修復へと向かう基本的な親機能を整えることに役立つ。

保護者個人の相談

　現在多くの自治体に，巡回発達相談などの業務で，子どもの発達状況をアセスメントするために，心理の専門家が，限定された回数で訪問するシステムがある。この場合は，園での子どもの様子を直接観察するが，結果のフィードバックは，保育者に対して行われる。この際に，園の方から家庭的な問題も含めて相談を受ける場合があるが，こうしたことは，あくまでも子どもの発達状況を理解する上で必要な情報の共有ということになる。

　一方，保育園の中で職員の一員として，園児と家族，及び職員に対する心理支援を行うことがある。この場合は，一般のスクールカウンセラーの活動と共通するところが多くある。

　また巡回型であったとしても，担当制のように同じ園に定期的に訪問しなが

ら，園で起こるさまざまな問題に対応する活動が行われる場合がある。このようなとき，保護者の面談を行う機会が生じる。個別相談の枠をあらかじめ設けて，予約制を導入している園もある。

　相談の内容は，子どもに関する教育相談が主となるが，場合によっては家族の問題（例：DVなど）を受ける場合も想定される。必要な具体的情報を提供したり，専門機関につなぐ作業を丁寧に行う。

（青木紀久代）

② 児童生徒に対する 学校臨床における家族支援

児童生徒に対する学校臨床——スクールカウンセラーの導入

　現在の児童生徒に対する心理臨床的な支援においては，1995年度からスタートした，スクールカウセラー（以下SC）による支援が中心となっている。当時のSC配置の背景としては，不登校やいじめ等の多様な問題行動が増加しつつあった学校現場のニーズがあり，また同時に心の専門家として配置する人材としての臨床心理士の養成が行われていた。さらに地域や保護者からの心の専門家の配置を望む社会的要請があったと考えられる。つまり，学校臨床におけるSCの配置は，保護者を中心とした地域社会からのニーズの高まりによってスタートしてきたという経緯がある。

　SCの派遣がスタートした当初，文部省（当時）の方針では，SCは児童生徒のカウンセリングや教員・保護者へのカウンセリング等に関する助言や情報の提供を行うとされていた。しかし，実際のSCの活動を見てみると，児童生徒へのカウンセリングも確かに重要であるが，それ以上に教職員や保護者・家族への支援も必要であるということが明らかになってきた。そのような中，学校臨床心理士ワーキンググループ（日本臨床心理士会，日本心理臨床学会，日本臨床心理士資格認定協会の3団体の担当者からなるグループ）が，SCの活動

についてのガイドラインを出している。ワーキンググループが示した方針は，①「柔軟な対応」を考える，②学校全体を1つのコミュニティとしてとらえる，③児童生徒を直接援助するよりは，先生方へのコンサルテーションを重視する，というものであった。つまり，SCを中心とした学校臨床においては，1対1の個別の面接といった従来の面接の枠組みにとらわれず，柔軟な面接形態，支援を模索し，かつ学校全体へのコミュニティ・アプローチの手法がとられることになる。

児童生徒への支援としての保護者面接

　学校臨床が，コミュニティへのアプローチとして位置づけられることにより，SCは児童生徒への支援を行うだけでなく，その児童生徒と外的環境つまり学校や家族との関係の調整を行い，児童生徒が環境との間に適合的な関係性を構築することを目指すことになる。

不登校に対する家族への支援

　SCがかかわる児童生徒の主要な問題は，不登校である。不登校は，1995年のSC派遣開始の時から大きな課題であり，それは20年以上たった現在においても，喫緊の課題であることに変わりなく，その様態や支援の方法も少しずつ変化してきている。不登校児童生徒への支援においてまず問題になるのが，本人がなかなか相談に来ないということである。不登校の子どもは，家から外に出るのが難しく，さらにSCのいる学校に来てもらわないといけないということで，さらにハードルは高くなる。そこで，相談に来るのは，保護者（主に母親）ということになる。本人が来られなくて，母親のみの面接で，不登校という問題を扱わねばならないのである。不登校や問題行動を抱えた子どもの家族への支援においては，家族システムになんらかの変化を生み出したり，親と子のコミュニケーションの悪循環を断ち切ることで，子どもに変化をもたらすことが可能になる。藤田（2009）は，スクールカウンセリングにおいて，個人療法と家族療法をつなぐものとして，「循環的認識論に基づく理解や援助の方向性」「共感の新たな位置づけ」「変化のありようの多次元性」を指摘している。つまり，従来の個人療法で重視されてきた受容や共感を，変化を生み出すような家族療法の積極的な介入と相補的な関係としてとらえ，個人療法と家族療法との連続性について考察している。

相談の主体をめぐって

　不登校の支援において，まず，来談者がだれであるか，ということが問題になる。学校臨床においては，児童生徒の不登校等の課題に対し，児童生徒本人が相談に来ることもあるが，現実にはその割合は低い。むしろ保護者（母親あるいは父親）であったり，祖父母であったり，さらには近所の保護者からの相談という場合もある。また，保護者はまったく動かずに，担任が心配して相談に来るということも考えられる。このように児童生徒を取り巻くさまざまな人々が，登校していないことを心配し，相談にやってくるのであるが，当該の児童生徒は，まったく来談の意志がなく，相談室にはやって来ないという状況が考えられる。本人が来談しない中で，その問題を解決していこうと考えると，問題を持った子ども（IP：患者とみなされた者）も，そのシステムの一部であるという認識論を特徴とするシステム論的な理解が役に立つ。つまり，家族療法にとっては，相談に来た人がクライエントであり，最も困っている人であり，その問題をなんとかしたいと思っている人である。したがって，その来談者の目から見たIPを取り巻く環境をまずは理解し，その中でなにが起こっているかを見立てる（家族アセスメント）ことになる。不登校の児童生徒は，その家族にとってのIPであり，IPを取り巻く環境や関係性を扱うことになるのである。つまり，相談の主体は，まずは相談に来た人であり，学校臨床においては，学校の先生を含め，さまざまな子どもを取り巻くシステム内のメンバーが来談することが多い。

保護者面接の動機づけ

　学校臨床では，子どもを取り巻くさまざまな人々が相談にやってくるが，なかでも保護者の割合は高い。そして，保護者が相談にやってくるとき，どのような意識でやってくるか，が重要になる。解決志向アプローチでは，相談への動機づけによって，来談者を，ビジター・コンプレイナント・カスタマーの３つのタイプに分けている。ビジタータイプは，強制的に相談に連れてこられたところがあり，相談への意欲はかなり低く，カウンセラーとの関係はつくりにくい。このようなタイプでは，SCはまずは来談したことの労をねぎらい，相談に来られたこと自体を評価するように，コンプリメントしていく必要がある。
　コンプレイナントタイプでは，相談には自発的にやってきたが，周りに対する不平不満が多く，他者に変化してほしいと望むタイプである。SCとしては，

まずはクライエントの意向に沿いながら，問題の解決に向けて，その人が貢献できることを探していくことから始めることになる。カウンセリングへの意欲も高く，問題解決に向けて，積極的に話を進めていけるタイプが，カスタマータイプである。いずれのタイプも，それぞれ重なりや移行があり，面接初期の段階で，まず来談者がどのようなタイプの関係を持とうとしているかを見分けることで，効果的なはたらきかけを行うことができる。

保護者の不安に対する家族療法的アプローチ

徳田（2011）は，スクールカウンセリングにおける保護者との面接において，来談時の不安として，以下の３つを上げている。①子育て非難への不安（自分の子育てが間違っていると指摘されるのではないか），②秘密暴露への不安（家族の歴史における秘密が暴かれるのではないか），③家族負因への不安（他の兄弟姉妹の脆弱性も示唆されるのではないか）というものである。

このような不安に対し，家族療法の視点から，検討してみたい。

保護者の子育て支援

子どもの不登校等の問題で相談にやってくる保護者は，子どもが学校を休み，登校を嫌がっているという事態に動揺し，大きく傷ついている。子どもの学校での適応がうまくいかないのは，これまでの育て方がよくなかったのだろうかと，どこかで気になっている。したがって，SCは，保護者の子育てについて，どのような場合であっても，ケチをつけるような態度は慎むべきである。それぞれの家族にはその家族のこれまでの歴史があり，背負ってきた文化，家族風土（内田，1999）があり，その歴史を背負った家族の中で子どもたちは，日々生活していることを，まずは感じ取り，尊重していくことが必要である。

家族療法においては，クライエントとの関係づくりは特に大切であり，ジョイニングといわれるかかわりがある。これは，治療目標を達成するために，まずはその家族のシステム内に仲間入りをし，相互交流パターンの中に溶け込んでいくことである。そして，家族関係を維持し，子どもの成長を願ってきた保護者の子育てのプロセスに対し，労をねぎらう。このジョイニングにより，SCとクライエントは初めて，子どもの支援のための協働関係を構築することが可能になり，子どもの問題の解決という同じ目標に向かって共に取り組んでいくことになる。

家族の秘密の取り扱い

　秘密の暴露への不安については，家族療法では，家族神話，家族秘密の問題として扱われてきた。家族のこれまでの歴史と関係性を重視し，場合によっては，家族関係を理解するために，家族関係図（ジェノグラム）を書いてもらったりする場合もある。また家族独特の文化や価値観である家族神話を取り上げることもある。家族神話とは，これまでの家族の形成過程において，思い込まれてきた非合理な信念であり，その神話により家族内が非常に風通しの悪い状態になったりする場合がある。面接の場において，家族の秘密の話が，クライエント自身から出てきたり，SCの方で気になって，取り上げたりすることがある。そこで重要なのは，家族にはさまざまな秘密があり，その秘密である家族神話が語られた場合に，その取扱いに精通していることで，保護者に，安心感が持て，話しても大丈夫なのだ，と思ってもらえることである。家族の関係を理解するために，家の間取り図や家族関係図を書いてもらう場合，必ずクライエントのいる前であり，お互いに理解を共有しながら，家族の秘密について取り扱う。SCが，その秘密にひかれて，すぐに取り上げようとせずに，ゆっくりと家族のアセスメントを深めていく。また，家族の中で信じられている非合理的な家族神話が，どのような形でこの家族に影響を及ぼし，それが具体的にはどのような行動や関係性のパターンとして表現されているかを，具体的に伝えていくことになる。家族にとって，秘密が暴露されるのではという不安を，いかに和らげて扱うかは，家族のアセスメントが十分になされた上で，初めて可能になることである。

きょうだいの不登校

　最後の，家族負因への不安であるが，これは現実的には，よく起こり得る状況である。子どもの不登校の相談に来られた保護者が，実は，弟や卒業した姉も不登校であったという話が出てくることはある。これを単にきょうだいの脆弱性という要因に帰してしまい，親の育て方の問題とするのは，あまりにも短絡的であり，また保護者を傷つけることになる。きょうだいで不登校になる場合には，なにかその家族内で同じような関係性のパターンや構造のひずみが起こっている可能性があり，保護者の話を聞きながら，その家族になにが起こっているのかを丁寧にアセスメントしていくことになる。構造派の視点からは，親世代と子どもの世代との間の境界が不明確になっており，もつれ合った家族

関係になっている可能性や，家族内の1人が強力なパワーを持って，家族内の偏ったヒエラルキーが形成されている可能性もある。また，システム論的には，家族成員間での，問題をなんとか解決しようとすると，かえって問題が深刻になっていくという悪循環が起こっている可能性も考えられる。そして，その悪循環の中で，最も弱い立場のものが，スケープゴートつまり，不満や憎悪を他にそらすめために身代わりとして，子どもの問題行動という形で家族の問題を表現していると理解される。さらにその弱い立場の者は時間の経過とともに移行し，別の家族成員がスケープゴートとして選ばれる形で，きょうだいの間で症状が移行していくことも考えられる。

　このように見てくると，保護者の抱える来談時における不安は，多くの保護者に共通するものであり，自分の子育てや家族関係，夫婦関係について，なにかうまくいっていないところがあり，それを指摘されるのではないかという懸念である。その不安を和らげるには，その認識の枠組みをいかに変えていくか（リフレーミング）が必要であり，そこには直線的な因果の理解ではない，システム論的な円環的認識論が有効である。

学校臨床における家族支援の実際

親面接から家族面接へ

　すでに述べたように，学校臨床においては，家族への支援というときに保護者，特に母親との面接ということが中心となる。このような現状に対し，中釜（2008b）は，親面接再考ということで，「母親一人に会い続けると母親のパワーアップが起こり，家族のダイナミクスを一方的に動かすことになる」と指摘し，「父親を交えた親面接を行うこと」を提案している。さらに，親面接を「問題や症状を持った子どもに手厚い環境を用意するための包括的心理援助だと読み替える」ことを提言している。つまり，子どもにとって，手厚い環境づくりの要因として，まずは親（両親）に目が向けられ，さらに祖父母，兄弟姉妹に声をかけることも可能であり，さらには担任，養護教諭，部活顧問等も，ゲストとして面接に招くこともあり得る，と述べている。

　このように，学校臨床における家族の支援を，問題や症状を持った子どもへの環境づくりという視点で見ると，その方法として，母親の面接から，父親を含めた両親面接，さらに子どもを交えた親子同席面接，学校関係者を含めたシ

ステム論的なコンサルテーションというように広がっていく。徳田（2011）は，「作戦会議」と称して親と教師の同席での面接の実践を報告している。

不登校生徒の家族への支援の実際

筆者が，SCとして経験した事例を提示する。

中学2年のA子は，中1の秋から不登校になり，その後保健室登校を続けていた。母親は，養護教諭を頼りにして，よく相談に来ていた。その中で，母親は，父親にA子の不登校の事実を知らせていないということであった。SC（筆者）は，その話を聞いて，なにゆえその家族では，父親にその情報が伝えられていないのか，それにはこの家族のどのようなパワー構造やコミュニケーションのパターンが関係しているのかを，母親やA子自身からの話を通して，理解を深めていった。この家族では，夫婦間の会話の風通しが悪く，母親が父親になかなかものを言えないこと，母親自身の不安が高く，心身症的な不調を抱えていたこと，さらにA子は，その母親を気遣って，できるだけ母親の味方になり，負担をかけないように家事を手伝い，頑張ってきたことがわかってきた。

そこで，SCは，まず養護教諭に対して，A子の本当の思いを少しずつ引き出し，それを言葉にして表現できるように促してもらった。担任には，家庭訪問をお願いし，A子の不登校には触れないで，母親や父親にも面談してもらい，関係づくりをお願いした。その中で，父親はやや厳しいところはあったが，きちんと話をすれば理解はしてくれるところがあり，子どものことをとても心配し，家族のことを思っていることが明らかになった。SCは，母親をサポートし，母親の「A子のことが父親に知れたら，家族が崩壊するのでは」という不安に対し，その思いに寄り添いつつも，父親がそれほど厳しく言うのは，家族のことを思っているからでは，とリフレーミングを行った。そして，現在父親がA子の現状を知らないことの方が，むしろ父親の家族への思いを裏切ることになる，ということをゆっくりと伝えていった。1年ほど支援を続ける中で，A子は少しずつエネルギーを蓄え，自分の気持ちや意志を表現できるまでになっていた。そして，A子より，現状をきちんと父親にも伝えて，わかってほしいという意向が示されたので，母親に相談し，合同面接の場を設けた。父親，母親，A子，そしてSC，養護教諭，担任の6者での面接を行い，その場で，A子の口からこれまでずっと不登校であり，今は保健室登校を続けていることが語られた。父親は，最初はかなり驚き，さらにこれまでそのことを隠してきた母親への怒りをあらわにした。SCより，母親は父親への恐怖心があり，伝えられ

なかったことを代弁し，さらにそのことを言わなかったことで責められるのではというのを気にしていることを伝えた。父親は，母親への不満を「今表現しましょう」と，その場で母親を一喝し，それで父親の怒りは収まり，母親が恐れていたような事態にはならなかった。

　その後も，家族に大きな問題が起こったということはなく，むしろ両親間の会話は少しスムーズになり，またA子は父親にもわかってもらったことで，かなり気持ちが楽になり，家や学校でも自分の思いを素直に伝えられるようになった。その後も保健室登校を続けながら，中学3年では，少しずつ授業にも参加できるようになっていった。

　このように，A子の不登校ということを通して，この家族の抱える独特のルール（家族秘密）が明らかになった。それは，母親が長年感じてきた「父親に伝えると，家族が崩壊するのでは」という暗黙のルールであった。それに対し，学校では，担任と養護教諭，それにSCが協力して家族との関係づくりに取り組み，最終的には，父親に参加してもらい，その暗黙のルールを確かめるような合同面接を行った。その結果，母親の感じる不安は杞憂であり，父親が家族を壊すようなことはないことがわかり，母親と父親のコミュニケーションが促進されていった。そのような家族の変化の中で，A子ものびのびと自分を表現できるようになり，少しずつ学校での適応もよくなっていったのである。

（内田利広）

③ 大学での学生相談における家族支援

　相談室に母親から予約が入る。内容としては学業についてとのこと。予約当日に現れたのは，暮らし向きの良さそうな雰囲気の母と，明らかに連れてこられた風であり，居心地悪そうな男子学生の2人。面接に誰が入るか尋ねると，母親から「2人で」と要望される。カウンセラーが学生に「良いの？」と聞くと学生は黙って頷く。3人の合同面接の形で始まり，「どちらからでも」と水

を向けると母親が堰を切ったように話し始める。「毎日出かけて行く息子を見ていて当然大学に行っていると思っていたが，送られてきた半期の成績表を見て両親で愕然とした。ほとんど学校には行っておらず，取得単位もほぼゼロ。息子を問い正すと，もごもごしながらも欠席の事実を認めた。今度は行くと言うのでしっかりやりなさいと送り出した。次の半期を終えるまでもなく，担任から留年が決定したとの連絡が入った。息子は認めるものを認めた後は，なにを聞いても俯いてなにも言わない。何度となく問い詰めたが状況は変わらない。息子のことが信用できない。担任のもとへ私が相談に行った際に学生相談室を勧められた」と母親から語られた。学生はほとんど無表情に，時折苦々しい顔をしながらも，母親の語るその場にじっと黙って座っていた。

　架空のケースである。しかし現在の学生相談でしばしば遭遇するケースの典型でもある。親が相談室に問題として持ち込まなければ，ひっそりと退学への経過を辿ったかもしれない。これまでの学生相談では，家族とかかわることの影響に配慮し，積極的に家族とかかわる方向にはなかったと思われる。学生や家族だけでなく，大学も大きな変化の中にある。今学生相談にできることはなにかを問うときに，学生の自立や成長に向けて，家族とのかかわりも活かす必要性は以前よりも増していると思われる。家族とかかわることに積極的な意味合いも含まれるような視点を見出すために，家族臨床と学生相談の交点について検討していく。

これまでの学生相談の家族とのかかわりと位置づけ

　学生相談でも以前から家族とのかかわり自体はなされていた。青年期は精神疾患の好発年齢であり，在学中に発症するケースも少なくない。精神疾患を抱える学生への支援については，神経症水準の問題を抱えた学生への支援が中心を占める。その絶対数は多くないものの，精神病水準の問題を抱えた学生は修学が困難になることも多く，支援の必要性の高い対象者層である。医療的援助を受けながら学生生活を送る手伝いとして，学生相談が学生と家族，大学の架け橋となって日常生活支援と修学支援を連結させた実践活動の中で，家族とのかかわりはなされていた（峰松ら，1989など）。学生の生命や身体の危険に直面するような状況では，病院受診や入院などの手続きの過程で，援助者から保護責任者としての家族へ対応を依頼するかかわりも持たれてきた。従来の家族

とのかかわりは，精神疾患を抱えた学生への支援や，危機介入などにみられた限定的な活動であったといえる。

　限定的なかかわりの前提には，青年期は自立が重要な発達課題とされ，「直接的に親・家族との関与を持つことは，むしろ学生の内的な心理的作業を妨げかねない可能性があり，えてして慎重な構えをカウンセラーは有していた」（齋藤，2015）という援助者側の構えが挙げられる。人の発達が依存と自立を両極にとった一軸のものと理解されていた当時の自立観と，保護者とかかわることが，学生の自立を妨げる危険性があるという側面への配慮と援助観が影響していたものと考えられる。確かに親と子の間に援助者が境界線を引くことが，学生にとっての助けとなることがある。それゆえ親との線引きを明確にし，依存関係を弱めていくこと，子離れを促進することを目的として，親と援助者が直接的にかかわりを持たない方向で実践が展開されてきた（高石，2007）。

　学生相談はあくまで学生に対する援助機関であり，家族はその対象とされないという原則を理由に，家族とのかかわりが制限されてきたことも考えられる。教育相談における援助観とも共通するが，"子（学生）の問題"と"親・家族の問題"とを区別することが必要であるととらえられてきた。そうした援助観は親子並行面接として，担当者も分ける対応が教育相談で一般的なものであったことからも想像できよう。もちろん従来から大切にされてきた構造の有効性は，これまで蓄積されてきた知見から疑うべき要素は見当たらない。しかし社会文化的な側面も含め，大きな変化の中にあると考えられる近年では，こうした構造について再検討もされてきている（鴨澤，2003など）。親密な関係の中で生じる相互作用の重要性へ注目を促す家族心理学の知見が広がるにつれ，これまでの援助観への問いかけと新たな方法への挑戦として，援助観の発展的な再検討が各領域へ広がっている。

学生・家族の変化と現在の大学事情

　従来の大学・学生相談における家族とのかかわりには，2000年代に入ったころから変化が生じている。変化を促す側面として，まず学生の質的変化が挙げられる。高石（2010）は従来の大学生年代が大人であるという前提はすでに過去のものと化したと指摘している。学生の質の変化はすでに一般化した事実として語られ，変化の内容の一例として，自身の問題として問題や状況をとらえられず，あたかも他人事のように語る「悩めない」学生（高石，2009）につい

ての指摘などがそれに当たる。大学に入学した後に不登校となり，問題が顕在化するケースの増加や，発達障害的特性を持った学生の進学によって生じるさまざまな状況なども，大学が迎えている変化を表している。

　つづいて親の変化も挙げられるが，これは日本に限られた話ではない。米国では，子が大学進学した後にも心配して遠くの大学まで出かけて世話を焼く親を，「ヘリコプターペアレント」と名づけ，社会問題となっている（多賀，2008）。常に上から子を見守り，心配なことがあると助けようと降りてくる姿を表した言葉だが，降りてくるときには大きな音と強い風圧をともない，真下にいる人の助けにならないということを表している。平木・柏木（2012）はこうした保護者の行動の背後に他者に対する信頼感の弱さと，自分が子どもを守らなければならないという思いがあると指摘している。守ろうとする思いで始まる親の行動が，子の自立を脅かす皮肉な結果へとつながっていると思われる事態は多い。背景には保護者自身が不安に脅かされている状態があることも想像に難くない。

　大学自体も「大学全入」という大きな変化の中にある。特に私立大学にとって経営上の死活問題でもあり，学生および保護者に向けた"サービス"の充実を図る必要に迫られる。現在の大学の保護者会は多数の保護者で賑わう。保護者会に参加すれば，子が所属する学部の教員から授業への出席状況の説明を受け，進路指導や修学指導を保護者が受けられる。また，成績表は保護者宛にも送付される大学も少なくない。大学にとっての保護者の比重の変化の背景には，学生の質的変化にともない，学生の自立に向けた「協働のパートナー」としてとらえ，積極的に大学から家族へはたらきかけていく必要（齋藤，2007）に迫られての側面もある。齋藤（2015）は，学生相談実践の中で，親や家族とかかわりをもつ事例について検討し，親や家族の状態やかかわる時期が学生への支援にとって有用であるかどうかを検討した上で，親や家族とのかかわりを積極的に活用していくことの効用を指摘している。

　北島（2015）は，青年期の子どもをもつ家族や親側の発達段階の視点から，学生への支援に効果の期待できる家族や親とのかかわり方について検討している。また，松下ら（2007）は，不登校や精神疾患など，支援の必要な学生の保護者を対象に，グループ活動の実践を報告している。学生相談実践と家族とのかかわりは，今後ますます重要となっていくことが予想される。

学生支援の視点の転換——家族との積極的な関与へ

　家族を「協働のパートナー」としてとらえてはたきかけていく上で，自立を促進する要因について触れる必要がある。近年の自立に関する詳細な研究を通じて，家族に頼ることや，家族から理解してもらうことが適切になされることで，人の自立が促進されることが示されている。つまり，依存するかしないかではなく，依存関係の質こそが重要であり，自立するということは上手に依存すること（高橋，2010）とされた。上手に依存することができる関係をつくるための親側の準備性を高める方法として，親に情報を提供する機会を大学が増やしているとすれば，理に適う側面もある。学生相談実践においても，上手に依存できる親子関係の形成を促すかかわりを持ち，「協働のパートナー」として学生相談が保護者と手をつなぐためには，保護者とのかかわりを制限し，個としての自立を強調する援助観からの変化も必要となろう。その変化を支えるものとして，家族心理学・家族療法的視点が学生相談に貢献する側面を次項で整理していく。

学生相談に家族心理学・家族療法的視点から提供されるもの

　暴力の問題や虐待的生育といった圧倒的に偏りのあるパワー構造の存在が窺われる場合を除き，"子の問題" と "親・家族の問題" として，どこまで境界を明確にできるのかという問いは常につきまとう。"過保護な親" と仮定し，"この子の状況の原因としてのこの親" という理解だけでなく，"この子であるからこその，この親の行動" という円環的事態としてとらえることができれば，心配したくなる子どもの未熟さや繊細さという親からの見え方を共有し，これまでの子育てにともなう親の心配と苦労という視点から，過保護に見える親のかかわりについて共感的に触れる道が拓かれるだろう。

　不安が高い親は，青年期を迎え自立に向かいつつあるわが子が多くを語らないことでさらに不安を高め，自分を安心させてくれる言質をとりつけたいと欲するだろう。結果的に子をさらに問い詰め，子は親とのかかわりをなおさら回避するようになるという関係悪化のエスカレーションが生じ得る。こうした悪循環に対して "過干渉な親" ととらえ，かかわりを制限しようとするだけでは，上手に依存できる関係へと促すことは難しい。青年期を迎えた子が親に対して

多くを語らないことは，自立への貴重な動きであると専門家として親に保証することや，親の大変なサポートの歴史が1人の若者を支え，自立へのステージまで送り届けることに至ったとして苦労のプロセスに共感できれば，少なくない親は子どもの自立へ向けた "協働のパートナー" という存在として，学生相談や大学を認めてくれることになるだろう。"この親だから" という直線的因果論に基づく視点では，"自立を妨げている親" という犯人探しに結びつきやすい。"この子" の反応が一層この親の不安を煽るという側面を含め，かかわりの悪循環という仮説をもたらす円環的な捉え方は，犯人捜しをしない家族心理学・家族療法の中心的な価値観である。親と "協働的なパートナー" という関係を築く際に，貴重な視点と方法を援助者側に提供するだろう。

現在の学生相談実践の課題と家族支援の交点

　発達障害的特性を持った学生が在学する状況は，高等教育全体に対して新たな対応を求める大きなきっかけとなっている。学生相談を訪れる発達障害的特性を持つ学生の中には，大学入学前までにすでに診断を受け，障害受容のプロセスも進んでいるというケースも少なくない。こうしたケースでは心理教育的支援を本人や親に行い，大学側と環境やシステムを援助者が調整しながら支援することで奏功する可能性は低くない。一方でこれまでの就学期間を通じてそれなりの困難を体験してきたにもかかわらず，発達障害という方向性で理解する機会のないまま大学に進学し，修学や対人関係，その他の側面で課題に直面し，学生相談室を訪れるケースは多い。大学に進学可能な水準でやってこられたという事実もあるゆえ，青年期や成人期に診断を受けた場合には，本人・家族にとっての障害受容が容易ではないことが指摘されているとおり（小川，2009)，障害受容のプロセスが滞る難しい援助の経過を辿ることも多い。発達障害的特性を持った学生への支援での家族とのかかわりについて大町（2014）は，従来の家族に対する心理教育的支援だけでは，安定した援助システムを構築することに困難がともなうケースが多いと指摘している。時に夫婦間葛藤や両親の原家族における体験などにも触れられるような家族心理学的・家族療法的視点と介入法を用いる必要性について言及し，障害受容を学生個人だけでなく，家族関係の文脈の中でとらえ直すプロセスを援助することが，学生への支援環境をより安定したものとする効果が見込めるとして，その理由を説明している。
　また近年の学生相談実践では，自傷や過量服薬を含め行動化をくり返す事例

への対応も，重要なテーマとして取り上げられることも多い。激しいものであれば必然的に家族とのかかわりが生じるケースとなる。そうした経緯で家族と会う場合にも，家族心理学的・家族療法的視点を持って親面接を活用することの重要性を指摘する研究もある。布柴（2012）は激しい行動化をくり返す事例経過の中で，学生への対応に困惑した両親との面接を実施している。本稿の流れに沿った理解をすれば，学生が家族に対して上手に依存ができる家族関係を整えることを目的として，両親間でお互いの対応方針を検討することや，親自身の原家族における体験を通じて身についた子とのかかわり方について，自発的に語られた歴史を受け止め，学生への援助に結びつける介入がなされている。

　いずれの親面接においても，夫婦間の葛藤や両親の原家族についての語りなどは，援助者が無闇に引き出そうとするようなかかわりによるものではないことに留意する必要がある。中釜（2001）が親面接を担当する際のセラピー哲学として，あくまで親自身の立場から親の経験に近づこうという積極的関心と共感的理解，純粋性の実現という対応の中で，場に対する安心感を抱けた親から自然と語られる内容を受け止めるかかわりが求められるという指摘と共通する。親自身が安心してその場を利用できるような関係を面接の中でつくり上げるには，援助者側の視点として，多世代派家族療法の1つに区分される文脈療法の破壊的権利付与（destructive entitlement）という概念によって親の言動を共感的に理解する視点を身につけることや，多方向への肩入れ（multidirected partiality）によってそれぞれの言動を保障するという技法が，非常に重要な役割を果たす（Goldenthal, 1996）。

　学生に対して無理解と感じられるような親の言動の背景には，親自身のこれまでの歴史の中で，誰にも顧みてこられず1人我慢するしかなかった体験や，自分自身が必死に壁を乗り越えてきた方法で，わが子に同じように乗り越えてほしいという切実な思いとして語られるものがあることも少なくない。破壊的権利付与といった概念を，援助者が見立ての手がかりとして用いることができれば，無理解，非協力的ととらえられがちな保護者を共感的に理解する視点がもたらされるきっかけが生まれるかもしれない。その結果，「協働のパートナー」として，親や家族と手をつなぐことができるチャンスが広がる可能性に期待したい。

　また，実際の学生と保護者の合同面接や両親面接といった場面では，学生と保護者の間，あるいは時に保護者間でも相談に向けた動機づけや援助者に対する要望が異なるということが起こる。たとえば留年や成績不振という修学上の

つまずきにともない，保護者に半ば強制的に学生が相談室に連れてこられ，同席での面接が始まるような事態で遭遇する一場面である。保護者は学生の言うことが信じられないという批判を援助者に納得してもらい，学生を"正しい"方向に導いてもらいたいという援助ニーズを持ち相談にやってくることがある。学生の方といえば，親がうるさくいろいろと干渉してくるがゆえに学業へのやる気，通学する気持ちが萎え，結果的に成績不振という事態になっているのであって，親が干渉してこなくなればなにも問題がないという主張を，親に比して小さな消え入りそうな声，時に非言語的・行動的主張を通じて援助者に訴えかけてくることがある。相手さえ変われば問題は解決するという認識で面接が始まる事態は，カップルセラピーでは頻繁に遭遇する場面でもある。援助の最初から共通点を探して折り合わせようとするのではなく，各人の言い分を「なぞる」（下坂，1998）ように確認し，お互いに違いが当然あることを援助者が明確に言語化し，違うという前提を保証するような地点から面接を始められるだけでも，連れてこられただけで継続する動機がないと表明していた学生本人が，その後の継続面接に通ってくるようになるという場面を体験することが多い。個人臨床中心の援助者にとって合同面接で遭遇する困難の1つは，ニーズが異なる参加者間をどう動けばいいのかというものである（中釜，2008b）。多方向への肩入れという家族臨床の技法によって，こうした場面での対応に戸惑うことは少なくなるであろう。

（大町知久）

4 社会福祉領域における家族援助

　社会福祉領域における家族援助というテーマのもとで，家族心理学の概要や視点を丁寧に解説することが，期待されている。しかし，社会福祉領域を限定しなければ，限られた枚数の中で期待に応えることは難しい。したがってここでは，子ども家庭福祉に限定して，家族援助を論じる。子ども家庭福祉という

呼称は，これまで児童福祉と呼ばれていた領域である。この呼称変更には，家族政策の動向が反映されている。これまで措置や保護の対象として限定されたウェルフェアから人権尊重及び自己実現の支援を含むウェルビーイングへの理念の転換が，1987年国連子どもの権利条約によって明確化された。ウェルフェアからウェルビーイングへという表現は，ウェルフェアの否定ではなく，ウェルフェアを含みつつより全体の水準の向上を志向することを意味する（畠中，1996）。加えて，子どもの福祉ではなく，子ども家庭福祉であることに注目されたい。ここには，子どものウェルビーイングを維持・向上させるためには，家族を援助することが必要であるという認識が含まれている。家族を援助する水準は，多様である。これについては，後述する。

　ところで，2001年11月30日，保育士資格の法定化が図られた。これまで児童福祉施設に任用されるための資格（児童福祉法施行令第13条）として規定されていた保育士の資格が，児童福祉法上に名称独占資格として規定（児童福祉法第18条の４）された。これを受けて，2002年度から保育士養成課程も改正され，家族援助論が創設されるに至った（柏女・山縣，2002）。本稿では，子ども家庭福祉領域における家族援助の現状と課題について概説する。

子ども家庭福祉領域における家族援助の現状

子ども虐待への家族援助

　子どもの虐待は，2013年度７万3000件を超え，虐待の当事者は約６割が実の母親である。子ども家庭福祉領域における子ども虐待への家族支援の受け皿は，その大半が乳児院や児童養護施設である。これらの児童福祉施設は，家族に恵まれない子どもを対象とする。いわゆる社会的養護は，これらの施設養護と里親や養子縁組などの家庭的養護に二分される。子ども虐待は，専門的な家族支援を必要とするため，施設養護での対応が圧倒的に多い。ここで留意しておきたいことは，社会的養護という範疇において，施設養護と家庭的養護の比率を国際的な文脈で理解すると，わが国が施設養護に偏重しているのに対して，欧米諸国は，家庭的養護の比重が高い。欧米諸国は，子どもの権利条約の規定に符合する形式で対応している。

　ところで，児童養護施設理事長である菅原は，新聞のインタビュー記事の中で，子ども虐待の背景を，「自分のやりたいことを最優先で追い求めることは

善」という価値観が内面化されていると指摘している（2014年9月18日朝日新聞 インタビュー「虐待を受けた子らとともに」）。また同じインタビュー記事の中で菅原は，子育てには「子どものために親が犠牲になるという面がかならずある」「子どもは泣いて育つものだという素朴な寛容さが生活から失われている」「親が子育てでの失敗を恐れると，子どもの失敗も許せなくなる」といった発言をしている。これらの指摘は，私事化や効率性を最優先する社会の負の遺産として理解することもできる。現代社会の特質をより強く内面化することで，子育ての本来的な機能から遊離し，自己を優先的に考えれば考えるほど，虐待に近づいていくというパラドックスを生きることになる。したがって，子ども虐待への家族援助は，一方で現代社会の特質を理解しつつ，他方で主体性を確保できるような環境を整えていくことが必要である。利便性・快適性・効率性を重視する社会において，待つことや寛容さといった価値を保障することは容易ではないが，子育てにとってそれらが重要なファクターであることを合意形成するところから始めるほかない。虐待という現象が，現代社会の歪みを現している以上，そのことに対して自覚的でなければ解決への道筋はつくれない。

子育てに困難を感じる家族への援助

　上記の議論は，現代社会にとって子どものウェルビーイングとはなにかという問い方であった。次に個別の問題にとって子どものウェルビーイングとはなにかという問い方をすると，たとえば，引きこもりについては，吉川の優れた臨床研究がある。吉川は，「自分らしさ」をキーワードにして，こころの三角錐モデル・こころの卵モデル・こころの十文字モデルを提案している。規範押し込み型の育児や欲求先取り型の育児が，葛藤を経験する機会を奪うことにつながり，結果として，葛藤回避傾向・自己決定回避傾向など葛藤場面に弱い子の誕生を指摘している。吉川は，葛藤と向き合い，それにどのように対応してきたかの結果が「自分らしさ」だと説明する（吉川，2001）。吉川にとって，葛藤は重要なキーワードであるが，葛藤回避傾向を助長しているのが，利便性・快適性・効率性を重視する現代社会であれば，葛藤回避傾向は，現代社会の特質を内面化するほどその傾向を強めることになる。現代社会の価値を内面化することが適応と理解する人びとにとって，子育ての結果としての子どもの葛藤回避傾向は1つの悲劇である。山根は，適応を，社会変動に抵抗しつつ対応することと記述した。山根のいう適応概念は普及せず，過剰適応が「適応」と理解されたことになる。山根は家族の抵抗体機能という言い方をしているが，

これは主体性機能と言い換えても良い。主体性のない適応は，結果として過剰適応とならざるを得ない（山根，1998）。

また2008年に起こった秋葉原連続殺人事件の加藤智大被告は，子どもの頃，母親が書いた作文や絵を学校に提出していた。親が先行して子どもを引っ張っていく家庭，吉川の「規範押し込み型の育児」，加えて「誰からも承認されない状況に置かれる」と，子どもが壊れてしまうという典型的な事例である。約言すれば，身近な大人から関心を持たれない→自尊感情の低下→生きることの意味を実感できない→自殺あるいは自暴自棄な行動（2014年，佐世保高1同級生殺害事件）というメカニズムを容易に想像することができる（参考：2014年10月3日朝日新聞　耕論：少年事件を考える；2014年10月31日毎日新聞 高1同級生殺害事件　野田正彰）

したがって，これらの文脈では，子育てにおける親の主体性を引き出すよう環境を整えること，親が子どもへの関心を強く意識することが，家族援助の基礎である。

家族援助への2種類のアプローチ

社会福祉領域の家族援助は，政策的範疇への依存度が高く，その影響のもとでの家族支援というイメージが強い。これは，個々の支援策が，法的な根拠に基づいていることに特徴づけられる。これに比べると，社会福祉領域以外の家族援助では，法的な整備が進んでいないこともあって，臨床の個別のアプローチによる援助のイメージが強い。家族システム論に依拠した家族療法の諸アプローチも，家族臨床領域における家族援助を代表する。社会福祉領域では，これらの家族臨床に精通した人びとが少ないこともあって，クライエントの重篤性は，専門家へのリファーという対応が多い。したがって，社会福祉領域の家族支援は，政策に依存する程度が高いこともあって，その中核は，クライエントの環境条件を整えることにある。

子ども家庭福祉領域における家族援助の課題

家族援助をめぐる基本的課題

子ども家庭福祉領域における家族援助は，政策範疇からは子育て支援として議論されることが多い。しかも，子育て支援は，問題を抱える家庭を対象にし，

その内容は親の負担の軽減と理解されることが多い。もちろん，支援の結果，親の負担が軽減されることに異存はないが，支援の目的は，親子がきちんと向き合うことができるような環境を整えることである。負担の軽減が支援の目的となれば，親のニーズを重視することが先行し，親子が向き合う環境からは離れていく。また保育政策の分野の動向は，共働きの親の負担の軽減を目的に展開されているため，子どものウェルビーイングとのバランスが欠落している。

英国のチャイルドマインダーは，家庭的保育に属するが，これは，働く親の自己実現の支援と子どものウェルビーイングを同時に充足させるシステムとして機能している（畠中，1997）。日本では，家庭的保育の普及率は低く，保育所を中心とする集団保育が圧倒的に多い。子育て支援が保育所等の増設として議論される時，それは働く親の支援に比重が置かれ，子どものウェルビーイングへの配慮が低い。親子がきちんと向き合うことのできる環境を保障するとは，保育所の場合，親が子育ての責任者として保育所の力を借りて共同で子育てを行うことでその可能性を高める。支援が負担の軽減として認識される文脈では，親の養育責任意識は希薄になる傾向がある。保育所の力を借りて共同で子育てをするという自覚の中で，親は子どもと向き合うことができる。子育ての大変さを専門職である保育士がきちんと聴くことは，親の負担の軽減には直接つながらないかもしれない。しかし，このかかわりを通して，子育てに主体的に取り組むことができるようになれば，子育ての面白さ・楽しさにも遭遇するかもしれない。保育政策は，負担の軽減という安易さを追求するのではなく，親が主体的に育児にかかわることのできるような環境を整えることが重要である。

また専業主婦による子育ても，育児の大変さを夫が理解しない場合，妻のストレスを高める。子育てサークルなどで親の思いを吐露できることで，力を得る親たちも存在する。

子どものウェルビーイングを向上させるための課題

最後に子どもにとってウェルビーイングを実現していくための課題として，第1に，マクロ水準では，「ワーク・ライフ・バランスを徹底すること」である。これは，グローバル資本主義が採用された後の日本社会では困難な課題に属するが，それゆえに政策的な対応が必要である。第2に，ミクロ水準では，「情緒，共感，葛藤の経験，対人関係力を育むこと」である。これらは，生産的・課題達成型の価値観を重視した結果，希薄化あるいは喪失していったことがらである。これらの負の遺産を回復できるところまで，経済優先の価値観と

の折り合いが求められる。またこれらのうち共感に関して，山極は，共食行動や共同の子育ての後退を指摘している（山極，2014）。第3は，「関係性やつながりに価値を置く社会の構築」である。これも，生産的・課題達成型の価値観が重視された結果，関係性やつながりが希薄化してきた。したがって，関係性やつながりに価値を置くことが保障されることと経済優先志向のバランスが求められる。第4は，「子どもの自由と自発性の保証」である。問題を抱える家族では，これが保証されず，子どもは不本意ながら親の意見に同調する。しかし，そのようなあり方を続けていくと，子どものこころは臨界範囲を超えたところで「自分らしさ」を失う（例：高1同級生殺害事件における親子関係）。

　現代社会では，「適応すること」が「健康」と理解される文脈が存在する。しかし，「適応する」ことで，子どもの「自由と自発性」が保証されないということであれば，それは「不健康」ということもできる。現代社会に「適応すること」で，子どもたちも大人も，心身の不調を訴えている。自殺やうつの拡散は，現代社会への「適応」あるいは「過剰適応」の結果として解釈できる。フロムは，規範的人間主義（normative humanism）について，以下の記述をしている。「自由と自発性が，すべてのひとの目指す客観的な目標である以上，もし，ある人間が，自由と自発性といつわらざる自己表現ができなくなったとしたら，かれはひどい欠陥をもっているとみなされてもいい。もし，特定の社会の大部分の成員がこういう目標を達成できないとしたら，これは社会的に規定された欠陥の現象だということになる」（フロム，1958：p28-29）。

　フロムの規範的人間主義は，人間の存立要件として，自由と自発性を重視する。これらが担保されなければ個人は欠陥を持っていることになり，社会の構成員の大部分がこの目標を達成できない場合，社会的に規定された欠陥であると言う。このフロムの視点から見ると，管理化が進む現代社会が息苦しいと認識されるのは，大人も子どもも同じである。第5は，「『個としての自立』から『関係性のなかでの自立』へ」である。「関係性のなかでの自立」とは，「関係性を生きており，他者に飲み込まれる関係でもなく，また他者を飲み込む関係でもない，自分は自分であるというあり方」（畠中編，2007）である。

　「個としての自立」は，孤立の可能性を含む。戦後の個人主義と平等主義に立脚した民主教育，富裕化，グローバリズム等の相乗効果により，私事化が増幅され，家族の個人化や多様化が促進されてきた。今日の子どもや家族の状況は，「個としての自立」が進行する中で，家族の凝集性や家族成員を思い合うこころ（家族成員への想像力）が低下し，これらを背景にして子どもや家族を

めぐる問題群が出現しているように思う。第6は，「家族発達の視点から」である。家族発達の視点は，ライフステージごとの家族発達の課題をクリアすることで家族が一生涯にわたって発達していくことを志向する。たとえば，家族を形成する前段階でのキーワードは，親密性の獲得が課題である。親密性とは，「関係の中で自分を犠牲にしたり裏切ったりせず，相手を変えたり説得しようという要求を抱かずに，相手のその人らしさを承認し合えること」（Lerner, 1990）と記述されている。ウィークスとトリート（Weeks & Treat, 2001）は，カップルが親密になることを妨げる心理を，「依存への恐怖」など「親密さへの恐怖」として整理している。

　これらの課題も，先の「個としての自立」を内面化している世代にとって，親密性が依存や甘えを肯定することと矛盾するという認識である。その意味では，「自立を促すための甘えの受容」と「甘やかし」の峻別が必要である。たとえば，家出や非行をくり返す子どものことを受容しているという母親の場合，受容だけでは子どもはなにをやっても許されると錯覚する。これは，「甘やかし」である。子どもを受容し，さらに「でもお母さんはお前がやっていることは良いことだとは思わない」という母親の気持ちを伝えることで，子どもが「自分のやっていることを良くないと思っているけれども母親は自分のことを受容している」と認識することは，子どもの「自立を促すための甘えの受容」である。これらの峻別が，育児や子育ての場においてこれまで必ずしも自覚的に行われてこなかった。第7は，「事実性としての時間の視点から」である。シュトラウス（Straus, E.）は，時計時間と体験時間という概念を提示している（Straus, 1960a）。事実性としての時間とは，時計時間を生きると同時に，体験時間も生きているという認識である。今日の社会は，時計時間に支配され，体験時間を軽視する傾向にある。大人にとっても子どもにとっても，体験時間は，ウェルビーイングの重要な要素である。たとえば，亡くなった両親のことを思い出すという行為は，忙しい時間の中では難しい。忙しさにかこつけて時計時間中心の生き方を続けていると，亡くなった両親のことは記憶の彼方へ行ってしまい，挙句の果ては両親が存在しなかったことにならないだろうか。両親の記憶を維持するためには，体験時間を生きることが必要である。しかし，このことに気づいている人は少ない。仏教で回忌毎の法事があるが，これは故人を体験時間の中に活かす仕組みである。この仕組みによって，生者の中に死者が回想される。体験時間によって，死者は生き続けることができる。また体験時間を生きるためには，親子が遊びやイベントを通してきちんとかかわるこ

とが必要である。エンデ（Ende, M.）が，「時間とはすなわち生活です」
（1976）と記述する時，子どもの生活は，この時間体験によって満たされたも
のになっていく。

　以上で列挙した課題は，ハードルの高いものが多い。このことは，私たちの
社会が経済を最優先する政策を展開してきたことと無縁ではない。とりわけグ
ローバル資本主義を採用した段階から，格差が増幅され，子どものウェルビー
イングを担保することがより困難になってきている。生産的・課題達成型の価
値観が重視され，利便性・快適性・効率性を追求する社会において，子どもの
ウェルビーイングを高めていくためには，一方で大人や子どもが壊れないため
の対抗軸をシステムとして担保しておくことが必要である。このような視点が
欠落すれば，子どもの不幸や受難はさらに増幅されていくのではないか。私た
ちは，生活費を獲得するために仕事に勤しむ。しかし，このことで生活の他の
側面を犠牲にしている。

（畠中宗一）

⑤ 産業領域における家族支援

労働者のストレスと産業メンタルヘルスケア

　昨今の社会，経済，政治のめまぐるしい変化の中では，労働者のストレスも
多岐にわたる。成果主義，コスト削減，リストラ，グローバル化，企業合併・
買収などの理由で，労働者の立たされる役割や職場環境にも影響し，心身の健
康が阻害されることもある。仕事の効率を求め，限られた労働力で業務を強い
られて過重労働になり，余裕のない職場環境で不適応に陥ってしまう労働者も
少なくない。また現在は，女性の社会進出で，核家族の中で仕事と家庭（育児，
介護なども含む）の両立を求める労働者も増加している。つまり，産業メンタ
ルヘルスにかかわる援助者は，このような労働者にまつわる職場や家庭のスト

レスを理解し，労働者が健全な労働を継続できるよう職場システムにおける支援を実践していく必要がある。本稿では産業領域における具体的な臨床実践を家族支援の視点を含めて述べる。

産業メンタルヘルスにおける3つの予防と4つのケア

産業領域の臨床実践において，まず前提として理解しておかなくてはならないのは，事業場組織では事業者と労働者の間に労使契約が存在するということである。そのため，産業メンタルヘルスは予防精神医学の考え方に加えてその根拠となる法律や行政の施策の理解は欠かせない。産業メンタルヘルス活動は3つの予防で整理されている。まず，メンタルヘルス不調者の発生予防が1次予防であり，労働者全員を対象にした健康教育，健康相談，管理体制の確立，労働安全衛生マネジメント，生活習慣，過重労働の是正などの活動があげられる。次の2次予防は，メンタルヘルス不調者の早期発見，早期対応のことを指し，うつ病や，適応障害などのメンタル疾患の早期発見と治療へつなげる支援などの早期対応，そのために必要な事業所内の精神保健体制の整備（面接指導，家族による気づきの促し等）があげられる。そして，3次予防は，メンタルヘルス不調者の職場復帰と再発予防のことをいい，専門医の受診とその勧め，職場復帰支援及び職場再適応支援の活動があげられる。

産業メンタルヘルスケアの基本は，「労働者が健康を保持・増進し，就業を継続できること（労働安全衛生法）」であり，まず事業場では疾病や障がいを直接的に扱うのではなく1次予防を一義的な目標として心とからだの健康づくり（Total Health Promotion Plan；THP，1988）や快適職場づくり（「事業者が講ずべき快適な職場環境の形成のための措置に関する指針；快適職場指針」労働安全衛生法，1992年改正）を求めてきた。しかし，2000年前後に労働者のメンタルヘルス不調や過重労働による自殺が社会的問題となり，疾病予防も含め現状の対応や対策が必要となった。そこで，2次予防のメンタルヘルス不調の早期発見，早期対応を目的とした「事業場における労働者のこころの健康づくりのための指針；メンタルヘルス指針」（労働省［現・厚生労働省］，2000），3次予防の職場復帰と再発予防を目的とした「心の健康問題により休業した労働者の職場復帰支援の手引き」（厚生労働省，2004）が示された。前者で掲げられた4つのケアは，その後，1次予防から3次予防の包括的な指針として「労働者のこころの健康の保持増進のための指針；新メンタルヘルス指針」（厚

心の健康づくり計画の策定

4つのケア

セルフケア

事業者は労働者に対して，次に示すセルフケアが行えるように支援することが重要です。
また，管理監督者にとってもセルフケアは重要であり，事業者はセルフケアの対象として管理監督者も含めましょう。

- ストレスやメンタルヘルスに対する正しい理解
- ストレスへの気づき
- ストレスへの対処

ラインによるケア

- 職場環境等の把握と改善
- 労働者からの相談対応
- 職場復帰における支援，など

事業場内産業保健スタッフ等※によるケア

事業場内産業保健スタッフ等は，セルフケア及びラインによるケアが効果的に実施されるよう，労働者及び管理監督者に対する支援を行うとともに，次に示す心の健康づくり計画の実施に当たり，中心的な役割を担うことになります。

- 具体的なメンタルヘルスケアの実施に関する企画立案
- 個人の健康情報の取扱い
- 事業場外資源とのネットワークの形成やその窓口
- 職場復帰における支援，など

事業場外資源によるケア

- 情報提供や助言を受けるなど，サービスの活用
- ネットワークの形成
- 職場復帰における支援，など

※それぞれの事業場内産業保健スタッフ等の役割は以下のとおり。
- 産 業 医 等：専門的立場から対策の実施状況の把握，助言・指導などを行う。また，長時間労働者に対する面接指導の実施やメンタルヘルスに関する個人の健康情報の保護についても，中心的役割を果たす。
- 衛生管理者等：教育研修の企画・実施，相談体制づくりなどを行う。
- 保 健 師 等：労働者及び管理監督者からの相談対応などを行う。
- 心の健康づくり専門スタッフ：教育研修の企画・実施，相談対応などを行う。
- 人事労務管理スタッフ：労働時間等の労働条件の改善，労働者の適正な配置に配慮する。
- 事業場内メンタルヘルス推進担当者：産業医等の助言，指導等を得ながら事業場のメンタルヘルスケアの推進の実務を担当する事業場内メンタルヘルス推進担当者は，衛生管理者等や常勤の保健師等から選任することが望ましい。

（厚生労働省，2006）

図Ⅵ-5-1　新メンタルヘルス指針「4つのケア」

生労働省，2006）に改定され，現在のメンタルヘルス活動の基本となっている。同様に職場復帰支援の手引きも2009年に改訂が行われ，各事業場に可能な範囲の支援を実施するよう推奨された。事業者は，労働契約法において「業務遂行にともなう疲労や心理的負荷等が過度に蓄積して労働者の心身の健康を損なうことがないよう注意する義務（安全配慮義務）」を負い，メンタルヘルスの責任を遵守することとされている。現在は，その1つの活動として，労働者が50人以上の事業所には「心理的な負担の程度を把握するための検査（ストレスチェック）」を労働者に対して毎年実施することを義務付けている（労働安全衛生法，2015年改正）。

産業メンタルヘルスの基本となる支援は，「セルフケア」「ラインによるケア」「事業場内産業保健スタッフ等によるケア」及び「事業場外資源によるケア」の4つのケアを継続的かつ計画的に行うことを重視している（厚生労働省，2006）（図Ⅵ-5-1）。そして事業者には，①心の健康計画の策定，②関係者への事業場の方針の明示，③労働者の相談に応ずる体制の整備，④関係者に対する教育研修の機会の提供，⑤事業場外資源とのネットワーク形成などを実施するように推奨されている。つまり，臨床実践にかかわる支援者はこれらの取り組みに関し，産業医とともに専門的立場から助言したり，協働したりすることが求められる。

職場復帰支援

産業メンタルヘルスケア活動の中で，事業者にとって対応に苦慮しやすいのが，3次予防のメンタル不調者の発生者対応である。つまり，不調者本人の職場復帰は，本人のみならず，職場の管理監督者や産業医をはじめとする産業保健スタッフなど複数の関係者で，主治医との連携のもと適切な対応と支援を行わなくてはならないからである。それぞれの事業場において支援の範囲と資源の幅は異なるため，安全で円滑な職場復帰支援を実施するには各事業所で仕組みとルールを策定する必要がある。それらの詳細を示したのが，「心の健康問題により休業した労働者の職場復帰支援の手引き（以下，手引き）」（厚生労働省，2009d）であり，職場復帰支援の全体の流れを，〈第1ステップ〉病気休業開始及び休業中のケア，〈第2ステップ〉主治医による職場復帰可能の判断，〈第3ステップ〉職場復帰の可否の判断及び職場復帰支援プランの作成，〈第4ステップ〉最終的な職場復帰の決定，〈第5ステップ〉職場復帰後のフォロー

アップ，の5つのステップで説明している。職場復帰支援は，考慮すべき事項を整理し，関係者それぞれの役割を明確にするため，休業の開始から職場復帰，フォローアップまでの全体の流れを把握しておく必要がある（田中，2007）。

システムにおける支援者の機能役割

メンタルヘルス活動にかかわる産業保健スタッフに求められる役割は，「労働者個人には自立の支援やストレス対処法を指導し，そして職場からはストレス要因を取り除くために上司や人事労務部門をサポートすること」（森崎，2007；2011）であり，コンサルテーション・リエゾン機能（乾，1993；楢林，2011）である。楢林（2011）も述べているとおり，「コンサルタント（臨床家）からコンサルタント（管理・監督者など）への単なる指導助言だけではなく，同席面接の実施，さらにコンサルティが複数（ラインの管理・監督者と人事・労務担当者や健康管理スタッフなど）の場合など，コンフリクト関係の調整や連携など多重な関係レベルへの介入が求められる」。つまり，システムにおける支援者は，従来の医療モデルの労働者個人への支援として機能するのではなく，「個人の内面の成長と現実的な適応支援，組織の改善，労働衛生的支援といった産業保健モデル」（森崎，2011）としてのシステムにおける支援が求められている。そしてメンタルヘルス活動にかかわる支援関係者が産業保健モデルにならってコンサルテーション・リエゾンを機能させるには，システム

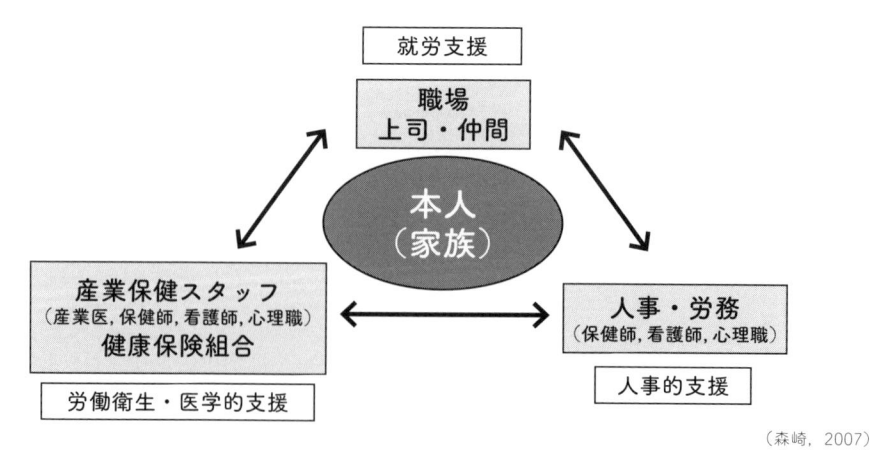

（森崎，2007）

図Ⅵ-5-2　関連部門のチームワーク：三位一体の支援システム

内の関係部門との体制づくりは不可欠である。その中で産業心理職は率先して，管理職・職場，人事労務部門，健康管理部門における三位一体の支援システム（森崎，2007；2011）を構築する役割を担うことが重要となる（図Ⅵ-5-2）。

システムズアプローチの活用

　産業メンタルヘルスにかかわる支援関係者は複数にわたる。職場におけるさまざまな関係性の文脈の中で問題の解決を目指すことになるため，関係性の文脈で問題を扱うことに慣れているシステム論的家族療法の視点は産業メンタルヘルスケアの領域において有用（楢林，2011）であり，これまで家族療法が開発した同席面接およびそこに関与する臨床家を含めた治療システム構築のための視点と方法が役立つ（児島，2011）。そこで，関係性の支援が必要であった職場復帰支援において，筆者がシステムズアプローチの技法を活用した事例を下記に紹介する（隅谷，2015）。

【事例 1 】
職場復帰支援におけるシステムズアプローチの活用

　本事例は，企業組織内の管理監督者や人事労務担当者らと外部EAP（Employee Assistance Program：従業員支援プログラム）機関の心理職（以下Co）とのコラボレーション体制で職場復帰を支援した一実践である。ある技術職の従業員Aが職場において複数の上司からの異なる指示と罵声を受け続けたことがきっかけでうつ病になり休職をした。職場の過大な期待と過重労働が重なって不調に至ったため，職場への復帰には非常に不安を示していた休職者であった。ハラスメントの事例は，双方の体験間に乖離がみられることも考えられ，支援者は多面的な視野を持ちながらかかわっていく姿勢が必要である。しかし外部支援者にとっては職場の内部まで把握することが困難であり，職場の問題が予測される場合，企業のライン（管理監督者や人事労務担当者ら）が中心になって職場改善を担っていくのが現実的である。

　そこで職場復帰支援関係者である組織内の関係者と心理職とがチーム体制で上司部下間の人間関係の改善や職場環境の調整を試みたところ，Aはスムーズに職場復帰に至った。その支援過程では個人面接とラインに対する組織支援を並行して行い，それぞれの関係性を統合的に支援するために，本人を含めた合

同面接を頻回に実施した。組織側からは人事部長，人事担当の他，職場所長，直属の上司を含む上司が参加し，CoはAのエンパワーを支えるように，人事と工夫しながら全体の面接の流れをつくっていった。するとAは「博士号を取得しているということで入社時より即戦力を求められ，丁寧な社員教育を受けられず迷ってしまった」状態を話し，上長らからは「実は若手のアイデアをほしいという期待が君には込められていた」ということが話された。また人事より「職場の体制が前社長のワンマンな経営方針のなごりが残っていたかもしれない」という組織の歴史的背景も話された。

つまり，本人との個人面接ではAの言い分をCoが聴き理解を深め，合同面接では，本人を含めた関係者それぞれの言い分やとらえ方を丁寧に共有することで，互いの誤解の解消や今後の関係性の悪循環の見直しにつながるやりとりが行われた。合同面接を通してラインは改めて本人の特徴を知り，本人にまつわる理解をひも解くことにより，ライン自身が本人へのかかわり方に関してエンパワーされていった。また合同面接により支援関係者それぞれも協働関係を強化されていき，本人の職場復帰への安心感につながったと考えられた。

本事例の合同面接は，システムズアプローチにおける家族合同面接（Co-therapy）の考え方を活用した。中釜（2010）は個人心理療法と家族合同面接の併用の有効性を指摘しているが，個人支援と組織支援を交互に進め，途中で全体の合同面接を実施する方法は本事例に有効であった。面接の併用は複数の関係性で生じるシステムの理解が個人面接で不十分な場合に，合同面接を実施することで他の見方を知ったり，意思を伝えたり，誤解を解いて参加者それぞれを受け入れたりすること（acknowledge）を可能とする。本事例においても，それらのシステムズアプローチの技術が助けになり，関係性の具体的な把握や悪循環への介入を試みることができた。

産業メンタルヘルスケアにおける家族支援の重要性

これまで産業メンタルヘルスでは，個人心理的な問題や家族の問題の解決は触れることはあっても，産業メンタルヘルスケア活動の一義的な目標になることはないとされてきた（楢林，2011）。しかし，先に述べたとおり，個人の心理的問題の理解がシステム関係者の支援プロセスに役立つこともあり，また，メンタルヘルス不調者の家族の理解が非常に重要になることもある。職場における支援に限界があり，家族の連携をとりながら家族の支援を得ることも必要

になってくる。新メンタル指針（厚生労働省，2006）において家族との連携について言及されるようになったのはその現れである。以下が記載されている箇所である。

・労働者に日常的に接している家族は，労働者がメンタルヘルス不調に陥った際に最初に気づくことが少なくない。また，治療推奨，休業中，職場復帰時及び職場復帰後のサポートなどメンタルヘルスケアに大きな役割を果たす。

・事業者は，労働者の家族に対して，ストレスやメンタルヘルスケアに関する基礎知識，事業場のメンタルヘルス相談窓口などの情報を社内報や健康保険組合の広報誌等を通じて提供することが望ましい。

・事業者は，事業場に対して，家族から労働者に関する相談があった場合には，事業場内産業保健スタッフ等が窓口となって対応する体制を整備するとともに，これを労働者やその家族に周知することが望ましい。

つまり，本人にまつわるシステムの1つである家族システムにも支援があり，職場システムとあわせて資源の可能性を確保することが大切である。

次に提示する事例は，休職期間中に体調が改善せず，余儀なく退職に至った職場復帰支援である（隅谷，2011）。職場復帰に関する支援，手続きには人事労務担当より家族にも周知され，家族の支援も得ながら，支援関係者それぞれが休職満了時までできる範囲で実施した事例であった。

【事例2】

再休職から退職に至った職場復帰支援への夫婦面接の導入

ある中規模企業における職場復帰支援の一事例である。管理職への昇進と合併による過重労働がきっかけでうつ病になった従業員Bに対して，外部EAP（Employee Assistance Program；従業員支援プログラム）機関の立場から休職中から職場復帰後までの支援を行った。職場復帰後半年間のフォローで面接は一旦終結したが，職場復帰約1年が経過した頃，再び休職をした。その再休職後の人事担当者の支援要請から退職に至るまで，会社関係者およびBとその配偶者との合同面接を行った。休職期間満了日を目前にした時点で，明らかに職場復帰が困難な病態で支援を開始したため，休職満了直前に半ば無理やりリハビリ出勤を実施することになった。人事担当よりリハビリ出勤の手続きや説明，Coの支援の範囲，退職の可能性について，家族にも説明をされ，家族に

よる支援も要請された。本人の危機的な状態の中で家族の支援は必須であり，必然的に導入した夫婦面接が，結果として本人だけでなく，支援関係者の助けとなり，支援システムにおける一連のかかわりに大きな役割をもたらした。

　本事例は，退職を余儀なくされたが，家族，人事部，Co，主治医の支援を得ながら本人がリハビリ出勤を挑戦する過程で，自ら体力の限界を感じ，決断した。その背景として，家族の「もう頑張らなくてもいい」「ゆっくり過ごそう」という言葉や，夫婦面接で今後の生き方の可能性について一緒に話していったことが大きな後押しだったと本人が語っている。このように，家族の支援が産業メンタルヘルスの一助となることもある。

（隅谷理子）

6　医療現場における家族支援 〜他職種との連携から

　医療現場に訪れる家族の表情は複雑である。医療には幅広い領域があり，健常な出産や健康診断以外は，なにかを病むこと，あるいは，そうした疑念を抱いて訪れる現場である。そして，「身体の病」の多くが，細菌やウイルス，腫瘍などといった「患者[1]の外から患者を襲ってくるもの」であるのに対して，心理，精神の問題になると「内なるもの」に問題があるという意識がもたらされる。前者に対しては，患者も家族も「外から」患者を攻撃してくるものに対して，医師と協力して撃退して完治を目指すことになり，悪者，患者や家族を困らせるものは「外にある」という共通認識がある。一方後者においては，事態は複雑である。患者を困らせるものは，患者の「こころの中」にあり，そのはじまりは家族にも関係があるとも考えられるからである。

　前者の場合の心理臨床的なかかわりは，なかなか撃退できない問題に対して疲弊する患者や家族の気持ちを支え，援助することが主となるであろう。後者の場合は，問題そのものにかかわる活動になり，家族への支援も様相が異なる。問題解決における主体を家族が担う場合があるからである。そこで，あらため

て考えなければならないのは，こころの問題で支援を求めてくる患者と向き合う時，彼らにとって必ずしも適切なかかわりを持ってくることができなかった家族に，責任を負わせてしまいがちになることである。しかし，多くの家族が患者に問題が生じることを望んでいたわけではない。家族全体が悩み，時には病むこともある。たとえば不登校や摂食障害を抱える青年の親たちが，そうした青年を育てようとしてきたわけではない。この当たり前の前提が，苦しむ患者を前にすると崩れてしまうことがある。児童の心理療法において，親面接と子どもの面接（プレイセラピーなど）を併行して行われる際に，親のかかわりに対して，セラピスト側に嘆きや怒りの感情が湧いてくることなどがその例である。

本ハンドブックでは，家族とはいったいどのようなものなのであろうかという素朴な疑問に対して，基礎的な研究の方法から，心理臨床的，医学的，社会福祉的側面等幅広く理解していく道筋を説くものと考える。特に家族療法や家族援助の節においては，問題を抱える家族をいかにして理解し，いかに援助すべきかについて多側面から検討している。その際に，この当たり前の前提を再認識することが重要であり，その主張ができるのも，家族心理学という領域ならではと考える。

この前提に立つからこそ，支援における家族理解，「見立て」という作業が大変重要になる。本稿で取り上げる医療現場における家族支援については，筆者が先に『家族心理学年報』でまとめたこと（髙橋，2015）を踏襲しながら，さらに連携の視点を拡げて，検討を進めたい。

「見立て」にかかわる家族関係理解

筆者が医療領域で家族と患者との関係に深く関心を持つことになったのは，およそ35年前の実習先でのできごとであった。ある患者が，久しぶりに自宅に外泊するのをとても楽しみにしていた。迎えに来た母親に甘えるように話しかけながら，患者は家路についた。しかし患者によっては，久しぶりに自宅に外泊することを楽しみにし，帰宅するものの，外泊を終えて帰院した際，本人の状態が憎悪していることがあった。また，患者と同伴して病院に訪れたものの，患者と同席での診察や心理面接を希望しただけでなく，さらに患者と別に内緒で話したいと治療者にささやく家族もいた。困ったことを内緒で開示しようとしている事態は呑み込めたが，その後その事態を治療でどう扱うのだろうと，これも疑問として残った。

これらは筆者の心理臨床の道を歩み始める以前に味わった原初的な体験である。最も良き理解者である家族は，一瞬にして最も理解できない他者になり得る。そしてまた患者は，理解され，治りたいと訴える気持ちと裏腹に，暴かれたくない，治りたくない気持ちを内包している。そして，家族もこの患者に治ってほしいと思う気持ちと同時に，患者が治ることで家族のバランスがとれなくなる無意識の不安があり得る。先述した実習先のできごとのうち後者の例は，土居（1992）においても，臨床現場で見かける光景として取り上げられており，その際の対応について立場を明快にして記述されていた。これらの患者や家族の気持ちや状態をも含んで，「見立て」の作業は，進められなくてはならない。

　「見立て」について土居（1996）は，診断的なものを含み，患者にフィードバックする狭義の「見立て」を含んだ上で，「単に患者に病名を付与することではない。それは断じて分類することではない。それは個々のケースについて診断にもとづいて治療的見通しを立てることであるとともに，具体的に患者にどのように語りかけるかをも含むものであって，きわめて個別的なものである。それは患者についての判断を提供するものであるとともに，同時に判断する治療者の資質と経験がそこに浮かび上がる仕組みになっている」という。さらに先の狭義の「見立て」に対して，広義の「見立て」は，患者に接して専門家が行ういろいろな営みをすべて含んでいるとも述べられている。さらに土居（1992）は，複数の症例について「見立て」に関する論考を進めた後に，「家族の問題」として，患者の病気に家族が深くかかわっていることがあるが，それを治療者が理解してすぐに家族にはたらきかけようとすると，家族は態度を硬化して，かえってそのことが患者に悪影響を及ぼすことがあると述べている。

　「見立て」の作業において，患者の病理だけに注目して家族の問題を見逃してしまうことは，その後の治療に悪影響を及ぼす。しかし，家族の問題を理解したところで，どのようにそれを治療でフィードバックし，扱っていくかについては慎重な検討が求められ，そのこと自体が「見立て」の作業として重視すべきであろう。このように医療現場の中でも精神科をはじめこころの問題を取り扱う現場において，「見立て」は大変重要なことであり，そこには患者の家族関係理解が必要になる。患者自身の問題レヴェルや家族関係の「見立て」に応じて，家族療法の導入や，個人心理療法を中心としながら必要に応じた家族面接の導入など，家族とのかかわり方についても，柔軟かつ入念な検討を行いながら進めていく必要がある（髙橋，2008）。

　冒頭に述べた，家族と向き合う上での「当たり前の前提」に立って，「見立

て」も考慮しなくてはならない。伊勢田（2002）は，患者の家族に対して治療者側からの陰性感情が起きやすいことを指摘しながら，家族への「見立て」の作業や家族にはたらきかけをする上での心がけとして，7つの留意点を挙げている。家族の立場に立って理解することや，家族を治療上のパートナーとして価値あるものとみなす，患者の援助となる家族を援助する姿勢を治療者が持つこと，治療方針についても説明を施し参加を促すこと等が詳細に記述されている。こうした基本姿勢に立ってはじめて，患者家族の適切な「見立て」が可能となろう。

　一方で，このような複雑に入り組んだ患者－家族関係を考えると，医療機関における「見立て」の作業にも，治療を進めるためにも，多職種間の連携が必要であり，また協働でカンファレンスが行われることも多い。治療者の見方が一面的にならないように，多角的に患者－家族関係を理解することが必要なのである。たとえば，医師の家族面接に訪れた家族の表情と，病棟での面接や外泊時に垣間見える患者と家族の関係には，少し趣の異なる様相も示されるであろうし，心理面接において家族が見せる態度や表情もそれとは違う場合もある。したがって，この「見立て」の作業における多職種「協働」による家族理解は，患者理解のための幅広い知見を総合する術となり得る。そして，引き続いて協働による治療が進められるのである。

心理アセスメントに表れる家族関係

　医療現場における心理臨床実践業務は，精神科領域のみならず，小児科，産科や内科系，外科系等幅広い分野での活動が求められている。その果たす役割としては，もともとの臨床心理士の4大業務である臨床心理査定，臨床心理面接，臨床心理的地域援助及びそれらの調査・研究・発表がすべて求められる現場である。さらに近年重視されてきている多職種（他職種）間の連携，協働に力を尽くすことが加わる。なお本節では，文脈によって「多職種」と「他職種」という表現を意図して使い分けている。

　医療現場における多職種合同でのカンファレンスにおいて，医師からの診断にもとづく「見立て」や全体の治療方針の提案をもとに，精神保健福祉士（精神科ソーシャルワーカー，以下PSW）からの家族の状況などが報告され，実際の看護の状況，治療における問題点が指摘される。臨床心理士がそこに参加する場合は，心理アセスメントの結果から理解された患者の家族に対する印象

や内的家族関係理解も総合されていく。現場によっては，作業療法や心理臨床的なアプローチを含むグループワークでの様子も報告され，患者の社会復帰を目指した治療方針が組み立てられる。1人ひとりの症状や生育環境が異なるため，これらの作業は丁寧に進めていかなくてはならない。ここで必要とされる心理臨床家の専門性は，直接家族とかかわるばかりではなく，心理アセスメントの施行時に表れた家族イメージやその関係理解でもある。具体的には，文章完成法における家族に対する記述，ロールシャッハ法の反応やイメージカード，TAT（絵画統覚検査）の物語に表れた家族関係などが挙げられる。もちろん実際に語られた家族イメージとは裏腹な無意識的な想いを表現されることも少なくない。たとえば，ロールシャッハ法における母親イメージが，優しい母であっても，当該カードの反応には，実態のわからない不安を誘発させるような内容が産出されることもある。しかしこの場合，表面的にはこのように語っているが，内面では異なるという単純なものではない。むしろその両側面を葛藤的に抱いている患者のありようを受け止め，実際の治療における対人関係にもそれが表れてくるものと理解できる（髙橋，2012）。このような幅広く深い視野を持った，心理アセスメントの結果を紡ぐ眼差しの訓練は，専門家として歩む限り継続的になされるべきである（髙橋，2014）。

　このようにして「見立て」や方針が立てられ，多職種協働して治療や支援が進められていく。入院患者の場合，医師を中心として，看護師，PSWらによって家族面接が進められ，さらに詳しい家族力動などが理解されていき，退院後の生活についての話し合いに活かされていく。また入院中から，個人心理療法が開始され，内的な問題に向き合う作業がはじめられるであろう。

　外来での個人療法中心の治療においても，家族との直接的かかわりが必要な場合は医師やPSW，臨床心理士による面接も行われている。先の導入期に理解された，本人や両親，同胞のパーソナリティ特徴，それぞれの間のコミュニケーションや関係性の特徴に加え，両親の源家族との関係理解もできれば，三世代にわたる家族関係理解が深まり，眼前の患者支援に大きく貢献する。

医療機関における家族とのかかわり

　医療現場での心理臨床実践活動では，さまざまなアプローチによって，家族とかかわる。髙橋（2008）でも概説したように，多くの場合，本人の内的作業として家族とかかわる個人心理療法を中心としながら，必要に応じて直接的家

族面接を導入する。また，患者の問題に対する適切な理解のために，個人心理療法と併行して心理教育的家族面接を実施していく場合，あるいは家族に対して家族全体の理解や家族のありように対する洞察を深めていくような面接を導入することもある。また家族療法に代表されるように，可能な限り家族全体の面接を導入していく場合などがある。そして，実際には，患者の病理に合わせて，これらを組み合わせて実施していくことが多い。先の伊勢田（2002）でも述べられていたように，はじめは患者の病理をなかなか理解できなかった家族に対しても，丁寧なかかわりを重ねていき，患者の支援者として家族を教育し，さまざまな気づきを促していく姿勢が治療者には必要になる。

　本稿では精神分析的な理解を重視してきた。実は，家族関係理解は歴史的に精神分析と深いかかわりを持っている。筆者の知る限りでは，多くの先駆的家族療法家が精神分析的理解に軸足をおいていたと考えられるが，その後は対立する考え方を持つように発展してきている。「家族力動」について中村（2014）は，「家族関係」を理解し，それと症状や問題行動との関連性を見出すことと述べる。しかし「家族力動」という言葉を昨今耳にしなくなったのは，家族療法家がシステミックという用語を活発に利用する反面，ダイナミクスという言葉を利用しなくなったからではないかという。おそらく前者には円環的因果律という理論が背景にある一方で，後者は直線的因果律に近いニュアンスがあるからという。そこで中村は，力動的家族理解とは，システミックな家族関係性理解と，力と距離を把握しようとする構造派の家族理解，そして家族をその歴史から理解しようとする視点が統合されたものと主張する。

　また精神分析家である相田は，日常的な精神科業務において，グループワークや院内の家族精神医学セミナーという勉強会の担当をしながら，病院というグループシステムへのはたらきかけをも行い，それらを報告している。直接的な精神分析的アプローチをする場面ではなくても，熟練された精神分析的態度が発揮され，院内でのできごとを抱える機能を果たしている（相田，2013）。やはり家族を理解し，支援する上では，家族の歴史性という直接的流れと同時に，現在家族のかかわりあいという循環的な見方を総合した視野を持つことが必要であろう。

医療現場での多職種連携

　こうして，医療現場で患者とかかわる上で，その家族関係理解は必須のこと

であり，治療に携わる者は，医師であれ看護であれ，PSWや臨床心理士も家族とかかわりを持っていく。また医療現場は，多職種が協働し合うことで，クライエントへの治療や支援を実践していくところであるため，それらによる理解が統合されて治療方針が組み立てられ，治療が進められることが望ましい。特に看護やPSWの立場から家族とかかわる視点やそのありようについても多くの提言がなされており，心理臨床支援にも多大な示唆をもたらす（スーザン・H・マグダニエル［McDaniel, S. H.］，2006；渡辺，2006；福山，2006，他）。

医療現場は，「見立て」の作業から心理臨床の専門家が個の活動として支援を行うところではなく，多職種連携に支えられて治療がはじまる。ただし心理臨床領域での個人心理療法がはじまると，情報の共有に関して積極的に行うことは減じて，危機介入的な状況の場合以外は他のスタッフにも管理医（主治医）にさえも口外できない内容が語られてくる。情報の共有と守秘義務という葛藤状況を抱え適切に判断する機能も，心理臨床家に求められるのはいうまでもない。それらも鑑みた上で，他職種との協働の中で，心理臨床における技法的な専門性を越えて広い視野を持った専門性にかかわる検討が求められる。

髙橋（2013）では，家族の「喪失」が大きく覆いかぶさり，人生の歩みを阻まれる想いを抱く事例を取り上げた。源家族との問題が現在の家族に大きな影を落とし，症状形成につながっていった。心理療法では問題の改善を主とするのではなく，むしろその背景にあるつらさや哀しみに少しずつ触れ，こころの作業のサポートをしていったといえる。一方看護スタッフは，現実生活の立て直しを支え，PSWは，将来の家族生活の設計を含めて助言をしていった。主治医の管理によって，それらが統合的に機能し，患者は家族とともに再び歩み始めたのである。協働による支援は，現在の家族コミュニケーションを活性化していく流れをつくり，家族全体の落ち着きを取り戻す役割を果たす。多世代にわたる家族関係の問題を含めた「見立て」が活用され，現実生活のサポートをする多職種協働のもと，新たな家族の出立を支援していくプロセスが重視される。

冒頭に述べたように，医療現場では，いろいろな形で患者の家族に出会う。ここでは，「見立て」，個人心理療法を含めた家族とのかかわりも視点としながら，多職種の協働によって行われる家族支援のありようをまとめてきた。患者個人に向き合う心理療法のスキルを向上する上でも，家族関係理解や家族とのかかわりに十分応え得る専門性や臨床力を向上する上でも，他職種の支援活動を理解し，相互にかかわり合う姿勢や専門家としてのコミュニケーションスキルを磨く上でも，永続的に日々の研鑽を積む必要がある。専門職としては，経

験知が大きな力を発揮するが，時には若手の専門家の眼差しが，それまで開かれていなかった気づきを促すことがある。単に経験のある専門家が若手に指導するばかりではなく，他職種の専門家への気づきや発言ができるようなカンファレンスの運営，チーム力が，医療現場には求められるであろう。

（髙橋靖恵）

(1) 医療現場であるため，本稿での多くの表記は患者と記述しているが，幅広い支援を考える際には，クライエントと表記している。

7　非行少年に対する家族支援

少年非行をどのように理解するか

非行臨床の特殊性

　非行少年の対応においては，少年の行動規制を課す役割と，少年の自由意志を尊重するという2つの役割が求められ，その相克にしばしば困惑させられる。これがダブルロールの問題といわれるものである（井上，1980）。この問題に示されるように，非行臨床には他の心理臨床にはない特殊性がある。本稿では，まず，この点に目を向けながら，非行少年の家族支援のあり方を考えてみたい。

非行少年——加害者でありながら被害者意識が強い少年たち

　少年たちの中には，再犯をくり返し，罪の意識がほとんど深まらないように見える者がいる。彼らはもちろん理屈の上では悪いことをしたという自覚はある。ではなぜ罪意識が深まらないのだろうか。次の2つの事例に目を通していただきたい（本稿で取り上げる事例は，複数の事例をつなぎあわせたり，加工を施すなど，プライバシーに配慮してあることをお断りしておく）。

Ａは13歳の時に激しい校内暴力を起こし，窃盗，シンナー吸引，恐喝などで警察につかまり，家庭裁判所で試験観察に付されたが，いっこうに行動は改善されず，児童自立支援施設に送られた。しかし，そこでの生活は安定せず，1か月に5回の無断外出をくり返して浮浪生活を送り，バイク盗と無免許運転・物損事故を起こして捕まったのである。

家族はＡ，母，姉の3人家族。父はＡが4歳の時に仕事中に事故死をしている。母によれば，Ａは幼少期からその場逃れの詭弁を弄するのが巧みで，裏表の激しい行動をくり返してきた。Ａは驚くほど嘘がうまいと母はいう。

筆者はＡと面接したが，Ａは「僕は父親がいないことで，いじめられてきた」「僕はいつも運が悪い」「こんなこと（非行）をするようになったのは友だちが悪かったからだ」などと自己弁護に終始し，自分を被害者の立場に置こうとする傾向が顕著であった。

【事例２】少年Ｂ　19歳男子

Ｂは15歳時に傷害，窃盗，放火などで家庭裁判所に事件送致され，その後，強盗強姦（未遂3件，既遂3件），強盗強姦致傷，強姦致傷などを起こして特別少年院を仮退院したものの，さらに強盗強姦，強姦致傷を起こした。

Ｂの家族は母，兄3人，姉3人，妹の9人で生活。父親はＢが就学する直前にいわゆる蒸発して行方不明になった。母親はたくさんの子どもを抱え苦労を強いられてきた。

Ｂは無口だが，短気で立腹しやすい。「友人に裏切られた」「人は信用できない」などと言い，対人不信感が強いことを示す。筆者との面接が深まるにつれて，Ｂは「自分は人とのかかわりを避けてきたが，本当はとても寂しがり屋である」と複雑な気持ちを訴え始めた。そして，「僕は友だちとの関係でも，いつも除け者にされる」「いつも僕はいじめられてきた」と述べ，被害感情が根深いことを示すに至った。

以上2例を見ると，共通点があることに気づく。それは，双方とも被害者意識が強いということである。

Ａ，Ｂともに，罪を犯した加害者でありながら，気持ちの上では，あたかも自分が被害者のような立場に立っていることがわかる。彼らは理屈の上では悪いことをしたという自覚は一応はある。しかし，気持ちの上では「自分は不幸

である」「不運である」「不当な扱いをされている」といった被害者意識が根強く，生活や行動はむしろこのような被害者意識に左右されているために，罪悪感が深まらないのだと考えられるのである。

　この「加害者でありながら被害者意識が強い」という逆説は，非行少年一般に当てはまると考えられる。では，なぜ，このような問題が起きるのだろうか。その背景には，非行臨床特有の問題，すなわち行動化（アクティング・アウト）の問題が介在している。その問題を検討していくために，非行臨床の治療的アプローチをいわゆる神経症者の治療と比較して考えてみたい。

神経症との比較──行動化への対応と苦悩の理解

　いわゆる神経症者も非行少年も内面に苦悩を抱えている点では同じである。ところが両者ではその苦悩の表れ方が異なっているのである。

　神経症者は自らが苦しんでいくタイプ，つまり，自分を苦しめていくタイプだといえる。ところが，非行少年は周囲や他者を苦しめていくタイプと考えることができる。力の向く方向が逆である。非行少年たちは，苦悩の表れ方が外へと向かう。悩みを抱えるよりも，悩みを行動でまぎらわせようとするといっても良いかもしれない。「悩みを抱えられない少年たち」（生島，1999）ともいえる。非行がしばしば行動化の病理といわれるのはそのことと関係している。しかし，非行少年も内面に苦悩を抱えていることを忘れてはならない。その苦悩を共感し理解していくことが，非行少年への支援の基本なのである。

　さて，彼らの心の中が被害者意識に満ちていること。これは彼らの心が傷つき体験をくり返してきたからだといえる。

　実際，法務総合研究所（2001）が少年院在院者について虐待等の調査を行った結果によると，50.3%の少年（男女）に身体的暴力や性的暴力（接触や性交），不適切な保護態度のいずれかの虐待をくり返し受けた経験があると報告されているのである（橋本，2004）。

　非行をくり返す少年たちの胸の内には，親に虐待された，裏切られた，教師に不当に扱われた等の被害者意識が深く鬱積している。このような心の傷に対しては，カウンセリング的な手法で対応することになる。しかし，非行少年たちは神経症者と違って，激しい行動化がともなう。問題行動や犯罪をくり返し，せっかく治療者と少年の間にでき上がった信頼関係をすぐに壊してしまうのである。そのため内省は深まらない。この行動化に対する配慮が非行カウンセリングの大きな特色である。

こう考えると，行動化に対する対応として行動規制を課す必要があることがあらためて理解できるだろう。ところが，カウンセリング的な治療は本人の自由意志を尊重するのが原則である。これはある種の矛盾である。これが最初に述べたダブルロールと呼ばれる問題の核心なのである。

非行少年の家族の特質

さて，神経症者と非行少年の違いは，家族機能の違いにも現れている。

ビーバーズ（Beavers, W. R.）は，家族を遠心的と求心的という2つの側面からとらえた（杉渓，1992）。遠心的とは家族を外側に追いやる力が働くことを意味し，求心的とは家族内に吸収し埋没させる力が働くことを意味する。統合失調症や神経症の子どもたちが家族から外へ出ていけなくなる（求心的家族）のに対し，非行をくり返す子どもたちは家からはじき出される（遠心的家族）と考えられる。これについては，たとえば，非行少年たちは家出をくり返すことなどからも理解されよう。

家族メンバーに働く力の方向性が，神経症と非行では逆になっているのである。つまり，非行少年においては，家族機能においても力は「外へ」（遠心的）向かうし，内面の問題も「外へ」（行動化）向かうのである。このように考えると，非行臨床において，ダブルロールの問題，すなわち行動を規制する役割と自由意志を尊重する役割の相克がきわめて大きな問題となることがあらためて理解できよう。

家族支援の基本

非行臨床の特質，あるいは非行少年の家族の特徴を述べてきたが，最後に，それらを踏まえて，家族支援のあり方をまとめてみたい。ここでは，非行の専門機関ではなく，一般のカウンセリング現場で非行ケースを扱う場合を想定して，家族支援，非行臨床の基本をまとめてみることにする。非行ケースの場合，非行少年本人がカウンセリングの場に出てこない場合が多い。しかし，本人（IP：224頁参照）抜きであっても，家族システムそのものを変容させることも可能であろう。このような観点から家族支援をまとめてみたい。

まず少年と家族との間に良好な人間関係をつくる

　筆者が「非行少年の親の会」に出席した時のことである。ある母親がこう言った。「子どもが中学生の頃，私は，先生からもっと家で厳しくしてくれないと困ると言われて，厳しくした。そうしたところ，親子関係がますます悪くなって，本人はますます荒れた」。それを聞いて他の母親たちも，あちらこちらから，「うちもそうだ」という声が続いたのである。なにを言いたいかというと，親子関係が悪くなって非行がよくなったというのはほとんど見たことがないということである。親子の関係が良くなって子どもは立ち直っていく。つまり筆者の発想は，親子関係を良くすることを家族支援の基本的な姿勢にすえるのである。ダブルロールのところでも述べたように，確かに厳しさは必要である。しかし，まずは良好な親子関係をつくることが先決である。

ポジティブ・リフレーミングを効果的に使用する

　では，実際にどのようにして親子関係を改善するのかというと，ポジティブ・リフレーミングの効果的な使用ということになる。

　親に子どもの良好な行動を記述させて，その行動をほめるように指示する。また，親子で悪循環を起こしている行動の連鎖があれば，その悪循環に陥らないようにするにはどうするかを徹底的に話し合う。そして，次回の面接までに，どのような対応が好ましいか，うまくいった対応をメモしてきてもらう。また家族内で生じた変化をメモしてきてもらう。そして，次回面接時には，家庭内に生じた変化をポジティブ・リフレーミングで解釈して返すのである。

　たとえば，子どもをほめるうちに，親への甘えが見られるようになってくる場合がある。このような場合，この甘えは親子関係に信頼感が増してきたことの現れだと親に説明する。同時に，子どもの行動もポジティブ・リフレーミングでとらえ，親と一緒に考える。また，親のとった行動もポジティブ・リフレーミングで返す。このようにして，親と子どもの間，親とセラピストの間，双方に好循環をつくり出していくのである。

社会的な相互作用を利用する

　不登校など非社会的な問題を抱える少年と非行少年の決定的な違いは，非行少年は社会的な相互作用を受けるということである。非行少年は警察に捕まったり，家庭裁判所から呼ばれたりといった社会的な相互作用を生じる。非行臨

床では，この相互作用を最大限に利用することがカウンセラーの重要な仕事となる。また，このことが非行臨床の最大の特徴である。

　問題行動を家庭内で親が注意するだけで止めさせることはきわめて難しい。むしろ，注意が空回りするうちに，叱責が激化していき，親子関係が悪化し，さらに少年を非行に追いやることがしばしば見られる。だから，親子関係を良好にすることが，まず必要であり，それを積み上げていくうちに，その一方で多くの場合，少年は家庭外で問題行動を引き起こす。警察に捕まり，家庭裁判所に呼ばれるといった事態が生じる。実は，これがチャンスなのである。これは「権威を治療的に使う」（生島，1999）ことでもある。

　家庭裁判所に呼ばれることは少年にとって非常に大きな不安となる。このとき，親子で，家庭裁判所でどのように対応したらよいかを話し合うのである。言い換えれば，このとき，親子できちんと話し合えるように，そのための準備として，親子関係を良好にしておくと考えてもよい。

　また，これを好機として，少年をカウンセリングの場に引き出すこともできる。家庭裁判所でどのように対応するか，家庭裁判所に行くまでになにをすればよいのか，等を親子揃ってカウンセリングの場で話し合う。これこそが非行臨床の深まりにつながるのである。カウンセラーにとって，ダブルロールの問題が大きくなるのはとりわけこの段階からである。

自己決定の原則を貫く──他罰的姿勢への対応

　家族への対応としては，非行事例でも一般の家族臨床同様に，夫婦連合の形成や明確で柔軟な世代間境界の形成が重要になる。その点をまず押さえておきたいが，その上で，非行臨床では，非行少年への対応として，「自己決定の原則を貫かせる」ことが大きな意味を持つと考える。

　このことをじっくり考えてみよう。

　非行少年の心理臨床においては，激しい行動化がともなうことが特徴であるとすでに述べた。

　激しい行動化は，具体的には，責任転嫁や他罰的な姿勢となって現れる。平たい言葉で表現すると，非行少年たちは責任転嫁や言い訳に終始するのである。このような態度に適切に対応することが重要な課題となる。

　たとえば，少年が「転校してもよいですか」と許可を求めてきたとする。これに対して，どのように対応すればよいかを考えてみよう。

　少年の実情を考慮して「転校した方がよいか」あるいは「転校しない方がよ

いか」を真摯に考えたとする。ところが，「した方がよい」「しない方がよい」いずれの結論を出しても同じ問題が生じるのである。

転校を許可した場合，転校先で事態が悪くなった時，少年はまずこう言うだろう。

「あなたが転校しろと言ったからこんな悪い結果になった」。

また逆に，転校を許可しなかった場合はどうだろうか。事態が悪くなると少年はきっとこう言うのである。

「あなたが転校させてくれなかったからこんなひどい結果になった」。

つまり，いずれの場合もカウンセラーが悪者になってしまい，少年は被害者的立場に逃げ込んでしまうのである。このように，非行少年の行動化の背景には，他罰的姿勢がみてとれる。

したがって，少年たちが，他罰的姿勢がとれないような対応をとらなければならないことが理解できよう。

では，どうするか。それは，少年にとって肝心なことは，自分自身で決定させることである。つまり，自己決定の原則を貫くことが大切だと考えるのである。そして，その結果がうまくいけば，本人をほめ，うまくいかなければ，内省の材料にする。これが非行臨床の要だと考えている。

ダブルロールのところでも言及したが，非行臨床には行動規制を課すことがどうしても必要になってくる。行動規制を課すがゆえに，だからこそ，肝心なことは自分で決定させるという自己決定の原則を貫くことでバランスが保たれるのである。自己決定なくして責任感は生まれない。ひいては加害者意識も深まらないのである。

非行少年の家族には，少年が被害者的な立場に逃げ込む構造がすでに出来上がってしまっている。だからこそ，カウンセラーは家族と協働して，少年の自己決定を重んじる家族システムを作っていく。このことができるかどうかが，支援のポイントになるのである。

おわりに──逆説には逆説を

本論では，非行臨床の難しさの原因を，非行少年の行動化にあると考えた。そして，彼らが行動化をくり返し，内省が深まらない原因は，非行少年たちは加害者であるにもかかわらず被害者意識が強いためだと考えた。そして，少年の自己決定を重んじる家族システムを構築できるかどうかが大きなポイントに

なると論じた。

　このことは，次のように考えることもできるのではないだろうか。

　非行少年たちは「加害者であるにもかかわらず被害者意識が強い」という，いわば逆説的な存在である。一方，対応はどうかというと，「行動規制を課しつつも，自己決定を重んじる」ということになる。これも逆説性をはらんでいることがわかる。つまり，非行少年たちは「加害者であるにもかかわらず被害者意識が強い」という，いわば逆説的な存在であるからこそ，この逆説的存在に対する治療的対応もまた，「行動規制を課しつつも，自己決定を重んじる」という逆説的なものにならざるを得ないのではないか。ここに非行臨床の難しさがあり，それは同時に臨床家にとって，臨床活動を行う上での妙味となるのである。

（村尾泰弘）

8　犯罪者への支援とその家族

　犯罪は，被害者やその家族をはじめとした多くの人を悲しみと苦しみに陥れる。近年，犯罪被害者問題についての社会的関心の高まりを受けて，二次被害に対する配慮や刑事手続における保護の施策が講じられる等，犯罪被害者支援があらたな段階に入ったとされている（小林，2003）。しかし，その支援はわが国においては不十分な点も多く，未だ課題も多い。またわが国のここ数年の再犯率の推移を鑑みると，犯罪を予防するということへの取り組みの不十分さが指摘されることも多い。犯罪の背景となる問題を軽減し，犯罪から離れた生活を送ることへのサポートとなる要因を増やしていくことについて考える必要がある。本稿では，この視点から犯罪をめぐる支援について解説する。

法改正による取り組みの変化

　平成18年「刑事施設及び受刑者の処遇等に関する法律」が施行され，平成19年6月1日にその一部が改正され，「刑事収容施設及び被収容者等の処遇に関する法律」が施行された。本法では「処遇の個別化」の原則の下，受刑者処遇の中核である「矯正処遇」として，「受刑者に対し，犯罪の責任を自覚させ，健康な心身を培わせ，並びに社会生活に適応するのに必要な知識及び生活態度を習得させる」ことを目的とした改善指導の実施が定められた。この法律を受けて，刑事施設では一般改善指導及び特別改善指導が実施されることとなった。一般改善指導とは，講話や運動，行事への参加などを通して，被害者感情を理解させ罪障感を養うこと，規則正しい生活習慣や健全な考え方を付与し心身の健康の増進を図ること，生活設計や社会復帰への心構えを持たせ，社会適応に必要なスキルを身につけさせること等を目的として行う指導をいう。

　特別改善指導とは，改善更生及び円滑な社会復帰に支障があると認められる受刑者に対し，その事情の改善に資するよう特に配慮した指導をいう。特別改善指導には，薬物依存離脱指導，暴力団離脱指導，性犯罪再犯防止指導，被害者の視点を取り入れた教育，交通安全指導及び就労支援指導がある。たとえば，薬物依存離脱指導では，薬物の問題に特化した専門的，体系的指導を行うとともに，出所後の支援を見据えて，民間支援団体の協力を得て指導を進める等，再使用（再犯）防止を目指した取り組みとなっている。

　また，社会生活の基礎となる学力を欠くことにより改善更生及び円滑な社会復帰に支障があると認められる受刑者に対し，教科指導が設けられている。出所後の就労に役立つような資格取得や職業訓練，また自費負担による通信教育も推進している（許可が必要）。保護統計年報によると（法務省，2014），無職の刑務所出所者等の再犯率は，有職の者と比べ約4倍とされている。つまり出所者が再犯を防ぐ要因として，就労・雇用の安定が大いに影響することがわかる。就労・雇用の安定のためにも出所後の生活に対する一般的な常識を備えておくことが求められる。受刑が長期にわたる者については，この備えの意味は大きいと言える。出所前に設けられる釈前教育において，社会生活で「直ちに必要となる知識」について理解させる機会が設けられ，社会への準備期間としている。

「指導プログラム」による支援

　前述したように特別改善指導では，いくつかのプログラムが受刑者の「義務」として設けられている。このプログラムを担当するのは，刑事施設の常勤職員（法務技官，法務教官若しくは刑務官），非常勤職員（心理士／処遇カウンセラー）である。多くのプログラムは基本的には，グループで行うよう構成されている。プログラム担当者は，本人たちの問題行動にかかわる内容について考え，課題を進めながら介入と促進を行う。重要な役割は，プログラムを進める過程で「気づき」を促し，参加者の相互作用を活用し，目標を共有していくことである。「反省」という目標にとどまらず，事件の上に成り立つことのない，望ましい生活について考える，考えられるように促すことも目標となる。プログラムの多くは，このような目的に合致するように認知行動療法ベースで展開されている。特に薬物や性犯罪，暴力の問題に対しては，このような視点が色濃く取り入れられており，リラプス・プリベンション・モデル（relapse prevention model）が採用されている。再犯（再発）のリスクとなる要因（状況や感情）を同定し，それを回避するという目標設定を掲げて進められる。併せて，近年ではグッド・ライブズ・モデル（good lives model）といった加害以外のもので自身の「幸福」を得ることができるようになるといった心理的ニーズに着目したアプローチも取り入れられている。

　これを加害者の処遇に活用すると，高リスク状況に陥る原因として生じる，自身の対処しきれないことや，生活のバランスが崩れるようなこと，ストレスが高まっていくことについての要因をふり返り，これへの「誤った対処」として今までの問題行動である犯罪が生じていると想定する。すなわち，再発にいたるかどうかの鍵は，リスクに対処するためのスキルを身につけているかどうかということである。スキルを活用し，効果的な対処がかなうことにより，問題行動に至ることが回避できるようになり，そのことが自己効力感を高めるようなはたらきを果たしていく。言い換えると，今までの問題行動は対処の失敗によるもので，この失敗があきらめにつながり，自己効力感を低下させるマイナスの連鎖やあきらめとなっていたと考え，この流れを断ち切るために，高リスク状況を同定し，回避するスキルを身につけていく「リスク低減モデル」である。

　次にグッド・ライブズ・モデルであるが，これは，リスクをマネジメントす

ることにとどまらず，豊かに生活することへの視点を取り入れている。これは，すべての人は「幸福（goods）」を手に入れるという目標に向かって行動していると仮定し，加害はこの「幸福」を，不健全な社会的には受け入れられない手段で手に入れようとすることだと考える。たとえば，「健全な人は，事件を起こすことで自身の幸福を得ようとはしないのではないか」「安心，安堵，安全を感じ得ている人は，人を攻撃することはないのではないか」という行動選択について話し合い，対象者のリスクとニーズ，加害に至る道筋，そして事件によって得ていたものはなにか（例：親密性，安心感，喜び，興奮，優越感，自己効力感）を対象者自身が知ることを目指す。そして，これを社会的に許容される別の手段で実現するために必要な，内的，外的な条件を整えるという枠組みで進めるのである。

　ストレスなどの否定的な感情と事件を結びつけ，対処策を準備して回避するという方略だけではなく，この２つのモデルの両輪で積極的モデルによる支援となっている。そのためには，スキル不足，認知のゆがみ，社会的・人的資源などの不足に焦点をあて，そして改善に向けた練習も積んでいく。「再犯しないこと」に主眼を置くのは大切だが，回避的なゴール（〜しない）ではなく，積極的なゴール（〜する）を設定すること，その結果として再犯しないという目標到達がなされるというイメージを，プログラムを通して共有していくスタンスといえる。

家族・社会との「つながり」という支援

　刑事施設に収容された人の多くは，社会に戻る。生活を立て直し，健全な生活を送るように努めようとする出所者にとって，社会内での自身のサポートをどのように築き維持することができるかが，「社会への再統合」という目標に大きく関わってくる。

　犯罪（再犯）の原因は１つではないが，前述した就労をはじめとした出所後の帰住場所における生活の影響は大きい。経済的困窮など物理的な問題や，家族や地域とのトラブルなどによる精神的な問題など，社会において調整が求められることにすぐに直面するのである。そこに対処するためには，限られた条件の中とはいえ施設内で「なにもしない」ということ，あるいは受刑中の「やりとり」で関係や問題を悪化させることも避けなければならない。施設で許可される外部とのかかわりにおいて，このことを考えなくてはならない。

まず，受刑者の面会は，親族や受刑者の社会復帰あるいは更生保護に関係ある人，受刑者を釈放後に雇用しようとしている人が可能である。また，出所後の生活を更正保護施設などとした場合には施設職員が面会にくる場合や，仮釈放でかかわる保護司が来ることもある（ただし受刑者が懲罰中などの場合やすでにその月の面会回数実施済みの場合には原則として面会できない）。面会できる回数は，受刑者が指定されている「優遇区分（第1類から第3類）」に応じて異なる。このようなことが，本人たちの好ましい行状維持へのモチベーションになることもある。

　面会だけではなく手紙でのやりとりも，家族や社会とのつながりとして大きい。もちろん犯罪性があると施設が判断した場合や，受刑者の適切な処遇の実施に支障を生ずるおそれがあると施設が判断した相手については手紙の発受が禁止されることがある。また面会同様，制限区分や優遇措置によって対応は異なる。

　受刑中も刑期を終えた後でも家族の支えや社会とのつながりを糧に再犯のない生活を目指すことが大きな役割を果たす中で，面会や手紙の影響は大きい。家族や社会との関係が犯罪への促進要因になるのではなく，再犯防止につながる保護要因としてはたらくような支援を考えていかなくてはならない。

　特に家族においては，身柄を引き受ける身柄引受人になり，受刑者の帰住先となることが多い。そのような家族との関係を維持，あるいは改善するということは重要である。たとえば，自身の受刑生活の不安から面会や手紙のやりとりにおいて誤った言動・コミュニケーションをすることもある。また，家族の困惑した状況に，自身も困惑し，怒りをぶつけるようなこと，あきらめを感じるようなことも多い。その結果，不安定になり施設内での行状も悪くなってしまう者もいる。あるいは，受刑中に家族の生活状況が変化し，可能だった身柄の引き受けが断られるということもある。このような状況が指導プログラムの場で語られることもある。その場合は，そのような出来事に対してどのようなとらえ方をしたのか，どのような感情を持ったのか，自身の選択しているとらえ方は，望ましい結果につながっているのかについて考える機会を与えることになる。

　このような話題が出たときの担当者の介入が，その後の家族との関係を考えるきっかけとなることもあり，直接家族とかかわることはないが，プログラムの役割は大きい。これは，友人や社会における自身の知り合い，または雇用や就労にかかわる人たちとの関わりについても同様である。たとえば，出所に向

けた面接（保護観察官や更正保護委員会委員など）や，雇用先との面接が設けられた場合，「こんなこと聞きやがって」「そんな言い方しなくてもいいじゃないか」などという不平，不満を述べる者もいる。そのようなとき，どのように言うかという小手先の技を教えるのではなく，なぜそのようなとらえ方をしたのか，なにが「苦手」でそのような態度になったのかについて考えさせる指導につながることもある。

　そして，家族のいない者や身柄引き受けを断られた場合など，また受刑者の心身の問題もふまえて環境調整をしなくてはならない場合，帰住先確保そのものを施設が支援している。近年では特に，この問題に対処すべく，各施設に社会福祉士（あるいは精神保健福祉士）の雇用がすすめられており，幅広い視点から受刑者の社会復帰のために動いている。

高齢犯罪者への支援

　さらに，高齢者の問題も忘れてはならない課題である。高齢受刑者の増加については苦慮している施設も多く，それぞれの施設が社会福祉士や精神保健福祉士とともに支援にあたり，特に障がいををもつ者に対しては，特別環境調整として生活環境調整を行っている。施設内においても，ハード面としてはバリアフリー化に取り組む施設もある。ここ数年は，多くの施設がこころのバランスだけではなく食事における栄養バランスや体重管理なども行っている。施設内において，また社会において，自身の事件について考えられるようにすること，そしてその責任を追うことについて健康であることが必要であるという立場からも，職員たちが工夫して取り組んでいる。

加害者支援の課題

　加害者臨床という立場において，犯罪をめぐる支援者として，対象者の特性に応じた指導・支援，さらに社会における「受け皿」の確保を含めた検討が重要な取り組みである。ここまで述べた加害者への支援を加害者へのサポートという視点でのみ受け取ると，被害者の立場を無視するようなことに受け取られることになる。支援者が配慮すべき点であるが，支援者の向こう側には被害者がおり，社会があるのだということを彼らに発信するのを忘れてはならない。なにより変化の責任は彼らにあるということ。そして，この取り組みは，再犯

防止のための「健全な生活」への支援であることを軸にして進められることが必要である。そのためには，支援者である者がアセスメントやトリートメントについての学びを怠ってはならない。刑事施設内での支援の効果は，出所後が勝負となるため，社会内で曝される刺激を免除されている生活において，どのような指導・支援ができるのかについては課題として持っておかなくてはならない。

加害者家族への支援

　加害者の家族は，ある日を境に加害者家族になるという混乱の中，養育への批判など，地域社会からの非難を浴び，引越しを余儀なくされるケースが多く，精神的，経済的な負担を負うことにもなる。親が逮捕された家族の子どもたちは，その負担から身体症状が出るだけではなく，自責の念にかられ，自尊心を失うということもある。現代社会では，インターネットの普及などによる情報流出により，その影響は大きく，長く家族にのしかかり，家族であるということの自責の念に耐え切れず死を選ぶことさえ起こり得る。犯罪加害者の家族は，事件の関係者であることによる社会の「あらゆる攻撃」にさらされることになる。さらに，長い間，薬物，暴力や借金などの問題への対応に追われ，心身ともに消耗している家族に対して，再犯防止の包括的な支援という点においては加害者への対応の鍵になるのも家族であり，家族会などへの参加を含めた支援者としての役割を担うことが期待されるのである。

　このような加害者家族については，メディアへの対応や捜査機関に対しても家族が対応しなければならず，弁護士による支援，経済的支援，そして特に精神的支援が求められる。さらに，偏見や非難を減らすための社会的支援も重要である。

　現在は，人権啓発センターで相談できるほか，このような加害者の家族をサポートする機関はNPOとして，「World Open Heart」（http://www.worldopenheart.com/index2.html）が存在するのみである。

　被害者支援とともに，加害者家族支援ということもわが国の課題であることはたしかである。

（東本愛香）

9 非行少年・犯罪者の 社会復帰と家族

非行・犯罪の促進又は抑止要因としての家族

　家族の状況に問題がある場合，それは，実証研究に基づいて特定された，処遇によって改善可能な7つの主要な動的再犯危険因子（dynamic risk factors）の1つである。7つの因子とは，①反社会的人格パターン，②反社会的認知，③薬物乱用，④反社会的な者との交流，⑤家族・婚姻の状況，⑥学校・仕事の状況，⑦余暇・娯楽の状況である（Bonta et al., 2007；Wormith et al., 2012）。日本では，非行原因に関する総合的な調査の結果分析から，家族に見られる非行促進要因として，①親の子どもに対する無関心（放任），体罰，過干渉など，②家庭内での非行抑制要因の欠如，③逸脱した家庭の文化を許容する家族の状況が指摘されている（星野，1999）。

　他方，非行少年・犯罪者にとって，家族が本来の機能を維持している場合，ここで述べるように，家族は，彼らの心理的・物理的な居場所になると同時に，非行・犯罪抑止及び遵法的な文化の再学習の場となる。

　犯罪社会学分野における主要な理論の1つである一般人格及び認知社会的学習理論（GPCSL理論）に基づくRNRモデル（Risk-Need-Responsivity Model）は，以上の点を理論的に整理して，犯罪誘発要因は後天的に学習するものであり，それらは，適切な学習によって修正可能であるとする。この立場では，認知行動療法等の効果が実証された処遇方法による介入・処遇を，本人を中心に，可能な場合，家族に対しても行う。

　現在活用されている，拡大版RNRモデルでは，再犯危険因子だけでなく，各人に内在する長所（strength）をアセスメントによって把握し，それらを伸ばすことも再犯防止処遇の対象に含めている（Andrews et al., 2011）。前記7つの再犯危険因子のうち，純粋な再犯促進要因は①～④であり，他方⑤～⑦は，それらが不安定ないし不健全である場合，再犯危険因子となる。後者は，支援的な処遇によって各人の長所を伸ばすことにより，⑤及び⑥の状況が安定

したり（良好な交友関係の構築，家族に対する多角的支援によって破綻に瀕していた家族関係が再構築される，安定した仕事に就く，サポーティヴな職場環境で働く），⑦について向社会的（pro-social）な内容の余暇活動や健全な娯楽活動の習慣を身につけることにより，再犯予防因子（protective factors）に転化させることができる。

RNRモデルや以下で述べる多様な処遇の中核をなす認知行動アプローチは，複数の大規模なメタ分析において有効性が実証されており，近時の研究では，統制群と比べ，実験群の犯罪者には，最大で52%の再犯減少効果が認められている（Lipsey et al., 2007）。

非行・犯罪の抑止要因としての家族への実践的なはたらきかけ

ここで述べる理論やアプローチは，その理論的系譜から，少年に関するものが多いので，若年犯罪者（20歳代）までは，概ね適用または応用可能と考えられる。他方，30歳代以降の犯罪者の場合，加齢にともなう本人の可塑性の減少，家族の高齢化等により，非行少年等への介入・支援と同様の効果を期待することが困難となり得る。さらに犯罪者が中高齢に達すると，健康上の問題等による家族との離・死別，頼れる親族等の喪失等の要因により，家族が犯罪者の社会復帰に果たし得る役割は，大きく限定される点に留意が必要である。

これらとは別の観点として，年齢を問わず，各種の依存症やドメスティック・バイオレンスの問題を抱える非行少年・犯罪者の場合，本人と家族との共依存の問題など，通常の家族介入・支援とは異なる特別の対応も同時に必要となる。

理論的・実証的背景

社会・心理学的要因に基づく，家族の非行・犯罪の抑止機能の説明としては，①米国のハーシ（Hirschi, 1969）による社会的紐帯理論（social bond theory；社会的統制理論の一種）と②カナダのバンデューラ（Bandura, 1977）による社会的学習理論（social learninig theory）が，代表的な理論である。1980年代以降隆盛となったRNRモデル等は，精緻な保険統計式リスク分析によって，これらの理論に実証的根拠を提供してきた（染田，2006；2012；2015）。

①は，従来の非行促進要因の探求ではなく，「少年はなぜ非行に走らないのか」という，言わば逆転の発想に基づいている。人間の性悪説を前提に，人の

生まれ持った本能の赴くままの行動は，内容によっては犯罪・非行になるので，本能の赴くままの行動を統制（抑制）するための「仕組み」として，社会的紐帯が必要になると考える。そこで，家族等の本人にとって重要な他者と本人の間に，社会的紐帯が存在することが，本人の本能の赴くままの行動を抑制する要因になるとして，次述４つの社会的紐帯の形成又は再生・修復と強化が，非行の事前抑止及び再非行の予防になるとした。この理論はすでに海外の非行少年等処遇プログラムで効果が確認されており（染田，2006），近年では，本人と家族等重要な他者との関係修復の重要性を修復的司法実践において提唱した再統合的恥付け理論（reintegrative shaming theory）の再犯防止効果を説明する考え方としても応用されている（染田，2015）。

　②は，人間の性善説または中性説を前提に，人は，生まれた時は白紙状態で，人格や規範意識の形成は社会的学習によるとし，人の幼少時からの学習環境（学校での勉強に限らない）が人生を左右すると考える。そして，犯罪は他の職業技術の習得と同じく，学習の法則にしたがって学ばれるとする。社会的学習は，他者の影響を受けて，社会的習慣，態度，価値観，行動を習得していく学習を意味する。したがって，仮に，不適切な社会的学習によって犯罪的態度を身につけた場合であっても，家族・学校・地域社会等で適切な社会的学習を再度行うことで，不適切な学習の効果を上書き消去することができる。

処遇の実践

　実務においては，理論的系譜は別として，社会的紐帯理論と社会的学習理論は，それぞれの長所を組み合わせて活用することができる。たとえば，社会的紐帯理論に基づくはたらきかけによって，非行少年にとって重要な他者となる遵法的な社会人との紐帯を形成し，学習理論に基づいて，紐帯の形成されている重要な他者をロールモデルとして，非行少年が望ましい行動パターンを社会的に学習することで，非行性の低減を通じた再犯防止と社会復帰を促進することができる。

(1)社会的紐帯理論に基づくはたらきかけ
　ハーシは，人の本能に基づく行動を抑制したり，逸脱した行動パターンから遵法的な行動パターンに引き戻すための４つの社会的紐帯を示した。以下，それぞれの意味とそれらの紐帯を構築したり，再生・修復・強化するための実践的なはたらきかけの例を述べる。

①愛着（attachment）：重要な他者と密接な関係（絆）を持つこと。重要な他者とは，特定の個人の自己概念（self concept）に強い影響力を有する者であって，その者にとって行動のモデルとなるか，その者に受け入れられたいとの欲求を生じさせる者をいう。重要な他者との密接な関係（愛着）の形成に成功すると，人は，重要な他者との関係を維持するために，逸脱行動等を控えるようになる（自分の心理的な居場所を守りたい欲求が生じる）。注意すべきは，重要な他者は，遵法的な社会人であることが必要であり，もし，違法行為を進んで行うような者に愛着が生じると，逸脱行動促進要因に転化する危険性がある点である（愛着自体は中立的な概念なので，必ずしも遵法的な者との愛着形成を保証するものではない）。重要な他者となり得る者は，両親，兄弟姉妹，親戚等近親者，親身に世話をしてくれる学校の先生，保健・福祉のワーカー，民生・児童委員，保護司，更生保護女性会員，BBS会員などである。法務省法務総合研究所による近時の実態調査分析（寺村ら，2012）では，非行少年及び若年犯罪者ともに，「心のブレーキの認識」として，父母または兄弟（妻子）を含めた家族全体のことを挙げる者が，他の要因（学校・職場への迷惑，警察に検挙される危険性等）を大きく上回っている。

②生活上の投資（commitment）：本人が，これまで家庭，学校，地域社会などの遵法的社会で培ってきた資産（社会的地位，良い評判，信用など）を，非行をすることによって失う利害得失（功利主義的観点からの失って困るもの・守るべきもの）を持つこと。処遇方法として活用する場合は，非行少年等へのはたらきかけを通じて，家庭内での家族間の信頼関係の再構築や学校・地域社会での再評価のプロセスを処遇者側で支援することにより，非行少年等にとって，失っては困るものを徐々に積み上げていくことが必要である。その意味で，学校での成績向上や高校進学への支援は，この投資を充実させる。日本で定期的に実施されている非行要因の全国実態調査では（内閣府，2010），学業関連のデータとして，クラスの中で成績が悪い者は，一般群33.5%，非行群70.1%，進学希望について，中学までとする者が一般群0.6%，非行群19.5%と，顕著な差異を示している。高校進学率が98%に達していることを反映して，社会における求人要件では高校卒が事実上の標準とされていることは周知の事実である。その中で，非行群の2割近い少年が中学卒の進学希望にとどまっていることは，将来への希望が乏しい上に，失うものがないため，刹那的な快楽を求めて，自

暴自棄的な行動へ走る危険性を示唆している。それゆえ，間接的に見える学業及び最低限の学歴保持の支援は，非行抑止策として重要である。高校中退者の多い非行少年に対する単位制高校入学・卒業支援や高校卒業程度認定試験の合格支援は，すでに法務省と文部科学省連携の下で実施されているが，さらなる充実の必要性が高いと考えられる。

③巻き込み（involvement）：社会内の習慣化した役割（向社会的活動における出番）を持つこと。処遇方法としては，学校での部活動や地域社会における行事等への積極的参加によって，社会から必要とされているという実感を非行少年等が得られるように，関係者と連携しつつ，処遇者側で調整や支援を行うことになる。このような非行少年等の出番の確保には，たとえば，非行少年等の長所（ストレングス）を伸ばす支援が効果的である。前出の内閣府調査では，クラスの中でのスポーツ能力を比較すると，できる方とする者は，一般群24.2％，非行群51.2％となっており，非行少年にスポーツ能力の高い者が多いことがわかる。このような長所を活かした向社会的活動への参加は，学校や地域社会での成績面・素行面でのネガティブな評価を好転させ，同時に，健全な（余暇）活動によって逸脱行動に注ぐエネルギーを減少させて非行抑止を具体化する方法として活用できると考えられる。

④規範概念（belief）：法律や社会的規範の妥当性に対する信頼と尊敬を持つこと。規範概念の内面化は，遵法的な社会人への愛着（絆）形成を通じて促進される部分と自分自身が法律や社会的規範の適用に際して平等・公正に扱われてきたという経験に根ざす部分があると考えられる。後者に関しては，欧米では，「人はなぜ裁判結果に従うのか」について，社会心理学的な観点からの実証研究が集積されている（治療的司法）（染田，2015）。その結果，裁判過程において，被告人の主張に，関係者が十分耳を傾け，併せて，処分の内容と意義について，丁寧に被告人に対して説明がなされた場合，被告人が裁判結果に従う比率が高まることが判明している。処遇者側においては，遵法的な重要な他者と非行少年等との関係再構築を支援しつつ，同時に，非行少年等として，ラベリングの対象となっていた者の主張を傾聴することで，法律や社会的規範を受け入れやすくする基盤を整えることが重要となる。

　この観点からは，①逸脱文化の学習の遮断と，②遵法的な文化の学習が処遇方法の中核となる。①に関連した法務省の調査では，少年事件の一般刑法犯検挙件数の罪名別・共犯者数別構成比（染田，2012）を見ると，強盗で57.9％，恐喝で48.4％が共犯形態で実行されており，不良交友関係が，逸脱行動に強い影響を及ぼしていることを示している。これは，前出の内閣府調査で，非行少年が親友を得たきっかけが，今の学校の友だちとする者が45.7％（一般群92.0％）と低く，他方，街で知り合った友だちとする者が24.0％（一般群3.2％）と高いことからも推測できる。

　これらのデータは，非行少年の「居場所」が，学校・家庭内にないため，結果として，外部の不良交友による低い規範意識学習の危険性が大きいことを示している。したがって，非行少年の居場所づくりのため，家族への機能再生のはたらきかけと併せて，少年であれば学校内に，通学していない少年や若年犯罪者であれば，地域における非行少年等の居場所づくりを進めることにより，逸脱文化学習遮断の鍵となる不良交友関係の整理を進めることが第一歩となる。

　また，家族自体が逸脱文化学習の場となっている場合は，非行少年等を家族から物理的に分離して，その影響を遮断しながら，適切な環境の下で，非行少年等の育て直しを実践する必要が生じる場合もある。このような場合には，刑事・少年司法機関が，その強制力を背景とした枠組みを活用しつつ，福祉，教育，保健・医療等の関係機関・団体等との多機関連携アプローチの下で，介入・処遇を進めていくことになる。

　同時に，②について，前記のように，家庭・学校・地域で，非行少年等にとってメンター（mentor）的な立場から，指導者であると同時に，有力な援助者として継続的に非行少年等の見守りを続け，彼らにとってロールモデルとなり得るような者を得るための支援を行うことが必要である。

変貌する家族と今後の日本における少年非行・犯罪への対応のあり方

　家族は，本来の機能を発揮していれば，幼少時からの子どもの課題に最も早く気づき，専門の関係機関等に相談や通報して，早期発見及び早期の治療・処遇を開始するための要となる。発達障害等自体の存在が問題ではなく，家族を含めた周囲の成人ないし社会が，幼少時からの障がいの兆候を放置して，学齢期以降の2次障害の進行を放置し，場合によっては，反社会的人格障害

（antisocial personality disorder）に至る可能性を見過ごすことが問題なのである。多機関連携による，家族を含む課題を抱える児童への幼少時（3〜4歳）からの対応がなされている場合（実験群），その後30年余の追跡調査を経た40歳時において，統制群と比べ，社会性の習得，高校卒業，年収（2万ドル以上）において優れ，より少ない逮捕歴を保証することを，著名な米国のペリー就学前計画は示している。

　日本でも，離婚率の継続的な上昇が見られる中，保護観察対象者に占める母子家庭出身の非行少年の比率は，20年以上継続的に増加し，過去最高を記録した後，高止まりを続けている（2013年［2016年］，保護観察処分少年36.3%［34.3%］，少年院仮退院者39.4%［38.8%］）（法務省，2017）。これは，離婚による負担が母親に偏っていることを示しており，母子家庭の母親の8割が就労しているにもかかわらず，過半数が貧困状態にある等の社会構造的な問題が背景にある（厚生労働省，2014d）。課題を抱えた児童・少年の早期発見を困難とする事情のある家庭が増加傾向にある中，社会復帰の場としての家族の機能を再生するためには，児童・少年に対する学校・地域での支援と児童・少年及び家庭全体に対する地域での総合的支援を，多機関連携の下で，専門的・継続的に実施できる体制の構築が，ここで述べた課題への日本での今後の対応において不可欠なものになると考えられる。

（染田　惠）

⑩　社会的養護

　個人，家族，社会が相互に影響し合うという前提に立ち，その関係性を援助や研究の対象とするのであれば，その背景にある法律や社会の動向，個人や家族，所属システムが置かれている状況に目を向けることが必須であろう。とりわけ，教育，福祉，司法等の既存の機関で働く心理士は，自らの行う援助がどのような文脈に置かれているのかに自覚的であるべきであろう。伝統的な心理

療法が標榜してきた外来型のモデルは，なるべくそのような文脈から影響を受けないような面接構造を設定してきたが，領域の広がりを見せる今日の心理的援助は，さまざまな文脈の影響に自覚的になりながら，その領域に沿った心理援助を展開できる力を要請している。1999年より心理士の配置が拡がった児童福祉施設もその1つである。

　本項のテーマである社会的養護とは，「保護者のない児童や，保護者に監護させることが適当でない児童を，公的責任で社会的に養育し，保護するとともに，養育に大きな困難を抱える家庭への支援を行うこと」であると，厚生労働省は定義している。広義には，障がい児入所施設のように，養育に多大な労力と専門的なケアを要する児童を対象とした施設も含むが，一般的には，「保護者のない児童や，保護者に監護させることが適当でない児童」を対象にしたものを指し，児童福祉法に定められている乳児院，母子生活支援施設，児童養護施設，児童心理治療施設（旧情緒障害児短期治療施設），児童自立支援施設などがこれに当たる。これらの施設養護（施設を受け皿とする養護形態）に加えて，里親やファミリーホームなどの家庭養護（家庭を上記対象児童の受け皿とする養護形態）も含めて，社会的養護と呼んでいる。

　この社会的養護のあり方をめぐって，わが国は大きな転換期のただ中にいる。戦後の設立契機を見ても，日本における社会的養護は，施設養護中心に進んできた。英国や米国などは，施設における集団養育の弊害（John Bowlbyによるマターナル・デプリベーションの研究に代表される）が指摘されたこともあり，早くから里親養育に切り替わってきた。国連は，2009年12月の会議において，「residential care（施設養護）とfamily-based care（家庭を基本とする養護＝家庭養護）が相互に補完しつつ児童のニーズを満たしているとしつつ，施設養護は必要な場合に限られるべきこと，幼い児童の代替的養護は原則としてfamily-based careで提供されるべきこと，大規模な施設養護は廃止していくべきこと，施設養護は可能な限り家庭や少人数に近い環境（a setting as close as possible to a family or small group situation）であるべき」という指針を出している。

　これを受け，厚生労働省は，2011年の「社会的養護の課題と将来像」及び「社会的養護の課題と将来像の実現に向けて」の中で，将来的に3分の1を施設養護，3分の1をファミリーホーム等，3分の1を里親養育へと移行していく方針を出している。小規模養育は，子どもとの関係性が深まるために，子どもの問題や病理性も引き出されやすくなる恐れもあり，さらにそれを支える大

人の人数も少人数（1人勤務）になりやすいという課題を含んでいるが，今後この方向で施策は動いていくと思われる。

社会的養護のシステム

2016年度において，児童相談所による児童虐待相談件数は，12万件を超え，年々増加傾向にあることは，さかんに報道され，広く知られるようになっている。児童相談所は，虐待通告を受けると，48時間以内に子どもの現状を確認し，緊急性が高いと判断すれば一時保護を行う。2015年のデータでは，相談件数の約17％（1万7919人）が一時保護となっている。一時保護の有無にかかわらず，児童相談所は子どもの状況確認，保護者からの聞き取り，学校や病院等関係機関からも情報収集した上で，家庭で育つのが適切であるかどうかを法律に基づき判断する。親の元で生活できる方法を最大限考慮しながら，子どもの健全な発達を保障すること（子どもの権利を保障する）を目指す。親子分離をし，社会的養護に移行する児童数は，例年4000人前後であるから，一時保護した児童の3割以下，全相談件数の5〜8％程度である。児童相談所が，いかに子どもと家族が共に暮らすことに多くの力を割いているかがわかるだろう。親子分離をし，児童福祉施設及び里親等に措置することが適当と判断した場合，保護者に施設入所の同意を求める。わが国においては，保護者の同意による入所（児童福祉法27条1項3号）がほとんどであり，家庭裁判所の審判による施設入所（同法28条）はごくわずかである。このような手続きを経て，子どもたちは児童福祉施設及び里親に措置される。

措置された子どもたちは，施設職員や里親といった代替養育者に日々の発達や学習，医療等の保障を得ながら成長していく。その間に，それぞれの福祉施設が児童相談所と共に家族への支援も行い，親子関係の再構築を目指す。親子関係の再構築とは，単に家庭復帰を指すわけではない。厚生労働省の親子関係再構築支援ワーキンググループによる「社会的養護関係施設における親子関係再構築支援ガイドライン」（2014g）は，親子関係の再構築の定義を「子どもと親がその相互の肯定的なつながりを主体的に回復すること」とし，その形態も「①親の養育行動と親子関係の改善を図り，子どもが家庭に復帰するための支援②家庭復帰が困難な場合は，親子が一定の距離をとった交流を続けながら，納得してお互いを受けいれ認めあう親子の関係を構築するための支援③現実の親子の交流が望ましくない場合，あるいは親子の交流がない場合は，子どもが

生い立ちや親との関係の心の整理をしつつ，永続的な養育を受けることのできる場の提供」としている。このような家族支援や自立のための支援などの後，18歳までの（場合によって20歳まで）いずれかに再び家族と一緒に住むようになったり，自立して1人暮らしをしたり，成人の障がい者福祉制度の枠組みに移行しGH（グループホーム）や障害者支援施設等を利用するなどして，社会的養護から巣立っていく。

児童福祉施設の種類と家族支援

子どもが産まれ，育っていくプロセスに沿って，どのような児童福祉施設があるのかを紹介していこう。

助産施設は，社会的養護に含まれないことが多いが，児童虐待死との関連で取り上げたい。助産施設は，経済的な理由等により出産にあたり入院出産が困難な者に住居と出産前後のケアを提供するものである。厚生労働省による「児童虐待による死亡事例等の検証結果（10次報告）」（2014e）によれば，心中以外の虐待死の約4割以上が，0歳児である。さらにその内0歳0か月の死亡事例が4割（児童虐待死亡事例の統計調査を始めた第1次報告から10次報告までの約10年間で111人）を占めている。加害者の約9割は実母であり，その内3割が10代である。またトイレ，風呂場等の自宅出産が6割強で，医療機関での出産は1割にも満たない。これらのデータからは，望まない妊娠によって誰にも相談できず，誰からもケアを受けられず，やむなく自宅出産に至り，子どもを死なせてしまった，孤立した女性の姿が浮かび上がる。助産施設の存在を知らない，知らせてくれる人もいない状況にあるのだろう。窮地に追い込まれた女性たちにとって，安心と生まれた子どもと向き合う幾ばくかの余裕を生み出してくれる助産施設の意義は大きい。

乳幼児を育てる社会的養護の場所としては，乳児院がある。保護者の不在，精神疾患や養育能力の不足，経済的な理由等によって家庭での養育を受けることが困難な乳幼児が入所している。基本的に0歳から3歳になるまでの乳幼児が対象となり，場合によって6歳まで延長できる。全国に134か所あり，約3,000人の乳幼児が入所している（平成27年度末時点）。乳児院からの退所先は，56%が家庭復帰，34%が児童養護施設への措置変更，10%が養子縁組を含む里親委託となっている。約半数が家庭復帰となっており，家族の再スタートを支援することが大きな役割となっていることがわかる。

そこで保育士が授乳，オムツ替え，入浴介助，散歩などを保護者と共に行い，心理士と協力して具体的な養育技術を伝えながら親という意識を育み，看護師が保護者と医療機関へ同行し，医療的ケアの必要性を伝え（乳児院で暮らす子どもの約半数は，病虚弱児，障がい児，被虐待児である），栄養士が離乳食の作り方や栄養指導をするなど，養育に必要なさまざまなことを経験してもらうことが家族支援となる。また乳児院の家族支援は，保育士のかかわりをモデルに，親子の頻繁な交流を勧め，愛着を育むことを重視している。積極的に家族支援を行う一方で，虐待死亡事例の約７割が３歳以下であることからもわかるように，乳幼児は虐待による影響が重症化しやすく，家族の養育機能の慎重なアセスメントが求められる。信頼関係を築きながら，親の養育能力と意欲を育み，親の可能性に期待をする一方で，リスクを冷静に見極める複眼的な姿勢が不可欠であろう。

　乳児院で家庭復帰に至らなかった乳幼児は，３歳になる頃には里親か児童養護施設へ移ることになる。乳児院で保育士との間に関係を築いてきた子どもにとって，大きな変化である。児童養護施設は，２歳から18歳までの子どもが入所している。乳児院からの措置変更に加えて，２歳から18歳までの子どもで，虐待や養育困難等で，家庭で養育を受けることができなくなった子どもたちが入所してくる。全国に616か所（平成27年度末時点）あり，約３万人の子どもたちが生活しており，社会的養護の中で最も多くの子どもがいる場所となっている。児童養護施設では，約８割の子どもがなんらかの親との交流（手紙や電話のみも含む）ができている（厚生労働省，2013c）。学校行事の案内の電話連絡や子どもの写真や通知表を送るなどのかかわりのみの家族もあれば，面会，外泊と交流を増やしていく家族もある。子どもの生活を担当する職員やFamily Social Workerが中心となって，子どもの成長を共に願いつつ，親と子双方の想いを聞き取りつつ，関係を修復，再構築していくこととなる。

　親子関係再構築支援ワーキンググループの調査によれば，児童養護施設に平成20年度に入所した児童の内，平成23年度までに51.6％が措置解除（施設を退所）となっており，33.3％が保護者のいる元の家庭へ戻っている。つまり，児童養護施設に入所しても４年以内に半数が施設を退所していき，約３割が家庭に戻るということになる。また平成20年度から23年度に措置解除となった児童（平成20年度に入所した児童に限らず，この期間の全措置解除児童）の内，保護者のいる元の家庭への引き取り（18歳になり，再び家族と同居をした例も含む）が60.5％，就労自立した例が21％，児童自立支援施設等に措置変更となっ

た例が11％となっている。18歳になり高校を卒業した後，再び家族と一緒に暮らす子どもも含めれば，約6割が家族と一緒に暮らすことになるのであるから，子どもと家族の関係の再構築は，児童養護施設の責務である。

　児童養護施設における家族支援といっても，さまざまである。6歳の子どもを育てるのに家庭に求められる養育能力と15歳の子どもを育てるのに必要なことは，当然違ってくるからだ。極めて重要な視点は，家族がなぜ子どもを分離せざるを得ないような状況に至ったのか，その家族力動の理解（家族のアセスメント）であろう。その見立てを基にして，親族や地域資源，生活福祉や障がい福祉サービスの利用等につなげるソーシャルワークによって状況が随分安定することもあるし，親の生育歴も考慮した心理的援助が変化を促すこともある。その他にも場合に応じて，養育技術を伝えるペアレントトレーニング，子どもの年齢相応の発達の知識や再婚家庭の心理メカニズムを心理教育する場合もある。子どもにとってみれば，なぜ自分が施設入所するに至ったのか，保護者にはどのような事情があったのか等を保護者とのかかわりの中で知ることが，自らの歩を進める萌芽となる。児童福祉施設における家族支援の事例分析や課題が，蓄積されてきているので参照してほしい（川崎ら，2009；髙田・田附，2011；厚生労働省，2014g）。

　一方で，家族との交流の少ない子どもには，どうして自分は家族と離れて育つことになったのか，どのように育ってきたのか等を戸籍や母子手帳を調べたり，ジェノグラムセッションやアルバムの整理をするなどして，心の中の家族像を育む取り組みがなされてきている（大塚，2014；楢原，2015）。家族と離れて暮らす子どもたちにとって，家族との関係性のテーマは，その根幹となる。しかし，全国の児童養護施設を対象とした家族支援の実態調査（田附，2012）によれば，約85％の心理士が家族への支援にかかわる必要性を感じていながら，実際家族に援助している心理士は約1割にすぎない。その理由の1つとして「（家族と会う）専門性への自信のなさ（約25％）」が挙げられている。今後，家族心理学，家族療法の蓄積がこの領域においても活かされることが期待される。

　2歳〜18歳（主に小・中学生）までの子どもたちで，傷つきが深く，より高度な専門的ケアを必要とする場合は，児童心理治療施設（情緒障害児短期治療施設）に措置される。

　児童心理治療施設では，医師や複数名の心理士が常駐しており，①医学・心理治療②生活指導③学校教育④家族との治療協力⑤地域の関係機関との連携を

治療の柱とし，施設での生活全体が治療である「総合環境療法」を行っている。不登校児童の入所ケアを行ってきた経緯もあり，保護者を子どもの問題を解決するための治療協力者ととらえ，関係を構築してきたノウハウがあり，児童福祉施設の中で最も心理ケア機能の高い施設であろう。

およそ10歳以上の子どもたちで，非行性が強く，事件を起こしたり，児童養護施設等で暴力や性的問題行動などの行動化が激しくなると，より生活の枠組みの強い児童自立支援施設に措置となる。児童自立支援施設は，敷地内に義務教育の場があり，基本的に生活のすべてを敷地内で行う。非行少年を，育った地域での人間関係から切り離し，規範のある生活習慣を体験させることを意図している。また伝統的に夫婦小舎制（夫婦が家庭のように養育を担う）を行ってきた歴史があり（現在は担い手の減少があり，維持できなくなりつつあるが），家庭に恵まれなかった子どもたちに家庭的な養護を体験させることで，非行からの立ち直りを支えてきた歴史がある。児童自立支援施設における家族支援は，非行の背景に家族の問題があることが多く，その意味では他の福祉施設での家族支援と共通している。平均入所期間は，1〜2年程度であり，中学校卒業を機に家庭に戻る子どもが多い。その際に，子どもが入所前に犯した事件によって，親やきょうだいが地域で生活しづらくなっていることなどもあり，家庭と地域の中に子どもの居場所をつくるはたらきかけが求められている。

社会的養護の家族支援

社会的養護における家族支援の1つの特徴は，必ずしも家族が援助を求めているわけでないところから支援が始まることにある。とりわけ虐待により子どもと分離となった家族は，児童相談所に敵対的になることも少なくない。児童福祉施設にも同様の怒りが向けられることもあるが，子どもとの面会や学校行事への参加など保護者と横並びの関係をつくれる機会も多くあるため，児童福祉施設の方が保護者とかかわりを持てることも多い。保護者と子育ての協力関係を築く中で，子育ての困難さや傷つき，自身も育ちの中での傷つきを抱えながら親になったことや祖父母世代との葛藤を語ってくれ，初めて保護者が子育てに感じていた大きな負担と，その中でなんとか子育てにチャレンジしようとした力に光が当たる。抱える事情が理解され，初めて援助を受けるニーズが膨らんでいく。

児童福祉施設において，話を聞く技術や精神疾患等のアセスメントについて

専門教育を受けている人材は，心理士である。その心理士が，支持する学派や流儀の好みによって，家族支援にかかわらないのであれば，社会的要請に応えていないことになるだろう。福祉職と協働して，家族支援の一翼を担うことが期待される。

（大塚　斉）

VII

法と倫理

① 恋愛と結婚をめぐる法と倫理

～婚姻，夫婦別姓，事実婚（内縁），同性婚，離婚，
DV防止法，ストーカー規制法，国際結婚

婚姻

婚姻について，日本国憲法第24条1項は「婚姻は，両性の合意のみに基いて成立し，夫婦が同等の権利を有することを基本として，相互の協力により，維持されなければならない」と定めている。この規定により，婚姻に両親・戸主の許諾が必要であり，婚姻後は夫が戸主として妻子を支配するという戦前の家制度が根本的に改められた。憲法24条は，GHQ民政局員の若きベアテ・シロタ・ゴードンが起草したことがよく知られているが，家庭生活における男女平等と個人の尊厳を実現するものとして，日本の女性たちに歓迎された。

婚姻は，当事者双方及び成年の証人2人以上が署名した書面で，またはこれらの者から口頭で届け出ることにより成立する（民法739条）。当事者が婚姻届出をする意思がないのに，勝手に届出された場合には婚姻は無効である。

婚姻により，夫婦の氏が同一になり（民法750条），同居・協力・扶助の義務が生じ（民法752条），未成年者が婚姻した場合は成年と見なされるようになり（民法753条），夫婦間の契約の取消権が生じる（民法754条）。また身分関係では，配偶者の親族との間に姻族関係が生じる（民法725条3項），夫婦間に生まれた子は嫡出子として夫婦共同親権に服することとなる（民法818条3項），互いに相手の相続人になる（民法890条）といった効果が生じる。財産関係では，互いに婚姻費用の分担義務（民法760条）や，日常家事債務についての連帯責任（民法761条）が生じる。夫婦間の扶助義務は，他の親族に対するよりも強く，一杯のご飯も分け合うように，相手に自分と同じ程度の生活をさせなければならない義務と考えられている。

さらに，明文規定はないが，夫婦は当然に，貞操義務，すなわち配偶者以外の者と性交しない義務を負うと考えられている。この義務に違反した場合には，民法709条の不法行為が成立し，違反された者は，配偶者及びその相手となった第三者に対し，不法行為に基づく損害賠償請求ができる。家族心理学の立場

からは，不貞が発生する以前に夫婦はなんらかの問題を抱えていたのであり，不貞のみに原因を求め直線的因果関係を認める法律の世界は単純にすぎるかもしれない。配偶者には不貞行為の責任があるとしても，相手の第三者に対する損害賠償請求は報復的で行きすぎだという考え方もあり，英国やドイツ，米国の多くの州ではそうした請求は認められていない。

夫婦別姓

　現在の民法は明確に「夫婦は，婚姻の際に定めるところに従い，夫又は妻の氏を称する」（民法750条）と定めているため，夫婦の一方が婚姻時に氏を変えなければならない。そして現在でも，過去の家父長制の影響で約96％の夫婦が婚姻時に夫の氏を名乗ることを選択している。

　しかし，婚姻時に氏を変えることを強制されると，夫婦の一方が社会生活上ずっと使ってきた氏を変更することになり，他者から見た同一性が失われるという不利益や混乱を甘受しなければならない。また，氏の維持ができないことが結婚の障がいになる場合もあり得る。そこで，近年，夫婦の氏を同一にするか別にするかをそれぞれの夫婦の選択に委ねる，選択的夫婦別姓制度の導入を希望する声が高まっている。法制審議会の答申でも選択的夫婦別姓制度の導入が提案され，法務省も法案の準備を整えている。他方でこの制度に対しては「家族の一体感が失われる」「同姓が日本の伝統」などとして根強く反対する声もあるため，国会での成立には至っていない。しかし，実際には日本人の姓名や氏の扱いは時代によりさまざまに変化してきており，現在の制度が日本の伝統とは言い難いこと，姓と家族の一体感は関係がないこと，価値観が多様化した時代のニーズに合致することから，自己決定権を認める選択的夫婦別姓制度が導入されるべきであろう。

　なお，夫婦別姓を導入した場合の子どもの氏をどのように決定するかについては，さまざまな考え方がある。法制審議会の答申では，婚姻時に子どもの氏を決めておき，すべての子どもが同一の氏になる制度が提案されているが，出生毎に決定するなど，より自由度の高い制度設計もあり得る。

　夫婦別姓が認められていない現状で，社会生活上の不利益を回避するために，職場で従前の氏を通称として使用することが許容されるようになってきている。しかし，これはあくまで各企業や職業団体の裁量で可能な範囲で通称使用を認めているだけであり，公的文書はすべて戸籍上の氏を用いることが求められる

ため，改姓の弊害は完全には解消されない。

　現行法のもとで，別姓を維持しつつ，ふたりの間の子に嫡出子の法的地位を与えるためには，父が子を認知し，一旦婚姻して準正により嫡出子の地位を与え（民法789条1項），またすぐに離婚して事実婚状態を継続するという手段がよく用いられていた。しかし，平成25年の民法改正で非嫡出子の相続分差別が是正されたことから，子に嫡出子の地位も与える実質的意義は失われている。

事実婚（内縁）

　事実婚（内縁）とは，実際には夫婦と同様に同居し扶助協力する共同生活関係を持っていながら，婚姻の届出をしていないために法律上は夫婦と認められない関係を指す。戦前は戸主や両親に婚姻の許諾権限があったため，婚姻を許されないカップルが，致し方なく内縁関係で共同生活を営む事態が多く生じていた。このような関係には，なんら保護が与えられていなかったが，判例の積み重ねにより，婚姻に準じて法律上保護に値する関係と認められるようになった。

　たとえば同居・協力・扶助の義務及び貞操を守る義務は，事実婚でも法律婚に準じて認められると考えられている。したがって，内縁関係にあった当事者の一方が不当に内縁を破棄した場合には，契約の不履行あるいは不法行為があったと考え，相手方に対して損害賠償請求をすることが認められるし，不貞相手など内縁関係を破綻させた者に対しても，不法行為に基づく損害賠償請求が認められる。財産関係については，婚姻費用の分担義務や，日常家事債務についての連帯責任が，法律婚と同様に認められる。内縁の夫を殺した者に対する，内縁の妻とその間の子からの損害賠償請求を認めた判例もある。

　事実婚の間に産まれた子は非嫡出子となり，母の氏を称し（民法790条2項），母の単独親権に服する（民法818条1項）。父が認知をすれば，父の氏を称すること，親権者を父とすることも可能であるが（民法819条4～6項），父母が婚姻しない限り嫡出子となることはない。非嫡出子の法定相続分は嫡出子の2分の1とされていたが，平成25年9月に最高裁が憲法14条に反するとの判断を示した後，改正され，ようやく法定相続分の差別が撤廃された。

　また，事実婚の当事者の一方が死亡した際に，遺された当事者に相続権はない。このことは，実際上最も大きな問題点となり得る法律婚との違いである。死亡した内縁の夫に法律上の妻や嫡出子がいる場合，内縁の妻はなにも相続で

きず，住まいの賃貸借契約すら正妻や嫡出子に解除され追い出される，といった事態が生じることもあった。この点，判例は，賃貸借契約は相続人が相続するものの，内縁の妻に明け渡しを求めるのは権利の濫用で許されない，また建物所有者が明け渡しを求める場合，内縁の妻は相続人が相続した賃借権を援用して居住権を主張できるとして，内縁の妻を保護した。各種の遺族年金等の社会保障給付については，内縁の夫婦を法律上の夫婦と同一に取り扱い，実際に同居して生活を共にし，扶養関係にある者に保険給付を受ける資格を与えている。このように事実婚が保護される場面は多くなっているが，相続権がないことに変わりはないので，事実婚の当事者は，他方当事者に遺贈する遺言を作成しておくなど，事前に備えておくことが必要である。

同性婚

　現行法上，民法や戸籍法は同性婚を想定しておらず，日本では同性婚は認められていない。憲法24条が「婚姻は，両性の合意のみに基いて成立し」と規程していることから，憲法上同性婚は認められないという見解もあるが，時代的な制約から同性婚を想定していなかったというのが正しいであろう。

　しかし，近年，婚姻や事実婚と同じような生活実態を持つ同性カップルが，社会生活上の必要性から，法律婚のように配偶者としての法的地位を認めてもらいたいと求めるようになってきた。

　世界的に見ると，同性カップルにも異性カップルと同様の婚姻を認めている国・地域はEU諸国を中心に多数あり，「シビル・パートナーシップ」や「登録パートナーシップ」などの名称で，公的にカップルの関係を認証する制度を持つ国も多くなってきている。SNSサービスfacebookの「交際ステータス」には「シビルユニオン」という選択肢があるが，こうした制度で公的に認められた関係を表している。登録パートナーシップ制度は，国や地域によって要件・効果はさまざまで，異性カップルにも制度利用を認める場合と同性カップルに限っている場合がある。

　日本では登録パートナーシップ制度はないが，2015年に東京都渋谷区で同性パートナー条例が成立し，パートナーシップ証明書の交付が始まった。また東京都世田谷区では同じ時期に同性パートナーシップ要綱が制定され，パートナーシップ宣誓書の受領書が発行されるようになった。同様の宣誓書制度は三重県伊賀市，兵庫県宝塚市にも拡がっている。いずれも法的効果が発生する制度

ではないが，一般の事業者に対してパートナーシップ関係を証明し，異性カップルと同等に扱うよう求める拠り所となることが期待できる。

登録パートナーシップ制度は今後の課題である。当事者双方が真摯に合意した場合に，配偶者として遺産を相続できる，公的なサービスや社会補償において家族として扱われる，一方が病気の際に家族として医療に同意できる，養子を迎え共同親権を持てるといった，婚姻している異性カップルと同等の取り扱いを認める制度を創設してもよいのではないかと，筆者は考えている。

離婚

離婚には，当事者が話し合って離婚を決める協議離婚，家庭裁判所での離婚調停を経て成立する調停離婚，離婚原因があることを理由に離婚訴訟を起こし裁判で離婚を決定してもらう裁判離婚がある。離婚の効果として，婚姻は解消し，配偶者の親族との姻族関係も消滅する。

協議離婚はその理由を問わず，婚姻の届出と同様，当事者双方及び成年の証人2人以上から口頭または書面で届け出ることによって成立する。離婚の合意がないのに，当事者の一方が勝手に届出た場合は無効である。勝手に届出される心配がある場合には，役所に離婚届不受理申出をしておくとよい。

民法は，離婚原因として①配偶者の不貞行為，②悪意の遺棄，③3年以上の生死不明，④回復の見込みのない強度の精神病，⑤その他婚姻を継続し難い重大な事由，の5つを定めている（民法770条1項1〜5号）。なにが「⑤その他婚姻を継続し難い重大な事由」に該当するのかが問題になるが，裁判所の総合的な価値判断に委ねられている。暴力や虐待，過度の宗教活動，異常な性行為，配偶者が同性愛者であるなどの場合には，裁判例で離婚が認められている。

不貞を行うなどして自ら離婚原因をつくった側からの離婚請求が認められるか，という問題がある。戦後初期の判例は，許されないとしていた。しかし昭和62年に最高裁は①別居が長期間に及ぶ，②未成熟子がない，③相手方配偶者が苛酷な状況におかれる事情がない，という要件が整えば許されるとし，別居期間36年の夫婦につき離婚請求を肯定した。その後裁判例が積み重ねられて，現在では，約6年間の別居期間で有責配偶者からの離婚請求が認められた例もある。相手方の落ち度や，財産分与の申し出等も考慮要素となっている。

裁判で離婚を求める場合には，原則として，まず家庭裁判所に調停を申し立てなければならない（調停前置主義）。家庭内の争いはなるべく当事者間の話

し合いで解決するのが望ましいからである。調停で合意が成立すると，調停調書が作成され離婚が成立する。合意に至らない場合でも，家庭裁判所の判断・職権で離婚の審判をすることがある（家事審判法24条）。

　離婚にともなって決めるべきこととして，子の親権者の指定，養育費，財産分与，慰謝料などがある。

　未成年の子を持つ両親が協議離婚する際は，子の親権者となる者を離婚届に記載しなければ受理されない。裁判離婚の場合は，誰がその子にとってより良い養育環境を提供できるのかという観点から，裁判所が親権者を定める。養育費の算定には，実務上，裁判官等が作成した簡易算定表が使用され定着しているが，不当に低額すぎるとの批判もある。一般に養育費は子どもが成人する月まで支払うと定めることが多いが，子が四年制大学に進学する可能性が高い場合は，22歳になる年の3月までといった定め方をすることもある。将来，互いの収入の増減や子の病気・進学による費用増大，新たな子の出生等，事情の変更が生じた場合には，一旦定めた養育費の増額・減額の請求を行うことができる。

　離婚により夫婦共同生活を解消する際には，その精算として配偶者に財産分与を請求できる場合がある（民法768条・771条）。婚姻中に自己の名で得た財産は特有財産として自己のものとなるのが原則だが（民法762条1項），家事や育児を一方が担うことにより他方が働き財産を得ることができた場合には，その半分を分け与え精算する必要があるのである。財産分与が請求できる期間は離婚後2年間である（民法768条2項但書）。

　離婚の原因が夫婦の一方にある場合には，不法行為に基づく慰謝料請求ができる場合がある（民法709条，710条）。不貞行為やDV等暴力行為による慰謝料が多く請求されている。慰謝料請求の時効期間は通常の不法行為と同様，損害及び加害者を知った時から3年間である（民法724条）。

DV防止法

　結婚や事実婚において，配偶者の一方が他方に暴力をふるって支配する事態を防ぐために，DV防止法が制定・施行されている。配偶者から暴行罪または傷害罪に当たるような暴行を受けたことがあるかまたは生命・身体に対して害を加える旨の脅迫を受けたことがあり，今後も配偶者からの身体に対する暴力によりその生命身体に危害を受けるおそれが大きいときに，被害者は裁判所に

申し立てて，相手方に自分に近寄らないよう命じる保護命令を出してもらうことができる。保護命令には①接近禁止命令，②退去命令（申立人と相手方とが同居している場合に相手方に対して2か月間家から出て行くことを命じ，かつ同期間その家の付近をうろつくことを禁止する），③子への接近禁止命令，④親族等への接近禁止命令，⑤電話等禁止命令があり，③〜⑤は単独ではなく①接近禁止命令に付随して発令される。

申立を行うには，事前に配偶者暴力相談支援センターまたは警察署に相談に行っておくか，公証人面前宣誓供述書の作成の必要がある。申立は本人で可能であるが，暴力・強迫を受けたことや今後危害を受けるおそれがあることを証明する資料を添付する必要があり，弁護士の援助を受けるのが望ましい。申し立てを受けた裁判所は，申立人の面接を行い，相手方の意見聴取のための審尋を行った上で，命令を発令するか否かを決定する。

DV保護命令に違反した場合，1年以下の懲役又は100万円以下の罰金に処せられる。

保護命令は6か月間効力があるが，延長できないため，期間満了後も暴力のおそれが継続する場合には再度の申立てが必要となる。

ストーカー規制法

婚姻や事実婚関係にない相手からつきまといや暴力行為を受けるおそれがある場合には，DV防止法の適用がないため，ストーカー規制法による保護を求めることになる。

ストーカー規制法上禁止されている「つきまとい等」とは，「特定の者に対する恋愛感情その他の好意の感情又はそれが満たされなかったことに対する怨恨の感情を充足する目的で」，当該特定の者又はその者と社会生活において密接な関係を有する者に対してつきまとい等の行為を行うことと定義され，8種類の具体的行為態様が規定されている（ストーカー規制法第2条1項1〜8号）。つきまとい等の行為を同一の者にくり返し行うことが，「ストーカー行為」である。

つきまとい等の行為があり，かつさらに反復して当該行為をするおそれがあると認めるときに，警視総監もしくは道府県警察本部長または警察署長が，その者に対して，行為をくり返してはならない旨の警告をすることができる。

警告を受けた者が警告に従わずにつきまとい等の行為をした場合，さらに反

復して行為をするおそれがあると認めるときは，申立てまたは職権で，公安委員会が禁止命令を出すことができる。この禁止命令を出すためには相手方の聴聞を行わなければならないが，緊急性がある場合には，警察本部長等が聴聞なしに15日限定の効力を有する「仮の命令」を出すことができる。

禁止命令に違反してつきまとい等やストーカー行為を行った者は，1年以下の懲役又は100万円以下の罰金に処せられる。

国際結婚

日本人と国籍が異なる者が婚姻するには，日本人は日本法上の結婚条件を満たし，外国人は本国法の結婚条件を満たしている必要がある。日本で日本の方式で婚姻する場合には，外国人が結婚条件を満たしていることを示すために，本国が発行した婚姻要件具備証明書を婚姻届と共に役所に提出する。外国の方式で結婚する場合には，外国の方式で婚姻の手続を済ませた婚姻が成立した後，3か月以内に日本の役所に外国の婚姻証明書とその日本語訳を，婚姻届と共に提出する。

国際結婚で生まれた子どもは，父母のどちらかが日本人であれば日本国籍を取得する。外国の法律でその国の国籍も取得する場合，子どもは重国籍者になるが，その場合には出生から3か月以内に国籍留保の届出をしなければ，日本国籍を失ってしまう（国籍法12条，戸籍法104条）。国籍留保の届出をした場合でも，22歳に達するまでにいずれかの国籍を選択して重国籍を解消しなければならない。

日本法では，国際結婚であっても離婚届を提出することによって離婚が成立する。しかし，米国など裁判所の手続がなければ離婚が成立しない国もあるので，日本での離婚成立と外国での離婚成立にずれが生じる場合があり，注意が必要である。

2014年に日本が加盟したハーグ条約で，国際結婚で離婚した後，一方の親の許可を得ずに国外に子どもを連れ出すことが禁止された。ハーグ条約に違反して許可なく子どもが外国に連れ帰られるなどした場合には，子どもを強制的に元の居住国に戻し原状回復した上で，居住国の司法が子の監護権者を決定することとなる。

（小竹広子）

② 出産と家族をめぐる法と倫理

はじめに

　出産は，生物学的なものであり，父母・子の関係は明らかのように思える。それを基本とした家族という関係も，自明であるように考えられる。しかし実際にはそう簡単ではない。父母・子からなる「家族」の基本に「婚姻」という法制度があり，法がそれに一定の効果を与えている以上，生物学的な親子関係と，法律的な意味での親子関係とは，重なる場合もあれば，ずれてくる場合もあり得る。

　以下では，まず法における「出産」（出生）の意味を述べた後，わが国では，婚姻から生ずる親子関係について，嫡出推定という制度を置いているので，これについて概観する。そして，その上で，昨今の技術の進歩から生ずる問題（非配偶者間人工生殖等）について触れ，最後に性同一性障害の場合を述べたい。

法における「出産」（出生）

民法の場合

　「私権の享有は，出生に始まる。」（民法3条1項）。

　すなわち，体が母体から全部露出した時点をもって出生とされ（全部露出説），その出生により，私法上の権利能力が認められる。

　したがってたとえば，分娩の過程に医師の過誤があったとして，重篤な障がいを負いつつも出生はしたが出生直後に死亡したという事例の場合，当該児に医師に対する損害賠償請求権が発生し，父母がそれを相続するという形になるが，分娩中に胎児が死亡し死産となった場合には，胎児には権利能力はないから胎児自身に損害賠償請求権は生じず，父母の固有の慰謝料という形になる。

刑法の場合

　刑法には，民法のような出生を定めた条文はないが，出生の時期は重要な意味を持つ。すなわち，出生前の胎児に対する加害行為は堕胎の罪となるが，出生後であれば，殺人の罪または傷害の罪となるからである。この点諸説あるが，胎児の一部が母体から露出した時点を出生とする一部露出説が判例（大審院大正8年12月13日判決）・通説とされており，民法と解釈を異にしている。

「嫡出推定」という制度

(1)「嫡出」「嫡出推定」

　「嫡出」について，民法は定義規定を置いていないが，嫡出子とは，婚姻関係にある夫婦から生まれた子を言うと解されている。そして，民法772条1項が「妻が婚姻中に懐胎した子は，夫の子と推定する。」としており，さらにこの懐胎の時期について同2項が「婚姻の成立の日から200日を経過した後又は婚姻の解消若しくは取消しの日から300日以内に生まれた子は，婚姻中に懐胎したものと推定する。」と規定しており（嫡出推定），これに該当する嫡出子は「推定される嫡出子」と呼ばれている。嫡出子の多くはこれに該当するだろう。

　推定される嫡出子の場合，この推定を覆して子が嫡出子でないことを争うためには，夫（子の父親とされている人物）が，子の出生を知った時から1年以内に嫡出否認の訴えを提起する必要がある（同法774，775，776条）。

(2)認知

　嫡出子の上記定義からすると，婚姻関係にない夫婦から生まれた子が，非嫡出子ということになる。民法779条は，「嫡出でない子は，その父又は母がこれを認知することができる。」と定めている。条文上は「母」も記載されているが，判例・通説は，母子関係は分娩の事実によって成立し，認知は不要であるとしている。他方，父子関係は，嫡出子の場合と異なり，当然に生じるものではなく，「認知」によって生じる。

　認知は，父が戸籍法の定めるところにより届け出ることによって行う（同法781条1項。遺言によっても可能である［同2項]）。父が任意に認知を行わない場合には，子，その直系卑属またはそれらの法定代理人が認知の訴えを提起することが可能である（強制認知，同法787条）。

(3)推定の及ばない子

　嫡出推定の制度は上記のとおりだが，現実には，形式的には772条に該当するが，およそ夫の子ではあり得ないという場合がある。

　このような場合には，形式的には772条に該当してもその推定は及ばないとされており，そのような子は推定の及ばない子と呼ばれる。推定が及ばない場合としては，妻がその子が懐胎したと思われる時期には夫は刑務所で服役中であったとか，海外赴任等によりおよそ配偶者間の接触が不可能だった場合，事実上の離婚状態など，外観上懐胎が不可能であることが明らかなケースとされる（外観説）。

　推定の及ばない子であっても，そのような事情は戸籍事務管掌者にはわかり得ず，戸籍上は夫の嫡出子となる。しかし，推定の及ばない子の場合，親子関係を否定するためには，嫡出否認の訴えによらずとも，親子関係不存在確認訴訟という別の訴訟を提起できるとされている。同訴訟は，嫡出否認の訴えと異なり，夫でなくとも確認の利益がある限り誰からでも提起でき，また1年という期間制限もない。

(4)推定が及ばないとまで言えない場合

　それでは，DNA鑑定等で生物学的な父子関係が存在しないことがほぼ明らかとなったが，772条には該当し，推定の及ばないとまで言える事情もない（夫婦不仲ではあったが，別居等の事実があったわけではない，など）場合，夫が嫡出否認の訴えの提訴期間である1年を徒過してしまったら，もはや父子関係を否定することは一切できないのだろうか。

　夫が，自身の子でないことを知りつつ1年の期間を無為に徒過したというのであればそれもやむを得ないかもしれないが，1年を経過した後に妻の不貞行為を知ったという場合などは，夫にとって酷ではないかと思われるケースもある。他方，安易に父子関係の否定を認めると，子の法的地位が不安定となる。

　この点，家庭裁判所の実務上は，懐胎時に夫婦間に事実上の離婚が生じているとは認めにくいケースについても，当事者の合意がある場合には，家庭裁判所の調停においてDNA鑑定を行い，その結果にしたがって親子関係の不存在を確認する審判がなされることがあるとされる（野田ら，2008）。

(5)最高裁の立場

　この点最高裁は，嫡出推定を受け，外観上は推定が及ばないと言える事情は

ないケースで，夫と子の間に生物学上の父子関係が認められないことが科学的証拠により明らかであっても，親子関係不存在確認訴訟によって父子関係の存否を争うことはできないとの判断を示した（平成26年7月17日最高裁第一小法廷判決民集247号79頁）。

　推定が及ばない場合についての考え方としては，外観説のほか，生物学的な親子関係が科学的に証明された場合には推定が及ばないとする血縁説や，これらの折衷的な家庭破綻説があるが，本判決は，最高裁は，後二者は採らないことを示したものと解されている。これは，訴訟になっていることから明らかなとおり，当事者に合意がなかったケースについての判断だが，この最高裁の判断が，上記の家庭裁判所の実務に影響を与えるか，注目される。

(6)婚姻と親子関係

　以上，嫡出子・非嫡出子について概観したが，民法上，これらが区別されている意味はどこにあるのだろうか。従前は，親が死亡して相続が開始した際，子が複数いる場合には，民法900条4号ただし書前半部分により，非嫡出子の相続分は嫡出子の相続分の2分の1と定められていた。しかしこの規定は，平成25年9月4日最高裁大法廷決定民集67巻6号1320頁によって，憲法14条1項（法の下の平等）に反し違憲とされ，同年の民法改正により削除されている。

　嫡出の意義は，相続分の多寡といった直接的な経済的利益の問題ではなく，嫡出推定の制度を通じて婚姻と親子関係の発生を結びつけ，また一旦発生した親子関係の安定を図っている点にある。

　すなわち，非嫡出子の場合，父子関係を発生させるには父からの届出が必要であり，父が任意に届け出ない場合には認知の訴えを提起する必要がある。他方，婚姻中の夫婦から生まれた子は，原則として，嫡出子として父の子の身分を与えられる。

　また，一旦法的に父子関係が発生した後にこれを覆そうとする場合，推定される嫡出子においては，夫（子の父親とされている人物）が嫡出否認の訴えを提起するしか方法がなく，しかもその提訴期間も出生を知ったときから1年以内に制限されており，子の法的地位の安定は強力に保護されている。他方，推定される嫡出子以外の子の場合，出訴者も出訴期間も制限のない親子関係不存在確認訴訟により親子関係の不存在を主張することができる。このように，婚姻による嫡出推定の制度こそが，民法が「嫡出」について定めている大きな意義であると言える。

非配偶者間人工生殖

人工生殖に関する規定の欠如

人工授精や体外受精などの医療技術を用いた生殖，すなわち人工生殖が人間に用いられるようになったのは，20世紀後半以降のことである。したがってそもそも，民法の親族法は，人工生殖による親子関係を想定しておらず，これに関する規定はない。そのため，人工生殖による親子関係についても，民法の既存の規定にしたがって規律されることになる。

人工生殖

人工生殖としては，人工授精，体外受精，代理懐胎（母）などが挙げられる（葛生ら，2009）。人工授精とは，男性の精子を採取して女性の体内に注入する方法で，もっぱら，不妊の原因が男性側にある場合に用いられる。

体外受精は，不妊の原因が女性側にある場合（卵管閉塞，無排卵症）になされるもので，体外で受精させた受精卵あるいは培養胚を子宮内に移植する方法等が用いられる。

代理懐胎（母）とは，子を持ちたい女性が，生殖医療の技術を用いて妊娠・出産することを他の女性に依頼し，生まれた子を引き取ることである。

人工生殖についての規制

現在，わが国においては，上記で挙げた人工生殖について規制する法律は存在しない。学会等による自主的なガイドラインが存在するのみである。

人工授精については，日本産婦人科学会による「提供精子を用いた人工授精に関する見解」（2015）があり，被実施者は法的に婚姻している夫婦とすること，同一提供者からの出生児は10名以内とすること，実施医療機関は登録制とすることなどが定められている。体外受精，代理懐胎については，同学会による「体外受精・胚移植に関する見解」（2014年改訂），「胚提供による生殖補助医療に関する見解」（2004），「代理懐胎に関する見解」（2003）等があり，基本的に体外受精は夫婦の配偶子を使ってのみ実施可能である，代理懐胎は認めない，とされている。しかし現実には，わが国においても非配偶者間体外受精や代理懐胎の例が報告されており，厚生労働省の審議会等でも検討がなされてい

る。もっとも，具体的な法制化等の動きに進展は見られていない。

非配偶者間の人工生殖における親子関係

　人工授精であれ，体外受精であれ，夫婦間において，夫婦自らの精子及び卵子を用いて人工生殖が行われる限りにおいては，法的な側面では自然生殖の場合と特段違いはない。

　では，人工授精または体外受精において，夫婦以外の第三者の精子または卵子を用いて人工生殖が行われた場合，夫婦と生まれてきた子との間の親子関係は，どのように規律されるのだろうか。冒頭で述べたとおり，民法には人工生殖による親子関係に関する規定はなく，これも民法の既存の規定にしたがって規律される。したがって，婚姻している夫婦が人工授精または体外受精を行い，妻が懐胎・出産した場合には，その子は夫婦の嫡出子の推定を受ける（最高裁の判例はないが，外観説に立つと思われる最高裁の立場からは，このように解されよう）。生物学的には父または母ではなくとも，法的な親子関係は発生するのである。

　それでは，代理懐胎の場合はどうだろうか。この場合も民法の既存の規定により規律され，婚姻している夫婦が第三者の女性（代理母）に代理懐胎を依頼し，代理母が出産した場合，生まれてきた子は，代理母の非嫡出子であり，夫の認知により，夫との親子関係は生じ得るが，妻との親子関係は生じ得ない（平成19年3月23日最高裁第二小法廷決定，民集61巻2号619頁では，まさにこの点が争点となった。日本人夫婦が，米国在住の米国人女性を代理母として出産した子につき，品川区長に対し，夫婦を父母とする嫡出子としての出生届を提出した。米国では，州法に基づき，裁判所から夫婦を父母とする出生証明書の発行を命ずることなどを内容とする命令が出されていた。最高裁は，①我が国の民法が実親子関係を認めていない者の間にその成立を認める内容の外国裁判所の判断は，民訴法118条3号にいう公の秩序に反するものである，②現行民法の解釈としては，出生した子を懐胎し出産した女性をその子の母と解さざるを得ない，と判断した。）。

親子関係は血縁のみによるべきなのか

　非配偶者間の人工授精等において，生物学的には親子でないのに法的な親子関係が生じるということについて，違和感を感じる向きもあるかもしれない。
　しかしこのことは，非配偶者間人工生殖に限った問題ではない。婚姻してい

る夫婦において，妻が不貞行為をして夫以外の男性の子を出産したという場合，推定が及ばないような特段の事情がない限り，子は，夫の嫡出子であるという推定を受ける。そして，「『嫡出推定』という制度」で述べたとおり，夫が子の出生を知った時から1年以内に嫡出否認の訴えを提起しなければ，もはや父子関係を覆すことはできない。夫が妻の不貞を知ったのが，この出生を知って1年を経過した後のことだったとしても，同様である。この場合，夫と子は，生物学的には親子ではないが，法的には親子関係は確定している。民法は，親子関係について，血縁に基礎を置きつつも，必ずしもそれを貫徹しておらず，一定の場合には血縁関係がなくとも法的な親子関係を認めている。

これに対し，あくまでも生物学的な親子関係を重視すべきであるという立場（血縁主義）も存在する。しかし，たとえば，夫が妻の不貞を許し，子をわが子として育んでいこうとしているところ，妻の不貞相手が，家庭の平和を害そうとして，自身が真実の父であると主張して夫と子との親子関係不存在確認訴訟を提起する，といった場合を考えると，血縁主義を貫徹することには問題がありそうである。民法は，親子関係の早期の安定を図ることにより，子どもの法的地位の安定という利益を守っているのである。

もっとも，現行法に対しては，あまりに嫡出否認の訴えの要件が厳しすぎるといった批判もある。血縁をどこまで重視するのか，婚姻と結びついた嫡出の制度をどの程度守っていくべきなのか，今後検討を要する問題である。

性別の取扱いの変更審判を受けた者の場合

性同一性障害者の性別の取扱いの特例に関する法律

平成15年，性同一性障害者の性別の取扱いの特例に関する法律（以下「特例法」という。）が成立した。性同一性障害とは，一般に，生物学的な性別と心理的な性別が一致しない状態とされており，特例法は，そのうち性別適合手術を受けるなど一定の要件を満たした者について，性別の取扱いの変更の審判を受けることができるとし（3条），その場合，民法その他の法令の規定の適用については，法律に別段の定めがある場合を除き，その性別につき他の性別に変わったものとみなす，としている（4条）。戸籍の性別の記載も変更されるし，変更後の性から見た異性と婚姻することも可能である。

性別の取扱いの審判を受けた者と子の親子関係

　それでは，特例法によって女性から男性への性別取扱い変更の審判を受けた者（X）が，女性（Y）と婚姻し，Yが非配偶者間人工授精により懐胎・出産した場合，Xと子の間に親子（父子）関係は生ずるのだろうか。

　この点が争点となったのが，平成25年12月10日最高裁第三小法廷決定（民集67巻9号1847頁）である。上記と同様の事案において，子をXY夫婦の嫡出子とする出生届を提出したが，区長は，Xの戸籍に特例法による審判発効日の記載があったことから，子の「父」の欄を空欄とした戸籍の記載をした。これに対しXYは，「父」の欄に「X」と記載する旨の戸籍の訂正の許可を求め，審判を申し立てた。地裁，高裁はいずれも，特例法により男性へと性別の取扱いの変更の審判を受けた者は，戸籍の記載上，生理的な血縁が存しないことが客観的に明らかであることを理由に，嫡出の推定を受けないとして申立てを斥けた。

　これに対し最高裁は，「性別の取扱いの変更の審判を受けた者については，妻との性的関係によって子をもうけることはおよそ想定できないものの，一方でそのような者に婚姻することを認めながら，他方で，その主要な効果である同条による嫡出の推定についての規定の適用を，妻との性的関係の結果もうけた子であり得ないことを理由に認めないとすることは相当でないというべきである」と判示し，地裁，高裁の判断を覆して戸籍の訂正を許可した。

小括

　最高裁の判断には反対説もある（最高裁裁判官も3対2で割れている）。

　確かに，戸籍上，性別の取扱いの変更の審判を受けた者であることが明らかとなる現況においては，外観説に立てば，外観上懐胎が不可能であることは明らかであるとも言え，嫡出推定が及ばないとする解釈もあり得よう。

　しかし，戸籍上の記載はあくまでも戸籍法上の問題である。将来，戸籍の取扱いが変更され，戸籍上性別の取扱いの変更の審判を受けた者であることが判別されなくなったとしたら結論が変わるのだろうか。戸籍上の記載により実体法の解釈が左右されるというのは，奇妙な話である。これまで述べたとおり，嫡出推定の制度は，婚姻と親子関係の発生を結びつける機能を果たしている。その意味で言えば，特例法により性別の取扱いを男性に変え，女性と婚姻した以上，その効果を享受できるのは当然であり，先に述べた非配偶者間人工授精

の場合と比較して，これと異なる取扱いをしなければならない合理的な理由は見出しがたいように思われる。この事例は，家族とはなにか，親子関係とはなにか，婚姻の効果とはなにか，血縁をどれほど重視すべきか，といった問題を考える上で，重要な問題を提起している。家族の問題は，単に理屈の問題ではなく，社会の意識を反映するものでもあり，意見集約が困難であることは確かだろうが，本来的にはこれらの問題は，立法により解決されるべきものだろう。

（石田光史）

 # 児童とその家族をめぐる法と倫理

はじめに──倫理について

　倫理とは一般的に人として守り行うべき道と言われている。そして，職業人には職業人としての社会的責任を自覚し，法令やルールを遵守すること，誠実・公正に業務遂行することが求められている。

　さらに，対人援助の専門職はその業務や活動を通して，利用者のみならず，家族を含めた多くの関係者の生活や人生に大きな影響を及ぼすことになるため，高度の教育や訓練を受けることはもちろんのこと，常に資質の向上に務めることなど，より高い倫理的な責任が求められている。

　日本家族心理学会では「会員は，基本的人権を尊重し，自らの研究や実践活動が，個人，家族および社会の多様性の上に成立するものであることを認識し，その福祉と健全な発達および発展に寄与するよう努めなければならない。また自らの営為が人々の生活や人生のみならず社会に及ぼす影響の重大さを自覚し，社会的責任を負わなければならない」として，倫理綱領及び倫理基準を定めている。倫理基準第1章第3条では，「活動や社会との関係における相手への尊重と専門職としての責務」を明確化し，第2章以下で「インフォームド・コンセント」「秘密保持」「多重関係における境界の管理」「専門職としての能力の

自覚と研鑽」などについて定めている。

　なお，公益財団法人日本臨床心理士資格認定協会や一般社団法人日本臨床心理士会をはじめとした対人援助専門職の団体が倫理綱領を定めているところである。その中で共通する項目がいくつかあるが，この節では「プライバシーの尊重（守秘義務）」「基本的人権の尊重」を中心に検討を加え，紹介する。

守秘義務について

　法令の遵守は倫理の基本の１つである。「守秘義務」は専門職の倫理にかかわる問題であり，遵守することは当然であるが，法律においても明確に記載されているものがある。法律上の具体的な条文は次のように若干異なっているがそのいくつかを紹介する。

　まず，刑法第134条では「秘密漏示」として，「医師，薬剤師，医薬品販売業者，助産師，弁護士，弁護人，公証人又はこれらの職にあった者が，正当な理由がないのに，その業務上取り扱ったことについて知り得た人の秘密を漏らしたときは，６月以下の懲役又は10万円以下の罰金に処する」と規定している。

　国家資格である公認心理師（公認心理師法）や社会福祉士（社会福祉士及び介護福祉士法），精神保健福祉士（精神保健福祉法）においても，「秘密保持義務」として，「正当な理由がなく，その業務に関して知り得た人の秘密を漏らしてはならない」とされ，罰則規定も盛り込まれている。

　一方，地方公務員法第34条には「職員は，職務上知り得た秘密を漏らしてはならない」と規定され，児童福祉法第61条には「児童相談所において，相談，調査および判定に従事した者が，正当の理由なく，その職務上取り扱ったことについて知得した秘密を漏らしてはならない」と規定されている。

　なお，2003年５月には「個人情報の保護に関する法律」（個人情報保護法）が成立し，２年後の2005年４月に全面施行されている。この法律の目的（第１条）は「個人情報を取り扱う事業者の遵守すべき義務等を定めることにより，個人情報の有用性に配慮しつつ，個人の権利利益を保護すること」とされている。個人情報の扱いと個人の権利利益の保護について，さらに慎重を期すことが求められている。

児童虐待防止法の変遷

今日，児童虐待は社会的課題の一つになっている。厚生労働省の資料（厚生労働省，2014g；2017b）によると，児童虐待防止法が成立する以前の1990年の児童相談所における児童虐待相談対応件数は1101件であったが，2016年には12万2578件となっている。

児童虐待による死亡事件が相次ぐ中，厚生労働省では，「発生予防」「早期発見・早期対応」「子どもの保護・自立の支援，保護者支援」といったそれぞれの課題に対して，必要な施策に取り組んでいるところである。

わが国においては，2000年に「児童虐待の防止等に関する法律（児童虐待防止法）」が成立し，同年11月より施行された。この法律において，児童虐待の定義（身体的虐待，性的虐待，ネグレクト，心理的虐待）がなされ，住民の通告義務が明記された。

その後，2004年，2007年，2017年と児童虐待防止法は改正されている。2004年の改正では，児童虐待の定義の見直しが行われ，「同居人による虐待を放置することをネグレクト」「児童がDVを目撃することを心理的虐待」と定義された。また，通告義務の範囲の拡大（虐待を受けたと思われる場合も対象）や市町村の役割の明確化（相談対応を明確化し虐待通告先に追加），要保護児童対策地域協議会の法定化などがなされている。

ちなみに，虐待相談の内容別件数（虐待相談に占める割合）の推移をみると，心理的虐待については，1999年度14.0％であったが，2013年度には51.5％と大幅に増加している。

2007年の改正（2008年4月1日施行）では，立入調査の強化，保護者の面会・通信等の制限，保護者が指導に従わない場合の措置の明確化等の改正が行われている。また，この間，2004年，2007年，2008年，2011年，2016年に児童福祉法も改正されており，2011年には親権（親権者）に関する民法の改正も行われているところである。

子どもの最善の利益

子どもの虐待に関する基本的な対応のあり方を示した「子ども虐待対応の手引き」（厚生労働省，2013f）においては，「個別事例において虐待であるかど

うかの判断は，児童虐待防止法の定義に基づき行われるのは当然であるが，子どもの状況，保護者の状況，生活環境等から総合的に判断すべきである。その際留意すべきは子どもの側に立って判断すべきである」としている。

　子どもの側に立って判断ということについては，「保護者の意図の如何によらず，子どもの立場から，子どもの安全と健全な育成が図られているかどうかに着目して判断すべきである」としている。

　児童虐待は子どもの最善の利益，子どもの権利を大きく脅かしている事態である。日本家族心理学会の倫理綱領では「会員は，基本的人権を尊重し……」とあるが，児童虐待においては基本的人権が損なわれているといった子どもの権利擁護の視点を忘れてはならない。

　ところで，2011年に改正された民法において，「親権を行う者は，子の利益のために子の監護及び教育をする権利を有し，義務を負う」と規定されたことにも留意したい。

守秘義務を超える正当な理由

　前述の刑法第134条を始めとした法律に共通するのは「正当な理由」がある場合，守秘義務は免除されることである。

　前述の「子ども虐待対応の手引き」（厚生労働省，2013f）では，正当な理由に該当するものとして，「①他の法律で情報の提供が定められている場合，②本人の承諾がある場合，③他人の正当な利益を保護することとの比較において秘密を提供する方が重要である場合と解されている」としている。

　児童虐待は家庭という密室の中で行われているので，表面に出にくいと言われている。特に，家族からの性的虐待（家庭内性暴力被害）は隠されている場合が多い。

　たとえば，スクールカウンセラーと面接している女子生徒が「これから話をすることは秘密にしておいてください。絶対，誰にも言わないでください」と前置きした上で，父親からの性的虐待と思われるエピソードを語った場合を考えてみよう。

　スクールカウンセラーは関係機関に通告すべきかどうか，女子生徒との信頼関係の維持や守秘義務との狭間で悩むだろう。担任や管理職などへの相談・報告など，学校内の情報共有についても悩むかもしれない。もちろん，児童虐待にかかわる関係機関への通告や対応について，組織的に動かなければならない

ことは言うまでもない。

　関係機関への通告について，前述の正当な理由の②に即して対応しようとするならば，本人の承諾を得るということになる。この場合，本人への説得から始まることが多い。また，児童の基本的人権が脅かされているおそれが強いということで，③の総合的な判断を下すということもあるだろう。

通告義務

　実際には，家庭内性暴力被害の発覚は，児童のなんらかの告白を聞いた人物・機関からの児童相談所や市区町村への通告が多い。その理由としては①（他の法律で情報の提供が定められている場合：後述）を根拠にしているからである。

　すなわち，職務上知った虐待の事実を市区町村や児童相談所へ通告しても守秘義務違反にならないのは，児童福祉法第25条の通告義務を果たすことになるからである。同条には「要保護児童を発見した者は，これを市町村，都道府県の設置する福祉事務所若しくは児童相談所又は児童委員を介して市町村，都道府県の設置する福祉事務所若しくは児童相談所に通告しなければならない（抜粋）」と明記されている。これは，「要保護児童発見者の通告義務」あるいは「全ての国民に課せられた通告義務」と言われている，

　また，2004年の改正により，児童虐待防止法第6条1項において，「児童虐待を受けたと思われる児童を発見した者は，速やかに，これを市町村，都道府県の設置する福祉事務所若しくは児童相談所に通告しなければならない（要約）」とされた。そして，この通告は前述の児童福祉法第25条の規定による通告とみなすこととされている（同法第2項）。さらに，この通告の際には刑法134条の守秘義務違反には該当しないと明記している（同法第3項）。

早期発見努力の義務

　また，児童虐待防止法第5条においては，「学校，児童福祉施設，病院その他児童の福祉に業務上関係のある団体及び学校の教職員，児童福祉施設の職員，医師，保健師，弁護士，その他児童の福祉に職務上関係のある者は，児童虐待を発見しやすい立場にあることを自覚し，児童虐待の早期発見に努めなければならない」としている。

そして，児童虐待防止法第7条においては，「福祉事務所や児童相談所の職員などが通告をした者を特定させるものを漏らしてはならない（要約）」として，通告先が漏れることにより，通告が躊躇することがあってはならないとしている。

要保護児童対策地域協議会

ところで，2004年に改正された児童福祉法の第25条の2において，要保護児童対策地域協議会（以下要対協）が法的に位置づけられた。児童虐待事例の場合，児童本人や家族への支援には関係機関の連携が不可欠となる。そこで，要対協を構成する関係機関が個人情報保護に関する懸念を抱くことなく情報の共有ができるように位置づけられるとともに，要対協の構成員に対しては守秘義務が厳しく課せられており，罰則規定も設けられている。

具体的には，要対協が必要と認めるときは関係機関等に対して，資料や情報の提供などを求めることができることとされた（児童福祉法第25条の3）。医師や地方公務員などについては，法令により守秘義務が課せられているが，児童福祉法第25条の3に基づき情報を提供する場合には，基本的にこれらの法令による守秘義務に反することとはならないと考えられている（厚生労働省，2013f）。

ちなみに，個人情報の保護に関する法律（2003年）では，本人同意によらない個人情報の取り扱いや情報提供は禁止しているが，児童福祉法第25条の3に基づく協力要請に応じることは法令に基づく場合に該当し，個人情報保護法にも違反することにならないものと考えられている（家族心理学会倫理綱領　臨床実践活動における守秘の例外　第8条参照）。

児童虐待への対応──まとめ

厚生労働省の資料によると，「児童虐待によって子どもが死亡した件数は高い水準で推移」としている。実際に，児童虐待による死亡事例が報道されることが少なくない。

子どもの権利擁護といった観点からの個々の専門職の倫理上の判断に加え，子どもの命を社会が守るという観点から関係の法律を整備することにより，関係機関がスクラムを組んで取り組んでいる現状である。

発達障害者支援法

　福祉の谷間で取り残されていた発達障害者の定義とライフステージに応じた支援を国・自治体・国民の責務として決めた法律であり，2005年4月に施行された。

　発達障害という課題を抱えた人に対して，ライフステージに応じた支援を行っていくためには医療・教育・相談・就労機関などが連携をしていくことが不可欠となる。そもそも，発達障害に関して，家族はもちろんのこと，関係機関者の理解なくしては，適切な支援につながらないことはいうまでもない。

　援助者には的確な診断が行えるように専門性の向上を目指すこと，また，本人及び家族が理解を深める上で，支援者として適切な告知ができる面接技術・コミュニケーションスキルの向上を目指すなど，専門職としての倫理上の課題が存在している。

発達障害──ライフステージに応じた支援

　乳幼児期や学童期における早期発見や早期支援，成人期における就労支援など，それぞれの発達段階における個別のテーマが存在するが，一方で，ライフステージという観点からは一貫した支援や関係機関連携には情報の共有が重要である。さらに言えば，本人支援だけでなく家族支援が求められることもある。家族支援には，家族の発達段階も熟知していることが重要である。

　ところで，ライフステージに応じた支援や関係機関連携にかかわり，「守秘義務」や「個人情報」の扱いが大きなポイントになる。しかし，現状では，児童福祉法や児童虐待防止法などのように，法律上，明確に「守秘義務」や「個人情報」を超える規定が存在しない。そのため，発達障害者支援においては，関係機関の連携の重要性や一貫した支援の必要性を本人・保護者に説明した上で，同意を得られたことを前提に情報提供を行うことになる。倫理上求められている「インフォームド・コンセント」が重要なのはもちろんであるが，本人・家族に合わせた「丁寧な説明」を行うことが基本となる（家族心理学会倫理綱領　家族やシステムと関わる臨床実践活動に特有の秘密保持　第9条3参照）。

　各地域では一貫した支援や関係機関連携を構築する上で，情報提供の同意に基づき，支援のためのツール（例：支援ファイルや移行支援シートなど）を活

用し，ライフサイクルに応じた発達や変化の状況の引き継ぎ（つなぎ）について工夫しているが，関係書類の安易な複製（コピー）は厳に慎まなければならない。

専門性の向上を目指す上で，学会や研修会，スーパーヴァイズでの事例提出などは不可欠であるが，「インフォームド・コンセント」「秘密保持」「専門職としての能力の自覚と研鑽」などに沿った対応が求められている。

（早樫一男）

 少年非行といじめをめぐる法と倫理

少年非行の時代的推移

少年非行やいじめ問題を理解するためには，子どもたちに直接影響を与える，上位システムとしての家族や学校，さらには社会の状況をとらえなければならない。

図Ⅶ-4-1（警察庁，2014）は，少年刑法犯（10歳以上の少年の刑法犯検挙人員と人口比）の推移を示したものである。人口比の増減の波に示されているように，戦後の少年非行は，1951（昭和26）年，1964（昭和39）年，1983（昭和58）年，1998（平成10）年，2003（平成15）年をそれぞれのピークとする5つの波で推移して現在に至っている。それぞれのピークの10，15年間をスパンとして，その時代における少年非行の特徴が表れている。

第Ⅰ期（1945〜1959年）「貧困型非行」：戦後の混乱と復興を社会背景として，貧困や欠損家庭で育つ少年による，生きるため食べるための非行が多発した。

第Ⅱ期（1960〜1974年）「反抗型非行」：わが国が高度経済成長社会に向かい，金と物が価値観になり，遊ぶための金銭を得る窃盗が多発した。また，大学紛争で学生が権威や権力に反抗したり，「カミナリ族」「みゆき族」な

ど若者文化が台頭したりするなど，既成の価値観に青年たちが反抗した時期である。

第Ⅲ期（1975〜1989年）「学校型非行」：自然が破壊され続け，ファミコンやテーマパークが登場し，子どもたちが仮想現実の世界に埋没し始めた時期である。1983（昭和58）年をピークとして，中学生の校内暴力が全国各地で頻発し社会問題となった。

第Ⅳ期（1990〜1999年）「いきなり型非行」：バブル経済の崩壊後の深刻な不況，少子高齢社会の到来などさまざまな面で従来の価値観の転換が迫られた時期である。過去に非行歴がない少年が突然，凶悪な犯罪を起こしたりする「よい子の非行」が話題になった。学校ではいじめ問題が深刻化し，小学校で学級崩壊が問題となった。

第Ⅴ期（2000〜2008年）「ネット型非行」：2000年にほとんどの大学生が携帯電話を持ち，その後小学生まであまねく行きわたった時期である。その結果，子どもたちに最も必要な他者の肉声や息づかいという「体感」が失われ，コミュニケーションのとり方が大きく変質した。携帯電話やインターネットが陰湿ないじめや非行・犯罪のツールになった。

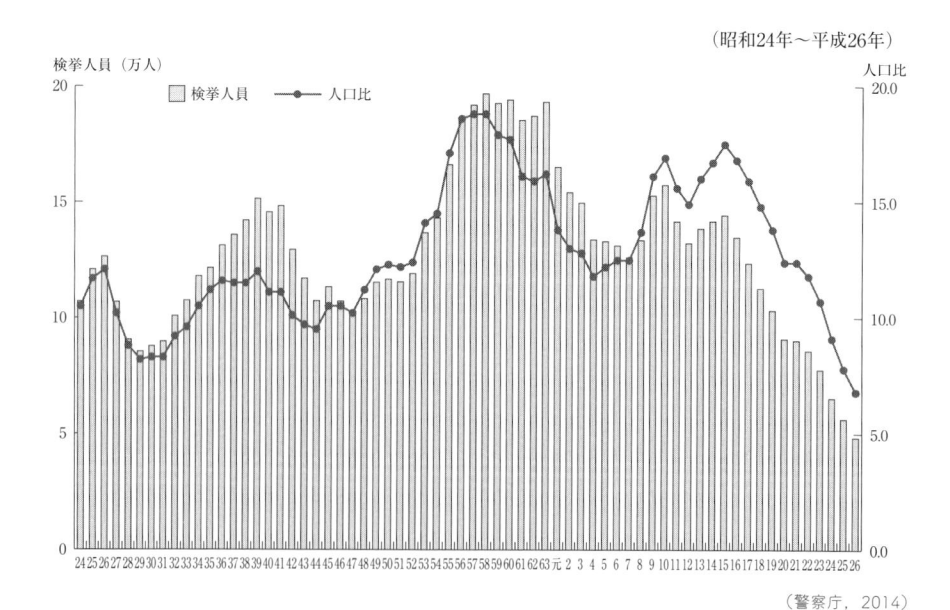

（警察庁，2014）

図Ⅶ-4-1　昭和24年以降における刑法犯少年の検挙人員及び人口比の推移

第Ⅵ期（2009年から現在）「生徒間暴力型非行」：文部科学省による2008年度の子どもの「問題行動調査」によると，小中高生の暴力行為が5万9618件にのぼり過去最多を更新した。内容別では，「生徒間」3万2445件，「器物損壊」1万7329件，「対教師」8120件，「対人」1724件である（内訳は小学校6484件，中学校4万2754件，高校1万380件）。児童生徒間で傷つけ合う非行が特徴である。

　以上のような少年非行の変化にともなう家族モデルの変遷について，家族社会学の立場から山田（2005）は次のように述べている。

　1945〜1955年を戦後家族モデルの形成期，1955〜1975年を安定期，1975〜1998年を修正期，1998〜2005年の解体期を経て，2005年以降を家族の迷走期，と区分している。その上で，わが国の家族の変化は1975年頃から始まり，質的に大きく変容して問題が噴出したのは1990年代後半である。家族は，少子高齢化，離婚率に拍車がかかり，戦後家族モデルは完全に解体して機能不全に陥ったことを指摘している。

　本来，社会の歪みに対して，子どもを守る緩衝地帯となるべき家族の機能が低下した結果，子どもは社会と家族の歪みをダイレクトに被り，その結果として問題行動や非行が発現しているととらえることができる。

攻撃性の質的変容と現代型いじめ

　戦後から現代にかけての非行の変遷をみると，非行やいじめ問題につながる子どもたちの攻撃性の質的な変容が浮き彫りになる。その転換点は1983年と2000年である。

　攻撃性の第1の変容が見られる1983年は，中学生の校内暴力（対教師暴力）が全国で頻発した年であり，戦後最大の非行の多発年である。非行少年は親や教師にあからさまに反発や反抗をしたり，さまざまな問題を起こしたりすることで，息苦しさや生き難さを訴えるという救助信号を発していた。1960年代から1983年に至るまでの，大学生，高校生，中学生の反抗には，権力者や権威者という「強者」にストレートにぶつかっていく攻撃性のベクトルがあった。

　そのような青少年の反発や反抗が力によって抑え込まれ管理された結果，校内暴力に代わって学校内の問題として浮上したのが，「弱者」に対するいじめと不登校である。

　攻撃性の第2の変容が見られる2000年は，児童虐待が家族の大きな問題にな

表Ⅶ-4-1　大学生のいじめ経験（小中高）(2014年，155名)

> ・加害のみ：25名，被害のみ：31名，傍観のみ：37名，仲裁のみ：2名
> ・<u>加害と被害</u>：22名，被害と傍観：7名，加害と傍観：6名，被害と仲裁：3名，加害と仲裁：1名，傍観と仲裁：1名
> ・<u>加害と被害と傍観</u>：10名，加害と被害と仲裁：3名，被害と傍観と仲裁：2名
> ・いじめ経験なし：5名

り始めた時期でもある。強者である親が弱者である子どもを攻撃するという特異な親子関係を示している。非行では，上位者にあからさまにぶつかる非行少年が少なくなり，上位者に対して従順な面を示しながら，激しいいら立ちを内に秘めた少年が多くなった。そうした非行少年の中には，小動物に対する虐待的行為やインターネットを利用した陰湿ないじめをくり返したりしている者がいた。

　インターネットを使ったいじめでは，いじめの加害者を特定することが困難なため，「よい子」の仮面を被ったままで他者を激しく攻撃することが可能になる。また，ネットを利用すれば現実の生身の相手と向かい合わなくても済むため，インターネットを媒体にした子どもたち同士のいじめが頻発している。

　表Ⅶ-4-1は，大学生が小中高校時代に経験したいじめの実態調査である（2014年筆者調査，未発表）。

　表からその傾向が見てとれるように，いじめる子といじめられる子が固定するいじめを古典的いじめとすれば，現代型いじめは，いじめる子－いじめられる子－傍観者－仲裁者が入れ替わって，誰でもいついじめの対象にされるかわからないという「ロシアンルーレット型いじめ」（増田，2013）が特徴である。子どもたち同士が傷つけ合うという，子ども集団システムの歪みの表れが顕著に示されている。

いじめとは──いじめ防止対策推進法

　いじめによる相次ぐ自殺や深刻な問題に対して，2013年6月21日に「いじめ防止対策推進法」が成立し同月28日に公布された。同法によるいじめの定義は次のように要約される（番号は筆者による）。

　「当該児童生徒が，学校等①一定の人間関係のある者から②心理的，物理的

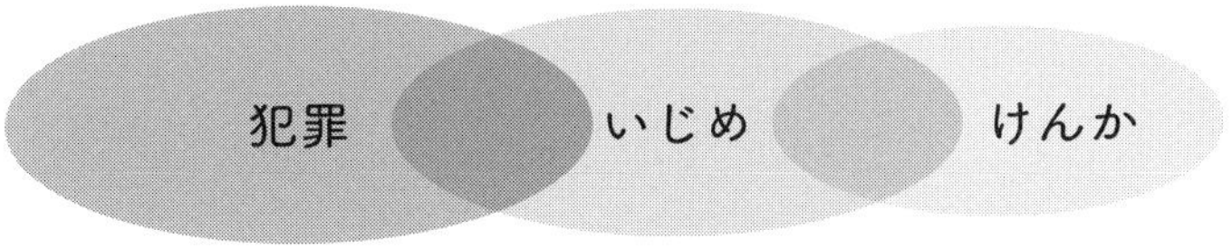

図Ⅶ-4-2 「いじめ」と「犯罪」と「けんか」の関係

な影響を与える行為を受けたことにより，③心身の苦痛を感じていること」

　①一定の人間関係とは，学校の内外を問わず，なんらかの人間関係があることであり，学習塾やスポーツクラブなどでの人間関係を含む。

　②心理的いじめとは，被害児への直接的な加害行為でなくとも，仲間はずれや集団による無視などによって間接的にダメージを与えることである。

　③心身の苦痛を感じているとは，いじめの程度や加害児の認識にかかわらず，被害児が心身の苦痛を感じているかどうかがいじめの基準になる。

　「いじめ」と「犯罪」と「けんか」の関係は図Ⅶ-4-2のようになる。

　端的に言えば，いじめのほとんどは犯罪行為である。被害児の物を壊すことは器物損壊罪，使い走りをさせることは強要罪，恥ずかしい行為をさせることは強制猥褻罪，万引きをさせることは窃盗教唆罪，水に沈めることは暴行罪や傷害罪，高所から飛び降りなどを強要することは自殺教唆罪，その結果死亡すれば傷害致死罪，にそれぞれ相当する。ただし，刑法の構成要件に該当するものでも，極めて軽微なものは犯罪として扱わないことがある。

　犯罪に該当しない「いじめ」とはどのような行為を指すのかといえば，上記②と③に関連した行為である。仲間から意図的に除け者にしたりクラス集団で無視をしたりすることである。特に，いじめが見逃されやすい行為として，被害児を「いじる」（面白半分にからかったりする）ことである。往々にして被害児は苦痛を感じていても笑っていたり，加害児と行動を共にしている場合が多い。表Ⅶ-4-1の調査のインタビューで，あるいじめ被害者は「いじりが苦しかったのでそれを早く収めるために明るく振る舞っていた」と語った。また，文部科学省の通知では，「プロレスごっこ」と称して押さえつけたり投げつけたりする行為は警察に通報すべきいじめ行為としている。

　「けんか」は2007年の文科省の通知では，いじめから「けんかを除く」と明記していたが，同法が制定された2013年の方針では「けんかに注意すること」が付記され，2017年の最終改訂で「けんかを除く」が削除された。子どもの発

達にとって，けんかは生身の人間関係を体感しネガティブな関係を修復する大切な課題であるが，いじめの防止のために現代の子どもたちはけんかをする機会を失ったとも言えよう。

学校における法的アプローチと臨床的アプローチの協働

いじめが犯罪の域に陥ったときはもちろん，いじめがくり返されるとき，激しい暴力行為の阻止，など被害児を守るための危機介入として，法を行使するのもやむを得ない。しかしただ単に，強制や排除，威嚇や罰を背後効果にする介入を行うことは，子どもたちに屈辱感をともなう従属体験を及ぼし，自主性や自尊心を失わせたりする。その結果，子どもたちは，権力や腕力で対人関係を支配したりすることを学習し，さらに深刻ないじめなどの問題として行動化しかねない。

一方，臨床のアプローチの基本は一人ひとりの子どもを支えることである。いじめ問題をいじめ加害児—いじめ被害児に二分して，被害児だけを守り，加害児を排除したり罰したりするだけのアプローチでは問題の解決にはつながらず，早晩，より深刻ないじめが起きてしまう。したがって求められることは，被害児を守りながら，加害児と被害児を同時にケアし，子ども集団を修復することが重要になる。

学校システム全体の問題として理解する

いじめ問題が起きたときに，クラス担任教諭は自らの力だけで対応しようとする傾向があるが，まず学校長に報告し，学校全体で組織的に対応することが必要である。

いじめは，子どもだけの問題ではなく，学校というシステム全体の問題でもあるという認識を持つことが求められる。いじめの事案の軽重にかかわらず担任の力でなんとかなると判断して対処したりすることがいじめの初期対応で陥りやすい誤りである。学校全体で対応するときも，学校内だけで解決しようとする傾向があるが，いじめ問題の対応においては，内々で対応するのではなくできるだけ"風通し"をよくすることがポイントになる。

"悪者探し"をせずに事実を把握する

いじめの相談があった場合，加害児，被害児，保護者などから個別に聴き取

りを行うなど，実態の把握に努めなければならないが，いじめの調査では，"悪者探し"になりやすいことに注意しなければならない。誰から聴取をするにしても，事実を調査する際には，5W1Hをニュートラルに正確に把握することである。そうした事実調査と，いじめかどうかの評価は別段階である。

　最初から，いじめの張本人を探り出そうとするような"悪者探し"をすると，子どもたちは口を閉ざしてしまう。話の内容に悪質なことがあっても説教を挟んだり，叱ったりせずに，最後まで真剣に聞くことが必要である。

　加害児は事実をなかなか語らないのではないかということについては，子どもたちは教師など大人に対して信頼感と安心感を持つと正直に話し，自分の内に溜まっていたさまざまな感情，気持ち，思いをはき出すように語ってくれる。いじめの調査においては，スクールカウンセラーの協力を得るなど，適切な調査チームを構成し，正確な事実を把握するよう努めなければならない。

加害児と被害児の同時ケア

　いくら適切に調査して対応しても，いじめが続いたり陰で行われたりすることがある。いじめによる自殺という取り返しのつかない事態を招いている現状からすれば，加害児を出席停止にしたり警察と連携した対応をとるなどの法的なアプローチをせざるを得ない。

　しかし，そのために加害児をただ監視したり，懲戒として罰を与えるような対応だけに陥ると，さらに執拗で陰湿な問題を引き起こすことになりかねない。いじめなどの問題で加害児になる子どもは必ずといっていいほど，被害的な経験をしている。加害児はなんらかのストレスにさらされていないか，本人や保護者の話を十分に聴く時間を持ち，家庭での状況などにも目を向ける必要がある。特に，出席停止や警察の介入といった強力なアプローチをするときには，それと同等な臨床的アプローチを施さなければならない。

関係機関との連携

　いじめが犯罪に該当する場合の加害児の処遇，刑事責任，民事責任について簡潔に説明する。

　14歳以上の少年には刑事責任能力があるので，家庭裁判所に送致され，少年院送致や保護観察などの保護処分に付されることがある。14歳未満の子どもの場合，児童相談所に送致され，児童自立支援施設入所など処分がなされることがある。

民事責任は，いじめによる損害の発生に関与したすべての者に対して追及できる。加害児については，およそ12歳以上の子どもは責任能力を有しているものと扱われる。およそ12歳未満の子どもについては，保護者が責任を問われることがある。校長や教員は，いじめの発生を未然に防止するために万全の措置を講ずべき義務を負っているものとされ，その義務違反の結果いじめの被害が発生したと認められれば，不法行為責任を負う。

　学校が関係機関と連携する際に留意しなければならないことは，加害児を関係機関に引き渡して終りにするような対応をしてはいけない。家庭裁判所に引き渡した場合であれば家裁調査官，児童相談所であれば児童福祉司と連携をとりながら，加害児に引き続き対応しなければならない。こうした対応が，結果的に加害児が施設に入所したり転校したとしても，その子の立ち直りといじめ問題で歪んだ子ども集団と学校の再生につながることになる。

（廣井亮一）

⑤　介護と家族をめぐる法と倫理

～成年後見制度，介護保険制度，高齢者虐待，インフォームド・コンセント，年金

成年後見制度

　成年後見制度は，知的障害，精神障害あるいは認知症等により判断力が不十分な状態にある人の社会生活を支援するために，財産管理及び身上監護について，成年後見人等が本人を代理したり，本人が行う行為に同意したり，本人が行った行為を取り消すことができる制度である。従前の禁治産・準禁治産の制度に代わって，平成12年に施行された。成年後見制度の３つの基本的理念は，自己決定の尊重＝可能な限り本人の意思が尊重されること，残存能力の活用＝本人の能力を活用した上で足りない部分のみを補うこと，ノーマライゼーション＝地域で普通に生活できるよう支援することである。

　成年後見制度には大きく分けて法定後見と任意後見がある。法定後見制度は

民法に，任意後見制度は「任意後見契約に関する法律」に主に規定されている。

法定後見では，家庭裁判所が，本人・配偶者・四親等以内の親族，市町村長等の申立てにより，職権で後見開始等の開始決定を行う。判断能力低下のレベルに応じ「後見」「保佐」「補助」の3つの類型がある。後見は「精神上の障害により事理を弁識する能力を欠く常況にある者」，保佐は「精神上の障害により事理を弁識する能力が著しく不十分である者」，補助は「精神上の障害により事理を弁識する能力が不十分である者」について開始される。

成年後見人は，本人の財産に関する法律行為を代理し，財産を管理し，日用品の購入その他日常生活に関する行為以外の本人が行った法律行為を取り消すことができる。保佐人は，家庭裁判所が審判で定めた特定の法律行為を代理し，民法13条1項に定められた重要な法律行為及び家庭裁判所が審判で定めた法律行為の同意権・取消権を行使する。補助人は，家庭裁判所が審判した特定の法律行為を代理し，重要な法律行為の一部につき同意権・取消権を行使する。

任意後見とは，本人が判断能力のある段階で，任意後見人予定者との間でなにを委任するかを決めた任意後見契約を締結しておき，判断能力が低下した段階で，本人・配偶者・四親等内の親族又は任意後見受任者の請求により，家庭裁判所が任意後見監督人を選任して後見を開始させる制度である。本人の意思を明確にするため，任意後見契約は必ず公証役場を通じて公正証書で契約する必要があり，法務局に登記される。

任意後見が開始すると，任意後見人は契約で委任された事務を行い，一定期間ごとに財産管理状況や身上看護状況を任意後見監督人に報告する。契約で報酬を定めることもできるが，子などの親族の場合は無報酬とする場合もある。

任意後見契約の利用方法には，「将来型」「即効型」「移行型」がある。

「将来型」は，本人がまだ判断能力のある段階で任意後見契約を締結しておき，判断能力が低下した段階で任意後見を開始させる方法である。専門家が予定者の場合には，本人の判断能力の低下をタイミングよく把握するため，日頃本人と接触のある人に契約の存在を伝えておくとよい。

「移行型」とは，任意後見契約時に本人の判断能力に問題はないが，たとえば足腰が弱って一部の財産管理が困難な場合に，その一部を任せる委任契約を開始させておき，判断能力に問題が生じたときに任意後見を開始させ，すべての財産管理及び身上監護を委任する方法である。

「即効型」とは，本人が任意後見契約を結ぶ程度の判断能力はあるものの，すでに判断能力が低下している場合に，契約後すぐに後見を開始させる方法で

ある。法定後見も可能であるが，本人の意思を優先させて受任者や委任の範囲
を選べる点で，任意後見制度を利用するメリットがある。

　平成28年の成年後見関係事件の申立数は全国で3万4249件，成年後見人の約
30％が子などの親族，残りの約70％が弁護士等の専門家や法人等となっている。
認知症患者が約500万人いることを考えると，未だ成年後見制度全体が十分に
認知され利用されているとは言い難い現状である。

介護保険制度

　介護保険制度は，成年後見制度と同じ平成12年に，高齢化社会の介護需要増
加を見込んで導入された国民皆保険制度である。市町村が保険者，市町村の区
域内に住所を有する65歳以上の人が第1号被保険者，40歳以上65歳未満の医療
保険加入者が第2号被保険者となる。

　介護保険の保険者は市町村であるが，小規模市町村が介護保険料のみを財源
として運営することは困難である。そこで，国が25％，都道府県が12.5％，市
町村が12.5％の合計50％の財源は税金で，残り50％を介護保険料でまかなう財
源構造としている。

　市町村は，第1号被保険者から本人の所得や世帯の所得によって負担能力に
応じた介護保険料を直接徴収する。

　40歳から64歳の第2号被保険者については，加入している医療保険の保険者
が介護保険料を徴収し，各医療保険者は「介護給付費・地域支援事業支援納付
金」として「社会保険診療報酬支払基金」に支払う。これを原資に，各市町村
からの交付申請により，社会保険診療報酬支払基金から各市町村に「介護給付
費交付金」及び「地域支援事業支援交付金」が交付される。第2号被保険者の
うち職場の健康保険に加入している人は，介護保険料は事業主と被保険者で半
分ずつ負担することとなっている。

　被保険者が日常生活に支障を生じ，支援や介護が必要な状態になった場合に
は，本人・家族・成年後見人・地域包括支援センター等の申請により，本人の
要介護度を判定した上で，その程度に応じた保険給付を受けることができる。
要介護度の認定は，まず調査員が心身の状態について74項目の1次調査を行い，
その情報をコンピュータに入力して1次判定（コンピュータ判定）を行う。ま
た主治医が意見書を作成する。この1次判定の結果と主治医の意見書及び調査
員の意見を踏まえて，学識経験者5名程度で構成される介護認定審査会におい

て，2次判定が行われ，要介護度が決定される。

要介護度は，要支援1～2，要介護1～5の7段階で，1日あたりに必要な支援の基準時間が判定される。要介護度の認定に不服がある場合，60日以内に都道府県にある介護保険審査会に不服申立を行うことができる。

要介護度が認定されるとケアマネージャーが，要介護1～5の人はケアプラン，要支援1～2の人は介護予防ケアプランを作成する。以後，このケアプランに応じて介護給付あるいは支援給付を受けることになる。

介護給付として受けられるサービスは，居宅で受けるものは，訪問介護，訪問入浴介護，訪問看護，訪問リハビリテーション，居宅療養管理指導，通所介護（デイサービス），通所リハビリテーション（デイケア），短期入所生活介護（ショートステイ），短期入所療養介護（ショートステイ），福祉用具貸与，住宅改修などがある。施設入所をともなうものは，特別養護老人ホーム，老人保健施設，介護療養型医療施設，グループホームなどへの入所である。要支援1～2と認定された人の受ける支援給付も，介護給付に準じた同様のメニューが用意されている。

当初，介護保険の利用者が支払う利用料は1割であったが，2015年8月から，第1号被保険者で一定の所得のある人の利用料が2割に引き上げられた。さらに，2018年8月からは，所得の多い人は3割に引き上げられた。所得に応じた負担上限額（最高4万4400円）を超えた部分については，高額介護サービス費の払い戻しを受けられる。介護が必要な人が受け控えることがないように，自己負担上限額の引き上げには慎重さが求められる。

なお，要介護度の判定で「非該当（自立）」と判定された人は介護保険のサービスは受けられないが，地域支援事業や保健福祉サービスとして，デイサービス，家事援助サービス，配食サービス等を利用できる。地域包括支援センターに，ニーズに似合うサービスが受けられるか，相談してみるとよい。

高齢者虐待

高齢化社会の進展で，家庭及び施設での高齢者虐待事件が多数発覚するようになり，社会問題となっている。こうした事態に対応するため，2005年に議員立法で高齢者虐待防止法が成立し，2006年4月に施行された。

高齢者虐待防止法は，65歳以上の高齢者に対する①養護者と②養介護施設従事者等による虐待行為を定義し，通報を受けた市町村がとるべき措置，国や地

方公共団体の責務について定めている。

　養護者とは，65歳以上の者を現に養護する者で，同居の有無に拘わらず，当該高齢者の日常生活においてなんらかの世話をしている人を指す。同居していなくても，親族でなくても，金銭の管理，食事の世話，鍵の管理など，高齢者の生活に必要な支援を提供していれば，養護者にあたる。高齢者虐待として規定されている行為は，①身体的虐待，②介護・世話の放棄・放任（ネグレクト），③心理的虐待，④性的虐待，⑤経済的虐待である。

　なお，高齢者虐待において頻繁に問題となる身体拘束については特に明記されていないが，ベッドに縛りつけたり，部屋に閉じ込めたりして身体拘束すること，意図的に薬を過剰に服用させて抑制をすることも身体的虐待に含まれる。身体拘束については，厚生労働省が「身体拘束ゼロへの手引き」を発表し範を示している。身体拘束に正当な理由があり許される場合とは，切迫性（本人又は家族・他の利用者等の生命または身体が危険にさらされる可能性が著しく高い），非代替性（他に代替する介護方法がない），一時性（一時的なものであること）の3要件が満たされる場合のみとされている。

　高齢者虐待防止法は，虐待に対する第1次的な対応は市町村が行うこととし，さまざまな義務や権限を市町村に与えている。市町村は，高齢者や養護者に対する相談，指導，助言を実施し，高齢者虐待の通報を受けた場合には速やかに当該高齢者の安全の確認，事実の確認を行い，生命又は身体に重大な危険が生じているおそれがある場合は一時的に保護する他，成年後見制度利用開始のために審判の請求を行うこともある。介護保険法の規定により市町村が設置した地域包括支援センターが，高齢者虐待の実務を担う機関となっている。

　平成26年度に高齢者虐待であると判断されたケースは，施設従業者等によるものが通報1120件中300件，養護者によるものが通報2万5791件中1万5739件にとどまっている。特に施設従業者による虐待の通報件数は少なく，認知症などで本人自らが訴えにくい，密室で行われる，家族はお世話になっている負い目から通報をためらう，職員による過失通報が保護されていないなど，構造的理由があると思われる。今後，制度及び運用の改善が求められる。

インフォームド・コンセント

　インフォームド・コンセントとは，医療における「充分説明を受けた上での同意」を意味する。インフォームド・コンセントは，1960年代に米国で始まっ

た患者の人権運動により確立した法理であり，患者自身が，充分に説明を受けた上で，どんな医療を受けるか，また受けないかを主体的に決定する権利があるという考え方である。これ以前は，医師に医療行為の内容を決定する相当大きな裁量があると考えられていた。無力な患者が偉いお医者様に病気を治してもらうのであり，患者はお医者様の言うとおりの処置を受け，薬の成分・効果・副作用を知らなくても出された薬を信じて飲むのが当然だったのである。こうした前時代の治療関係に対し，インフォームド・コンセントは，患者には説明を受けて理解し判断する能力があることを前提に，患者の自己決定権と，医師と対等な立場で自己主張する権利を確立した。

　日本では1995年に厚生省（当時）が「インフォームド・コンセントの在り方に関する検討会」の報告書を公表した。報告書は，「医師が一方的に決める時代は終わった」とし，インフォームド・コンセントが患者と医療従事者のより良い信頼関係を築くキーワードであるという理解に立っている。

　2003年に厚生労働省は「診療情報の提供等に関する指針」を出し，医療従事者等は「患者等にとって理解を得やすいように，懇切丁寧に診療情報を提供するよう努めなければならない」，「診療情報の提供は，(1)口頭による説明，(2)説明文書の交付，(3)診療記録の開示等具体的な状況に即した適切な方法により行われなければならない」と説明義務を認め，患者等が診療記録の開示を求めた場合には，医療従事者等は原則として応じなければならないことを定めた。日本医師会も，この厚生労働省指針に沿う指針を定めて会員に徹底するようになった。現在では，インフォームド・コンセントと診療記録の開示（カルテ開示）は，すでに医療従事者の行為規範として広く行われるようになっている。

　医療従事者が正しくインフォームド・コンセントを行わなかった場合，診療契約上求められる患者に対する説明義務に反した債務不履行として，あるいは一般的な不法行為として，患者から医療従事者及び医療機関に対し，損害賠償の請求ができることがある。その場合，まずは自己決定権を侵害したことに対する慰謝料の請求が認められる。そして，仮に相手方から見て正しい説明がなかったために治療に同意し，その結果死亡等の悪い結果が発生したと言える場合には，説明義務違反と死亡等との相当因果関係が認められ，死亡等の悪い結果についての損害賠償請求まで認められることもある。

　ただ，説明義務違反を含め，医療過誤訴訟は専門的知識が不可欠であり，元主治医や病院を相手方にする心理的抵抗も大きいため，困難である。まずは，医療問題弁護団の無料相談等を利用して，医療過誤事件の経験が豊富な弁護士

に責任追及の可能性を相談してみるとよい。また各地の弁護士会が設けている医療ADR（裁判外紛争解決手続）を利用すると，調停委員に間に入ってもらい，医療側と話し合うことができるので，これも1つの方法である。

　近年，医療法が改正され，平成27年10月から医療事故調査制度が実施された。この制度は，予期しなかった死亡または死産という重大な医療事故が発生した場合に，医療機関が第三者機関である医療事故調査・支援センターに報告し，院内調査を行い，その結果を上記センターが分析して再発防止につなげる制度である。この医療事故調査制度は，死亡等が予期されたか否か，すなわち調査対象となるかどうかの判断を，事前のインフォームド・コンセントの内容にかかわらせているため，制度の導入により，医療におけるインフォームド・コンセントがさらに充実していくことが期待できる。

年金

　年金制度は，加齢等によって働いて収入を得るのが難しくなる状況に備えるための社会保険制度である。日本の公的年金制度は「2階建て」，これに企業年金等を含めて「3階建て」の制度と言われている。20歳から60歳の現役世代は，全員が国民年金の被保険者となり，高齢期になった時に，基礎年金の給付を受ける（いわゆる1階部分）。民間企業に勤務する人や公務員等は，これに加えて厚生年金保険に加入し，基礎年金の上乗せとして現役時代の報酬に応じた年金の給付を受ける（いわゆる2階部分）。自営業者や厚生年金保険に加入している人の被扶養配偶者など，2階部分の上乗せがない人は，1階部分しか受け取ることができない。

　国民年金の老齢基礎年金は，納付済月数に応じて受け取ることができる。もともと，加入期間の合計が25年以上ある人しか受け取ることができなかったが，要件を満たさない無年金者が多数出ることを防ぐため，平成29年から加入期間が10年以上に短縮されることとなった。保険料を40年間全額納付すると満額支給を受けることができる。以前は老齢基礎年金の支給開始は60歳からであったが，受給者数の増大や，健康で活躍できる高齢者が増えていることを踏まえ，原則として65歳からに支給開始年齢が引き上げられた。ただし，60歳から減額された年金のくり上げ支給を受けることもできるし，65歳を超えても受給の必要がない人は，66歳から70歳までの希望する年齢から増額された年金のくり下げ支給を請求することもできる。

厚生年金保険の老齢厚生年金は，被保険者期間が1か月以上ある人に支給される。高齢年金についても，支給開始年齢が60歳から65歳へと段階的に引き上げられており，報酬比例部分と定額部分でも支給開始年齢が異なる。

平成28年度の国民年金の老齢基礎年金は満額で6万5008円，厚生年金の夫婦2人分の老齢基礎年金を含む標準的な年金額は22万1507円であり，国民年金だけしか受け取れない人と厚生年金を受け取れる人とでは受給額に大きな差が生じる。これを埋めるために公的な個人年金制度として平成3年に国民年金基金が設けられ，現役時代の加入口数に応じた老齢年金が給付される仕組みができたが，任意加入であり，加入者は限られている。

（小竹広子）

 死と家族をめぐる法と倫理

はじめに

人が死ぬことにも，法はさまざまな形で関係してくる。胎児が私法上の権利能力を有しないように，死者も，つい先刻まで「人」として権利能力を有する主体であったのに，死の瞬間から，その能力を失い，私法上の主体ではなくなる。

本項では，まず法律における「死」について述べる。その後，「死と家族」にまつわる事象として，尊厳死・安楽死，相続・遺言について概観する。

法における「死」

「死」についての2つの考え方

なにをもって人の「死」とするかについて，出生と同様，法律上明確な定義

規定は存在しない。この点，従前は，心拍停止，呼吸停止，瞳孔反射の喪失によって死を判定する三徴候説がとられてきた。

しかし，生命維持技術が発展し，人工呼吸器によって脳は不可逆的に機能停止していても心肺は動いているという状態が生じるようになり，医学界では，全脳死をもって死亡時期と解する見解が支配的となっていると言われている。

他方，法律（特に刑法）上は，心臓死説（三徴候説）と脳死説が対立しているが，医学界の状況を踏まえ，刑法学説としても脳死説に支持が集まっていると言われる。ただし，未だ脳死説が実務で採用されているわけではない。

臓器移植法

脳死をもって「死」とするかは，実務的には，臓器移植の場面で問題となってくる。すなわち，臓器の移植は，心臓死を確認した後の死体から移植するよりも，生体や脳死体から行った方が成功率が高いとされており，特に心臓のような臓器の場合，脳死体以外からの移植はあり得ないとされる。

わが国では，平成9年，「臓器の移植に関する法律」が成立した。その後平成21年に改正された同法では，臓器移植のための摘出について，以下のとおり定めている。

（臓器の摘出）

第六条　医師は，次の各号のいずれかに該当する場合には，移植術に使用されるための臓器を，死体（脳死した者の身体を含む。以下同じ。）から摘出することができる。

　　一　死亡した者が生存中に当該臓器を移植術に使用されるために提供する意思を書面により表示している場合であって，その旨の告知を受けた遺族が当該臓器の摘出を拒まないとき又は遺族がないとき。

　　二　死亡した者が生存中に当該臓器を移植術に使用されるために提供する意思を書面により表示している場合及び当該意思がないことを表示している場合以外の場合であって，遺族が当該臓器の摘出について書面により承諾しているとき。

　　2　前項に規定する「脳死した者の身体」とは，脳幹を含む全脳の機能が不可逆的に停止するに至ったと判定された者の身体をいう。

（第3項以下　略）

同法の解釈としては，心臓死を前提としつつ，臓器移植の場面に限って，臓器提供者の書面による事前の同意等を条件として，脳死を人の死と認めたもの

と解されている。このような要件は，上記の医学界の状況や脳死体からの臓器移植の現実の必要性等と，まだ温かな脳死状態の人を「死」として受け入れることに対する日本社会の抵抗感との妥協の産物であるとも言われる。ただ，臓器移植の場面だけ別の死の概念を持ち出すことには疑問があり，将来的には脳死説で統一されていくべき問題であろう。

尊厳死・安楽死

　いわゆる「尊厳死」「安楽死」については，生命倫理の分野等において，さまざまな議論がなされていることは周知のとおりである。

　議論の詳細は専門書にあたっていただくとして，本稿ではその趣旨に鑑み，主として法律の面から，この問題を概観したい。

尊厳死・安楽死とは

　尊厳死や安楽死といった言葉の使い方は，論者により，また分野により，さまざまである。たとえば，安楽死を定義して「人為的な生命短縮行為」とし，意思の面で自発的・非自発的・反意的の3つに，医師側の施行手段として積極的・消極的の2つに分け，計6種類の組合せがあるとしている（甲斐・谷田，2013）。

　そして尊厳死については，1994年の日本学術会議「死と医療特別委員会」の定義を引き，「助かる見込みがない患者に延命治療を実施することを止め，人間としての尊厳を保ちつつ死を迎えさせる」こととし，前記安楽死の分類のうち，消極的安楽死に相当するとしている。

刑法学者による定義

　刑法学者による定義として，たとえば，「安楽死とは，死期が切迫して苦痛に耐えられない患者の要望（患者が意思表示できないときは，親族の希望を含めるべきであろう）に応じて積極的にその死期を早めることをいう（積極的安楽死）」（西田，2010）としている。そして，延命治療を中止する行為を消極的安楽死，苦痛緩和のためにモルヒネなどを投与し，その副次的効果として生命を短縮する場合を間接的安楽死とする。他方，尊厳死については，「医師等が末期患者等に対し，人工呼吸器を取り外すこと等で治療を中止し，自然な死を迎えさせる行為を尊厳死（消極的安楽死，治療中止）という」としており，

前項同様，尊厳死＝消極的安楽死という定義をとっている。

間接的安楽死の違法性

間接的安楽死については，死期の迫った患者に対して苦痛の受忍を強制することはできず，また医学的にも適正な治療行為であって，一般に違法性が阻却されると考えられている。

積極的安楽死の違法性

⑴他方，積極的安楽死については，裁判例は一般論としてその余地を認めるものの，具体的な事案についてのその許容性を肯定したものはないとされる。

⑵裁判例として著名な名古屋高判昭和37年12月22日高刑集15巻9号674頁は，（積極的）安楽死が是認し得る場合として，病者が現代医学の知識と技術からみて不治の病に冒され，しかもその死が目前に迫っていること，病者の苦痛が甚しく，何人も真にこれを見るに忍びない程度のものなること等6要件を挙げた。

⑶いわゆる東海大学病院事件

横浜地判平成7年3月28日判例時報1530号28頁（いわゆる東海大学病院事件）は，積極的安楽死が許容される場合として，以下の4要件を挙げた。

① 患者に耐え難い激しい肉体的苦痛が存在すること

② 患者について死が避けられず，かつ死期が迫っていること

③ 患者の明示の意思表示

④ 苦痛の除去・緩和のために容認される医療上の他の手段が尽くされ，他に代替手段がない事態に至っていること

そして本件では，患者は意識を失い肉体的苦痛を覚える状態になかったこと，患者の意思表示が欠けていたことから，積極的安楽死としての許容要件を満たすものではないとし，殺人罪の成立を認めた。

⑷東海大学病院事件の判示は，患者の病状の客観的な評価を基礎に，患者の自己決定を必須とするもので，地裁判決でありながら大きな影響力を持つことになった，と評されている。

もっとも，緩和ケアの発達した現在では，前項④の要件を充足することは考えがたいとされており，現在の中心的争点は，次項の終末期医療における治療中止（尊厳死）である（近年の終末期医療に関する行政・学会によるガイドライン［例：厚生労働省，2007］はいずれも積極的安楽死行為を検討の対象外と

している）。

尊厳死の違法性

尊厳死（消極的安楽死，延命措置の中止）については，一般論としては，治療行為はそれが患者の意思に反する場合には許されないから，患者の意思に基づいて延命措置をやめることは許容される，と解されている。

もっとも，具体的な適用場面となると，実際には患者の意思が表明し得ない状態であるなど，問題は多い。

最決平成21年12月7日刑集63巻11号1899号（いわゆる川崎協同病院事件）は，気管支喘息の重積発作に起因し昏睡状態に陥った患者について，家族の要請を受けて気管チューブを抜き取った医師の行為について，①本件抜管時までに患者の余命を判断するのに必要な脳波等の検査が行われておらず，発症からいまだ2週間の時点であったこと，②本件抜管行為が患者の回復を諦めた家族の要請に基づいて行われたものではあっても，患者の病状等について適切な情報が与えられた上でのものではなく，患者の推定的意思に基づくものともいえない，として，法律上許容される治療中止にはあたらないとした。

小括

尊厳死・安楽死に関する法律はまだないが，前記の厚生労働省「終末期医療の決定プロセスに関するガイドライン」（2007）や，学会によるガイドライン等が発表されており，どのような要件の元で延命措置の中止等が可能か，議論が続けられている。ただし他方で，このような動きが強まることで，患者の「まだ生きたい」という意思を脅かさないかという危惧もある。

要件の整備等は，医療側が免責される要件を明確化するという意味もあるが，根本には患者の権利の問題があることを強く意識してなされる必要がある。

相続・遺言

相続とは

「相続人は，相続開始の時から，被相続人の財産に属した一切の権利義務を承継する。」（民法869条本文）。

このように現行民法は相続を規定し，相続人としては，配偶者・子・直系尊

属・兄弟姉妹等を挙げている。

　わが国において，戦前の相続は「家」を中心とする戸主の地位を承継する「家督相続」であった。戦後，親族・相続法改正により，「家」制度は法制度としてはなくなり，相続は純粋に亡くなった人の財産を誰が承継するかという財産上の意味を持つのみとなった。

　しかし現実には，従前の「家」意識が絡んだり，親子や兄弟姉妹など日ごろの親族関係のひずみが噴出したりと，相続の場面は決して合理的な財産的得失だけで解決できるものではない。以下では，まず相続制度を概観し，相続問題の解決のための制度について述べる。

相続制度概観

　(1)遺言相続と法定相続

　相続の方法としては2つあり，まず，亡くなった人（被相続人）が生前に遺言を遺していた場合には，原則的にはそれに従って処理される（遺言相続）。遺言がなかった場合には，民法の用意したルールによって処理される（法定相続）。

　従前，わが国では遺言の件数は少ないと言われていたが，近年は増加しつつあり，日本公証人連合会によれば，平成元年には4万935件であった公正証書遺言が，平成24年には8万8156件と，2倍以上に増加している。

　(2)法定相続人

　誰が相続人であるかについては，民法889条，890条が定めている。

　まず，配偶者は常に相続人となる。

　血族については順位があり，①子，②直系尊属，③兄弟姉妹の順で相続する。子と兄弟姉妹に関しては代襲相続という制度があり，当該①子や②兄弟姉妹が相続開始時点で死亡している場合には，その子が相続人となる（民法887条2項）。①子の場合，代襲相続人も相続開始以前に死亡している場合にはさらにその子が代襲相続する（再代襲。同3項）。②兄弟姉妹に再代襲はない。

　(3)相続分

　法定相続の場合，各相続人がどのような割合で相続をするのかについては，民法900条が定めている。

　　　1号　相続人が子及び配偶者のとき
　　　　　　各2分の1
　　　2号　相続人が配偶者及び直系尊属のとき

配偶者：3分の2　　直系尊属：3分の1
　3号　相続人が配偶者及び兄弟姉妹のとき
　　　配偶者：4分の3　　兄弟姉妹：4分の1
　4号　子，直系尊属又は兄弟姉妹が数人あるとき

　各自の相続分は相等しいものとする（上記相続分を人数で割る）。ただし，父母の一方のみを同じくする兄弟姉妹の相続分は，父母の双方を同じくする兄弟姉妹の相続分の2分の1とする（従前この条文に非嫡出子の相続分を嫡出子の2分の1とする旨が規定されていたが，改正により削除された）。

　たとえば，妻と子3人がいる夫が亡くなると，妻が2分の1，子3人が各6分の1ずつ相続する。子・直系尊属はおらず，妻と兄と妹がいたが，妹は相続開始時に既に亡くなっており，子が2人いる（おい・めい）という場合には，妻が4分の3，存命の兄が8分の1相続し，おい・めいが各16分の1を代襲相続することとなる。

(4)遺言

　被相続人は，生前に遺言を遺すことにより，上記の法定相続のルールを修正することができる。特定の相続人に他の相続人より多くの相続分を与えることもできるし（相続分の指定），特定の財産を特定の相続人に遺す（例：田畑は長男に遺す，など）こともできるし（遺産分割方法の指定），相続人でない第三者に遺産をわたすこともできる（遺贈）。

　このように遺言とは，大きな効力を持つものであり，被相続人の最期の意思表示であるから，真意の確保や，後の変造等を防ぐため，一定の要式を備えたものでなければ遺言としての効力を認められない（要式行為）。民法は，原則的に自筆証書遺言，公正証書遺言，秘密証書遺言の3つの方法を用意しており（民法967条），さらに特別な場合として，危急時遺言（同976条，979条），隔絶地遺言（同977条，978条）がある。

(5)遺留分減殺請求権

　上記のように，被相続人は遺言により，法定相続のルールを修正することができ，たとえば，特定の相続人のみにすべての遺産を残し，他の相続人にはなにも残さないということも可能である。

　しかし，相続制度は遺族の生活保障や潜在的持分の精算といった現実的な機能も有しており，被相続人の自由意思を貫徹すると，相続人の正当な期待が裏切られるおそれがある。そのため，遺留分という制度が設けられている。自身の遺留分を侵害された相続人は，遺留分減殺請求権を行使することにより，遺

言によって侵害されていた自己の遺留分の分の財産を確保することできる。

遺留分権者は，法定相続人のうち，兄弟姉妹は除かれている。遺留分の割合，すなわち遺留分率については，直系尊属のみが相続人となるときは3分の1，その他の場合は2分の1とされる（同1028条）。たとえば，被相続人に配偶者と子2人がいた場合，上記の2分の1を法定相続分にしたがって分けることとなり，配偶者は4分の1，子2人は各8分の1の遺留分を有することになる。

相続問題の解決手段

(1)相続をめぐっては，さまざまな紛争が起こり得る。

遺言があり，みながそれに従う意思があれば，特になにごとも起きないだろうが，現実には，遺言があっても，なぜ兄の取り分があんなに多いのか，なぜ妹があの土地を相続するのかと，もめごとの種は尽きない。遺言がなく，法定相続であったとしても，具体的に誰が，どの財産を相続するか，姉は生前親から学資の援助を受けていたではないか，弟は自宅を建てる際に親から頭金を出してもらったではないか，と，これまた争いになることは少なくない。さらに遺贈があり，相続人でない第三者が絡んでくると，問題はより一層複雑になる。

(2)紛争解決の基本は，任意での話し合いである。実際上，多くの遺産相続は，紛争解決の場を裁判所に移すことなく，話し合いの中で解決を見ている。しかし，一旦こじれると，親族関係があるだけにかえってこれまでの積年の感情が噴出するなどして，当事者同士だけでは解決が困難な場合も少なくない。

(3)そのような場合には，家庭裁判所の家事調停という方法がある。

遺産分割等に関する家事調停は，相続人が，他の相続人等を相手方として，家庭裁判所に対して家事調停の申立てを行うことにより開始する。

調停はあくまでも話し合いの場であり，訴訟のように対立二当事者が相争う形にはなっていない。申立人・相手方双方同席の元で，家事調停委員が仲介して話し合いを行うこともあるし，申立人・相手方の片方は席をはずし，家事調停委員が一方の言い分をよく聞いた後，もう一方と交代してまた言い分を聞くという交互方式で行われることも多い。

中立な第三者が仲介をしての話し合いが功を奏することは少なくなく，相当の件数が調停により合意に達する。しかし，あくまでも話し合いであるから，どうしても両当事者の意見が折り合わない場合には，調停は終了となる。

(4)調停が不調により終了した場合には，家庭裁判所による審判手続（遺産分割等）や，簡易・地方裁判所による訴訟手続（遺留分減殺請求等）に進むこと

になる。これらの手続の中でも裁判所から和解勧試がなされ，両当事者の合意により争いが終了することもあるが，和解が成立しない場合には，審判や判決という形で，裁判所の判断が下される。

　ただ，一旦裁判所の判断が下されても，これに不満な当事者は上訴の手続をとることができるし，判断が確定した後も，実際上の親類つきあい等の面でなお争いが継続することもある。どこかの段階で，和解なり合意なり，お互いの心を持ち寄って譲歩するよりほか，最終的な解決の方法はないものと思われる。

（石田光史）

7 社会的弱者とその家族をめぐる法
〜貧困問題を中心に

はじめに

　「社会的弱者」という言葉で，どのような人のことを念頭に浮かべるだろうか。公園などで寝泊まりするホームレス状態にある人を想起するかもしれない。高齢者や障がい者を念頭に浮かべる人もいるだろう。性的マイノリティ，外国籍市民，非正規労働者……あるいは，「女性」や「子ども」も，観点によっては社会的弱者と呼ばれる。社会的弱者という言葉でイメージされる概念は多種多様であり，統一的な定義を与えることは困難である。法律的に見ても，「社会的弱者」を一括りに定義し，対象とする法制度というものも存在しない。

　しかし，「社会的弱者」を，その人の属性あるいは境遇のゆえに，「それ以外の人」に比べて社会的に不利な立場に現に置かれており，または置かれやすい人々として定義することはできる。こういった人々やその家族は，ただ単に不利な立場にあるというだけでなく，居住，教育，保健，社会サービス，就労などの多次元の領域において疎外されやすく，社会的交流や社会参加さえも阻まれ，徐々に社会の周縁に追いやられていくという，「社会的排除」（厚生労働省，2012c）の状況に陥りやすい。こういった社会的弱者とその家族が直面する社

会的排除の危機に共通してかかわることの多い重要な課題として，貧困の問題を看過することができない。本稿では，貧困問題に関する法制度のうち，最も基礎的かつ重要なものである生活保護制度について，家族に関連する問題を中心に取り上げる。

貧困の概念について

まず，「貧困」の概念を整理しておきたい。「貧困」には，絶対的貧困と相対的貧困という2種類の概念がある。大まかに言えば，絶対的貧困とは，人が生命を維持するために最低限必要な衣食住，安全・衛生といったニーズを経済的に満たさない状況を意味し，相対的貧困とは，その人が所属する社会の中で平均的な生活水準に比べて著しく低い経済的状況を意味する。発展途上国など社会全体が低開発の水準にある場合，主に前者の絶対的貧困の概念が問題となるが，日本などの先進国で主に問題となる貧困問題は，後者の相対的貧困である。人がある社会の構成員として生きていく以上は，その社会の中で「当たり前の」生活と言える一定の経済水準を維持する必要があり，単に最低限の生命維持ができれば足りる（絶対的貧困の水準を脱すれば足りる）というものではない。

相対的貧困は経済的格差の問題でもあるが，格差のない社会は存在しない以上，本質的には個人の責任の問題というよりも，社会の構造の問題である。OECDでは「等価可処分所得の中央値の半分に満たない世帯員」の割合を相対的貧困率と定義しているが，厚生労働省の調査（2016f）によれば，平成27年時点で日本の相対的貧困率は15.6％とされている。世帯構成の特徴で見れば，特にひとり親世帯の相対的貧困率が50％を超えていることが際立った特徴であると言える（厚生労働省，2014d）。

貧困は，最初に述べた「社会的排除」の結果として生じることもあれば，その要因となる場合もある。家族という観点から見ても，貧困は，社会の最小構成単位である家族を外部社会との関係から疎外し，家族の内部においても成員相互の関係に悪影響を及ぼす要因となる。教育・進学・就職・婚姻といった人生の主要な節目，あるいは家計維持・交際といった日常生活のあらゆる側面で，それを支える経済的基盤の欠如は，家族を深刻な状態に直面させる。

貧困に関する法について見るとき，最も重要な規定は，憲法第25条1項である。そこには「すべて国民は，健康で文化的な最低限度の生活を営む権利を有

する」と規定されており，「生存権保障」条項と言われている。この憲法の生存権保障を具体的に実現する法律（制度）が，生活保護法（生活保護制度）である。無論，他にも各種社会保障制度に関する広汎な法分野が「貧困に関連する法」であると言えるが，これらの制度を利用してもなお生活に困窮する場合がある。生活保護は，そのような場合に，国家責任による最低生活保障として，貧困状態に至った理由を問わずに適用される[1]「最後のセーフティネット」として機能するものであり，貧困に関する具体的法制度のうちで，最も重要かつ基礎的なものである[2]。

　以下は，生活保護法の概要を説明した上で，家族の機能との関係で問題となりやすい点について触れる。

貧困をめぐる法——生活保護制度の概要

　生活保護を利用するための条件は単純であり，基本的には，「自ら努力しても『健康で文化的な最低限度の生活』を営むことができないこと」に尽きる。このことを，生活保護法は「保護は，生活に困窮する者が，その利用し得る資産，能力その他あらゆるものを，その最低限度の生活の維持のために活用することを要件として行われる」（4条1項）と定める。これを「補足性の原理」と言う。

　ここで言う「最低限度の生活」の具体的意味が問題であるが，厚生労働省が居住地域や世帯構成ごとに定める基準により，ある世帯の「最低生活費」が算定される。世帯の収入がこれを下回れば（すなわち貧困状態に至れば），最低生活費と世帯収入の差額が当該世帯に支給される仕組みである。

　保護を利用するには，居住地の福祉事務所で申請書を提出するだけでよい。申請の意思が明確であれば，福祉事務所は必ずこれを受付け，保護の要否，種類，程度及び方法に関する調査を行い，原則として[3]14日以内に，保護開始の有無を決定しなければならない。これが法の建前であるのだが，実際には生活に困窮して福祉事務所を訪れても，「申請」として扱ってもらえない場合が存在する。「まず親族と相談するように」「仕事を探すように」などと言われ，「相談」扱いにとどめられるケースが多いからである[4]。そのため，ケースによっては申請そのものに支援が必要な場合がある。弁護士が代理人として申請に同行することが有効な事案も多い。

　保護の要否と程度は原則として世帯単位で定められる（世帯単位の原則，法

10条）。各個人の経済生活は通常世帯を単位として営まれており，生活困窮という事態も世帯全体に現れるという考えによるものである。そのため，世帯外からの扶養（援助）の有無，世帯構成，世帯員の収入，進学・就職などのライフステージの変化等の事情に関連して，家族との関係で典型的に問題となる論点がある[5]。

生活保護制度が家族との関係で問題となる場面

親族による扶養義務と保護

　生活保護法4条2項は，「民法に定める扶養義務者の扶養及び他の法律に定める扶助は，すべてこの法律による保護に優先して行われるものとする」と規定する。この「民法上の扶養義務者による扶養」が，家族との関係で問題となりやすい。「民法上の扶養義務者」とは，基本的には「直系血族及び兄弟姉妹」（民法877条1項）のことである[6]。また，夫婦も互いに扶養義務を負う（民法752条）。そこで，保護の申請をしようとすると，窓口で，親きょうだいなど親族からの扶養を受けられないのか，と聞かれることになる。また，実際に申請をすれば，原則として，扶養義務者に対し，書面で援助の可否について問い合わせ（扶養照会）が行われる。そのため，「親やきょうだいに迷惑をかけられない」という思いから，保護の利用をためらうケースは多い。

　法律の解釈としては，「扶養義務者の扶養」が「優先する」ということの意味は，親族から実際に扶養（具体的には仕送り）を受けている場合，その金額を収入として認定し，その分保護費から減額するという意味にすぎない。親族に資力がある人がいれば，その親族から扶養を受けなければならず，保護の利用が認められないという意味ではない[7]。しかし，この点は誤解を受けることが多く，平成24年には，人気タレントの親族が生活保護を利用していたという事実が，あたかも不正受給であったかのように報道され，生活保護バッシングが過熱した。「扶養の原則は親族共同体内相互の私的扶養であり，公的援助はその補完にすぎない」という考え方は，核家族化した現代社会の実態に沿うものとは言い難い。現実の家族・親族関係を考えれば，生活に困窮しても，別世帯である親子・きょうだい間での仕送りを求めることは困難な場合が多い。親族間扶養を強調する解釈運用は，家族内の人間関係を悪化させるか，保護の利用の障壁となるかのいずれかであり，貧困の固定化にもつながる。正しい制度

理解としては，親族に扶養を求めることは強制ではないし，扶養照会を受けた親族も，援助する気持ちや余裕がなければ，断ることができる[8]。なお，高齢や長年の音信不通など明らかに仕送りが期待できない事情がある場合や，DVや虐待事案など照会自体が不適切である場合などは，照会を差し控えるよう求めることができる。貧困世帯の支援に関与する場合，これらのことを正しく理解することが重要である。

夫婦と保護──主として離婚問題をめぐって

前述のとおり，保護は原則として世帯を単位として適用される（世帯単位の原則）。同一の世帯であるか否かは，住居と生計の同一性を基準に判断・認定されるが，具体的な判断の分かれ目は，法律の規定のみでは不明確な面がある。

夫婦は，同居義務，相互扶助・協力義務を負う家族の基本単位であるから，原則として同一世帯とされる。しかし，夫婦関係の破綻が問題となるときは，上記の義務が実際には果たされなくなる場合が多く，その一方が生活困窮の危機に陥ることがある。具体的には，離婚を前提に別居し，生活費（婚姻費用）の仕送りもなされないようなときに，生活保護のニーズが生じ，世帯の同一性の判断が問題となる場面がある。運用上は「夫が妻以外の者と同棲し，妻と別居している期間が相当長期にわたっている場合など，夫婦関係の解体が明白である場合」等が世帯を異にすると判断すべき例とされているが，単に「離婚を前提に別居している」というだけでは，なお同一世帯と扱われ，保護が認められない場合が多い。他方，実際に裁判所に離婚調停の申立をするなど「夫婦関係の解体が明白」である状況が外部的にも明らかであれば，別世帯と認定される可能性がある。したがって，夫婦関係の破綻を機に生活が困窮し，保護利用が必要と考えられる世帯の場合，実際に離婚に向けた手続をとらせるための法的支援も必要である場合が多い。なお，別居中の配偶者に婚姻費用の支払能力がある場合であっても，現実に支払われていない以上は，生活保護が利用できなくなるわけではないことに留意が必要である。

なお，配偶者によるDV被害から避難するために，DVセンターや警察等関係機関に暴力被害の相談を行っている場合，安全確保のために転居が必要と認められれば，生活保護制度によって，転居に必要な敷金等の費用の支給を受けられる。

親子と保護──未成年者のアルバイト収入の問題など

　世帯員になんらかの収入がある場合でも，世帯全体の収入が最低生活費に満たない場合は生活保護の利用は可能である。収入は申告義務があり，その収入（稼働収入は，勤労にともなう経費等を考慮した一定額が控除された後の金額が収入として認定される）と当該世帯の最低生活費との差額が，保護費として支給される。これは，前述の補足性の原理と世帯単位の原則から導かれる扱いであり，家族の一員の収入はその家族の生活費に充当することが期待されているという意味でもある。当然のことのように思われるが，家族内の関係で問題となりやすいのが，未成年者のアルバイト収入である。

　未成年の世帯員であっても，上記の取扱により，アルバイト収入は世帯の収入として扱われるので，収入申告をしなければならない。高校生がアルバイトをして学費に充てるような場合（私立高校における授業料の不足分，修学旅行費，クラブ活動等）は「就学のために必要な費用」として収入認定しない扱いであるが，それ以外のアルバイト収入は，上記のとおり一定の控除はあるが，世帯収入として認定されるので，結果として世帯に支給される保護費は減額される。つまり，生活保護制度は，未成年者のアルバイトは，家計を支えるため，または学費に充てる限りで認めているとも言える。「苦しい家族を支えて頑張る勤労学生」といった古典的なイメージには合致するが，現実の家族内の役割や関係が，そのような古典的イメージどおりに機能しているとは限らない。もともと子どもに十分なお金をかけるだけの余裕がない家庭で，就労可能年齢に達した子がアルバイトを始めた場合，「自分のお金」ができたという感覚になることは自然であろう。その収入を必ず「学費に充てる」か「親に渡す（家計に入れる）」ことは，現実の家族内において当然に期待できるわけではない。しかし，その収入が実際には子どもの手元で費消されていても，世帯収入として申告義務はあり，その分世帯の保護費は減額される。そのため，家計をやりくりする親は，子どもからアルバイト収入を受けとって家計にくり入れることができない限り，実際の生活費はさらに苦しくなるといった事態が起こり得る。貧困家庭の親が，制度と子どもとの間で板挟みになることがあり，親子関係にも影響を与えかねない場面である。なお，この構造は，収入が申告されない要因にもなり得るが，故意に収入申告を怠れば，不正受給として，後日保護費の返還を求められる場合があるので（78条），注意を要する。

親子と保護──大学等進学の問題

　生活保護受給世帯の子どもの高等学校への就学費用は，公立高校相当分が給付される。一定の学資保険や進学資金目的の預貯金の保有も認められる。しかし，大学や専門学校進学のための費用は給付されず，生活保護を受給しながら大学等に進学することは認められていない。つまり，現在の生活保護制度の運用上は，保護受給世帯の子は，高校卒業年齢に達すれば就労して家計を支えることが原則と考えられているということである。

　実際は，大学進学希望の子がいる場合，「世帯分離」という一種の便法がとられる。世帯分離とは，世帯単位の原則の例外として，世帯の一部（個人）を保護の単位とする取扱である（10条ただし書き）。具体的には，大学に進学する子を，手続上，親世帯と切り離し，別世帯として扱うのである。これにより，子は受給世帯の構成員ではないことになり，大学進学することができるが，学費・生活費が出るわけではないので，そのお金は，各種奨学金やアルバイトなどで調達する必要がある。また，親世帯は引続き生活保護を受給できるが，世帯員が減少したことになり，保護費は減額される。つまり，親世帯と進学する子の双方が，進学前より苦しい状態を強いられことになる。結局，現在の生活保護制度は，貧困世帯の子どもが，大学進学をあきらめざるを得ないという状況を解決してはいないのである。

　今日の大学進学率や就職の有利不利を考えれば，貧困世帯の子どもの大学進学を断念させるような制度は，貧困の固定化・世代間連鎖を招くだけである。また，就労可能年齢に達した子は家計を支えるべきという基本的発想も，親族共同体としての家族の相互扶助機能に偏し，家族内の個人の発達や自己実現を支援するという観点が薄い。現代の家族のあり方から見て，前時代的との批判を免れないだろう[9]。

おわりに

　貧困に関する法制度上の問題のうち，家族の機能とライフステージに関連して問題となる幾つかの点を取り上げたが，大きく共通する背景として，制度の基本的発想に，「家族≒世帯」を，親族共同体としての相互扶助の単位と見る古い家族観があることが指摘できる。生活保護の基本原則の1つである「世帯単位の原則」は，解釈運用を誤ると，個人を家族に縛りつける側面がある。近

時，大阪府内のある福祉事務所が，保護受給世帯のうち唯一の就労者であった長男が，親世帯から独立し，交際中の女性と同居して別世帯を構えることが「世帯の自立から遠ざかる行為」であるという指導指示をする事案があった。親が生活保護を受給しているからといって，結婚・独立といった個人の人生の選択を法制度が妨げることは許されないが，このような誤った運用により，家族の機能に影響を生じている例は氷山の一角にすぎないと思われる。上記事案は，相談を受けた弁護士からの抗議により福祉事務所が指導指示書を撤回するに至ったが，貧困と家族に関する問題のうち，法律問題として支援・解決が可能である局面は少なくない。家族の問題を支援する心理分野の専門家にも，法律家への相談という選択肢を念頭に置いていただければ幸いである。

（石側亮太）

注

(1) 国家責任の原理（生活保護法1条），無差別平等の原理（2条），最低生活保障の原理（3条）。

(2) 生活保護制度以外の各種低所得世帯向け減免制度等も，適用基準として生活保護基準を参照し，これに連動する場合が多いので，生活保護制度の在り方は貧困問題に関する施策全体に影響する問題でもある。

(3) 例外的に30日まで延ばすことができることとされており，実際の運用上は14日を超えている場合が多い。

(4) 生活保護の捕捉率（制度利用が可能な人数に占める実際の制度利用者の比率）は約2割程度と推計されている（生活保護問題対策全国会議，2011）

(5) 生活保護制度上，「世帯」とは主に生計の同一性に着目して，社会生活上現に家計を共同にして消費生活を営んでいると認められるひとつの単位をさすと説明される（生活保護手帳別冊問答集）。家族心理学でいう「家族」とは異なる概念であるが，現実には重なる場合も多いと思われる。

(6) 事情によっては，「相対的扶養義務者」と言われる「3親等内の親族」（民法877条2項）に対しても扶養照会が行われる場合がある。

(7) 生活保護法77条1項は「被保護者に対して民法の規定により扶養の義務を履行しなければならない者があるときは，その義務の範囲内において，保護費を支弁した都道府県又は市町村の長は，その費用の全部又は一部を，その者から徴収することができる」と規定するが，この徴収について，厚生労働省は「要保護者との親近関係，従来の交際状況，収入，資産等の諸事情を検討した結果，十分扶養能力があると判断される場合」を考慮するとの慎重な運用姿勢を示している。

(8) 前注(7)参照。

(9) 厚生労働省は，大学に進学した生活保護受給世帯の子どもに一時金を給付する方向で検討を開始したことが報道されている（2017年7月16日付毎日新聞，2017年7月20日付時事通信）。しかし，現行の「世帯分離」による取扱いを見直すとはされておらず，根本的な問題である生活保護世帯からの大学進学を認めないという発想の転換には至っていない。

VIII

家族研究法

① 家族アセスメント

はじめに

　家族アセスメントは，多変量解析に代表される量的研究や単一事例研究のような質的研究といった研究方法の領域にとどまらず，心理臨床場面における対人援助を行う上で，家族を理解するための必須の作業である。アセスメントというと，知能検査やパーソナリティ検査，あるいは症状などのチェックリストといった個人内の要因や特性を評価するイメージを持ちやすいのではないだろうか。家族アセスメントは，そのような個人のアセスメントに比べ歴史は浅く，家族療法の歴史と深くかかわっている（佐藤，2001）。つまり，家族療法の台頭や発展の経緯において，家族アセスメントはその基礎を支える実証研究としての家族アセスメントは家族療法と足並みをそろえ発展してきた。そこでの家族アセスメントに求められる主要なテーマは，いかに家族を記述し，説明するかといった問いである。

　近年では生物−心理−社会モデルに基づくアセスメント，つまり心理的次元のみならず，生物学的次元や社会的次元を含む多次元でのアセスメントについてコンセンサスが醸成されている。さらに，近年の実証性の重視という潮流とあいまって，人々が生きる現実のコンテクストを理解することの重要性が指摘されている。しかし，この動向は最近になって注目されたものではない。たとえば，ベイトソンの研究グループ（Bateson et al., 1956）による統合失調症を家族内における広義のコミュニケーションの側面から紐解いた研究は，家族療法の礎を築いた知見として名高い。このように，家族療法は，そもそも家族をどのように記述し，説明するか，という実証研究から始まり，そうした基礎研究の脈々とした流れから，家族アセスメントの礎が築かれ，発展，展開しているといえよう。

　では，家族アセスメントはなにを査定するものであろうか。それは家族システムを把握することである。つまり，父親や母親，子どもという個人の特性で

はなく，それら諸要素がどのようなつながりをもっているかということで家族システムを把握することになる。また，構成要素である個人の発達と同様に，時間の経過とともに家族システムも変化や発達をくり返す。祖父母や父親，母親，子どもといった家族成員の出生や死別，離別，独立などによる家族からの出入り，そしてそれにともなう家族成員の役割の変化といった家族の構造という側面での変化がある。さらに，家族成員間でのやりとりや役割，そこで規則性をもってくり返されるコミュニケーション・パターンも然りである。これらは，家族の発達，構造，機能という3つの属性として，家族システムを把握するための鍵概念である（遊佐，1984）。この3つの属性は，明確に分けられるものではなく，また1つの属性が独立してはたらくものでもない。これらは，概念上相重なる部分を持ちつつ，相互に密接に関連している。そして，それぞれのアセスメントの依拠する理論的な背景により，どの特徴を重視するかは異なるものの，これら3つの属性を把握する点が，個人のアセスメントとは異なる家族アセスメントの特徴であり，独自の視点といえよう。

家族アセスメントの概要

ここでは主に本邦で使用，紹介されている家族アセスメントのいくつかを取り上げる。家族アセスメントは，それ自体で家族の病理性や問題の原因，なんらかの脆弱性の査定を重視するものではなく，査定時点での家族成員の相対的な位置や関係性の成り立ち，成員間の役割や相互作用などについて理解を深めることを重視する。

家族関係の図式化

家族はどのようなメンバーで構成され，それぞれがどのような特徴を持ち，どのような心理的・法的なつながりを持つのかについて，多世代にわたる歴史的なつながりを踏まえて記述することは家族を理解する上で重要なことである。このように家族を理解し，記述する方法として，ジェノグラム（Genogram）が普及している。ジェノグラムは，臨床家がケースのアセスメントや方針の判断材料の1つとして，また，話し合いを促進する材料として使用されることも多い。その意味で，臨床家になじみのある表記法の1つであり，研究方法の1つの道具という枠を超え，査定と援助をつなぐ汎用性の高い家族アセスメントといえる。ジェノグラムは，決められた記号に沿って多世代にわたる家族関係

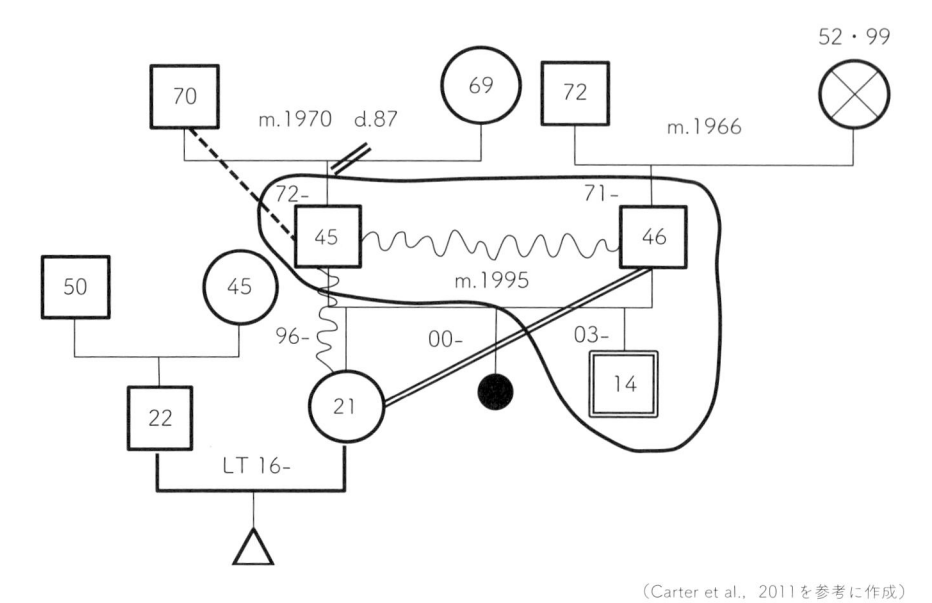

図Ⅷ-1-1　ジェノグラムの記載例

を記載する。記載方法はマクゴールドリック（McGoldrick, 2011）のものが広く普及しているようである。たとえば，男性は□，女性は○，IP（問題とされる人物）は性別の□と○を二重線で記載する。夫婦関係はコの字の実線，別居はコの字の点線，夫婦の別居はコの字の実線上に単一の斜線，離婚は二重斜線を記載する。また，結婚（m），離婚（d），同棲（LT）などのアルファベットを用い，生誕年や結婚，離婚などそれぞれの開始年を記載する。きょうだいは，水平の実線で結び，出生順に左から記載する。また，妊娠は三角形，自然流産は小さな黒丸，養子は点線と実線の二重線で結び，死亡している場合は×を性別の□と○の中に記載する。このようにいくつかの表記法を示したが，その他にも，薬物やアルコール，虐待，精神及び身体疾患の問題などの表記法も紹介されている。参考として家族の構造や構成を中心に記載した例を図Ⅷ-1-1に示すが，密着や疎遠，敵対関係など家族成員間の情報を加え，より詳細に記載していくことで多くの情報が得られる。さらに，家族システムの歴史的側面を強調するボーエン理論に基づき，世代にわたりくり返される交流パターン（たとえば，子どもを巻き込んだ形で夫婦間が提携する三角関係のパターン）や家族のライフサイクルのどこに位置しているかといった視点を加えるこ

とで有益な家族アセスメントとなろう。

関係性の査定

　家族内の関係を二者関係からみると，そこには父子関係や母子関係，夫婦関係といったさまざまな関係がある。そして，この関係という概念はさまざまな意味を包含する。そこで，抽象的な関係性の性質を理解する概念として，相称性（Symmetry）と相補性（Complementarity）という2つの枠組みを示す。相称性とは互いの類似性に基づく人間関係であり，互いに拮抗し合う，同等として関係性を定義し保持しようとするといった，互いの主張に対抗主張をくり返すような関係である。たとえば，青年期の友人関係や反抗期の子どもを持つ親子関係などの関係がイメージしやすい。一方，相補性とは，相違性に基づく人間関係であり，互いを補足し合い，違いを享受し，受け入れるような関係である。たとえば，幼少期の子どもと母親との関係のような養育関係がイメージしやすい。さらに相補性は，ワンアップとワンダウンという2つの相対的位置に分けられ，たとえば前者が統制する，責任を持つといった立場の場合，後者はそれを受け入れる立場にある。また，前者が世話をする立場にあれば，後者は世話をされる立場にあるといった関係である。これらの具体的な理論的定義と類型方法を示したのはスルツキとビーバン（Sluzki & Beavin, 1977）であり，プロトコル分析による研究方法を示した。ここでは，聴覚的言語に基づき，交流という一対のコミュニケーション・パターン（送り手の発言とそれを受けたもう一方の発言）を用いた得点化を行っている。文脈や身振り，手振りなどを考慮した，さらなる研究方法の精緻化が求められるものの，相称性と相補性という比較的シンプルな概念で抽象的な関係を分類したことは，複雑な家族内の関係性を紐解く上で重要と思われる。また本邦では，狐塚・若島（2009）により持続が見込まれる三者関係のアナログ研究が報告されているので参照されたい。

家族成員間のつながりのアセスメント

　家族という集団は，成員間がさまざまなつながりを持ち，それらが複雑に入り組んでいる。たとえば，母子関係といった単一の関係性のあり方には，夫婦関係や父子関係といったその他の関係が密接に関連している。そのため，家族内の諸関係のつながりを考慮することは，家族の性質を説明する上で有効である。このような家族成員間のつながりを理解するため，家族関係や構造，家族イメージを把握する有効なアセスメントのツールが開発されている。たとえば，

家族関係単純図式投影法，家族イメージ法（Family Image Technique：FIT），
Family System Test（以下，FAST）などは，簡易なツールによるアセスメントが可能であり，また数量化しやすく，実証研究にも適している。

　まず，家族関係単純図式投影法（水島，1981）は，直径12cmの円を描き，この円の内外に自分自身や父，母を記載した一円玉大の円形のコマを配置し，家族関係を視覚的なイメージとして把握する。この方法により，家族成員の位置関係や現実と理想の情緒的なつながりを把握する。家族関係単純図式投影法は，たとえば，水島ら（1991）によるパーソナル・コンピュータによる検討，草田・山田（1998）による家族成員間の距離とコミュニケーションとの関連が検討されているので参照されたい。次に，家族イメージ法（以下，FIT）は，亀口（秋丸・亀口，1988；亀口，2003a）により本邦での適用を踏まえ提案された家族アセスメント法であり，いくつかの改訂と実証研究が蓄積されている。FITは家族成員それぞれに見立てた5種類の濃淡，矢印（＞）を持つシールを用い，正方形の四角い枠の中にそのシールを配置していく。濃淡は家族成員の発言力や影響力，元気の良さといった力の強さを，また，矢印は向いている方向を表す。さらに，点線から太い実線までの線を用いることで，シール同士の結びつきの強さを表せる工夫がなされている。このように，家族成員の持つ力や向き，結びつき，距離，位置関係といった側面から家族イメージを把握していく。FITは，柴崎ら（2001）により，信頼性，妥当性の検討が行われている。さらに，小学生を対象とした新藤ら（2002）による三者関係（子どもと両親）の類型化，中学生を対象とした木下・亀口（1999）による家族関係の時間経過による変化，ならびに臨床群と非臨床群との比較，大学生を対象とした小岩（2008）による，親イメージと家族満足度との関連などが報告されている。詳しくは，亀口（2003a）による実施や分析についてのマニュアルを参照されたい。

　最後に，FASTは，ゲーリング（Gehring, T. M.）により考案され，八田によって日本語版が紹介された（Gehring, 1997）。FASTではチェスのように，家族成員を表す木製の人形をボード上に配置し，家族メンバー間の情緒的な結びつきや愛情を表す凝集性（cohesion）と権威や決定力，影響力を表す階層性（hierarchy）の2つの側面から家族構造をとらえる。凝集性はボード上に置かれた人形の距離から，階層性は人形の下に置かれるブロックの高さから測定される。さらに，測定された人形の配置から，バランス型からアンバランス型までの3つに家族構造が類型化される。FASTは国内外において多くの実証研究の蓄積があり，たとえば，中見・桂田（2007）では，大学生の精神的健康と面

接の応答から本邦における家族構造の特徴に関する検討も行われている。より詳しい実施方法や解釈については，八田による日本語版マニュアルを参照されたい。以上，家族成員間のつながりのアセスメントとして，3つの家族アセスメントについて紹介した。これらは量的な研究のみならず，質的な研究としても，また家族についての語りを促すツールとしても利用できる汎用性の高い家族アセスメントである。

まとめと課題

　本稿では，家族アセスメントの特徴と家族研究法としてのアセスメント・ツールについて実証研究を踏まえて紹介した。これら以外にも，研究方法の分類としての自記式による質問紙法の適用も試みられている。たとえば，家族機能の指標を円環モデルに基づき，凝集性と適応性の2次元でとらえるオルソンのFACESシリーズ（参考；Olson, 1991）は，国内外で膨大な実証研究が報告されている。特に，FACESⅢは上記2次元20項目と実施者の負担も少ない項目数からさまざまな研究で使用され，いくつかの日本語版も報告されている（例：草田・岡堂，1993）。さらに，日本独自の尺度として開発された，西出（1993）による家族アセスメントインベントリー（FAI）がある。内容は「家族コミュニケーション」「家族システムの柔軟性」「家族内ルール」などの5因子で構成され，各因子6項目の計30項目からなる。

　FACESⅢ，そしてFAIといった質問紙は，家族研究を行う上で，実施者への負担が少なく，比較的容易に実施することができ，量的分析に耐え得る多くのサンプル数を収集できる。しかし，家族全体の機能は把握できるものの，各関係の性質についての情報を得ることは困難である。

　このように，家族アセスメントを研究に用いる場合，研究上の利用しやすさとそこから得られる情報量とのバランスを考慮することが必要である。また，家族成員のだれの視点から家族を査定するかによっても家族像は異なるであろうし，また各自の家族像を統合したとしても客観的な家族像を記述できるとは限らない。その差異に着目することで有益な情報が得られることもあるが，複雑な家族システムを，より効率的にとらえるためのアセスメント・ツールの発展が期待される。最近の取り組みとして，家族成員間の関係をより少数の項目で，複雑な家族システム自体を効率的・効果的にとらえる研究も散見される（例：野口ら，2009；Wakashima, 2013）。これらは，家族成員間の「結びつ

き」と「勢力」を軸とし，これらを単一の項目でとらえることによって，家族システムの複雑さを失わず，かつ家族内の関係性を包括的にとらえることを可能とする試みの1つである。こうした取り組みを踏まえ，家族研究の脈々とした流れを受け継ぐ既存の家族アセスメントを参照しつつも，既存の研究方法や理論的枠組みを超えて，研究者の創意工夫が求められる領域である。

（狐塚貴博）

② 調査研究

　ある家族について知りたいと思った場合（夫婦関係の仲は良いのか？），その家族に質問するか（「夫婦仲は良いですか？」），もしくはその家族を観察するか（葛藤場面での夫婦間の会話を観察する），のどちらかになる。前者が質問紙法（Christensen & Shenk, 1991；横谷, 2008），後者が行動観察法（生田・若島・長谷川, 1999；Gottman et al., 1977）となり，これらのアセスメントについては前節を参照されたい。

　さて，次にこの家族に対して知り得た情報（たとえば，夫婦仲が良い）が，①他の家族，②別の時期，そして③異なった条件，に当てはまるのか，という問いが生まれると，これが研究質問となり，その質問に答える手法として，研究手法がある。本稿では研究手法として，横断調査，縦断調査，実験的介入をそれぞれ紹介し，最後に研究質問が価値を持つために必要な意義づけを説明する。

横断調査──「他の家族にも当てはまるのか？」に答える手法

　ある一家について知り得た情報（「夫婦仲が良い」）が他の家族にも当てはまるのかを知る（「この地域は，他の地域よりも，夫婦仲が良い」）ためには，他の家族についても同じく，調査する必要がある。

　しかし，その前に，自分の質問がすでに別の研究者によって答えられていな

表Ⅷ-2-1　研究に関する質問とその質問に答える手法

質問	手法
他の家族にも当てはまるのか？	横断調査
別の時期にも当てはまるのか？	縦断調査
異なった条件にも当てはまるのか？	実験的介入
その研究質問に価値はあるのか？	学術的及び臨床的意義付け

いかどうかを確認する必要がある。別の研究者がすでにやっていた場合は，その研究を引用すればよく，新たに調査する必要はない。たとえば，Cinii ArticlesやGoogle Scholarなどの検索エンジンを用いれば，簡単に調査結果を見つけることができる。したがって，自分の質問についてはどこまでが誰かに答えられていて，どこからが誰も答えていないのか，ということを先行研究に基づいて正確に理解しておくことが重要である。

　また，いくつかの人口学的特徴を予め組み込んでおく必要がある。たとえば，子どもの人数や年齢，家計や雇用の状態，そして婚姻期間や教育年数などである。子どもの人数や年齢は育児・家事時間に大きく影響し，それが夫婦関係に影響するとも考えられる。同様に家計や雇用の状態が夫婦内のストレスに影響を及ぼすことも十分に考えられる。加えて，婚姻期間や教育年数は夫婦関係の満足度やあり方に影響を及ぼす，とも考えられるからである（夫婦関係満足度に関する詳細はKarney & Bradbury, 1995）。

　これらの事前準備を整えたあと，「この地域は，他の地域よりも，夫婦仲が良い」の質問に答えることができる。では，どれくらいの人数を調査すればよいのだろうか。必要な人数は質問の答えに求める精度によって異なる。たとえば，帰無仮説（2つの地域間に差はない）を誤って棄却してしまう確率を5％にし，帰無仮説を正しく棄却する確率を80％に設定したとする。また，先行研究から，「夫婦仲の良さ」の尺度が地域内において標準偏差2.0をとると仮定でき，地域間の平均値の差が1.0と仮定できた場合，2つの地域でそれぞれ（お互いに夫婦ではない）64名の対象者（合計128名）が必要になる。なお，調査の結果，先行研究の予想と違って，地域内の標準偏差が1.5，もしくは2.5であった場合，帰無仮説を正しく棄却している確率はそれぞれ96.3％，もしくは61.2％になる（詳細はCohen, 2013）。

縦断調査──「別の時期にも当てはまるのか？」に答える手法

　さて，ある一家について知り得た情報（例：夫婦仲が良い）が別の時期にも当てはまるのかを知る（例：この夫婦は1年後も夫婦仲が良い）ためには，別の時期に再調査する必要がある。別の時期を調べる方法として，過去の時点（1年前）と未来の時点（1年後）を聞く方法があるが，過去の時点を聞く方法は，現在の影響を受けやすいため，ここでは未来の時点に焦点化した方法（縦断調査）を説明する。

　縦断調査では，同一の家族を異なった時期に複数回調査する。そのため，調査対象者は個別に特定される必要があり，質問や観察にも複数回応じる必要がある。したがって，横断調査に比べて，縦断調査の対象者は調査の負担が大きくなりやすい。そのため，対象者の一部が調査に参加しなくなること（脱落）は頻繁に起こる。対象者の脱落を防ぐためには，金銭やサービスなどで調査に対する動機づけを高める必要がある。また，調査に参加し続けた者と脱落した者との間に調査開始時の基本的な特徴が異なっていないかどうかを予め検討しておく必要がある（検定方法は横断調査と同じ）。

　次に，夫婦関係の縦断データを分析する場合，夫からの影響と妻からの影響との両方を論じる必要がある。たとえば，「夫婦仲の良さ」は夫と妻とで相関しやすい。また，夫が1年後に感じる「夫婦仲の良さ」は夫自身（Actor）が現在感じている「夫婦仲の良さ」に起因すると同時に，彼の妻（Partner）が現在感じている「夫婦仲の良さ」にも起因する，と考えられる。このように夫婦間

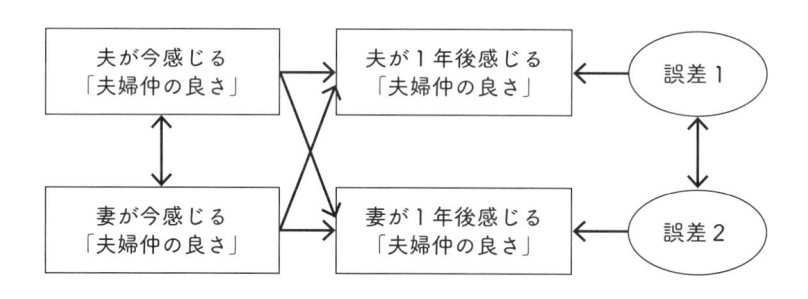

注：双方向の矢印は相関関係を表し，一方向の矢印は因果関係を表す。四角は観察された変数を表し，丸は（想定された）潜在変数を表す。

図Ⅷ-2-1　Actor-Partner-Interdependence Model

で相互依存的な変数を扱う場合は，Actor-Partner-Interdependence Modelを分析に用いる（図Ⅷ-2-1参照）。このモデルでは，夫が1年後に感じる「夫婦仲の良さ」は夫自身及び妻自身が今感じている夫婦仲の良さから直接説明されている。このモデルによって，自分自身の要因と配偶者の要因とを統合しながら，1年後の夫婦仲の良さを分析することができる（技法の詳細は，Kenny et al., 2006；データの詳細はCook & Snyder, 2005；Yokotani & Kurosawa, 2015）。

実験的介入──「異なった条件にも当てはまるのか？」に答える手法

　最後に，ある一家について知り得た情報（例：夫婦仲が良い）が異なった条件にも当てはまるのか（例：カップルセラピーを受けると，夫婦仲が良くなる）を知るためには，条件を意図的に変更する必要がある。これが実験的介入である。なお，実験的介入を行う前に，倫理委員会などの第三者から倫理面の指示・勧告を受けることが強く求められる。すべての研究に言えるが，特に実験的介入では，倫理審査を経ずに介入を行った場合，調査対象者を不当に扱うことにつながるため，介入の開始前に倫理審査を受けることが必要不可欠である（具体的な倫理的配慮についてはリックハム［Rickham, 1964］を参照）。

　また，実験的介入を行う前に，リスク群と健常群とを区別する必要がある。予防的なコミュニケーショントレーニングをリスク群に実施すると，リスク群の夫婦間コミュニケーションは改善した一方，同様のトレーニングを健常群に実施すると，健常群のコミュニケーションは変わらなかった，という研究はいくつかある（Halford et al., 2001）。つまり，対象とする群によって，得られる答えが大きく異なるので，注意が必要である。

　さて，実験的介入には，実験室内で条件を一時的に変更する方法（Ditzen et al., 2005；生田ら，1999）と，治療施設などで条件を継続的に変更する方法（Christensen et al., 2004）とがある。実験室内における一時的介入の場合，介入者が限られているため，条件の操作は比較的容易である。しかし，治療期間における継続的介入の場合，介入者が多数で，かつ，長期間にわたるため，条件の操作を統一しておくことが難しくなる。この場合，介入者自身も観察の対象となり，条件操作が同一であることを示す必要がある。具体的にはビデオ録画や熟達者の面接によって，条件操作が担保されていることを確認する（Christensen et al., 2004）。

$$y_{it} = \alpha_i + \lambda_t \beta_i + \varepsilon_{it}$$
$$\alpha_i = \mu_a + \gamma_a x_i + \zeta_{ai}$$
$$\beta_i = \mu_\beta + \gamma_\beta x_i + \zeta_{\beta i}$$

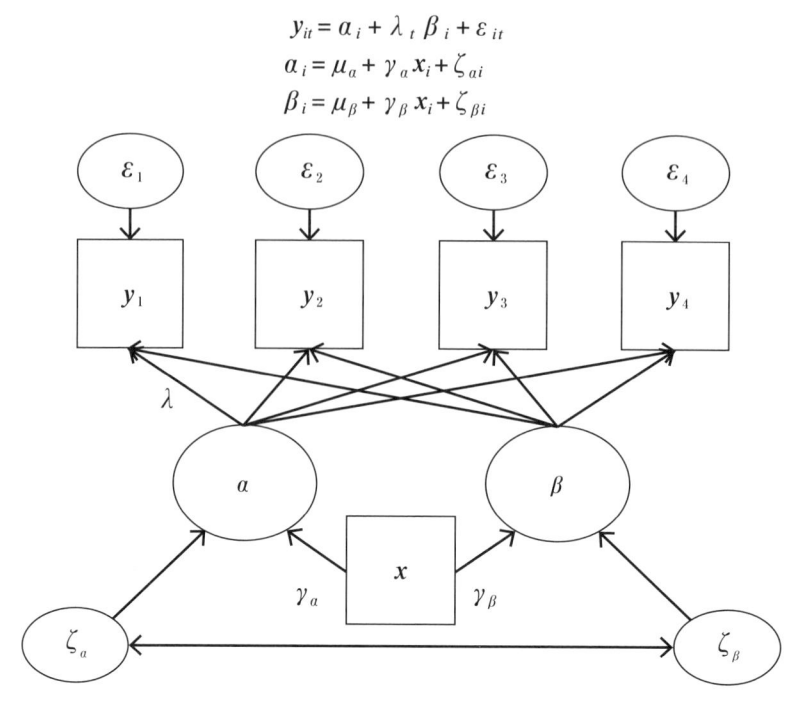

注：xが介入の有無，yは各地点の効果変数，α，βは効果変数の切片と傾きをそれぞれ表す。

図VIII-2-2　介入を行った場合の階層線形モデル

　介入を受ける群と受けない群は無作為に割り振った方が，研究デザインとして優れている（古川，2000）が，諸々の事情で無作為に割り振れないことも多い。その場合は，介入前の効果変数（例：夫婦仲の良さ）を統制した上で，介入後の効果変数に対して，介入を受けた群と受けない群との差を検討する必要がある（共分散分析を用いる）。

　効果変数を介入直後だけでなく，1年ごとに複数回再調査した場合，介入条件の効果がどのくらい長続きするのかを知ることができる。介入後の地点が複数（たとえば，2年間）にわたる場合は階層的線形モデルを使うことが多い。このモデルは3つの数式で説明できる。ここでy_{it}は対象者iのt時点での効果変数（夫婦仲の良さ）を示し，α_iはその変数nに対する対象者iの切片，β_iは対象者iの傾き，そして，ε_{it}は対象者iのt時点での個人差を表す。λ_tは調査時点であり，0（年後），1（年後），2（年後）のように定数であること

が多い。

　また，μ_αとμ_βは全夫婦の効果変数における切片と傾きである。x_iは対象者iへの介入の有無を示すので，0，1をとり，$\gamma_\alpha x_i$はその介入が及ぼす対象者iの切片への影響が示され，$\gamma_\beta x_i$はその介入が及ぼす対象者iの傾きへの影響が示されている。$\zeta_{\alpha i}$と$\zeta_{\beta i}$はそれぞれ効果変数の切片と傾きに対する個人差である。

　図からもわかるとおり，このモデルは「各地点を予測する傾きと切片」に影響を与える介入を検討しているため，わかりにくいが，家族ごとに切片と傾きを調整している点にその価値がある。たとえば，ある家族はカップルセラピーを受けた後，夫婦仲が年間を通して変わらなかったが，他の家族は夫婦仲が年を追うごとに次第に良くなっていった，ということは臨床上よく起こり得る。こういった個々の家族の違いをこのモデルでは組み入れている。なお，分析手法の詳細は岡林（2006）及びデータの詳細はボーデンマンら（Bodenmann et al., 2014）を参照すること。また，調査開始時やフォローアップの時点が異なる場合は生存分析を行うこともある（詳細はYokotani & Tamura, 2015）。

意義づけ──研究質問が価値を持つために

　上記の項目では研究質問とそれに答えるための妥当な研究手法を説明した。では，これらの質問に沿って妥当な手法で調査・実験を行った場合，すべての答えは研究成果になり得るのだろうか。否である。なぜなら，質問自体に価値が認められなければ，調査や実験の成果（答え）を（調査実施者以外の）誰も知りたいとは思わず，研究としての価値は皆無になるからである。ここでは，研究質問が価値を持つために必要な学術的意義づけ及び臨床的意義づけを説明する。

　学術的意義を持つためには，研究質問がどの理論から演繹的に導かれたのか，ということを先行研究に沿って説明する必要がある（問題と目的）。また，得られた結果が既存の理論や研究とどの部分で合致し，どの部分で合致しなかったのかを明確にし，理論の適用範囲を限定する必要がある（考察）。問題と目的によって，他の研究者が研究質問の意義を認めやすくなり，考察によって，他の研究者がその研究を発展させようとする契機をつくり得る（Platt, 1964）。

　また，臨床的意義を持つためには，答えとして扱う結果（効果）変数が社会的課題と関連している必要がある。たとえば，離婚，配偶者暴力，もしくは，

良好な夫婦関係の維持などは社会的課題と直結しており，その内容を見たいと思う臨床家は多い。これらの変数は，理論の更新（衰退）にかかわらず，頑健である。一方，特定の理論に特化した変数は，特定の理論家からの興味しか得られず，理論の更新（衰退）と共に読まれなくなってしまう。

　研究質問を学術的・臨床的に意義づけ，それを妥当な研究手法で調査・実験した場合，得られた答えは，個人的好奇心を超えて，一般化された知識として世界中で高い研究価値を持つだろう。こういった研究成果は，時間や場所を超えて，家族の研究や臨床を刺激し続けるだろう。

（横谷謙次）

③　質的研究

はじめに

　本稿の主題である質的研究について述べる前にまず，家族研究の特質や難しさについて整理してみたい。第1に，研究の対象となる家族そのものの定義の広さ，あいまいさがある。それとかかわるが，第2に家族の多様性がある。第3に，家族や家族にまつわる変化の問題がある。個人の人生スパンの変化である個体発生のレベルだけでなく，1つひとつの行為や認識における変化である微視発生のレベル，また，家族の定義や構造といった歴史文化的な変化もある。また，家族を取り巻く社会の状況も変わっていく。そして第4に，研究上のゴール設定の難しさがある。客観的な指標（夫婦関係満足度など）をどの視点から利用しどう一般化するのか，そもそも家族の問題について一般化は可能なのだろうか，など迷うことが多々あるだろう。

　しかしこのような家族研究の難しさは，家族というもののもつ豊かな可能性や個別具体性の現れであり，研究者には，できればそれをそのままとらえ，伝えたいという欲求があるのではないだろうか。そのような研究課題の探求を可

能にする方法の1つとして質的研究がある。

　先取りして言ってしまうと，「量的研究はデータを数値化して扱うものであり，それに対して質的研究は言語で記述されたそのままのデータを用いる」というとらえ方はあまりに単純なものである。質的研究といったとき，データの種類や収集方法，および分析方法といった研究の技法を指すのではなく，その背景にある認識論（epistemology）まで含めた方法論として理解することが重要である。

質的研究とは

　ここでは，質的研究とはどのような方法論であるのかを，量的研究と並べて考えてみよう。というのも，量的研究の認識論への懐疑から質的研究法への関心が高まってきたという経緯があるからである。

量的研究／質的研究の認識論

　量的研究にかかわる認識論としては，現実が客観的に実体として存在すると考える実在論（realism），研究者による解釈とは切り離された経験的事実のみに基づいて命題を検証しようとする実証主義（positivism），理論から実験や観察による検証が可能な仮説を導き出し，それを調べることによってはじめて理論が検証されると考える仮説演繹主義（hypothetico-deductionism）といったものがある。以上のような認識論に立ち，量的研究では，仮説に基づき条件統制されたデータ収集を行い，それによる因果関係の実証や予測及びコントロールを目指していく。このような認識論に親和性の高い研究技法としては，実験法や質問紙法がある。

　それに対して質的研究法にかかわる認識論としては，現実や知識は実体として存在しているのではなく人々のコミュニケーションによってつくり上げられると考える社会構成主義（socio constructionism），研究する側とされる側の相互的な影響過程を前提とすること，行為や語りに関して「当事者にとっての意味」を解釈しようとすること，意味を文脈から切り離すことなく文脈に埋め込まれたものとしてとらえようとすること，といったものがある。また，リフレキシビティ（reflexivity）という視点も質的心理学に特徴的である。

　これは，研究が生み出されたプロセスを「研究者の主体としての関わり」を含めて明確にしようとする試みであり，「研究者としての自分が，ひとつの制

度の中でどんな立場に置かれているか。そしてそこには，研究活動の歴史的な背景や，研究における個人的な側面がどのように影響を及ぼしているのか。これらの問題に注意を払うこと」と定義されている（パーカー，2004：2008）。質的研究では以上のような認識論に立ち，全体の一部としてではなく「個としてのその人（人々）」の経験や意味を，研究者としての役割を持つ匿名の者ではなく「個としての研究者」が記述・解釈・仮説生成していくことを目指していく。このような認識論に親和性の高い研究技法としては，インタビューやフィールド観察がある。

ミクストメソッドという選択肢

　量的・質的研究法の各々の内部でもさまざまな認識論の相違があり，質的／量的という二分法ではとらえきれないということは留意すべきである。その上での議論になるが，質的研究法と量的研究法にはそれぞれに達成できる範囲がある。そこで，研究課題のさらなる理解のため，質的・量的研究法を組み合わせるミクストメソッド（mixed method）が提案され，質的研究法と量的研究法をどのように組み合わせるべきかについても検討が進んでいる（クレスウェル＆プレノクラーク，2007：2010）。しかしながら前述のとおり，方法の背景にある認識論に目を向けると，質的・量的研究法を組み合わせさえすれば研究の質が保障されるというものではないことには注意が必要である。

質的研究におけるデータ収集から分析，テクスト化まで

質的研究におけるデータ，収集の方法

　心理学研究で用いられるデータにはさまざまあるが，ここでは整理のために，研究参加者による自己報告と研究者など第三者による観察に分けて考えてみよう。自己報告データを収集する技法の代表的なものは質問紙法やインタビュー法であるが，質的研究では先述のとおり言語で記述されたそのままのデータを扱っていくので，質問紙の中でも尺度ではなく自由記述によるものが扱われる。とはいえ，このようなデータ及び研究技法イコール質的研究である，というわけではないことはここまででも述べたとおりである。認識論とのかかわりで考えるなら，文脈から切り離すことのないデータの収集が求められる。

　そこで観察についても，人々の生きる文脈（現場，フィールド）から切り離

すことなく見ていこうとするフィールド観察が質的研究ではよく行われる。た
とえば，家族で参加する心理教育の場をフィールドとする場合，単にそこにい
る家族を観察するだけでなく，話を聞いたり，フィールド理解のために配布資
料のような文書を参照したりするだろう。このようにフィールドでの観察を軸
にして，そこに生きる人々と体験や出来事を共有しながら，聞き取り等を含め
た多角的なデータ収集を行う技法をフィールドワークという。元来は文化人類
学の技法であるが，自分たちとは異なる文化について研究者自身が現場で見聞
きしたことをまとめる試みであり，それにより，現場の人々がどのような意味
世界に生きているかを描く。以降では紙幅の都合から，フィールドワークとイ
ンタビューを取り上げ，質的研究におけるデータ収集から分析，テクスト化の
プロセス及びその留意点について述べることとする。

フィールドワークとエスノグラフィー

家族心理学的な援助実践にかかわる場のありよう，そこでの家族のありよう
を知りたいような場合が，家族心理学研究でフィールドワークを行う一例であ
る。フィールドワークには現地で時々刻々と生産されるデータとしてのフィー
ルドノーツがあり，それを根拠として解釈・理論化の作業を経て公表されるエ
スノグラフィーがある。フィールドワークでは対象者と同じ場（現場）に身を
置き，対象との間の相互作用を排除しない。そのため，自らの体験を分析や記
述の基礎に置くこととなるが，これがフィールドワークの強みであり難しさで
ある。

フィールドノーツの作成にあたっては，対象に対する「厚い記述 thick
description（ギアーツ，1983）」がなされているかどうかが重要なポイントで
ある。それは，「厚い記述」は読み手と経験との類比を容易にする手がかりを
より多く含んでいるからである。薄い記述とは行動についてだけ記述するもの
であり，対して厚い記述とは，行動や発話が置かれている文脈も含めて記述す
るものである。そのためには，フィールドを内側から／外側から見るといった
複眼的な視点を持つこと，柔軟に視点を移動させることが必要である。

従来のエスノグラフィーは自らの体験を分析や記述の基礎に置きながらも，
探求の対象はあくまで，フィールドやそこに生きる人々であった。これに加え
て，研究者自身の経験／生活／人生を探求の対象とし，あるいはそれらから研
究を始める「自己エスノグラフィー（Autoethnography：Chang，2008）」と
いう可能性もある。自己エスノグラフィーはエスノグラフィーの一種であるが，

自己と他者のあいだ，個人的な事柄と社会的な文脈とのあいだを行き来しながら，自己や他者にかかわる文化的理解を進めていくものである。自己エスノグラフィーにおいて研究者は，参加観察・インタビュー・文書レビューといったさまざまな手法を用いてフィールドのデータを収集するトライアンギュレーションの手続きを通じて分析・解釈を行う。その点は従来のエスノグラフィーと共通するところであるが，自己エスノグラフィーでは，「自身の過去に関するデータ（personal memory data）」「自身の現在に関するデータ（self-observational and self-reflective data）」「外的な情報源からのデータ（external data）」といった，研究者自身にかかわるものも含めた多様なデータを用い，広い社会的文脈の中で解釈を行っていくのである。

インタビュー研究における認識論

インタビューとは，対象者とのやりとりにおいて語りに耳を傾け，その語り（内容／語り方）を研究素材とする方法である。対面だけでなく電話を用いることもあるが，最近ではメールを用いたやりとりによりインタビューを行うケースも見られる。

インタビュー研究者の拠って立つ認識論にもさまざまある。伝統的科学観では，研究者が主体，研究参加者が客体とされる。研究参加者は，研究者により操作されたり介入されたりする対象であるため，インタビューも，研究参加者（話し手，インタビューイ）があらかじめ持っている語りを研究者（聞き手，インタビュアー）が引き出すという研究者主体の実践とされる。ここでは，研究者は語りに影響を与えることのないようトレーニングや配慮をすることによって，インタビュアー固有の影響は捨象できると考えられている。

前段で述べたようなアプローチを「回答の容器アプローチ」としたとき，対照的なものとしてアクティブ・インタビュー（ホルスタイン＆グブリアム，1995：2004）というアプローチがある。アクティブ・インタビューとは，インタビュアー／インタビューイの双方がインタビューという相互行為にアクティブに参加しているととらえる，社会構築主義的なインタビュー論である。この考えでは，インタビューを単なるデータ収集の場面とは考えず，インタビュアー／インタビューイのどちらもが意味を生み出す作業にかかわっている，つまり語りは共同生成されると考えるのである。このような立場に立つと，語りのみでなく，その語りが生成される場ややりとりなどの行為そのものも検討の対象となるだろう。

アクティブ・インタビューは，語りの文脈を捨象せずに，相互作用という側面を丁寧に見ていこうとするアプローチである。その点では共通しながらも，当事者にとっての意味という観点を強調するアプローチとして，次節ではナラティヴ・アプローチを紹介する。

ナラティヴ・アプローチ

ナラティヴは，語られたものとしての物語と，物語るという行為そのものを同時に意味する。ここではナラティヴの定義として，「人々が広義の言語によって経験を意味づける行為（act of meaning）と，語られたストーリーをさす（やまだ，2013）」を採用する。

ナラティヴについて理解する上で重要なのは，それが伝えるのは情報ではなく意味である，ということである。ナラティヴについては，「2つ以上の出来事をむすびつけて筋立てる行為」ともとらえられるが（やまだ，2000），2つ以上の出来事が結びつけられることで，語り手や状況のありようが個別具体的なものとなり，そこに意味がたちあらわれるのである。ナラティヴを「経験を意味づける行為」として位置づけることは，人間を，出来事の体験に意味を与える能動的な主体であるととらえることとつながる。能動的に生きるとは，過去の体験を参考に未来を予測し，現在という時間を，過去と未来をつなぐ通路とみなすことである（クロスリー，2000：2009）。このような人間観を持ち，ナラティヴという形式の持つ独特の形式や機能に着目するのがナラティヴ・アプローチなのである。

ナラティヴ・アプローチは，質的研究の認識論の部分でも触れた社会構成主義との関わりが深い。ブルーナー（1986）も意味の生成に関心を持ち，論理実証モード（paradigmatic mode），ナラティヴ・モード（narrative mode），という2つの認識／思考形式があることを指摘した。論理実証モードでは，真か偽かが問われ，実証によって答えが導かれる。これは，科学者が伝統的に用いてきたモードといっていいだろう。対してナラティヴ・モードでは，出来事がどのように関係づけられるかが問われ，正誤の結論を出すことは目的とされない。意味を生成し伝えるという私たちが日々行っていることは，論理実証主義の中では排除されがちな営みであった。この，生きる世界のありようを言葉や語りという視点からとらえ直そうという現代思想の動きである「言語的転回 narrative turn」により，ナラティヴ・モードの持つ意義やインパクトが増したのである。

素朴に考えれば，ナラティヴ研究とは，ナラティヴ（語られたもの／語るという行為そのもの）をデータにして，それを分析した研究のことと考えられるが，人々が世界をどのようにとらえ構成するかを，ナラティヴという材料を通して検討するのがナラティヴ研究なのである。

質的研究におけるインタビューデータの分析

次に，分析について考えよう。大枠で整理するなら，なにが語られたかという「内容」，そのはたらきという「機能」，どのように語られたかという「形式・構造」，どのように生成されるかという「プロセス」というのが分析の切り口になろうか。

論文等で散見される方法としては，KJ法やグラウンデッドセオリーアプローチ（GTA），修正版グラウンデッドセオリーアプローチ（M-GTA）等を用いた整理・類型化が考えられる。また，語りにおけるテーマやその階層の検討には解釈学的現象学的分析（IPA）が考えられる。内容について整理・分析した場合も，それが最終目的なのではなく，そのようなナラティヴが，私たちの生活／人生にとってどんなはたらきをするものなのかについてまで検討されることが多い。

どのような分析手法を採用するにしても，質的研究においては文脈と意味をとらえることが要点となる。

質的研究のテクスト化と評価

研究知見は，学会発表の抄録や論文，書籍等のテクスト化を経て，第三者へと提示されるのが一般的であろう。どのようにテクスト化するのかについては，評価という観点が参考になる。

研究の質の評価は，その研究がどのような知識を生み出そうとしているのかと強い関連がある。量的研究では，文脈に依存しないグローバルな理論構築を目指しており，発見を母集団に一般化するために無作為抽出による代表サンプルを扱うこととなる。他方，質的研究では，文脈に埋め込まれたローカルな意味を記述・説明することを目指しており，多様な現実があり得るという前提に立つ。そのためには，例外的なサンプルを扱うこともある。このような認識論的な違いがあるため，量的研究の科学性を評価する際に伝統的に用いられてきた信頼性（reliability），内的妥当性（internal validity），外的妥当性（external validity）といった基準を，そのまま質的研究に用いることは必ずしも適当で

はない。そこで，質的研究法に独自の評価基準が検討されている。たとえば，研究が反復されたときに同じ結果が得られる程度を示す信頼性に対しては，分析の際に依拠できるような質のデータが得られたかどうかという依拠可能性（dependability），データと，そこからの推論との関係の妥当さの程度を示す内的妥当性に対しては，研究知見がデータから得られた概念的関係についてリアリティをもって反映しているかどうかという信用可能性（credibility），一般化可能性の程度を示す外的妥当性に対しては，特定データから生み出された知見が類似した文脈や個人に適用可能かどうかという転用可能性（transferability）が提案されている（Lincoln & Guba, 1985）。

おわりに

　どのような立場で研究を行うとしても，研究倫理へのまなざしを欠くことはできない。質的研究では特に，フィールドや研究協力者と相互作用しながら場合によっては長期にわたって関係をつくっていくため，研究における倫理的配慮について改めて確認する必要がある。能智（2013）は，研究の過程を辿りながら質的研究における倫理について整理している。

　1つめはデータ収集に先立つ倫理的配慮である。これは，研究を構想・立案する段階の倫理である。2つめが，研究の場の設定にかかわる倫理であり，インフォームドコンセントの手続きはここに含まれる。3つめは，研究実施段階における関係の倫理であり，研究協力者との信頼関係の構築や，データ収集後の協力者への配慮がここに含まれる。最後が，個人情報の扱いに関する倫理である。このような観点を利用して計画を立て，また絶えず振り返ることが求められる。

（東海林麗香）

4 家族療法の理論・技法に関する研究

本稿では，家族療法の理論や技法に関する実証研究を紹介する。その中でも，セラピー場面に応用可能なコミュニケーションに関する実証研究について述べる。

コミュニケーションは，セラピーのための道具であり，外科医にとっての手術器具のようなものである。また，システムを定義するものであり，セラピーはコミュニケーションを通して達成される。したがって，セラピーにおけるコミュニケーションには注意を払い，正確に扱う必要がある。

はじめに海外におけるコミュニケーション研究としてヴィクトリア大学グループの知見を取り上げる。そして，本邦における研究を紹介する。これらの知見は，セラピストに，あるいはセラピー場面の相互作用に対して，インスピレーションを与えるものである。

ヴィクトリア大学グループによるコミュニケーション研究

家族療法の中で，理論の検証と精緻化という，言わばメカニズムに関するエビデンス研究を牽引してきた代表的な研究者は，ジャネット・ビーバン・バーベラスである。彼女らの研究グループがヴィクトリア大学グループである。バーベラスは，家族療法に関する重要な理論書の１つである『*Pragmatics of Human Communication*（人間コミュニケーションの語用論）』の第２著者である。この著書の中で述べられている公理の検証と修正を出発点とし，コミュニケーションと行動の関係に関する実験研究を続けている。たとえば，コミュニケーションの第一公理は次のとおりである。

第一公理：２人以上の人が存在する状況において，人はコミュニケーションしない訳にはいかない。（下位公理として）全ての行動はコミュニケーションである。

バーベラスらは，他者のけがを見て，瞬時に驚いたり，たじろいだり，また痛そうということを示す形態模倣（motor mimicry）が，個人の感情状態を反映した単なる非言語行動ではなく，非言語のコミュニケーションであることを示した。彼女らの実験では，怪我をしている相手とアイコンタクトがある場合には，人々は形態模倣をより多く示していた。このような一連の実験を通じて，第一公理は，「2人以上の人が存在する状況において，全ての行動がコミュニケーションであるとは限らない。しかし，人はコミュニケーションしないでいることは不可能である」（バーベラス，1994）に修正している（参考として，若島，2014）。

バーベラスらは現在，セラピストとクライエントの共同構成がどのように起こるのか，また，セラピー場面でなにが起こっているかに関心を向けている。バーベラスら（Bavelas et al., 2002）は，対面実験において，聞き手が語り手の語りとは本質的に異なる部分（たとえば，話し手が「t」から始まる単語を何回言ったか数える，など）に関心を寄せると，聞き手の特殊反応（微笑むのを止めたり，心配そうな表情をしたり，唇を噛むなど）と一般反応（うなずきや「ふーん」，「ええ」などである）が減少することを示している。さらに，話し手は，話の終わりの部分で語りを正当化しようとしたり，語りが流暢でなくなったり，終わりの部分をくり返すようになる（参考として，Bavelas［若島他訳］，2013）。この知見は，セラピー場面がセラピストとクライエントの協働によって成り立っていることを明確に教えてくれる。

2者関係のコミュニケーション研究

本邦のコミュニケーション研究は，家族療法の基礎理論であるコミュニケーション論や情報理論，システム理論に忠実に基づき，それを発展させる知見となっている。以下に，2者関係のコミュニケーションを扱った3つの主要な知見を紹介する。

問題－相互作用モデル（Problem-Interaction Model：PIM）

若島（2000a；2000b；2003），若島・生田・長谷川（1999）は，葛藤的会話場面における回避的コミュニケーションの生起のメカニズムに関する一連の研究を行っている。この一連の研究の中で，若島らは，問題－相互作用モデル

（PIM）を提示している。PIMとは，会話中に取り上げられる問題がどの程度，関係性を危険にさらす葛藤的な話題であるかを示す「問題レベル」と，葛藤的な話題の話し手が受け手に対して求める反応の強さの程度を示す「相互作用レベル」の組み合わせから，ディスクオリフィケーション反応を予測するモデルである。ディスクオリフィケーション反応とは，コミュニケーションの構成要素である送り手，内容，受け手，文脈についての情報を曖昧にしたコミュニケーションである。たとえば，母子の会話場面において，母親が「みんなあなたのことを心配しているのがわかる？」という問いかけに対し，娘は「わかるよ。先生は電話してくるもん」という返事を行う。これは，娘の言葉が，心配しているのが誰かを限定することによって，母親の意図した反応を曖昧にしている，と説明できる。

　このようにコミュニケーションには，即時的で短期的な会話システムを破壊する，あるいは維持しないことにより，より抽象レベルの高い長期的システムとしての対人システムを維持する“パラドキシカルな構造”が存在する（若島，2000b）。

　若島による一連の研究は，その後のシステム理論，およびコミュニケーションの語用論に基づいたコミュニケーション研究の源流であるとともに，主に実験を用いてコミュニケーション研究を行う方法論と視座を示した知見となっている（狐塚・堀江，2014）。

笑顔の自己制御的機能

　生田（1999；2000）と生田・若島・長谷川（1999）は，笑顔表情に注目し，それを対人システムの自己制御性の表れとした。つまり，対人システムに危機的な変化が生じたとき，会話システムの中に笑顔表情という特殊なマネジメント行動が生じ，その対人システムの変化が抑制される，と考えた。たとえば，夫婦の会話で，妻が夫の不満な点に言及しようとするや否や夫が「まあまあ」と笑ってかわす場合が挙げられる。この笑顔は妻の立場からみると葛藤回避であり，さらなる不満を残す形で夫婦関係が維持されることになる。

　生田（1999；2000）と生田・若島・長谷川（1999）が行った一連の研究では，笑顔表情と場面，話題，葛藤方略との関連が検討されている。葛藤方略は，協調方略と対決方略の2つである。このうち協調方略は，相手との関係性に配慮して問題を解決していこうとするような点で他者志向的であり，2者間の対人システムに対しては求心的である。一方，対決方略は，一方的に自分の意見を

押しすすめ，関係に配慮するよりは自分の利益を追求する点で自己志向的であり，2者間の対人システムに対しては遠心的である。分析の結果，会話場面での笑顔表情は協調方略よりも対決方略において増加していた。さらに，方略に付随する笑顔表情が，相手の次の方略に影響を与えるかについて検討した結果，先行する反応が笑顔表情のときは，非笑顔表情のときよりも，その発話に対応する相手の反応が協調的であった。これらの結果から，持続する人間関係の間で生起する笑顔は自己制御的機能を備えていると言うことができる。この研究は，若島によるPIM研究に引き続いて，対人システムの自己制御機能を明らかにした重要な研究となっている。

相互作用パターンの冗長性（硬直性−柔軟性）

花田（2010）は，いかに対人関係を記述するか，という問いに対して，短期・家族療法の背景理論である情報理論を取り上げ，相互作用パターンの冗長性（redundancy）概念に着目している。冗長性は，相互作用パターンがくり返される長さともいえ，この冗長性の高低から人間関係の「硬直性−柔軟性」が記述される。具体的には，会話におけるターン配分（話者交替）を指標としている。

花田（2002；2003；2010）が行った一連の研究によると，冗長性は，初対面の2者のほうが友人関係の2者よりも雑談での冗長性が高く，その関係も硬直していた。また，協調的状況よりも，葛藤的状況のほうが冗長性は高く評価され，葛藤的状況でより関係性が硬直していた。さらに，3者関係のほうが2者関係よりも冗長性が高かった。

また，花田（2010）は，視線の方向づけが相互作用パターンの冗長性を変化させ，その結果，硬直性−柔軟性という人間関係が変化することを介入研究から実証している。この研究は，従来のコミュニケーション研究と一線を画し，対人関係の記述に新たな視点をもたらす知見となっている。

3者関係以上のコミュニケーション研究

近年は，2者間のコミュニケーションの他にも，3者以上のシステムやコミュニケーションにも関心が払われている。3者関係は2者関係とは異なっており，単純な3者の集合体とも異なる特異な性質がある。したがって，家族を対象とする場合，3者以上のシステムに関する知見は不可欠である。

情報回帰速度モデル（SIRM）

　若島・佐藤・長谷川（2000）は，家族療法を用いた事例を検討し，時間概念を導入して情報の回帰の速度という観点からシステムを記述する情報回帰速度モデル（Speed of Information Reflective Model : SIRM）を提唱している。SIRMでは，システムは情報によって規定され，サブシステム（システム内の下位システム）の境界は情報回帰の速度によって規定されると考える。情報回帰の速度とは，ある個人行動が他者に影響し，再びその個人に戻ってくる時間を意味する。たとえば，個人がその家族に「明日一緒に病院行こう」と述べ，その影響が比較的早く回帰してきたルートがサブシステムとして機能していることになる。

　若島・松井（2003 ; 2004）が指摘するように，システム全体が変化しにくいケースでは，集団が変化するスピードが個人に対して遅いことがある。しかし，SIRMに基づくと，少数派側からみて，システム全体の変容を見込むためには，①集団の変化を速める，②少数派の行動パターン保持の程度を強める，③少数派・多数派間の相互作用が弱いこと，という少数派側に寄与する3つの要因のうち，おおむねいずれか2つを満たせばよい。多数派の変化は遅延されるが必ず起こるため，システム変容は多数派の変化が見出されるまで少数派の行動を保持できるかにかかっている。つまり，かなり変容が起こりにくい状況においても，少数派側の行動に時間的な一貫性を持たせるようセラピストなどが援助することによってシステムの変容が見込めると言える。SIRMは現在，モデルの検証と一層の精緻化のための実験が進められている（松井，2004）。

コミュニケーション・パターンによる関係性の類型と変化

　狐塚・若島（2009）は，相称性と相補性というコミュニケーション・パターンとハイダー（Heider, 1958）のバランス理論から3者関係の類型と変化を示した。バランス理論とは，人間と物または概念を含む3つの対象の関係や態度に関する理論である。このモデルによると，ある人物（P），他者（O），人・物・概念（X）という3つ組（triad）は単位関係と心情関係が調和的に適合している状態へ向かう傾向，すなわちバランス状態に向かう傾向がある。単位関係とは，2つの実体が類似性や因果性，所有等の関係を持っている場合，それらは関連づけられ一体とみなされやすい傾向である。また，心情関係とは，人や物に対してもつ好き嫌いの心情である。3つ組の関係がすべて正のとき，あ

るいは2つが負で1つが正のとき，バランス状態にあるとされる。狐塚・若島（2009）では，バランス理論のシェマを応用して，コミュニケーション・パターンに基づく関係性のモデルを提示し，持続が見込まれる3者関係を対象としたアナログ研究から関係性の変化を実証している。分析の結果，3者間（A-B-C）において，第3者と2者それぞれ（C-A間，C-B間）の相補度が同程度の場合，2者間（A-B間）の相補度は増加し，相補度が異なる場合，2者間（A-B間）の相称度が増加する傾向があった。この結果は，ハイダー（Heider, 1958）の示した個人の態度変容のシェマが，家族のような持続が見込まれる関係性にも当てはまることを意味すると共に，2者関係は第3者との関係の中で変容することを示唆している。

おわりに

　家族療法の理論や技法を学ぶには，それらの理論や技法とともに発展してきた最良の研究を知ることが近道となる。近年は，解決志向アプローチのトレーニングビデオを素材として，エキスパートのセラピーが分析されている（Korman et al., 2011）。これらの実証研究は，『解決志向ブリーフセラピーハンドブック』（Franklin et al., 2011；邦訳　2013）に詳しく紹介されているので，関心のある読者は目を通していただきたい。

　最後に，本研究で取り上げた知見の臨床的な有用性は，これ自体では決まらない。これを悪循環にするか，良循環にするかは，それ以降の対処，上位の枠組みの組み方で決まる。基礎研究を踏まえた臨床家の腕はここからである。

（長谷川啓三・若島孔文・平泉拓）

5 家族療法の事例研究

はじめに

　初学者が，家族療法の理論的根拠に基づいて家族を支援していくというケース・フォーミュレーションの学習は，その理論やモデルを習得していく上で必要不可欠な過程である。事例研究では，事例の逐語記録による客観的な記述と事例内でのやりとりや治療的介入に関する主観的な説明を分けたり，もしくは組み合わせることが必須となる。この2つのプロセスは，まさにケース・フォーミュレーションを含んでおり，事例の辿る道筋や治療経過の中での重要な介入ややりとりが理解できていない場合には，莫大な情報を整理し，事例研究としてまとめることができなくなる。このことから事例研究は，初学者の学びとして重要な役割も担っていると考えられる。

　本稿では，日本における家族療法の事例研究の実践について簡潔に触れながら，改めて事例研究の意義について触れる。その後，初学者の学習という視点に基づいた家族療法の事例研究に焦点を当てる。その際に，著者が構造的家族療法，MRIアプローチ，解決志向アプローチ（Solution Focused Therapy：以下SFA）を併用して支援を行った青年の引きこもりに悩む両親の事例を紹介しながら，治療的介入の実践やそれにともなう家族関係の変化のあり方を簡略して記述し，事例研究の役割について触れる。

事例研究の意義

　事例研究は，研究の目的や手法によってさまざまな形態が存在するため，その定義を一概にすることは困難であるが，山本（2001）は，「事例研究は臨床現場という文脈で生起する具体的事象を何らかの範疇との関係において構造化された視点から記述し，全体的に，あるいは焦点化して検討を行い，何らかの新しいアイデアを抽出するアプローチである」と述べている。つまり，事例研

究では，その目的や枠組みを明確にした上で，事例の逐語記録による客観的な記述と事例内でのやりとりや治療的介入に関する主観的な説明を用いて，なんらかの新しい知見を提示することが求められる。特に，特殊な事例の症状やその症状の減少，あるいは症状の変化の過程の特徴，それらへの対応の仕方などの点において臨床活動へ応用していくための知見となる。

事例研究の方法論には，大きく分けて多数の事例を横断的に調査検討する方法と1つの事例を横断的に検討する方法，両者を併せ持つ研究方法がある（名取，2002）。ここでは，多数の事例を横断的に調査検討する方法と1つの事例を横断的に検討する方法に焦点を当てて記載していく。

前者の研究手法に沿って，「家族心理学研究」を見てみると，たとえば，若島ら（1999）は，パニック発作をともなう不安神経症の2事例を取り上げて，神経症への逆説的指示の有効性について報告している。神経症及び心因性関連の症状に対しては，パラドックスによるアプローチの効果が他にも報告されている（たとえば，青木ら，2000；若島ら，2000）。前者の研究手法は，事例研究ではあるが，2事例以上示すことによってよりアプローチの妥当性を高める手法となる。2つ以上の事例を検討する中で共通性と差異を検討することを通して，個別性を越えた共通性，共通性から漏れたところから生まれる新しいアイデアや仮説の生成がその意義として存在する。

次に，後者の手法に関して，もう少し近年の「家族心理学研究」を見てみると，対人恐怖症の女性に対して，統合リラグゼーション法と外在化等のいくつかの技法を組み合わせたアプローチ（柏葉，2006）など，家族療法の技法と行動療法の技法を柔軟に取り入れることの有効性を示した事例研究が行われている。また，家族療法の各種理論に基づいて，その有効性を検討した事例研究が実施されている。たとえば，神経性脱毛症への短期療法アプローチの実践（若島，1998），個人療法と家族合同面接の統合した引きこもり青年と家族の心理援助の実践（中釜，2008）などが報告されている。これらの事例研究では，主に臨床事例の経過を時間の流れに沿って，臨床事例の変化に至る可能性や変化を辿る道筋，治療経過の中での重要な介入ややりとりについて検討を行う。その上で，これまでに報告されていない新たな治療モデルの可能性や特殊症例の治療に関する示唆を提示することを目的としている。これらの事例研究は，日本の臨床心理学において事例研究が一定の役割を占めたとされる1970年代半ばから現在まで実践されている事例研究の基本的な手法と言える。

このような後者の形に沿って，家族療法の事例をまとめる際，亀口（2003a）

は以下の5点を要点として挙げている。

①ジェノグラム（家族関係図）を用いて，できるだけ家族にとって重要な出来事，あるいは成員の年齢などの情報を簡潔に図示しておくことが望ましい。

②主訴の変化について，少なくとも終結段階での状況は明示しておく。

③両親の関係，母子，父子関係などの主要な家族関係の変化について特徴的なものは記述する。

④心理臨床家が行った主要な治療的介入については，その根拠を示した上で，家族の反応を詳しく記述する。

⑤可能な限り，終結後のフォローアップで得られた情報を呈示する。

以下では，上記の亀口の指摘を踏まえて，筆者が支援を行った1事例について縦断的に検討する方法によって紹介する。また，以下の事例では，山本（2001）の指摘を踏まえれば，事例の全体像の本質を詳細に「厚く記述」（thick description）するというよりも，研究に不可欠な「重要な事実」（material facts）を中心に家族の変化に関しての客観的な記述をした上で，事例内でのやりとりや治療的介入に関する主観的な説明を加えていく。なお，本事例については，事実を歪めない程度に改変していることを付記しておく。

家族療法の事例研究

主訴：18歳青年の引きこもり

家族構成：45歳の父親，43歳の母親および18歳のIP（問題と見なされた人物）の3人家族で生活している（図Ⅷ-5-1参照）。

来談経緯：IPは，高校卒業後に大学受験に失敗し，それ以来引きこもりになった。両親は，IPに進学なり就職なりをして自立してほしいと考えており，そのために両親としてどうしたら良いのかについて話せる場がほしいということで，来談に至った。

面接方法：月に1回で，計32回の面接が実施され，半年後にフォローアップが電話によって行われた。

事例の記載：以下，セラピストをTh，父親をFa，母親をMoと記述する。また，「」はクライエントの発言であり，＜＞は，Thの発言である。

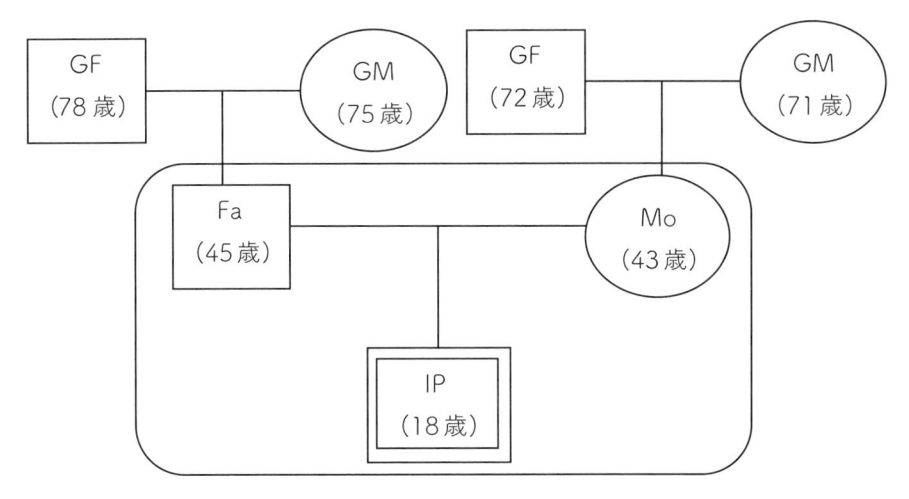

図Ⅷ-5-1　Family Genogram (Carter & MacGoldrick, 1999)

【第1ステップ（#1～#8）：家族関係の安定を目指す時期】

　IPは，現在も昼夜逆転の生活を送っている。コンビニなどには1人で行けるものの，普段は引きこもっている。これまでのIPとのかかわりについて，Faは「今は会話をすることぐらいしかしていない。他にできることがあればここで教えてほしい」ということであった。Thは，＜MoとIPは普段どんなかかわりを？＞と質問すると，「IPの興味のあるスポーツの話につきあって会話をするのはFaで，私とはほとんど会話しないです」と述べられた。また，そのような状況にいたため，両親がIPを予備校に入れようと考えて，入学の手続きをしたということであったが，そのことについてIPから「なんで勝手にきめるんだよ，絶対に行かない」とすごく反発して荒れたことが語られた。その他にも，両親は専門学校の手配をしようと試みたが，反発してうまくいかなかったと述べていた。

　Thは，構造的家族療法の見立てを採用し，IPとFaとのかかわりに比べて，IPとMoとのかかわりが非常に少なかったことから，IPとMoとのかかわりを増やすような方針で面接を進めていった。また，IPを外に出そうと先回りしてしまう両親の偽解決行動（図Ⅷ-5-2）について介入を行った。その際に，Thは，＜息子さんは塾へ行く・行かないという小さな問題ではないところで挫折を味わっているような気がします＞という意味づけを提示し，その上で，＜今はIPが希望を見出すように支えてやることが必要です＞という考えを伝えた。その

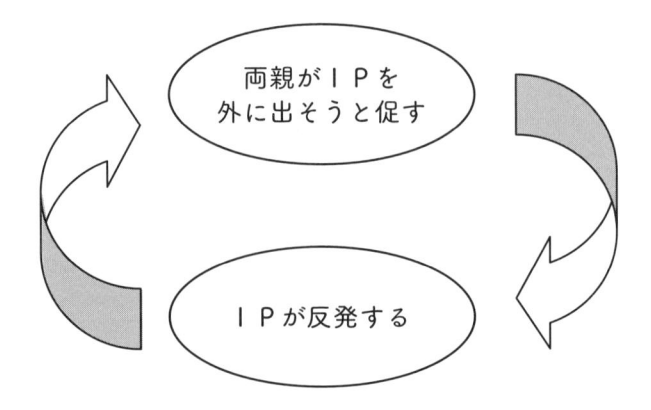

図Ⅷ-5-2　家族内の悪循環の見立て

ためにも，＜今はなにもしなくていい。ゆっくりと将来のことを考える時間に使えばそれで良い＞ということをIPに伝えるようお願いした。

【第2ステップ（#9〜#18）：きっかけを理由としてIPの外出を促す時期】

　この時期では，Moから少しずつではあるが，IPと話をしたり，買い物などに誘ったりするようになったと語られた。Moは，「私自身が高望みしなくてもいいのかなぁと考える余裕ができたら話ができるようになった」と語っていた。また，IPの誕生日にMoはメモで「今は焦らず，このままでいいんだよ」という内容を書いて渡したということであった。そのこともあって，IPは以前に比べて，自分の部屋で過ごす時間が減っているという。しかし，Faに対して，世界の情勢に関する信憑性がないとんちんかんな話題を持ちかけることが多いとのこと。Faは「よくわかんないなぁ」と思いながら，「そうだね」といったように軽く流すような返答をするが，IPはそれに対し「本心ではそんなこと思ってないくせに」と苛立った様子で話を切ってしまうということが語られた。Thは，「信憑性に欠ける話題」などによるかかわりづらさについて，＜IPは，父親と会話したいという気持ちを持っており，不器用ながら一緒に話せるような話題を懸命に探しているように感じられる。不器用なこともあってなかなかうまく会話が続かない，その苛立ちからではないか＞とリフレーミングを行った。Faは「そうですね」と受け入れていたため，IPが信憑性の欠ける話題を出してきても真剣に受け答えをしてもらうことをお願いした。また，＜家族内での様子も比較的安定してきている様子があるので，これからはアクションが

必要になります＞ということを強調し，IPが外出するきっかけをつくるための介入として，＜休日にどこかへ行こうと誘ってみることや，機会を見計らって大学や専門学校のことについて，IPと話をしてみて，それに対するIPの反応を観察する＞ことを提案した。

【第3ステップ（#19～#27）：IPの興味を伸ばしながら，安定したかかわりを続ける時期】

　この時期では，IPは外出することが少しずつ増え，プロ野球の試合観戦に出かけたり，Moと一緒に料理を作ったりしたというエピソードが語られた。FaがIPに，大学や専門学校のことについて尋ねると，「考えてみる」という反応だったということが意外そうに語られた。そのこともあって，A大学の入学申し込みの期日が近いことから，IPは，焦った様子であった。その際，Faは「大丈夫だから」と声をかけ，Moも「私たちは頼りないかもしれないけど，支えるから，大丈夫，ゆっくりやっていこう」と，IPの肩をポンポンと叩いてあげたとのことで，そのこともあってIPは落ち着きを取り戻したことが語られた。この時期になるとMoやFaと共有する時間や2人で映画やショッピングに出かける時間が増えたということも語られ，IPも両親2人だけでの外出を促すこともあった。また，IPの生活リズムも整い，会話の時は，IPが家族の中心となって野球の話をしているとのことであった。

【第4ステップ（#28～#32）IPが大学につながる時期】

　この時期では，IPの髪が長くなったので，Moが切ってあげたというエピソードが語られた。Moは，「本人としては，願書の写真を撮るのに向けての準備かもしれない」ということを述べていた。そして，Moの後押しもあって，A大学の願書を提出したとのことで，入学許可書も届いたことが語られた。その際，入学許可証と一緒に学生証も届き，IPも内心とても嬉しそうな様子だということであった。両親共に，IPの通うA大学の図書館に行ってみたいとのことで，前向きな様子であった。Thは，＜どうやってうまく声がけできているのか知りたい＞と尋ねると，「IP本人も，願書のために字の練習をしたりしている様子があったので，そうした練習のタイミングを見ながら，『願書を書いてみようか』という感じで，強引に声をかけない方法で声がけをしました」ということであった。

　そのようなご両親からの話を踏まえ，Thは，＜ご両親にとってはパーフェ

クトではないかもしれませんが，こちらから見るとIPは安定しているように見えます。それはご両親がIPを安定させられるようなかかわりがあってのことだと思います＞と，ご両親のIPへのかかわり方やIPの成長に関するコンプリメントを伝えた。そのことにご両親は納得し，本面接が終了となった。また，半年後の電話によるフォローアップに関してもご夫婦とIPは安定しているとのことであった。

おわりに

　本事例では，構造的家族療法の見立てを用いて，母子間の結びつきを強めるはたらきかけを基本に置いた。加えて，家族内のインタラクションに関しては，MRIアプローチを用いて，両親のIPへの先回りしようとする偽解決行動が悪循環になっていたので，その家族内の偽解決行動をストップさせた心理面接の一連の流れを記述した。特に，本事例では，当初は親がIPの外出を促そうとする対処行動が悪循環となって結果的に家族内の関係性が悪化していった。

　そのため，構造的なアプローチを軸に置きながら，家族内の関係性，特に母子関係の改善を目指した。その後，家族内の関係性が安定的に変化していったことから，親がIPの外出を促すという本来悪循環であったパターンを用いたとしても，当初のようなIPの反発は見受けられなかった。つまり，両親のIPの外出を促すことは，当初はIPの気持ちを軽視したようなメッセージになってしまったと推察できるが，家族内の関係性が変化したことによって，親身になって自分を心配してくれているといったメッセージになってIPに伝達された可能性がある。

　このように事例研究では，主訴の変化や主要な家族関係の変化について記述し，治療的介入については，その理論的根拠を示していかなくてはならない。そして，この過程こそが初学者の学びとして重要な役割も担っているのである。したがって，家族療法の事例研究は，家族アセスメント法や家族療法の理論や技法の習得，加えて実証的な知見などを踏まえながら行われる姿勢が強く求められる。

　近年のエビデンスベイストプラクティス（Evidence-Based Practice；以下EBP）の普及にともなって，事例研究の意義が相対的に下位に位置づけられる風潮も存在する。しかし，EBPの考え方が急速に広がっている中で，EBPが示されていない特殊事例をどのように支援していくかという点やEBPの支援で効

果が見られない場合など，EBPでは補えない例外として位置づけられる事例研究の実践は，次のEBPをつくる上で必要不可欠な役割を担う。SFAの治療概念の1つに"例外"とあるように，EBPから漏れる例外を追求していく研究姿勢が次なる独創性に溢れた支援の展開を生むことになると考える。特に，家族療法は他の療法をうまく折衷的に取り入れる柔軟性を持っているため，臨床家特有のアプローチ法の報告が今後も期待される。

（板倉憲政）

引用・参考文献

阿部彩　2008　子どもの貧困――日本の不公平を考える　岩波書店

阿部彩　2014　子どもの貧困Ⅱ――解決策を考える　岩波書店

Ackerman, N. W.　1958　*Psychodynamics of family life.* New York：Basic Books.（小此木啓吾・石原潔訳　1967　家族関係の理論と診断／家族関係の病理と治療　岩崎学術出版社）

相田信男　2013　精神分析と家族療法――精神科病院の現場から　家族療法のこれから――30年の蓄積をいかに活かすか　日本家族研究・家族療法学会第30回大会企画シンポジウム　精神分析と家族療法　家族療法研究, 30(3), 261-264.

相田信男・渋沢田鶴子・岡野憲一郎・渡辺俊之・中村伸一　2013　シンポジウム　精神分析的と家族療法　家族療法研究, 30(3), 49-58.

味沢道明・小川香欧里・中村正　2002　家族の暴力をのりこえる――当事者の視点による非暴力援助論　かもがわ出版

赤城恵子　1999　不妊状態の女性の心理とその対応――ピア（仲間）として電話相談に係わる中で　母子保健情報, 39, 35-40.

秋丸貴子・亀口憲治　1988　家族イメージ法による家族関係認知に関する研究　家族心理学研究, 2(1), 61-74.

Amato, P. R.　2010　Research on divorce: Continuing trends and new developments. *Journal of Marriage and Family*, 72(3), 650-666.

Andersen, T.　1991　*The reflecting team (The reflecting process): Dialogues and dialogues about the dialogues.* New York: Norton.（鈴木浩二監訳　2001　リフレクティング・プロセス――会話における会話と会話　金剛出版）

Anderson, C. M., Hogarty, G. E., & Reiss, D.　1986　*Schizophrenia and the family.* Guilford Press.（鈴木浩二・鈴木和子監訳　1988　分裂病と家族：心理教育とその実践の手引き〔上〕金剛出版）

Anderson, H. 1997　*Conversation, language, and posssibilities: A postmodern approach to therapy.* New York：Basic Books.（野村直樹・青木義子・吉川悟訳　2001　会話・言語・そして可能性　金剛出版）

Anderson, H., & Gehart, D. (Ed.)　2006　*Collaborative therapy: Relationships and conversations that make a difference.* Routledge.

Anderson, H., & Goolishian, H.　1992　The client is the expert：Not-knowing approach to therapy. McNamee, S., & Gergen, K. J.（Ed.）*Therapy as social construction.* London: Sage, 25-39.（野口裕二・野村直樹訳　2001　ナラティヴ・セラピー　金剛出版）

Anderson, H., & Goolishian, H.　1988　Human systems as linguistic systems: Preliminary and evolving ideas about the implications for clinical theory. *Family Process*, 27(3), 371-393.

Anderson, H., Goolishian, H. A., & Winderman, L.　1986　Problem determined system; Towards transformation in family therapy. *Journal of Strategic & Systemic Therapy*, 5(4), 1-13.

安藤智子・福丸由佳・無藤隆　2014　父親の産後抑うつと関連要因　日本発達心理学会第25回大会発表論文集

Andrews, D. A., Bonta, J., & Wormith, J. S. 2011　The risk-need-responsivity (RNR) model: does adding the good lives model contribute to effective crime prevention? *Criminal Justice and Behavior*, 38(7), 735-755.

青木紀久代編著　2010　いっしょに考える家族支援　明石書店

青木紀久代編著　2015　実践・保育相談支援　みらい

青木岳也・加来洋一・和田憲明・渡辺義文　2000　強迫性障害に対する夫婦を利用したブリーフセラピー　ブリーフサイコセラピー研究, 9, 96-105.

有澤知子　2014　同性婚と婚姻防衛法――United States vs. Windsor 判決を中心に　大阪学院大学法学研究, 40(1・2), 49-88.

朝日新聞　2012　孤族の国――ひとりがつながる時代へ　朝日新聞出版

朝日新聞　2015　4.1付朝刊　同性パートナー条例成立

Ashby, W. R.　1952　*Design for a brain*. New York：John Wiles & Sons.（山田坂仁・山岸辰蔵訳　1967　頭脳への設計――知性と生命の起源　宇野書店）

Atzil, S. , Hendler, T., & Feldman, R.　2011　Specifying the neurobiological basis of human attachment: Brain, hormones, and behavior in synchronous and intrusive mothers. *Neuropsychopharmacology*, 36(13), 2603-2615.

東洋　2012　文化と発達　高橋惠子・湯川良三・安藤寿康・秋山浩子編　発達科学入門 [1] 理論と方法　東京大学出版会　189-207.

東洋・柏木惠子編　1999　社会と家族の心理学　ミネルヴァ書房

Bandura, A.　1977　*Social learning theory*. Englewood Cliffs, NJ: Prentice Hall.

Bateson, G.　1972　*Steps to an ecology of mind*. Harper & Row.（佐藤良明訳　2000（改訂2版）精神の生態学　改訂2版　新思索社）

ベイトソン, G.　1972　精神の生態学　佐伯泰樹他訳　1986　思索社

Bateson, G.　1972　*Steps to an ecology of mind*. New York: Ballantine Book.（佐藤良明訳　1990（初版）精神の生態学　思索社）

Bateson, G.　1979　Mind and nature: A necessary unity. London: Wildwood House.（佐藤良明訳　1982　精神と自然――生きた世界の認識論　思索社）

Bateson, G., Jackson, D., Haley, J., & Weakland, J.　1956　Toward a theory of schizophrenia. *System Research and Behavioral Science*, 1(4), 251-264.

バーベラス, J. B.　1994　「コミュニケーションの語用論」の実験的研究に向けて　構成主義短期療法チーム解説・訳　日本家族心理学会編　家族心理学年報12, 93-116.　金子書房

Bavelas, J. B.　2012　Connecting the lab to the therapy room. In, Franklin, P., Trepper, T. S., Gingerich, W. J., & McCollum, E. E., (eds.), *Solution-focused brief therapy: A handbook of evidence-based practice*.　New York: Oxford University Press. 151-153.（若島孔文・平泉拓・宇佐美貴章訳　2013　実験室と面接室をつなぐ　長谷川啓三・生田倫子・日本ブリーフセラピー協会編訳　解決志向ブリーフセラピーハンドブック　金剛出版）

Bavelas, J. B., Coates, L., & Johnson, I.　2002　Listener responses as a collaborative process：The role of gaze. *Journal of Communication*, 52(3), 566-580.

Beavers, W. R., & Voeller, M. N.　1983　Family models：Comparing and contrasting the Olson circumplex model with the Beavers system model. *Family Process*, 22(1), 85-98.

Becvar, D. S., & Becvar, R. J.　2014　*Family therapy: A systemic integration*. Boston, MA: Pearson.

Belsky, J., & Kelly, J.　1994　*The transition to parenthood*. New York：Delacorte Press.（安次嶺佳子訳　1995　子供をもつと夫婦に何が起こるか　草思社）

ベネッセ次世代育成研究所　2009　第2回乳幼児の父親についての調査 (2009)

ベネッセ次世代育成研究所　2015　第3回乳幼児の父親についての調査 (速報版, 2014)

ベネッセ教育総合研究所　2013　第2回学校外教育活動に関する調査

Berger, R., & Hannah, M. T. (Eds.)　1999　*Preventive approaches in couples therapy.* Philadelphia: Brunner/Mazel.

Bertalanffy, L. V.　1968　*General sysytems theory, foundations, development, applications.* New York. George Braziller. (長野敬他訳　1973　一般システム理論――その基礎・発展・応用　みすず書房)

Bodenmann, G., Hilpert, P., Nussbeck, F. W., & Bradbury, T. N.　2014　Enhancement of couples' communication and dyadic coping by a self-directed approach: A randomized controlled trial. *Journal of Consulting and Clinical Psychology*, 82(4), 580-591.

Bogels, S. M., & Siqueland, L.　2006　Family cognitive behavioral therapy for children and adolescents with clinical anxiety disorders. *Journal of the American Academy of Child and Adolescent Psychiatry*, 45(2), 134-41.

Bonta, J., & Andrews, D. A.　2007　*Risk-need-responsivity model for offender assessment and rehabilitation.* Public Safety Canada.

ボスコロ, L., ギアンフランコ, G. , ホフマン, L., & ペギー, P.　2000　家族面接のすすめ方――ミラノ派システミック療法の実際　鈴木浩二監訳　金剛出版 (Boscol, L., Cecchin, G., Hoffman, L., & Penn, P. 1987 *Milan sysytemic family therapy: Conversations in theory and practice.* Basic Books.)

ボス, P.　2015　あいまいな喪失とトラウマからの回復――家族とコミュニティのレジリエンス　中島聡美・石井千賀子監訳　誠信書房 (Boss, P. 2006 *Loss, trauma, and resilience: Therapeutic work with ambiguous loss.* WW Norton & Co. Inc.)

Boszormenyi-Nagy, I., & Krasner, B. R.　1986　*Between give and take: A clinical guide to contextual therapy.* New York Brunner/Mazel.

Bowen, M.　1978　*Family therapy in clinical practice.* New York：Jason Aronson.

Bowlby, J.　1973　*Attachment and loss, separation: Anxiety and anger (Vol.2).* New York: Basic Books. (黒田実郎・岡田洋子・吉田恒子訳　1977　母子関係の理論――II 分離不安　岩崎学術出版社)

ボウルビィ, J.　1981　ボウルビイ　母子関係入門　作田勉監訳　星和書店 (Bowlby, J. 1979 *The making & breaking of affectional bonds.* Routledge Kegen & Paul.)

Bretherton, I.　1996　Internal working models of attachment relationships as related to resilient coping. Noam, G. G.,& Fisher, K. W.(Ed.) *Development and vulnerability in close relationships.* Lawrence Erlbaum associates. 3-27.

Brothers, L. 1990　The social brain: A project for integrating primate behavior and neuropsychology in a new domain. *Concepts in Neuroscience*, 1, 27-51.

Brown, J. H., Portes, P., Cambron, M. L., Zimmerman, D., Rickert, V., & Bissmeyer, C.　1994　Families in transition: A court-mandated divorce adjustment program for parent and children. *Juvenile and Family Court Journal*, 45(1), 27-32.

Bruner, J. S.　1986　*Actual minds, possible worlds.* Cambridge, MA: Harvard University Press.

Bruner, J. S.　1990　*Acts of meaning.* Cambridge: Harvard University Press. (岡本夏木・仲渡一美・吉村啓子訳　1999　意味の復権　ミネルヴァ書房)

Burr, V.　1995　An introduction to social constructionism. London：Routledge. (田中一彦訳

1997　社会構築主義への招待——言説分析とは何か　川島書店）

Carr, A.　2000　Evidence-based practice in family therapy and systemic consultation: Child focused problems. *Journal of Family Therapy*, 22(1), 29-60. Carter, B., & McGoldrick, M. 1999 *The expanded family life cycle: Individual, family, and social perspective 6th ed,* Boston, MA: Allyn & Bacon

Carter, B., & McGoldrick, M.　1999　*The expanded family life cycle:Individual, family, and social perspectives 6th ed.* Boston, MA:Allyn & Bacon.

Chang, H.　2008　*Autoethnography as method.* Walnut Creek: California.

Chapple, C. L., & Vaske, J.　2010　Child neglect, social context, and educational outcomes: examining the moderating effects of school and neighborhood context. *Violence and Victims*, 25(4), 470-485.

Charon, R.　2008　*Narrative medicine: Honoring the stories of illness.* New York: Oxford University Press.（斎藤清二・岸本寛史・宮田靖志・山本和利訳　2011　ナラティブ・メディスン——物語能力が医療を変える　医学書院）

Christensen, A., & Shenk, J. L. 1991 Communication,conflict,and psychological distance in nondistressed, clinic, and divorcing couples. *Journal of Consulting and Clinical Psychology*, 59(3), 458-463.

Christensen, A., Atkins, D. C., Berns, S., Wheeler, J., Baucom, D. H., & Simpson, L. E.　2004　Traditional versus integrative behavioral couple therapy for significantly and chronically distressed married couples. *Journal of Consulting and Clinical Psychology*, 72(2), 176-191.

Cohen, J.　2013　*Statistical power analysis for the behavioral Sciences.* Cambridge, Massachusetts Academic Press.

Cook, W. L., & Snyder, D. K.　2005　Analyzing nonindependent outcomes in couple therapy using the actor-partner interdependence model. *Journal of Family Psychology*, 19(1), 133-141.

クレスウェル, J. W., & プラノクラーク, V. L.　2010　人間科学のための混合研究法——質的・量的アプローチをつなぐ研究デザイン　北大路書房（Creswell, J. W., & Plano Clark, V. L. 2007　*Designing and conducting mixed methods research.* Thousand Oaks, Calif: SAGE Publications.）

クロスリー, M. J.　2009　ナラティブ心理学セミナー——自己・トラウマ・意味の構築　角山富雄・田中勝博監訳　金剛出版（Crossley, M. L. 2000　*Introducing narrative psychology: Self, trauma and the construction of meaning.* Milton Keynes: Open University Press.）

Cummings, E. M., Davies, P. T., & Campbell, S. B.　2000　*Development psychopathplogy and family process: Theory, research, and clinical implications.* New York: Guilford Press.（菅原ますみ監訳　2006　発達精神病理学——子どもの精神病理の発達と家族関係　ミネルヴァ書房）

Cummings, J. L.　1992　Depression and Parkinson's disease: a review. *The American Journal Psychiatry*, 149(4), 443-454.

Dallos, R., & Vetere, A.　2009　*Systemic therapy and attacheement narratives: Application in a range of clinical settings.* East Sussex Routlege.

男女共同参画統計研究会編　2015　男女共同参画統計データブック　ぎょうせい

Davis, E. F., Schoppe-Sullivan, S. J., Mangelsdorf, S. C., & Brown, G. L. 2009　The role of infant temperament in stability and change in coparenting across the first year of life. *Parenting*: *Science and practice*, 9(1-2), 143-159.

de Shazer, S. 1982 *Patterns of brief family therapy: An ecosystemic approach.* New York: Guilford Press.

de Shazer, S. 1985 *Keys to solution in brief therapy.* New York: Norton.

ド・シェイザー, S. 1994 ブリーフ・セラピーを読む 小森康永訳 金剛出版 (de Shazer, s. 1991 *Putting difference to work.* WW Norton & Company.)

ド・シェイザー, S. 2000 解決志向の言語学――言葉はもともと魔法だった 長谷川啓三監訳 法政大学出版局 (de Shazer, s. 1994 *Words were originally magic.* WW Norton & Co Inc.)

Diamond, G. S. 2005 Attachment-based family therapy for depressed and anxious adolescents. Lebow, J.(Ed.). *Handbook of clinical family therapy.* 17-41. Hoboken, NJ：Wiley.

Diamond, G. S., Siqueland, L., & Diamond, G. M. 2003 Attachment-based family therapy for depressed adolescents: Programmatic treatment development. *Clinical child and family Psychology Review*, 6(2), 107-127.

Ditzen, B., Schaer, M., Gabriel, B., Bodenmann, G., Ehlert, U., & Heinrichs, M. 2009 Intranasal oxytocin increases positive communication and reduces cortisol levels during couple conflict. *Biological Psychiatry*, 65(9), 728-731.

Dobkin, R. D., Rubino, J. T., Allen, L. A., Friedman, J., Gara, M. A., Mark, M. H., & Menza, M. 2012 Predictors of treatment response to cognitive-behavioral therapy for depression in Parkinson's disease. *Journal of Consulting and Clinical Psychology*, 80(4), 694-699.

土井隆義 2014 つながりを煽られる子どもたち――ネット依存といじめ問題を考える 岩波書店

土居健郎 1992 新訂 方法としての面接――臨床家のために 医学書院

土居健郎 1996 「見立て」の問題性 精神療法, 22(2), 118-124.

Eccleston, C., Yorke, L., Morley, S., Williams, A. C., & Mastroyannopoulou, K. 2003 Psychological therapies for the management of chronic and recurrent pain in children and adolescents. *Cochrane Database Systematic Reviews*, CD003968

江上園子 2015 母親の「母性愛」信奉――実証研究からみえてくるもの ナカニシヤ出版

Ehrt, U., Bronnick, K., Leentjens, A. F., Larsen, J. P., & Aarsland, D. 2006 Depressive symptom profile in Parkinson's disease: A comparison with depression in elderly patients without Parkinson's disease. *International Journal of Geriatric Psychiatry*, 21(3), 252-258.

Elms, A. C. 1994 *Uncovering lives: The uneasy alliance of biography and psychology.* London: Oxford University Press.

エンデ, M. 1976 モモ 大島かおり訳 岩波書店 (Ende, M. 1973 *Momo* K. Thienemanns Verlag Stuttgart.)

遠藤利彦 2010 アタッチメント理論の現状と課題――進化・発達・臨床の3つの視座から 子どもの虹情報研修センター紀要 No.8, 23-38.

Erikson, E. H. 1950 *Childhood and society.* New York: Norton.

江下雅之 2000 ネットワーク社会の深層構造――「薄口」の人間関係へ 中央公論社

エスピン-アンデルセン, G. 2011 平等と効率の福祉革命――新しい女性の役割 大沢真理監訳 岩波書店 (Esping-Andersen, G. 2009 *Incomplete revolution: Adapting welfare states to women's new roles.* Polity.)

Fagan, J., & Cabrera, N. 2012 Longitudinal and reciprocal associations between coparenting conflict and father engagement. *Journal of Family Psychology*, 26(6), 1004-1011.

Feldman, R. 2012 Oxytocin and social affiliation in humans. *Hormones and Behavior*, 61(3), 380-391.

Figley, C. R. 1995 Systemic PTSD: Family treatment experiences and implications. George, S. Everly, Jr., & Jeffrey, M. Lating. (Eds.). *Psychotraumatology : Key papers and core concepts in post-traumatic stress*. 341-358. New York: Plenum Press.

Fisch, R., & Schlanger, K. 1999 *Brief therapy with intimidating cases: Changing the unchangable*. San Francisco: Jossey-Bass Inc., Pub.（長谷川啓三監訳 2001 難事例のブリーフセラピー ──MRIミニマルシンキング 金子書房）

Fisch, R., Weakland, J. H., & Segal, L. 1982 *The tactics of change: Doing therapy briefly*. San Francisco: Jossey-Bass publishers.（鈴木浩二・鈴木和子監修 1986 変化の技法──MRI短期集中療法 金剛出版）

Fleming, A., Cook, K. F., Nelson, N. D., & Lai, E. C. 2005 Proxy reports in Parkinson's disease: Caregiver and patient self-reports of quality of life and physical activity. Movement disorders. *Official Journal of the Movement Disorder Society*, 20(11), 1462-1468.

Fonagy, P., Gergely, G., Jurist, E., & Target, M. 2003 *Affect regulation, mentalization, and the development of the self*. New York: Other Press.

Francis, D. D., & Meaney, M. J. 1999 Maternal care and the development of stress responses. *Current Opinion in Neurobiology*, 9(1), 128-134.

Franklin, C., Trepper, T. S., McCollum, E. E., & Gingerich, W. J. 2011 Solution-focused brief therapy : A handbook of evidence-based practice. New York: Oxford University Press.（長谷川啓三・生田倫子・日本ブリーフセラピー協会編訳 2013 解決志向ブリーフセラピーハンドブック──エビデンスに基づく研究と実践 金剛出版）

Franz, C. E., & White, K. M. 1985 Individuation and attachment in personality development: Extending Erikson's theory. *Journal of Personality*, 53 (2), 224-256.

Freud, A. 1936 *Das ich und abwehrmenchanismen*. Internationaler Psychoanalytischer Verlag, Vienna.（The Ego and the Mechanisms of Defense. 1937 London : Hogarth Press.）（黒丸正四郎・中野良平訳 1982 自我と防衛機制 アンナ・フロイト著作集2 岩崎学術出版社；外林大作訳 自我と防衛 1958 誠信書房）

フロム, E. 1958 正気の社会 加藤正明・佐瀬隆夫訳 社会思想社

藤見純子・西野理子編 2009 現代日本人の家族──NFRJからみたその姿 有斐閣

藤田博康 2002 文脈療法による非行理解と援助 家族心理学研究, 16(1), 13-27.

藤田博康 2009 スクールカウンセリング実践において個人療法と家族療法をつなぐもの──共感, 介入, 変化の新たな位置づけ 心理臨床学研究, 27 (4), 385-396.

藤田博康 2014 離婚を選ぶ夫婦たち──いかに危機を乗り越えられるか 柏木惠子・平木典子編 日本の夫婦──パートナーとやっていく幸せと葛藤 金子書房 123-144.

深津千賀子 1998 こころの働き──その正常と異常 小此木啓吾編著 現代の精神分析 日本評論社

福井里江・伊藤順一郎 2007 精神医学・精神保健学領域における心理教育アプローチの現状と課題 日本家族心理学会編 家族心理学年報25 家族支援の心理教育──その考え方と方法 金子書房 15-33.

福丸由佳 2000 共働き世帯の夫婦における多重役割と抑うつ度との関連 家族心理学研究, 14(2) 151-162.

福丸由佳　2003　父親の仕事と家庭の多重役割と抑うつ度——妻の就業の有無による比較　家族心理学研究, 17(2) 97-110.

福丸由佳　2011　心理教育的介入プログラムCAREの導入と実践——これまでの取り組みと今後の課題　トラウマティック・ストレス, 9(1), 96-98.

福丸由佳　2013　離婚を経験する移行期の家族への心理教育　日本家族心理学会編　家族心理学年報31　現代の結婚・離婚　金子書房　81-91.

福丸由佳　2014　子どもにとっての親の離婚　青少年問題, 656, 34-41.

福丸由佳・小田切紀子・大瀧玲子・大西真美・曽山いづみ・村田千晶・本田麻希子・山田哲子・渡辺美穂・青木聡・藤田博康　2014　離婚を経験する家族への心理教育プログラムFAITの実践——親に向けた試行実践から得られた示唆と今後の課題　明治安田こころの健康財団研究助成論文集, 49, 38-44.

Fukumaru, Y., Nakayama, M., Koizumi, T., & Muto, T.　2006　Father's involvement in child care and support for those who have young children in Japan. *Research Monograph: Studies of Human Development from birth to death*, 65-72.

福山和女　2006　連携体制における価値ある魅力的な資源としての家族の尊厳——医療機関でのソーシャルワーク実践　特集　メディカルファミリーセラピーの展開　家族療法研究, 23(3), 225-229.

舩橋惠子　2006　育児のジェンダー・ポリティクス　勁草書房

舩橋惠子　2011　フランスの家族——新しい絆（きずな）を模索する社会　家族社会学研究, 23(2), 209-218.

舩橋惠子　2015　子育ての文化と家族政策　平木典子・柏木惠子編　日本の親子　金子書房　45-63.

船橋新太郎　2007　感情の神経科学　藤田和生編　感情科学　京都大学学術出版会　85-110.

船橋新太郎・竹田里江　2006　前頭葉・視床背内側系と情動行動　神経研究の進歩　50(1), 89-97.

古川壽亮　2000　エビデンス精神医療——EBPの基礎から臨床まで　医学書院

古荘純一　2008　家族・支援者のための発達障害サポートマニュアル　河出書房新社

ギアーツ, C.　1987　文化の解釈学（Ⅰ・Ⅱ）　吉田禎吾・柳川啓一・中牧弘允・板橋作美訳　岩波書店（Geerts, C.　1973　*The Interpretation of Cultures*. New York: Basic Books.）

Gehring, T. M. 1997　FAST（Family System Test）マニュアル　八田武志訳　ユニオンプレス

Gergen, K. J.　1999　*An invitation to social construction*. London：Sage.（東村知子訳　2004　あなたへの社会構成主義　ナカニシヤ出版）

Gingerrich, W. J., de Shazer, S., & Weiner-Davis, M.　1988　Constructing change: A reserach view of interviewing. In Lipchik, E. (Ed.). *Interviewing*. Rockville, MD: Aspen.

Global Parkinson's Disease Survey Steering Committee. 2002　Factors impacting on quality of life in Parkinson's disease: Results from an international survey. *Movement disorders Journal. : Official journal of the Movement Disorder Society*, 17(1), 60-67.

Goldenthal, P.　1996　*Doing contextual therapy.: An integrated model for working with individuals, couples, and families*. New York: W. W. Norton & Company.

Goodman, J. H.　2004　Paternal postpartum depression, its relationship to maternal postpartum depression, and implications for family heaith. *Journal of Advanced Nursing*, 45

（1），26-35.

Gorchoff, S. M., John, O. P., & Helson, R. 2008 Contextualizing change in marital satisfaction during middle age: An 18-year longitudinal study. *Psychological Science*, 19(11), 1194-1200.

後藤雅博 2001 心理教育の歴史と理論 臨床精神医学, 30(5), 445-450.

後藤雅博 2012 家族心理教育から地域精神保健福祉まで——システム・家族・コミュニティを診る 金剛出版

Gottman, J. M. 2011 The science of trust: Emotional attunement for couples. New York: Norton.

Gottman, J. M., & Silver, N. 1999 The seven principles for making marriage work. New York: Brockman.（松浦秀明訳 2007 結婚を成功させる七つの原則 第三文明社）

Gottman, J. M., Markman, H., & Notarius, C. 1977 The topography of marital conflict: A sequential analysis of verbal and nonverbal behavior. *Journal of Marriage and Family*, 39(3), 461-477.

Greenhalgh, T., & Hurwitz, S. (Ed.) 1998 *Narrative Based Medicine*. London: BMJ Books.（斉藤清二・岸本寛史訳 2001 ナラティブ・ベイスト・メディシン——臨床における物語と対話 金剛出版）

Grotevant, H. D., & Cooper, C. R. 1998 Inviduality and connectedness in adolescent development: Review and prospects for research on identity, relationships, and context. *Personality Development In Adolescence*, Skoe, E., & von der Lippe, A. L. (Ed). 3-37. Routledge.

Hadfield, J. A. 1962 *Childhood and adolescence*. England: Penguin Books.

博報堂生活総合研究所 2012 「子供の生活15年変化」調査レポート（http://www.hakuhodo. co.jp/uploads/2012/09/20120914.pdf）

Halford, W. K., Sanders, M. R., & Behrens, B. C. 2001 Can skills training prevent relationship problems in at-risk couples?: Four-year effects of a behavioral relationship education program. *Journal of Family Psychology*, 15(4), 750-768.

花田里欧子 2002 葛藤的意思決定状況におけるコミュニケーションに関する研究 家族心理学研究, 16(1), 1-12.

花田里欧子 2003 葛藤的意思決定場面における会話スタイルに関する語用論的研究 家族心理学研究, 17(1), 13-24.

花田里欧子 2010 パターンの臨床心理学——G.ベイトソンによるコミュニケーション理論の実証的研究 風間書房

原沢優子・山田紀代美 2011 高齢の配偶者が介護老人保健施設に通いながら夫婦としての生活を続けるプロセス——介護を行う配偶者の視点から 日本看護研究学会雑誌, 34(2), 65-74.

Hargrave, T. D., & Pfitzer, F. 2003 *The new contextual therapy: Guiding the power of give and take*. New York: Brunner-Routledge.

Harris, C. J. 2004 Family crisis intervention. Catherall, D. R. (Ed.). *Handbook of stress, trauma, and the family*, 417-432. New York: Taylor & Francis.

Hartmann, H. 1958 *Ego psychology and the problem of adaptation*. International Universities Press.（霜田静志・篠崎忠男訳 1967 自我の適応——自我心理学と適応の問題 誠信書房）

長谷川博一 2000 こんにちは，メンタルフレンド——「引きこもり」の子どもの心を開き，家族を開く支援システム 日本評論社

引用・参考文献　**457**

長谷川浩編　1988　講座 家族心理学5 生と死と家族　金子書房

長谷川啓三　1987　家族内パラドックス——Paradoxical approach　彩古書房

長谷川啓三編　1991　構成主義——ことばと短期療法　現代のエスプリ　至文堂

長谷川啓三編　2005a　臨床の語用論Ⅰ　行為の方向を決めるもの　現代のエスプリ454　至文堂

長谷川啓三編　2005b　臨床の語用論Ⅱ　徹底した相互作用という視点　現代のエスプリ456　至文堂

長谷川啓三・若島孔文編　2002　事例で学ぶ家族療法・短期療法・物語療法　金子書房

長谷川七重　1998　男女の相談傾向と家族のゆくえ——兵庫県女性センターの活動と相談事例をもとに　日本家族研究・家族療法学会　阪神・淡路大震災支援委員会編　喪失と家族のきずな　金剛出版　37-61.

橋本和明　2004　虐待と非行臨床　創元社

畠中宗一　1996　子ども家族福祉論・序説　高文堂出版社

畠中宗一　1997　チャイルドマインディング——もうひとつの子ども家族支援システム　高文堂出版社

畠中宗一　2000　子ども家族支援の社会学　世界思想社

畠中宗一　2003　家族支援論——なぜ家族は支援を必要とするのか　世界思想社

畠中宗一編　2007　育児・子育ての中の家族支援　現代のエスプリ 479　至文堂

畠中宗一・木村直子　2006　子どものウェルビーイングと家族　世界思想社

波田野茂幸　2014　「気づき，寄り添い，つなぐ」支援を目指して　子育て支援と心理臨床 8, 104-107.　福村出版

Hawkins, J. D., Catalano, R. F., & Miller, J. Y.　1992　Risk and protective factors for alcohol and other drug problems in adolescence and early adulthood: Implications for substance abuse prevention. *Psychological Bulletin*, 112 (1), 64-105.

早野俊明　2008　研究助成報告3——日本におけるステップ・ファミリー（子連れ再婚家族）の法規制　白鷗大学法政策研究所年報, (2), 107-114.

林葉子　2014　日本のワーク・ライフ・バランス——男女比較の視点から　Peace and culture, 6(1), 39-55.

林良博・奥野卓司・細井戸大成　2009　現代社会と家庭動物　インターズ

Heider, F.　1958　*The psychology of interpersonal relations*. New York: John Wiley & Sons.

Heims, S. J.　1991　*The cybernetics group*. Cambridge: MIT Press.（忠平美幸訳　2000　サイバネティクス学者たち——アメリカ戦後科学の出発　朝日新聞社）

Henderson, R., Kurlan, R., Kersun, J. M., & Como, P.　1992　Preliminary examination of the comorbidity of anxiety and depression in Parkinson's disease. *The Journal of Neuropsychiatry Clinical Neurosciences*, 4(3), 257-264.

Hendriks, V., van der Schee, E., & Blanken, P.　2011　Treatment of adolescents with a cannabis use disorder: Main findings of a randomized controlled trial comparing multidimensional family therapy and cognitive behavioral therapy in the Netherlands. *Drug and Alcohol Dependence*, 119(1-2), 64-71.

Herman, J. L.　1992　*Trauma and recovery*. New York: Basic Books.（中井久夫訳　1996　心的外傷と回復　みすず書房）

Hesse, E., & Main, M.　2000　Disorganized infant, child, and adult attachment: Collapse in behavioral and attentional strategies. *Journal of the American Psychoanalytic Association*, 48(4), 1097-1127.

Hiedemann, B., Suhomlinova, O., & O'Rand, A. M.　1998　Economic independence, economic status, and empty nest in midlife marital disruption. *Journal of Marriage and Family*, 60(1), 219-231.

樋口美雄・赤林英夫・大野由香子他編　2013　働き方と幸福感のダイナミズム──家族とライフサイクルの影響　慶應義塾大学出版会

樋口美雄・府川哲夫編　2011　ワーク・ライフ・バランスと家族形成──少子社会を変える働き方　東京大学出版会

平木典子編　1988　講座 家族心理学2 夫と妻──その親密化と破綻　金子書房

平木典子　1996　隠された親密さ──忠誠心　平木典子編　親密さの心理　現代のエスプリ353　至文堂　61-68.

平木典子　1997　文脈療法の理念と技法──ナージ理論の真髄を探る　日本家族心理学会編　家族心理学年報15　児童虐待──家族臨床の現場から　180-201.　金子書房

平木典子　1998　家族との心理臨床──初心者のために　垣内出版

平木典子　2000　夫婦関係の発達と危機　日本家族心理学会編　家族心理学年報18　ジェンダーの病──気づかれぬ家族病理　金子書房　119-134.

平木典子　2003　カウンセリング・スキルを学ぶ　金剛出版

平木典子　2010　統合的介入法　東京大学出版会

平木典子・柏木惠子　2012　家族を生きる──違いを乗り越えるコミュニケーション　東京大学出版会

平木典子・中釜洋子　2006　家族の心理　サイエンス社

平木典子・中釜洋子・友田尋子　2011　親密な人間関係のための臨床心理学──家族とつながり，愛し，ケアする力　金子書房

平木典子・野末武義　2000　家族臨床における心理療法の工夫──個人心理療法と家族療法の統合　精神療法, 26(4), 334-343.　金剛出版

平山順子・柏木惠子　2001　中年期夫婦のコミュニケーション態度──夫と妻は異なるのか？　発達心理学研究, 12(3), 216-227.

平山聡子　2001　中学生の精神的健康とその父親の家庭関与との関連──父母評定の一致度からの検討　発達心理学研究, 12(2), 99-109.

平山史朗・向田哲規・高橋克彦　2001　IVFクリニック初診時における夫婦の特徴とその後の臨床成績──不妊症カウンセリングの見地から　日本受精着床学会雑誌, 18(1), 108-111.

平山史朗　2006　不妊の心理概念とカウンセリング理論　森崇英・高橋克彦・久保春海編　コメディカルARTマニュアル　永井書店　237-241.

平山史朗　2014　不妊症外来でのカウンセリング　医療現場での家族・夫婦アプローチ　精神療法, 40(5),　金剛出版　696-701.

廣井亮一　2007　司法臨床の方法　金剛出版

廣井亮一　2012a　司法臨床入門第2版──家族調査官のアプローチ　日本評論社

廣井亮一　2012b　カウンセラーのための法と臨床──離婚・虐待・非行の問題解決に向けて　金子書房

廣井亮一編　2012c　加害者臨床　日本評論社

廣井亮一編　2015　家裁調査官が見た現代の非行と家族　創元社

廣井亮一・河野聡　2013　学校における法にかかわる問題への対応——法と臨床の協働：いじめ問題　児童心理　974, 116-123.　金子書房

廣井亮一・中川利彦　2010　子どもと家族の法と臨床　金剛出版

Hirschi, T.　1969　*Causes of delinquency.* Berkeley: University of California Press.

蛭田由美　2014　妊娠出産期における家族の健康問題と保健行動の課題　八戸学院短期大学研究紀要, 39, 99-112.

Hobfoll, S. E.　1998　*Stress, culture, and community: The psychology and philosophy of stress.* New York: Plenum.

Hoffman, L.　2002　*Family therapy: An intimate history.* New York: W. W. Norton.（亀口憲治監訳　2005　家族療法学——その実践と形成史のリーディング・テキスト　金剛出版）

ホルスタイン, J. A., & グブリアム, J. M.　2004　アクティヴ・インタビュー——相互行為としての社会調査　山田富秋・兼子一・倉石一郎・矢原隆行訳　せりか書房（Holstein, J. A., & Gubrium, J. F.　1995　*The active interview: Qualitative research methods.* London: Sage.）

本田恵子　2010　キレやすい子へのアンガーマネージメント——段階を追った個別指導のためのワークとタイプ別事例集　ほんの森出版

本郷一夫編著　2010　「気になる」子どもの保育と保護者支援　建帛社

本郷一夫・飯島典子・平川久美子・杉村僚子　2007　保育の場における「気になる」子どもの理解と対応に関するコンサルテーションの効果　LD研究, 16(3), 254-264.

保坂亨　1998　児童期・思春期の発達　下山晴彦編　教育心理学2　発達と臨床援助の心理学　東京大学出版会　103-123.

保科保子・犬塚峰子・西牧陽子　2014　子育てに困難を抱える家族支援のために——虐待的関係にある親子のためのプログラム（AF-CBT）の紹介　大正大学カウンセリング研究所紀要, 37, 17-28.

星野命編　1989　講座 家族心理学1 変貌する家族——その現実と未来　金子書房

星野周弘　1999　第2章　非行の家庭的要因　非行原因に関する総合的調査研究（第3回）総務庁青少年対策本部（当時, 現在は内閣府所管）（http://www8.cao.go.jp/youth/kenkyu/hikou3/pdf/0-1.html）

堀田香織　2005　母子家庭の家族システムと回復プロセス——学童期の男児を抱える母子家庭を対象として　心理臨床学研究, 23(3), 361-372.

法務省　2001　法務総合研究所研究部報告11——児童虐待に関する研究（第1報告）　法務総合研究所

法務省　2014　保護統計年報（http://www.gov-online.go.jp/, 平成26年6月5日法務省政府広報オンラインより）

法務省　2017　平成29年版犯罪白書

Hughes, D. A.　2007　*Attachment-focused family therapy.* New York/ London: W. W. Norton & Company.

I&S BBDO　第14回全国消費者価値観調査（CoVaR）結果（https://www.isbbdo.co.jp/config/cms_acv/news_pdf_ja_124.pdf　2015年07月28日閲覧）

池田政子　2000　夫婦関係とジェンダー・ギャップ　伊藤裕子編　ジェンダーの発達心理学　ミネルヴァ書房　183-208.

池田由子　1989　引き裂かれた子どもたち——親の離婚と子どもの精神衛生　弘文堂

池谷和子　2014　同性婚に関するアメリカ連邦最高裁判決　東洋法学, 57(3), 353-360.

池埜聡　2011　総論「震災障害者」──「忘れられた存在」からの脱却に向けて　災害復興研究, 3, 11-26.

生田倫子　1999　葛藤場面における表情の自己制御的機能について　カウンセリング研究, 32(2), 157-162.

生田倫子　2000　対人システムにおける自己制御の機能に関する研究　家族心理学研究, 14(1), 29-40.

生田倫子・若島孔文・長谷川啓三　1999　笑顔の自己制御の機能について──表情と葛藤方略との関連性. 家族心理学研究, 13(2), 115-122.

稲葉昭英　2004　夫婦関係の発達的変化　渡辺秀樹・稲葉昭英・嶋崎尚子編　現代家族の構造と変容　東京大学出版会　216-227.

井上公大　1980　非行臨床──実践のための基礎理論　創元社　147-148.

インセブ　IT用語辞典　e-Words（http://e-words.jp/w/SNS.html　2015年8月10日閲覧）

Insel, T. R.　1997　A neurobiological basis of social attachment. *American Journal of Psychiatry*, 154(6), 726-735.

Insel, T. R., & Young, L. J.　2001　The neurobiology of attachment. *Nature Reviews Neurosci*, 2(2), 129-136.

乾吉祐・飯長喜一郎編　1993　産業心理臨床【心理臨床プラクティス第4巻】　星和書店

一般財団法人医療経済研究・社会保険福祉協会　2003　家庭内における高齢者虐待に関する調査（概要）　医療経済研究機構（www.mhlw.go.jp/shingi/2004/04/dl/s0426-6e.pdf）

伊勢田堯　2002　私の見立てと家族の"復権"　家族療法研究, 19(3), 254-258.

伊藤順一郎監修　2009　心理社会的介入プログラム実施・普及ガイドラインに基づく　心理教育の立ち上げ方・進め方　ツールキットⅡ研修テキスト編　心理教育実施・普及ガイドライン・ツールキット研究会　大島巌・福井里江編　特定非営利活動法人地域精神保健福祉機構・コンボ

伊藤弥生　2004　高度生殖補助医療を受ける女性の治療過程における心理──年齢による違いの検討　心理臨床学研究, 22(2), 175-180.

伊藤裕子・池田政子・川浦康至　1999　既婚者の疎外感に及ぼす夫婦関係と社会的活動の影響　心理学研究, 70(1), 17-23.

伊藤裕子・相良順子　2012　定年後の夫婦関係と心理的健康との関連──現役世代との比較から　家族心理学研究, 26(1), 1-12.

岩上真珠・鈴木岩弓・森謙二・渡辺秀樹　2010　いま,日本の家族──絆のゆくえ　弘文堂

岩間麻子　1998　明治・大正期における児童虐待とその背景　社会福祉学, 39 (1) , 112-128

岩坂英巳・中田洋二郎・井潤知美　2004　AD/HD児へのペアレント・トレーニングガイドブック──家庭と医療機関・学校をつなぐ架け橋　じほう

Jackson, D. D.　1968　*Family interaction, family homeostasis and some implications for conjoint family psychotherapy.* California: Palo Alto Science and Behavior Books.

ジャフェ, J., ダイヤモンド, M. O., & ダイヤモンド, D. J.　2007　小倉智子訳　高橋克彦・平山史朗監修　子守唄が唄いたくて──不妊を理解して対処するために　バベルプレス (Jaffe, J., Diamond, M. O., & Diamond, D. 2000 *Unsung lullabies: Understanding and coping with infertility.* St. Martin's Press-3pl.)

Jia, R., & Schoppe-Sullivan, S. J. 2011 Relations between coparenting and father involvement in families with preschool-age children. *Developmental Psychology*, 47(1), 106-118.

Johnson, S. M. 2008 Couple and family therapy an attachment perspective. Handbook of attachment (2nd ed.): *Theory, Research, and Clinical Applications*, 811-829. New York/London: Guilford Press.

Johnson, S. M.,& Lee, A. 2000 Emotionally focused family therapy: Restructing attachment. Bailey, C. E.(Ed.). *Children in therapy: Using the family as a resource*. 112-136. NewYork: Norton.

Josselson, R. 1994 Identity and relatedness in the life cycle. Bosma, H. A et al.,(Ed.). *Identity and development:an interdisciplinary approach*. 81-102. Thousand Oaks, CA: Sage.

Kagitcibasi, Cigdem. 1996 *Family and human development across cultures: A view from the other side*. Mahawah, New Jersy: Lawrence Erlbaum Assoceates Publishers.

甲斐克則・谷田憲俊責任編集 2013 シリーズ生命倫理学 第5巻 安楽死・尊厳死 丸善出版

蒲田重治郎他 心理社会的介入共同研究班 2004 心理教育を中心とした心理社会的援助プログラムガイドライン 統合失調症の治療およびリハビリテーションのガイドライン作成とその実証的研究

亀口憲治 1992 家族システムの心理学 北大路書房

亀口憲治 1997 現代家族への臨床的接近——家族療法に新しい地平をひらく ミネルヴァ書房

亀口憲治 2000 家族臨床心理学——子どもの問題を家族で解決する 東京大学出版会

亀口憲治 2001 家族・グループを対象とした事例研究 山本力・鶴田和美編著 心理臨床家のための「事例研究」の進め方 北大路書房 90-99.

亀口憲治 2003a FIT(家族イメージ法)マニュアル システムパブリカ

亀口憲治 2003b 家族システムの心理学 北大路書房

亀口憲治 2011 夏目漱石から読み解く「家族心理学」読論 福村出版

亀口憲治 2014a 東京都立川市「途切れのない発達支援」 子育て支援と心理臨床 8, 108-109. 福村出版

亀口憲治 2014b 家族心理学特論(三訂版) 放送大学教育振興会

亀口憲治 2015 個と家族に会うこととは 日本家族心理学会編 家族心理学年報33 個と家族を支える心理臨床実践Ⅰ, 金子書房 2-12.

神谷哲司 2004 育児期夫婦における親役割観の異同と共育て意識の関連 いわき短期大学研究紀要, 37, 1-23.

神谷哲司 2006 育児期家族への移行にともなう夫婦の親役割観の変化についての個性記述的検討 鳥取大学地域学部紀要, 2(3), 367-388.

鴨澤あかね 2003 不登校児の母親面接——公立教育相談室における援助 心理臨床学研究, 21(2), 125-136.

狩野力八郎 1988 家族アプローチの諸様態 精神分析研究, 32(1), 37-44.

狩野力八郎 1995 システム家族論からみた家族と精神分析からみた家族——主に三者関係をめぐって 思春期青年期精神医学, 5 (2), 175-182.

Karney, B. R., & Bradbury, T. N.　1995　The longitudinal course of marital quality and stability: A review of theory, methods, and research. *Psychological Bulletin*, 118(1), 3-34.

笠井聡子　2013　重症心身障害児・者のきょうだい体験——ライフストーリーの語りから　保健師ジャーナル, 69(6), 454-461.

柏葉修治　2006　統合リラクゼーション法と外在化による対人恐怖症からの回復事例　家族心理学研究, 20(2), 123-134.

柏木惠子　2001　子どもという価値——少子化時代の女性の心理　中央公論新社

柏木惠子　2003　家族心理学——社会変動・発達・ジェンダーの視点　東京大学出版会

柏木惠子　2011　父親になる，父親をする　岩波書店

柏木惠子　2014　夫婦間コミュニケーションとケアの授受　柏木惠子・平木典子編著　日本の夫婦——パートナーとやっていく幸せと葛藤　金子書房　19-38.

柏木惠子・平木典子　2009　家族のこころはいま——研究と臨床の対話から　東京大学出版会

柏木惠子・平木典子編著　2014　日本の夫婦——パートナーとやっていく幸せと葛藤　金子書房

柏木惠子・大野祥子・平山順子　2006　家族心理学への招待——今，日本の家族は？　家族の未来は？　ミネルヴァ書房

柏木惠子・高橋惠子編　2008　日本の男性心理学——もう1つのジェンダー問題　有斐閣

柏木惠子・若松素子　1994　「親となる」ことによる人格発達——生涯発達的視点から親を研究する試み　発達心理学研究, 5(1), 72-83.

柏女霊峰・山縣文治編　2002　家族援助論　ミネルヴァ書房

春日キスヨ　2001　介護問題の社会学　岩波書店

霞弘之　2006　不妊カウンセリングについて　産婦人科の進歩, 58(3), 327-328.

片山登志子　2014　家事調停における自主的な解決の促進と子どもの意思の尊重　二宮周平・渡辺惺之編著　離婚紛争の合意による解決と子の意思の尊重　日本加除出版　25-46.

家庭問題情報センター　2005　離婚した親と子どもの声を聞く——養育環境の変化と子どもの成長に関する調査研究

加藤正明・藤縄昭・小此木啓吾編　1982　講座・家族精神医学1　家族精神医学の基礎理論　弘文堂

加藤伸司・矢吹知之編著　2012　家族が高齢者虐待をしてしまうとき　ワールドプランニング

加藤容子　2010　ワーク・ファミリー・コンフリクトの対処プロセス　ナカニシヤ出版

勝見吉彰　2014　ステップ・ファミリーにおける親子関係に関する研究——子どもの視点からの検討　人間と科学：県立広島大学保健福祉学部誌, 14(1), 129-136.

河合千恵子　1990　配偶者を喪う時——妻たちの晩秋・夫たちの晩秋　廣済堂出版

河合千恵子　1992　共白髪の夫婦像　岡堂哲雄編　現代のエスプリ別冊　マリッジ・カウンセリング　至文堂　191-207.

河合隼雄　1993　物語と人間の科学　岩波書店

川﨑二三彦・島川丈夫・坂口繁男・城村威男・橘川英和・増沢高・大塚斉・田附あえか　2009　平成19年度研究報告書　児童虐待における家族支援に関する研究——児童福祉施設での取り組み　子どもの虹情報研修センター

警察庁　2014　平成25年度中における少年の補導及び保護の概況　警察庁生活安全局少年課（https://www.npa.go.jp/safetylife/syonen/hodouhogo_gaiyou_H25.pdf）

Kendall, P. C., Hudson, J. L., Gosch, E., Flannery-Schroeder, E., & Suveg, C.　2008　Cognitive-behavioral therapy for anxiety disordered youth: A randomized clinical trial evaluating child and family modalities. *Journal of Consulting and Clinical Psychology*, 76(2), 282-297.

Kenny, D. A., Kashy, D. A.,& Cook, W. L.　2006　*Dyadic data analysis*. New York: Guilford Press.

Kernberg, O. F.　1980　Structural interviewing. *Psychiatric Clinics of North America*, 4(1), 169-195.

Kerr, M. E., & Bowen, M.　1988　*Family evaluation: An approach based on Bowen theory*. New York: W. W. Norton.（カー, M. E. & ボーエン, M.　2001　藤縄昭・福山和女監訳　家族評価──ボーエンによる家族探求の旅　金剛出版）

木戸 功　2010　概念としての家族──家族社会学のニッチと社会構築主義　新泉社

吉川武彦　2001　「引きこもり」を考える──子育て論の視点から　日本放送出版協会

菊地真理　2014　離婚と再婚とステップ・ファミリー　長津美代子・小澤千穂子編　新しい家族関係学　建帛社 105-120.

菊池紀彦　2013　重症心身障害児（者）と家族に対する地域生活支援の現状と課題　特殊教育学研究, 50(5), 473-482.

Kilpatrick, A. C. & Holland, T. P. 2009　*Working with families: An integrative model by level of need*. Boston, MA: Pearson.

キム・バーグ, I. & ザボ, P.　2007　インスー・キム・バーグのブリーフコーチング入門　長谷川啓三監訳　創元社（Kim Berg, I., & Szabo, P. 2005 *Brief coaching for last solutions*. W. W. Norton & Company.)

木下由美・亀口憲治　1999　中学2年生の家族イメージの研究──父，母，子の3者関係のイメージ　家族心理学研究, 13(1), 1-13.

Kiser, D. J.　1995　*Process and politics of solution-focused therapy theory development: A qualitative analysis*. Unpublished disseration, Purdue University.

北川かほる・岡崎美智子　2005　障害児者の家族交流会のセルフヘルプ機能に関する検討──交流会の分析から　日本赤十字看護学会誌, 5(1), 90-97.

北川恵　2013　アタッチメント理論に基づく親子関係支援の基礎と臨床の橋渡し　発達心理学研究, 24(4), 439-448.

北原零未　2014　フランスにおける同性婚法の成立と保守的家族主義への回帰　中央大学経済研究所年報, (45), 13-37.

北島歩美　1993　思春期の子どもの変化にともなう家族の変化　東京大学教育学部紀要, 33, 125-133.

北島歩美　1999　思春期の子供をもつ母親からみた家族の類型化の試み　東京電機大学工学部研究報告, 18, 23-33.

北島歩美　2012　家族療法に活かすアタッチメント　数井みゆき編著　アタッチメントの実践と応用　誠信書房 44-65.

北島歩美　2014　青年期の自立における家族と支援　青少年問題, 656, 18-25.　青少年問題研究会

北島歩美　2015　学生相談で親と会うこと　日本家族心理学会編　家族心理学年報33　個と家族を支える心理臨床実践Ⅰ──個人療法に活かす家族面接　金子書房

北山修・山下達久　2009　罪の日本語臨床　創元社

Kleinman, A. 1988 *The illness narratives; suffering, healing, and the human condition.* New York: Basic Books. (江口重幸・五木田紳・上野豪志訳 1996 病いの語り——慢性の病いをめぐる臨床人類学 誠信書房)

小林奉文 2003 わが国における犯罪被害者支援の現状と今後の課題 (http://dl.ndl.go.jp/info:ndljp/pid/999994 2017年3月31日閲覧)

小平かやの 2013 虐待事例における親子相互交流療法の有効性の検討 東京女子医科大学雑誌, 83, 219-227.

小岩健祐 2008 大学生の親イメージと家族満足度との関連 家族心理学研究, 22(1), 65-75.

児島達美 2013 システムモデルによる産業メンタルヘルス活動 家族療法テキストブック 日本家族研究・家族療法学会編 金剛出版 252-238.

国立社会保障・人口問題研究所 2011 第14回出生動向基本調査

国立社会保障・人口問題研究所 2016a 人口統計資料集2016年版 国立社会保障・人口問題研究所 (http://www.ipss.go.jp/syoushika/tohkei/Popular/P_Detail2016.asp?fname=T06-13.htm 2016年5月1日閲覧)

国立社会保障・人口問題研究所 2016b 2015年社会保障・人口問題基本調査 (第15回結婚と出産に関する全国調査)

駒村絢子 2011 継子養子縁組の一素描——養子縁組を行わないステップ・ファミリー当事者による語りを紹介しながら 法学政治学論究, 91, 33-79.

今田真紗美・佐野秀樹 2010 障害児・者のきょうだいが持つ感情のモデル化——感情のつながりに注目して 東京学芸大学紀要総合教育科学系, 61(1), 175-183.

近藤邦夫 2000 環境としての学校 近藤邦夫・西林克彦・村瀬嘉代子・三浦香苗編 児童期の課題と支援 新曜社 24-29.

小西祐馬 2009 子どもの貧困白書 明石書店

今野義孝・吉川延代 2004 動作法による胎児への愛着形成——虐待への超早期的予防に関する予備的介入 文教大学臨床相談研究所紀要, 9, 1-9.

今野義孝・吉川延代 2008 虐待傾向のある母親への動作法面接 日本家族心理学会25回大会発表論文集

河野望 2005 障害児の家族に関する研究 立命館人間科学研究, 8, 15-27.

Kernberg, O. F. 1981 Stractural interviewing. *Psychiatric Clinics of North America,* 4(1).

Korman, H., Bavelas, J. B., & De Jong, P. 2013 Microanalysis of formulations, part Ⅱ. comparing solution focused brief therapy, cognitive behavioral therapy, and motivational interviewing. *Journal of Systemic Therapies,* 30(3), 31-45.

小坂千秋・柏木惠子 2007 育児期女性の就労継続・退職を規定する要因 発達心理学研究, 18(1), 45-54.

古澤平作 2001 罪悪意識の二種——阿闍世コンプレックス 現代のエスプリ 精神分析・フロイト以後 対象関係論をめぐって 148, 166-175. 至文堂

厚生労働省 市町村児童家庭相談援助指針

厚生労働省 (旧労働省) 2000 事業場における労働者の心の健康づくりのための指針;メンタルヘルス指針

厚生労働省 2004 心の健康問題により休業した労働者の職場復帰支援の手引き

厚生労働省 2006 労働者の心の健康の保持増進のための指針；新メンタルヘルス指針

厚生労働省 2007 終末期医療の決定プロセスに関するガイドライン

厚生労働省　2008　今後の仕事と家庭の両立支援に関する調査結果（http://www.mhlw.go.jp/houdou/2008/05/h0520-1.html　2017年4月7日閲覧）

厚生労働省　2009a　第7回21世紀成年者縦断調査

厚生労働省　2009b　平成21年度「離婚に関する統計」の概況　人口動態統計特殊報告

厚生労働省　2009c　児童の代替的養護に関する指針（http://www.mhlw.go.jp/bunya/kodomo/syakaiteki_yougo/dl/yougo_genjou_16.pdf　2015年8月1日閲覧）

厚生労働省　2009d　心の健康問題により休業した労働者の職場復帰支援の手引き，改訂

厚生労働省　2011a　平成22年国民生活基礎調査の概況（http://www.mhlw.go.jp/toukei/saikin/hw/k-tyosa/k-tyosa10/）

厚生労働省　2011b　社会的養護の課題と将来像（http://www.mhlw.go.jp/bunya/kodomo/syakaiteki_yougo/dl/08.pdf　2015年8月1日閲覧）

厚生労働省　2011c　社会的養護の課題と将来像の実現に向けて（http://www.mhlw.go.jp/bunya/kodomo/syakaiteki_yougo/dl/yougo_genjou_02.pdf　2015年8月1日閲覧）

厚生労働省　2012a　平成23年度全国母子世帯等調査結果報告

厚生労働省　2012b　生活支援戦略(骨格)

厚生労働省　2012c　社会的排除にいたるプロセス——若年ケース・スタディから見る排除の過程　社会的排除リスク調査チーム（内閣官房社会的包摂推進室／内閣府政策統括官［経済社会システム担当]）（http://www.mhlw.go.jp/stf/shingi/2r9852000002kvtw-att/2r9852000002 kw5m.pdf）

厚生労働省　2013a　平成25年版厚生労働白書

厚生労働省　2013b　平成25年国民生活基礎調査の概況（http://www.mhlw.go.jp/toukei/saikin/hw/k-tyosa/k-tyosa13/　2017年6月11日閲覧）

厚生労働省　2013c　児童養護施設入所児童等調査の結果（http://www.mhlw.go.jp/file/04-Houdouhappyou-11905000-Koyoukintoujidoukateikyoku-Kateifukushika/0000071183.pdf　2015年8月1日閲覧）

厚生労働省　2013d　生活保護手帳2013　中央法規出版

厚生労働省　2013e　生活保護手帳別冊問答集2013　中央法規出版

厚生労働省　2013f　雇用均等・児童家庭局総務課　子ども虐待対応の手引き　平成25年8月改正版

厚生労働省　2014a　平成25年度雇用均等基本調査（速報）(http://www.mhlw.go.jp/toukei/list/dl/71-25e.pdf　2015年9月20日閲覧)

厚生労働省　2014b　平成25年国民生活基礎調査

厚生労働省　2014c　平成26年版厚生労働白書

厚生労働省　2014d　ひとり親家庭の支援について　厚生労働省雇用均等・児童家庭局家庭福祉課（http://www.mhlw.go.jp/bunya/kodomo/pdf/shien.pdf　2017年4月28日閲覧）

厚生労働省　2014e　子ども虐待による死亡事例等の検証結果について（10次報告）の概要　社会保障審議会児童部会児童虐待等要保護事例の検証に関する専門委員会（http://www.mhlw.go.jp/file/04-Houdouhappyou-11901000-Koyoukintoujidoukateikyoku-Soumuka/0000058504.pdf　2015年8月1日閲覧）

厚生労働省　2014f　厚生統計要覧（平成26年度）離婚件数，親権を行わなければならない子の数×年次別

厚生労働省　2014g　社会的養護関係施設における親子関係再構築支援ガイドライン　親子関

係再構築支援ワーキンググループ（http://www.mhlw.go.jp/seisakunitsuite/bunya/kodomo/kodomo_kosodate/syakaiteki_yougo/dl/working9.pdf　2015年8月1日閲覧）

厚生労働省　2014h　仕事と家庭の両立支援対策について

厚生労働省　2015a　平成25年国民生活基礎調査第1巻　結果の概要　厚生労働統計協会

厚生労働省　2015b　第12回21世紀成年者縦断調査（http://www.mhlw.go.jp/toukei/saikin/hw/judan/seinen15/dl/gaiyou.pdf　2017年4月6日閲覧）

厚生労働省　2015c　平成26年　国民生活基礎調査の概況（http://www.mhlw.go.jp/toukei/saikin/hw/k-tyosa/k-tyosa14/）

厚生労働省　2015d　雇用均等・児童家庭局職業家庭両立課　平成27年　仕事と家庭の両立をめぐる現状（http://www.cas.go.jp/jp/seisaku/kurashinoshitsu/bunkakai2/dai3/siryou1-2.pdf　2017年4月7日閲覧）

厚生労働省　2015e　平成27年我が国の人口動態（平成25年までの動向）

厚生労働省　2015f　雇用均等・児童家庭局総務課　家庭福祉の動向と課題

厚生労働省　2016a　平成27年度雇用均等基本調査の結果概要　介護休業制度　介護休業の取得期間（http://www.mhlw.go.jp/toukei/list/dl/71-27-07.pdf　2017年4月9日閲覧）

厚生労働省　2016b　平成27年人口動態統計月報年計（概数）の概要，出生（http://www.mhlw.go.jp/toukei/saikin/hw/jinkou/geppo/nengai15/dl/gaikyou27.pdf　2017年4月6日　閲覧）

厚生労働省　2016c　平成27年の働く女性の状況，労働条件などの状況，賃金（http://www.mhlw.go.jp/bunya/koyoukintou/josei-jitsujo/dl/15b.pdf　2017年4月5日閲覧）

厚生労働省　2016d　人口動態統計の年間推計

厚生労働省　2016e　女性の活躍促進に向けた配偶者手当の在り方に関する検討会報告書（http://www.mhlw.go.jp/file/04-Houdouhappyou-11201250-Roudoukijunkyoku-Roudoujoukenseisakuka/0000120876.pdf　2017年4月8日閲覧）

厚生労働省　2016f　平成28年国民生活基礎調査（http://www.mhlw.go.jp/toukei/saikin/hw/k-tyosa/k-tyosa16/dl/03.pdf　2017年9月6日閲覧）

厚生労働省　2017a　平成29年我が国の人口動態

厚生労働省　2017b　平成29年全国児童福祉主管課長・児童相談所長会議資料

厚生労働省　2017c　平成27年度高齢者虐待の防止，高齢者の養護者に対する支援等に関する法律に基づく対応状況等に関する調査結果「高齢者虐待対応状況調査結果概要」（http://www.mhlw.go.jp/stf/houdou/0000155598.html）

厚生労働省雇用均等・児童家庭局総務課　2013　子ども虐待対応の手引き（平成25年8月改正版）

厚生労働省老健局　2006　市町村・都道府県における高齢者虐待への対応と養護者支援について（www.mhlw.go.jp/topics/kaigo/boushi/060424/dl/01.pdf　2015年5月2日閲覧）

小谷みどり　2006　老い支度に関する意識と実態　LifeDesign REPORT　第一生命経済研究所, 173, 4-15.

公益社団法人日本精神保健福祉士協会　倫理綱領

狐塚貴博・堀江桃　2014　若島孔文：葛藤的会話場面における「回避的コミュニケーション」の生起のメカニズムに関する研究　Interactional Mind Ⅶ, 8-13.

狐塚貴博・若島孔文　2009　コミュニケーション・パターンによる関係性の類型と変化——「人間コミュニケーションの語用論」の視点から　カウンセリング研究, 42(1), 1-10.

ツベタナ・クリステワ　2011　心づくしの日本語──和歌でよむ古代の思想　筑摩書房

窪田由紀　2009　学校のなかでのコミュニティ・アプローチ　村山正治編　子どもの心と学校臨床，1　遠見書房　15-22

国谷誠朗編　1988　講座 家族心理学3 親と子──その発達と病理　金子書房

倉石哲也　1992　貧困文化の家族ダイナミックス　教育と医学，40(10)，41-48.

栗田明子　2014　メンタルフレンドの活動内容とその効果に関する考察──児童相談所への実態調査と事例研究　帝京短期大学紀要，(18)，175-183

草田寿子・岡堂哲雄　1993　家族関係査定法　岡堂哲雄編　心理検査学──臨床心理査定の基本［増補新版］　垣内出版　573-581.

草田寿子・山田裕紀子　1998　家族関係単純図式投影法の基礎的研究Ⅳ──家族図式に表現された高校生の家族関係パターンと家族コミュニケーションとの関連　カウンセリング研究，31(1)，10-18.

葛生栄二郎・河見誠・伊佐智子　2009　新・いのちの法と倫理　法律文化社

Lambert, M. J.　1992　Psychotherapy outcome research: Implications for integrative and eclectic therapies. In Norcross, J. C., & Goldfried, M. R.（Eds.）*Handbook of Psychotherapy Integration*. New York: Basic Books.

李仙恵　2011　障害児家族のマルトリートメント発生に関する理論的枠組みの構築　評論・社会科学，94，45-70.

Lee, M. Y., Sehold, J., & Uken, A.　2003　*Solution-Focused Treatment of Domestic Violence Offenders*. Oxford University Press Inc.（玉真慎子・住谷祐子訳　2012　DV加害者が変わる──解決志向グループ・セラピー実践マニュアル　金剛出版）

Leff, J., & Vaughn, C.　1985　*Expressed Emotion in Families*. Guilford.（三野善央・牛島定信訳　1991　分裂病と家族の感情表出　金剛出版）

Lerner, H. G.　1985　*The Dance of Anger*. New York：Harper&Row.（園田雅代訳　1993　怒りのダンス──人間関係のパターンを変えるには　誠信書房）

Lerner, H. G.　1989　*The Dance of Intimacy*. Harper & Row.（中釜洋子訳　1994　親密さのダンス──身近な人間関係を変える　誠信書房）

リーバーマン，A. F., & ヴァンホーン，P.　2014　子ども－親心理療法──トラウマを受けた早期愛着関係の修復　青木紀久代監訳　福村出版

Lincoln, Y. S., & Guba, E. G. 1985　*Naturalistic inquiry*. Beverly Hills: Sage.

Lindahl, K. M., Malik, N. M., & Bradbury, T. N.　1997　The developmental course of couple' relationship. Markman, H. J., & Halford, W. K.（Eds.）*Clinical handbook of marriage and couples intervention*. England: John Wiley & Sons Ltd. 203-223.

Liotti, G.　2006　A model of dissociation based on attachment theory and research. *Journal of Trauma & Dissociation*, 7(4), 55-73.

Lipsey, M. W., Landenberger, N. A., & Wilson, S. J.　2007　*Effects of cognitive-behavioral programs for criminal offenders*. Campbell Systematic Reviews. 2007: 6

McDaniel, S. A.　2006　メディカルファミリーセラピー　日本家族研究・家族療法学会第23回大会特別講演　家族療法研究，23(3)，199-205.

マッキンタイア，A.　篠撝榮訳　1993　美徳なき時代　みすず書房（Macintyre, A. 1981 *After virtue*. University of Notre Dame Press.）

Mackey, R. A., & O'Brien, B. A. 1999 Adaptation in lasting marriages. Families in society. *The Journal of Contemporary Human Services*, 80(6), 587-596.

前原邦江・森恵美・小澤治美・前川智子・森田亜希子・岩田裕子・坂上明子 2012 生殖補助医療（ART）によって妊娠した女性の母性不安と胎児感情および母親役割への適応との関連 千葉大学大学院看護学研究科紀要, 34, 1-8.

毎日新聞社人口問題調査会編 2000 日本の人口——戦後50年の軌跡 毎日新聞社

毎日新聞社人口問題調査会編 2006 超少子化時代の家族意識 第一回人口・家族・世代世論調査報告書 毎日新聞社

間庭充幸 2009 現代若者犯罪史——バブル期後重要事件の歴史的解読 世界思想社

March, J. S., Biederman, J., Wolkow, R., Safferman, A., Mardekian, J., Cook, E. H., Cutler, N. R., Dominguez, R., Ferguson, J., Muller, B., Riesenberg, R., Rosenthal, M., Sallee, F. R., Wagner, K. D., & Steiner, H. 1998 Sertraline in children and adolescents with obsessive-compulsive disorder: A multicenter randomized controlled trail. *The Journal of the American Medical Association*, 280(20), 1752-1756.

マーチ, J. S., & ミュール, K. 2008 認知行動療法による子どもの強迫性障害治療プログラム——OCDをやっつけろ！ 原井宏明・岡嶋美代訳 岩崎学術出版社（March, J. S., & Mulle, K. 2006 *OCD in children and adolescents: A cognitive-behavioral treatment manual* (2nd ed.). The Guilford Press.）

Marien, W. E., Storch, E. A., Geffken, G. R., & Murphy, T. K. 2009 Intensive family-based cognitive-behavioral therapy for pediatric obsessive-compulsive disorder: Applications for treatment of medication partial- or nonresponders. *Cognitive and Behavioral Practice*, 16(3).

Markus, H. R., & Kitayama, S. 1991 Culture and the self: Implications for a cognition, emotion, and motivation. *Psychological Review*, 98, 224-253

Maruyama, M. 1963 The second cybernetics, deviation-amplifying. Mutural causal process. *American Scientist*, 51.（佐藤敬三訳 1984 セカンド・サイバネティックス 逸脱増幅相互因果過程 現代思想12(12), 198-214.）

増田健太郎 2013 今の子どもたちといじめの対応 教育と医学, 61(11), 慶應義塾大学出版会

松井博史 2004 情報回帰速度モデルからシステム変容の要因を探る 若島孔文編著 脱学習のブリーフセラピー 金子書房 116-117.

Maturana, H.,& Varela, F. 1973 *Autopoiesis the organization of living system*. Massachusetts. Boston Studies, 42.（河本英夫訳 1991 オートポイエーシス——生命システムとは何か 国文社）

松下智子・峰松修・福盛英明 2007 学生相談における「ファミリー・サポートグループ」活動の試み——援助資源開発的アプローチという視点から 学生相談研究, 27(3), 191-203.

McCubbin, H. I., & Patterson, J. M. 1983 Family transitions: Adaptation to stress. McCubbin, H. I., & Figley, C. R. (Eds.). *Stress and family 1: Coping with normative transitions*, 5-25. NewYork: Mazel.

McDaniel, S. H., Lusterman, D. D., & Philpot, C. L. (Eds.) 2001 *Casebook for integrating family therapy: An ecosystemic approach*. Washington, D. C.: American Psychological Association.

Mcfarlane, A. C. 1995 Helping the victims of disaster. Freedy, J. R., & Hobfoll, S. E. (Eds.), *Traumatic stress: From theory to practice*. New York: Plenum.

McGoldrick, M. 2011 Becoming a couple. McGoldrick, M., Carter, B., & Garcia-Preto, N.（Eds.）. *The expanded family life cycle: Individual, family, and social perspectives*. (4th Ed.).

Boston: Allyn and Bacon. 193-210.

McGoldrick, M., Carter, B., & Garcia-Preto, N.（Eds.）　2011　*The expanded family life cycle: Individual, family, and social perspectives.* (4th ed.). Boston: Allyn and Bacon.

McGoldrick, M., Gerson, R., & Shellenberger, S.　1999　*Genograms: Assessment and intervention* (2nd ed.).　New York: W. W. Norton & company.（石川元・佐野祐華・劉イーリン訳　2009　ジェノグラム（家系図）の臨床──家族関係の歴史に基づくアセスメントと介入　ミネルヴァ書房）

McNamee, Sh., & Gergen, K. J. (ed.)　1992　Therapy as social construction. London: Sage.（野口裕二・野村直樹訳　1998　ナラティヴ・セラピー　金剛出版）

マクレオッド, J.　1997　物語りとしての心理療法──ナラティヴ・セラピィの魅力　下山晴彦監訳・野村晴夫訳　2007　誠信書房

目黒依子　1999　総論　日本の家族の「近代性」──変化の収斂と多様化の行方　目黒依子・渡辺秀樹編　家族講座社会学2　東京大学出版会　1-19.

Meltzoff, A. N., & Moore, M. K.　1977　Imitation of facial and manual gestures by human neonates. *Science*, 198(4312), 75-78.

目良秋子・柏木惠子　1988　障害をもつ親の人格発達：価値観の再構築とその要因　発達研究, 13, 45-51.

三原博光　1999　セルフヘルプ活動とエンパワメント　小田兼三・杉本敏夫・久田則夫編著　エンパワメント実践の理論と技法　中央法規出版　45-59.

Mikesell, R. H., Lusterman, D. D., & McDaniel, S. H. (Eds.)　1955　*Integrating family therapy: Handbook of family psychology and systems theory.* Washington, D. C.: American Psychological Association.

三木陽子　1998　障害児をもつ母親の「ふっきれ感」──ソーシャルサポートによる考察　性格心理学研究, 6, 150-151

Miklowitz, D. J., Goldstein, M. J. Nuechterlein, K. H., Synder, K. S., & Mintz, J.　1988　Family factors and the course of bipolar affective disorder. *Arch Gen Psychiatry*, 45(3), 225-231.

Miklowitz, D. J., Axelson, D. A., George, E. L., Taylor, A. E., Schneck, C. D., Sullivan, A. E., Dickinson, L. M., & Birmaher, B.　2009　Expressed emotion moderates the effects of family-focused treatment for bipolar adolescents. *Journal of the American Academy of Child and Adolescent Psychiatry*, 48, 643-651.

Mikic, N., & Terradas, M. M.　2014　Mentalization and attachment representations: A theoretical contribution to the understanding of reactive attachment disorder. *Bulletin of the Menninger Clinic*, 78(1), 34-56.

Miller, J. G.　1965　Living systems: Basic concepts. *Behavior Science*, 10, 193-237.

南貴子　2011　生殖補助医療の法制度化における課題　愛媛県立医療技術大学紀要, 8(1), 11-18.

南貴子　2013　生殖補助医療の法制度化において「取り残された子」の出自を知る権利──オーストラリア・ビクトリア州の新たな試み　保健医療社会学論集, 24(1), 21-30.

峰松修・冷川昭子・山田裕章　1989　学生相談における分裂病圏の学生の援助　心理臨床, 2(3), 221-230.

三浦智史・神庭重信　2006　養育環境と脳の発達──恐怖と不安の病理　神経研究の進歩, 50(1), 127-132.

宮本みち子　2004　ポスト青年期と親子戦略──大人になる意味と形の変容　勁草書房

宮田加久子　2005　きずなをつなぐメディア──ネット時代の社会関係資本　NTT出版

宮田正子・大川一郎　2006　祖父母と孫の心理的関係——親と祖父母の視点から　高齢者のケアと行動科学, 11(1), 41-55.

水島恵一　1981　心理測定，診断，治療を兼ねた図式的投影法　相談学研究, 13 (2) , 1-9.

水島恵一・草田寿子・大平英樹・岡本かおり・柴田詠子・鈴木さとみ・田口博子　1991　パーソナル・コンピュータを用いた図式的投影法による家族関係認知の評定と心理療法への応用　家族心理学研究, 5(1), 79-88.

水谷誉子　2014　ステップ・ファミリーの子育てにおける母親の役割とストレス　心理臨床学研究, 32(2), 238-249.

モーガン, A.　2003　ナラティヴ・セラピーって何？　小森康永・上田牧子訳　金剛出版 (Morgan, A. 2000 *What is narrative therapy?: An easy-to-read introduction.* Dulwich Centre Publications.)

森岡正博　2001　生殖技術と近代家族　家族社会学研究, 13(2), 21-29.

森岡正芳編　2008　ナラティヴと心理療法　金剛出版

森岡正芳　2013　ナラティヴとは　やまだようこ・麻生武・サトウタツヤ・能智正博・秋田喜代美・矢守克也編　質的心理学ハンドブック　新曜社　276-293.

森岡正芳編　2015　臨床ナラティヴアプローチ　ミネルヴァ書房

森崎美奈子　2007　Ⅲ-7 産業心理職　日本産業精神保健学会編　産業精神保健マニュアル　中山書店　152-159

森崎美奈子　2011　5.メンタルヘルス支援活動と心理職（カウンセラー）の役割・機能　Ⅱ産業精神保健活動　日本精神神経学会　精神保健に関する委員会編　医療従事者のための産業精神保健　新興医学出版社　24-27.

森下葉子　2006　父親になることによる発達とそれに関わる要因　発達心理学研究, 17(2), 182-192.

森田ゆり　2001　ドメスティック・バイオレンス——愛が暴力に変わるとき　小学館

両角道代　2008　ワーク・ライフ・バランスの基本原理　大原社会問題研究所雑誌, 594, 36-53.

Morse, W. C.　2001　A half century of children who hate: Insights for today from Fritz Redl. Reclaming children and youth: *The Journal of Strength-Based Interventions*, 10(2), 75-79.

村松励　1978　被害者意識について——対象理解の方法概念として　調研紀要, 33, 45-55. 家庭裁判所調査官研修所

村本邦子　2014　親の離婚と子どもの意思　二宮周平・渡辺惺之編著　離婚紛争の合意による解決と子の意思の尊重　日本加除出版　96-119.

村田ひろ子・荒巻央　2015　家庭生活の満足度は家事の分担次第？——ISPP国比較調査「家庭と男女の役割」から　NHK 世論調査部（https://www.nhk.or.jp/bunken/research/yoron/pdf/20151201_5.pdf　2017年4月9日閲覧）

Music, G.　2011　*Nurturing natures: Attachment and children's emotional, sociocultural and brain development.* Hove, UK: Psychology Press.（鵜飼奈津子監訳　2016　子どものこころの発達を支えるもの——アタッチメントと神経科学，そして精神分析の出会うところ　誠信書房）

牟田和恵編　2009　家族を超える社会学——新たな生の基盤を求めて　新曜社

無藤清子　2008　老年期の家族　中釜洋子・野末武義・布柴靖枝・無藤清子編　家族心理学——家族システムの発達と臨床的援助　有斐閣ブックス　181-151.

永久ひさ子　2010　中年期有子女性における家庭内での価値志向および家庭内役割意識と人生

展望感の関連——就業形態に寄る特徴から　家族心理学研究24, 157-170.

内閣府　2010　第4回 非行原因に関する総合的研究調査（http://www8.cao.go.jp/youth/kenkyu/hikou4/pdf_index.htm　2017年4月27日閲覧）

内閣府　2011　第7回高齢者の生活と意識に関する国際比較調査結果（http://www8.cao.go.jp/kourei/ishiki/h22/kiso/zentai/index.html　2017年1月10日閲覧）

内閣府　2014a　平成26年版　子ども・若者白書（http://www8.cao.go.jp/youth/whitepaper/h26honpen/pdf_index.html）

内閣府　2014b　男女間における暴力に関する調査報告書（平成26年度調査）

内閣府　2015a　平成24年度男女共同参画社会の形成の状況及び平成25年度男女参画社会の形成の促進施策（平成25年度版男女共同参画白書）（http://www.gender.go.jp/about_danjo/whitepaper/h25/zentai/）

内閣府　2015b　平成26年度女性の活躍推進に関する世論調査（http://survey.gov-online.go.jp/h26/h26-joseikatsuyaku/2.html　2017年4月7日閲覧）

内閣府　2015c　平成27年版高齢社会白書　日経印刷

内閣府　2015d　仕事と生活の調和（ワーク・ライフ・バランス）憲章（http://wwwa.cao.go.jp/wlb/government/20barrier_html/20html/charter.html　2015年9月20日閲覧）

内閣府　2016　男女共同参画局「第1子出産前後の女性の継続就業率」の動向関連データ集（http://wwwa.cao.go.jp/wlb/government/top/hyouka/k_39/pdf/ss1.pdf　2017年4月5日閲覧）

内閣府　2017　男女共同参画白書（概要）平成28年度版　仕事と生活の調和（ワーク・ライフ・バランス）　共働き世帯の増加（http://www.gender.go.jp/about_danjo/whitepaper/h28/gaiyou/html/honpen/b1_s03.html　2017年4月7日閲覧）

中釜洋子　1997　コンテクスチュアル（文脈派）アプローチの理解と臨床例への適用——対話の誕生とそのためのセラピストの働きかけ　家族心理学研究, 11(1), 13-26.

中釜洋子　1999　多世代理論アプローチによる危機介入　日本家族心理学会編　家族心理学年報17　家族臨床と危機への介入　金子書房　143-155.

中釜洋子　2001　いま家族援助が求められるとき——家族への支援・家族との問題解決　垣内出版

中釜洋子　2003　文脈療法の現代的意味　日本家族心理学会編　家族心理学年報21　家族カウンセリングの新展開　金子書房　64-79.

中釜洋子　2008a　小学生の子どもとその家族　中釜洋子・野末武義・布柴靖枝・無藤清子編　家族心理学——家族システムの発達と臨床的援助　有斐閣ブックス　97-110.

中釜洋子　2008b　家族のための心理援助　金剛出版

中釜洋子　2008c　個人面接と家族合同面接の統合——あるひきこもり青年と家族の心理援助実践の分析から　家族心理学研究, 22(1), 28-41.

中釜洋子　2010　個人療法と家族療法をつなぐ——関係系志向の実践的統合　東京大学出版会

中原純　2011　前期高齢者の祖父母役割と主観的well-beingの関係 心理学研究, 82(2), 158-166.

中見仁美・桂田恵美子　2007　大学生におけるFamily System Test（FAST）の評価基準の検討——面接の応答，精神的健康度の関連から　家族心理学研究, 21(1), 20-30.

中村恵　2007　アメリカにおける同性カップルと生殖補助医療によって生まれた子との親子関係　東洋法学, 50(1・2), 67-80.

中村伸一　2014　家族面接における力動的理解　特集：日常臨床における力動的精神療法の意義　精神療法, 40(3), 394-397.

中村隆・土屋隆裕・前田忠彦　2015　国民性の研究 第13次全国調査－2013年全国調査－　統計数理研究所調査研究リポート, No.116.

中野円桂　2014　「育児世代」のジレンマ――女性活用はなぜ失敗するのか？　光文社新書

中田洋二郎　2009　発達障害と家族支援――家族にとって障害とはなにか　学習研究社

直井道子　1993　高齢者と家族――新しいつながりを求めて　サイエンス社

直井道子　2012　一人暮らし高齢者とその支援――家族と地域から　都市社会研究, 4, 36-50.

楢林理一郎　2011　産業メンタルヘルスの臨床構造　第7節産業メンタルヘルス領域　第1章　領域ごとの臨床実践　日本家族研究・家族療法学会編　家族療法テキストブック　金剛出版　232-234.

楢原真也　2015　子ども虐待と治療的養育――児童養護施設におけるライフストーリーワークの展開　金剛出版

名取琢自　2002　第8章 事例研究法　鑪幹八郎編著　心理学研究法特論　放送大学教育振興会, 85-95.

夏目漱石　1990　道草　岩波書店

Nelson, E. E., & Panksepp, J.　1998　Brain substrates of infant-mother attachment: Contributions of opioids, oxytocin, and norepinephrine. *Neuroscience & Biobehavioral Reviews*, 22(3), 437-452.

ニューマン, K. S.　2013　親元暮らしという戦略――アコーディオン・ファミリーの時代　萩原久美子・桑島薫訳　岩波書店（Newman, K. S. 2013 *The accordion family: Boomerang kids, anxious parents, and the private toll of global competition.* Beacon Press.）

NICE　2002　*Schizophrenia: Core interventions in the treatment and management of schizophrenia in primary and secondary care.* London: National Institute for Clinical Excellence.

NICE　2004a　*Eating Disorders: Core interventions in the treatment and management of anorexia nervosa, bulimia nervosa and related eating disorders.* London: National Institute for Clinical Excellence.

NICE　2004b　*Depression: Management of depression in primary and secondary care.* London: National Institute for Clinical Excellence.

Nichols, M. P., & Davis, S.　2016　*Family therapy: Concepts and methods* (11th Ed.). Boston, MA: Pearson

Nichols, M. P.　2013　*The Essentials of Family Therapy* (6th Ed.). Pearson.

日本弁護士連合会貧困問題対策本部編　2015　生活保護法的支援ハンドブック［第2版］　民事法研究会

日本看護協会　2003　看護者の倫理綱領

日本家族研究・家族療法学会編　2003　臨床家のための家族療法リソースブック――総説と文献105　金剛出版

日本家族研究・家族療法学会編　2013　家族療法テキストブック　金剛出版

日本家族心理学会　日本家族心理学会倫理綱領

日本家族心理学会編　1983　家族心理学年報1 家族臨床心理の展望　金子書房

日本家族心理学会編　1984　家族心理学年報2 心の健康と家族　金子書房

日本家族心理学会編　1985　家族心理学年報3 家族カウンセリングの実際　金子書房

日本家族心理学会編　1986　家族心理学年報4 ライフサイクルと家族の危機　金子書房

日本家族心理学会編　1987　家族心理学年報5 親教育と家族心理学　金子書房

日本家族心理学会編　1988　家族心理学年報6 結婚の家族心理学　金子書房

日本家族心理学会編　1989　家族心理学年報7 思春期・青年期問題と家族　金子書房

日本家族心理学会編　1990　家族心理学年報8 現代家族のゆらぎを越えて　金子書房

日本家族心理学会編　1991　家族心理学年報9 新しい家族の誕生と創造　金子書房

日本家族心理学会編　1992　家族心理学年報10 家族の離別と再生　金子書房

日本家族心理学会編　1993　家族心理学年報11 家族とコミュニケーション　金子書房

日本家族心理学会編　1994　家族心理学年報12 家族における愛と親密　金子書房

日本家族心理学会編　1995　家族心理学年報13 家族——その変化と未来　金子書房

日本家族心理学会編　1996　家族心理学年報14　21世紀の家族像 金子書房

日本家族心理学会編　1997　家族心理学年報15 児童虐待——家族臨床の現場から　金子書房

日本家族心理学会編　1998　家族心理学年報16 パーソナリティの障害　金子書房

日本家族心理学会編　1999　家族心理学年報17 こころのパニック——家族臨床と危機への介入
金子書房

日本家族心理学会編　2000　家族心理学年報18 ジェンダーの病——気づかれぬ家族病理　金子
書房

日本家族心理学会編　2001　家族心理学年報19 学校臨床における家族への支援　金子書房

日本家族心理学会編　2002　家族心理学年報20 子育て臨床の理論と実際　金子書房

日本家族心理学会編　2003　家族心理学年報21 家族カウンセリングの新展開　金子書房

日本家族心理学会編　2004　家族心理学年報22 家族内コミュニケーション——こころを運ぶこ
とばの力　金子書房

日本家族心理学会編　2005　家族心理学年報23 家族間暴力のカウンセリング　金子書房

日本家族心理学会編　2006　家族心理学年報24 夫婦・カップル関係——「新しい家族のかたち」
を考える　金子書房

日本家族心理学会編　2007　家族心理学年報25 家族支援の心理教育——その考え方と方法　金
子書房

日本家族心理学会編　2008　家族心理学年報26 家族心理学と現代社会　金子書房

日本家族心理学会編　2009　家族心理学年報27 家族のストレス　金子書房

日本家族心理学会編　2010　家族心理学年報28 家族にしのびよる非行・犯罪——その現実と心
理援助　金子書房

日本家族心理学会編　2011　家族心理学年報29 発達障害と家族支援　金子書房

日本家族心理学会編　2012　家族心理学年報30 災害支援と家族再生　金子書房

日本家族心理学会編　2013　家族心理学年報31 現代の結婚・離婚　金子書房

日本家族心理学会編　2014　家族心理学年報32 地域と家族の未来像　金子書房

日本家族心理学会編　2015　家族心理学年報33 個と家族を支える心理臨床実践Ⅰ——個人療法
に活かす家族面接　金子書房

日本家族心理学会編　2016　家族心理学年報34 個と家族を支える心理臨床実践Ⅱ——性をめぐ
る家族の諸問題と支援　金子書房

日本家族心理学会編　2017　家族心理学年報35 個と家族を支える心理臨床実践Ⅲ——支援者支
援の理解と実践　金子書房

日本家族心理学会編　2018　家族心理学年報36 福祉分野に生かす個と家族を支える心理臨床

金子書房

日本家族心理学会30周年大会実行委員会編　2013　日本家族心理学会30周年大会プログラム・発表論文集　日本家族心理学会

日本経済新聞　2014　6.27付朝刊　日本は「不妊治療大国」

日本臨床心理士会　一般社団法人日本臨床心理士会倫理綱領

日本臨床心理士認定協会　臨床心理士倫理綱領

日本産科婦人科学会　2003　代理懐胎に関する見解

日本産科婦人科学会　2004　胚提供による生殖補助医療に関する見解

日本産科婦人科学会　2014　体外受精・胚移植に関する見解

日本産科婦人科学会　2015　提供精子を用いた人工授精に関する見解

日本社会福祉士会　社会福祉士の倫理綱領

認知症介護研究・研修仙台センター，認知症介護研究・研修東京センター，認知症介護研究・研修大府センター　2008　高齢者虐待を考える――養介護施設従事者等による高齢者虐待防止のための事例集　認知症介護研究・研修仙台センター（「認知症介護情報ネットワーク（DCnet）」http://www.dcnet.gr.jp にpdfファイルが公開されている）

Nisbett, R. E.　2003　*The geography of thought. How Asians and Westerners think differently...and why.* New York：Free Press.

西田典之　2010　刑法総論［第二版］　弘文堂

西田典之　2012　刑法各論［第六版］　弘文堂

西出隆紀　1993　家族アセスメントインベントリーの作成――家族システム機能の作成　家族心理学研究, 7(1), 53-65.

西条寿夫・田積徹・堀悦郎・小野武年　2006　情動発現と社会的認知機能の神経機構　神経研究の進歩, 50(1), 38-52.

西村昌記・石橋智昭・山田ゆかり・古谷野亘　2000　高齢期における親しい関係――「交遊」「相談」「信頼」の対象としての他者の選択　老年社会科学, 22(3), 367-374.

野田愛子・梶原太市総編集　2008　新家族法実務体系②　親族［Ⅱ］――親子・後見　新日本法規出版

野口啓示　2008　被虐待児の家族支援――家族再統合実践モデルと実践マニュアルの開発　福村出版

野口修司・狐塚貴博・宇佐美貴章・若島孔文　2009　家族構造測定尺度－ICHIGEKI－の作成と妥当性の検討　東北大学大学院教育学研究科研究年報, 58(1), 247-266.

野口康彦　2009　親の離婚を経験した大学生の将来に対する否定的な期待に関する一検討――親の仲の良い群，親の仲の悪い群，親の離婚群との比較から　中央学術研究所紀要, 38, 152-162.

野村総合研究所　2007　新しい家族のかたちインビジブル・ファミリー　NRIニュースレター, 64

野々山久也　2007　現代家族のパラダイム革新――直系制家族・夫婦制家族から合意制家族へ　東京大学出版会

Norcross, J. R.　2005　A primer on psychotherapy integration. In Norcross, J. R., & Goldfried, M. R.（Eds.）. *Handbook of Psychotherapy Integration* (2nd ed.). New York: Oxford University Press.

能智正博　2013　質的研究の倫理　やまだようこ・麻生武・サトウタツヤ・能智正博・秋田喜

代美・矢守克也編　質的心理学ハンドブック　新曜社　71-95.

野崎祐子　2011　ワーク・ライフ・アンバランスはどこで起こっているか：出産ペナルティと女性の就業継続　樋口美雄・府川哲夫　ワーク・ライフ・バランスと家族形成――少子社会を変える働き方　東京大学出版会　85-104.

野澤正子・森本美絵編　2008　家族援助論　ミネルヴァ書房

野沢慎司　2008　ステップ・ファミリー研究の動向――アメリカからの視点　家族社会学研究, 20(2), 71-76.

野沢慎司　2011　ステップ・ファミリーをめぐる葛藤――潜在する2つの家族モデル　家族「社会と法」, 27, 89-94.

野沢慎司・菊地真理　2014　若年成人継子が語る継親子関係の多様性――ステップ・ファミリーにおける継親の役割と継子の適応　研究所年報, (44), 69-87.　明治学院大学社会学部附属研究所

野末武義　1995　夫婦になれなかった男性の離婚後療法――新婚期における離婚の意味と治療的関わり　家族心理学研究, 9(1), 35-50.

野末武義　2006　文脈療法における事例　亀口憲治編著　家族療法　ミネルヴァ書房　75-87.

野末武義　2015　夫婦・カップルのためのアサーション――自分もパートナーも大切にする自己表現　金子書房

NPO法人EMA日本　世界の同性婚（http://emajapan.org/promssm：2015年5月6日閲覧）

布柴靖枝　2012　青年期女子の自傷行為の意味の理解と支援――行動化をくり返しつつ，自分らしさを模索していった女子学生の危機介入面接過程を通して　学生相談研究, 33(1), 13-24.

小原嘉朗　1998　父親の進化――仕組んだ女と仕組まれた男　講談社

小田切紀子　2005　離婚家庭の子どもに関する心理学的研究　応用社会学研究, 15, 21-37.

小田切紀子　2009　離婚を経験した親の心理　青木紀久代編　親のメンタルヘルス　ぎょうせい

OECD　2013　Pensions at a glance 2013 OECD and G20 indicatiors. OECD publishing.（http://www.oecd.org/pensions/public-pensions/OECDPensionsAtAGlance2013　2015年6月11日閲覧）

小川浩　2009　発達障害と就職の現実　滝川一廣・小林隆児・杉山登志郎・青木省三編　そだちの科学, 13, 111-115.

小川富之　2008　医学・生物学の進歩と親子――生殖補助医療を中心に　法政論叢, 45(1), 132-155.

小倉加奈子　2015　乳児を持つ妻から夫への援助要請が抑制される心理的プロセス――「夫は言わなくてもわかるだろう」という認知に着目して　家族心理学研究, 28(2), 107-119.

大渕憲一　2011　新版　人を傷つける心――攻撃性の社会心理学　サイエンス社

大平英樹　2004　感情制御の神経基盤――腹側前頭前野による扁桃体活動のコントロール　心理学評論, 47(1), 93-118.

大河原美以　2007　"怒り"への心理教育アプローチ　家族心理学年報25 家族支援の心理教育――その考え方と方法　日本家族心理学会　金子書房　85-96.

大河原美以　2014　親としての夫婦　夫婦関係が子どもの感情の育ちに与える影響　柏木惠子・平木典子編著　日本の夫婦　金子書房　145-162.

大河原美以　2015　子どもの感情コントロールと心理臨床　日本評論社

大町知久　2014　発達障害受容とキャリア再構築の心理援助──学生相談に資する家族援助の視点　学生相談研究, 34(3), 201-212.

大村敦志　2010　家族法［第3版］　有斐閣

大西真美・中釜洋子　2009　発達障害と家族のストレス　日本家族心理学会編　家族心理学年報27　家族のストレス　金子書房　116-129.

大野祥子　2001　家族概念の多様性──「家族であること」の条件　鶴川女子短期大学紀要, 23, 51-62.

大野祥子　2006　恋愛・パートナー選択　柏木惠子・大野祥子・平山順子著　家族心理学への招待──今日本の家族は？　家族の未来は？　ミネルヴァ書房　31-37.

大野祥子　2012　育児期男性にとっての家族関与──男性の生活スタイルの多様化に注目して　発達心理学研究, 23(3), 287-297.

大野友也　2009　同性婚と平等保護　鹿児島大学法学論集, 43(2), 17-38.

大島聖美　2013　夫婦間の信頼感と両親からの支持的関わりが若者の心理的健康に与える影響の男女差　発達心理学研究, 24(1), 55-65.

大瀧玲子　2011　発達障害児・者のきょうだいに関する研究の概観──きょうだいが担う役割の取得に注目して　東京大学大学院教育学研究科紀要, 51, 235-243.

大瀧玲子　2012　軽度発達障害児・者のきょうだいが体験する心理プロセス──気持ちを抑え込むメカニズムに注目して　家族心理学研究, 26(1), 25-39.

大瀧玲子・曽山いづみ・中釜洋子　2012　離婚をめぐる親子への心理援助プログラム導入の研究 (1)──専門家へのインタビュー調査から, 臨床現場で生じている問題　東京大学大学院教育学研究科臨床心理学コース紀要, 35, 123-129.

大津唯　2013　在宅介護が離職に与える影響　樋口美雄・赤林英夫・大野由香子他編　働き方と幸福感のダイナミズム──家族とライフサイクルの影響　慶應義塾大学出版会　139-156.

大塚斉　2014　児童養護施設における子どもと家族の歴史を紡ぐジェノグラム──システミックな援助実践　日本家族心理学会編　地域と家族の未来像　家族心理学年報, 32, 112-124. 金子書房

岡林秀樹　2006　発達研究における問題点と縦断データの解析方法　パーソナリティ研究, 15(1), 76-86.

岡林秀樹・杉澤秀博・髙梨薫・中谷陽明・柴田博　1999　在宅障害高齢者の主介護者における対処方略の構造と燃えつきへの効果　心理学研究, 69(6), 486-493.

岡堂哲雄　1967　家族関係の臨床心理──情緒障害児の理解と援助　新書館

岡堂哲雄編　1978　家族心理学　有斐閣

岡堂哲雄編　1988　講座 家族心理学6 家族心理学の理論と実践　金子書房

岡堂哲雄　1991　家族心理学講義　金子書房

岡堂哲雄　1998　家族論・家族関係論　医学書院

岡堂哲雄監修　2005　臨床心理学入門事典　現代のエスプリ別冊　至文堂

岡村清子　1992　高齢期における配偶者との死別──死別後の家族生活の変化と適応　社会老年学, 36, 3-14.

小此木啓吾　1973　フロイト──その自我の軌跡　日本放送出版協会

小此木啓吾　1985　現代精神分析の基礎理論　弘文堂

小此木啓吾　1991　エディプスと阿闍世　青土社

小此木啓吾　1997　対象喪失とモーニング・ワーク　松井豊編　悲嘆の心理 サイエンス社

113-134.

小此木啓吾　2000　「ケータイ・ネット人間」の精神分析──少年も大人も引きこもりの時代　飛鳥新社

小此木啓吾・馬場禮子　1989　新版　精神力動論──ロールシャッハ解釈と自我心理学の統合　金子書房

小此木啓吾・北山修編　2001　阿闍世コンプレックス　創元社

奥山眞紀子　2013　被虐待児のアタッチメント形成の問題とトラウマ　精神神経学雑誌, 115, 356-360.

Olson, D. H.　1991　Three-dimensional (3rd ed.). Circumplex model and revised scoring of FACES Ⅲ. *Family Process*, 30(1), 74-78.

小野真紀　2014　トラウマから見た子どもの発達障害──その理解と治療　精神科治療学, 29(5), 603-608.　星和書店

小野武年　2006　情動の脳科学──動物・ヒトの遺伝子, 分子, 細胞, 個体レベルの研究　神経研究の進歩, 50(1), 4-6.

小野寺敦子　2005　親になることにともなう夫婦関係の変化　発達心理学研究, 16(1), 15-25.

小野寺敦志・矢口大雄　2014　明日の高齢者介護と家族　日本家族心理学会編　家族心理学年報32　地域と家族の未来像　金子書房　48-59.

大阪弁護士会貧困・生活再建問題対策本部編　2014　Q&A生活保護利用者をめぐる法律相談　新日本法規出版

Palazzoli, M. S., Boscolo, L., Cecchin, G., & Prata, G.　1980　Hypothesizing-circularity-neutrality. Three guidelines for the conduct of the session. *Family Process*, 19. 3-12.

Palermo, T. M., Wilson, A. C., Peters, M., Lewandowski, A., & Somhegyi, H.　2009　Randomized controlled trial of an Internet-delivered family cognitive-behavioral therapy intervention for children and adolescents with chronic pain. *Pain*, 146(1-2), 205-213.

パーカー, I.　2008　ラディカル質的心理学──アクションリサーチ入門　八ッ塚一郎訳　ナカニシヤ出版　(Parker, I.　2004　*Qualitative Psychology: Introducing Radical Research*. UK: Open University Press.)

ペダーセン, F.A. 編著　1986　父子関係の心理学　依田明監訳　新曜社 (Pedersen, F. A. 1980 *The father-infant relationship: Observational studies in the family setting*. New York: Praeger.)

Pinker, S.　2008　*Sexual paradox: Men, women, and the real gender gap*. New York: Scribner. (幾島幸子・古賀祥子訳　2009　なぜ女は昇進を拒むのか──進化心理学が解く性差のパラドックス　早川書房)

Pinsof, W. M.　2002　Integrative problem-centered therapy. Kaslow, F. W. & Lebow, J. L. (Eds.). *Comprehensive Handbook of Psychotherapy*, Vol.4. New York: Wiley.

Platt, J. R.　1964　Strong inference. *Science*, 146(3642), 347-353.

Rickham, P. P.　1964　Human experimentation. Code of ethics of the world medical association. Declaration of Helsinki. *British Medical Journal*, 2(5402), 177.

Raphael, B.　1986　*When disaster strikes: How individuals and communities cope with catastrophe*. New York: Basic Books. (石丸正訳　1989　災害が襲うとき──カタストロフィの精神医学　みすず書房)

Rasheed, J. M., Rasheed, M. N., & Marley, J. A. 2011 The history of family therapy: Conceptual and clinical influences. *Family Therapy: Models & Techniques*, 3-44. CA: Sage.

Rholes, W. S., & Simpson, J. A. 2014 *Adult attachment: Theory, research, and clinical implications*. New York: The Guilford Press.（遠藤利彦・谷口弘一・金政祐司・串崎真志訳 2008 成人のアタッチメント 北大路書房）

臨床牧会研究会訳編 2015 PREPARE/ENRICHカスタマイズ版ファシリテーター・マニュアル日本語版 プリペアー・エンリッチJapan（未公刊）

ラター, M. 1979 母親剥奪理論の功罪――マターナル・デプリベーションの再検討 北見芳雄・佐藤紀子・辻祥子訳 誠信書房（Rutter, M. 1972 *Maternal deprivation reassessed*. Penguin.）

Sabin, T. R. 1986 *Narrative psychology: The storied nature of human conduct*. New York：Praeger.

最高裁判所事務総局 2012 司法統計年報（http://www.courts.go.jp/app/sihotokei_jp/search）

才村純 2013 児童相談所職員へのメッセージ 子ども虐待とネグレクト, 15(3), 257-259.

齊藤英和・石川智則・石原理他 2015 平成27年度倫理委員会・登録・調査小委員会報告（2014年分の体外受精・胚移植等の臨床実施成績および2016年7月における登録施設名）日本産科婦人科学会 日産婦誌, 68, 2077.

齋藤憲司 2007 個別相談における親・家族への対処について 高石恭子編 2007 シンポジウム 学生相談における家族支援――その理解と新たな試み 甲南大学学生相談室紀要, 15, 46-69.

齋藤憲司 2015 学生相談と連携・協働――教育コミュニティにおける「連働」 学苑社

坂上裕子 2005 アタッチメントの発達を支える内的作業モデル 数井みゆき・遠藤利彦編著 アタッチメント――生涯にわたる絆 ミネルヴァ書房 32-48.

坂本真佐哉 2013 ナラティヴ・セラピー：最近の展開. N:ナラティヴとケア4, 23-30.

佐々木直美 2014 わが国における不妊治療経験者の心理に関する文献研究 山口県立大学学術情報, 7, 49-56.

佐藤宏平 2001 家族アセスメントの現在 特集 家族の現在と家族療法 臨床心理学, 1(4), 468-475. 金剛出版

佐藤宏平 2005 抑うつの語用論的構成――interactional view of depression 長谷川啓三編 臨床の語用論 II 現代のエスプリ456 至文堂 131-139.

佐藤宏平 2016 家族心理学 東北文教大学心理学研究会編 心理学のエッセンス 日本評論社 253-274.

Savickas, M. L. 2011 *Career counseling*. Washington, D. C., American Psychological Association,（乙須敏紀訳 日本キャリア開発研究センター監訳 2015 サビカス キャリアカウンセリング理論――＜自己構成＞によるライフデザインアプローチ 福村出版）

シャファー, H. R., 2001 子どもの養育に心理学がいえること――発達と家族環境 無藤隆・佐藤恵理子訳 新曜社（Schaffer, H. R. 1998 *Making decisions about children*. (2nd ed). Oxford, UK, Blackwell Publishers Limited）

Scrimgeour, M. B., Blandon, A. Y., Stifter, C. A., & Buss, K. A. 2013 Cooperative coparenting moderates the association between parenting practices and children's prosocial behavior. *Journal of Family Psychology*, 27(3), 506-511.

生活保護問題対策全国会議監修 尾藤廣喜・吉永純・小久保哲郎編著 2011 生活保護「改革」ここが焦点だ！ あけび書房

千住淳　2012　社会脳の発達　東京大学出版会

社会保障審議会　2013　生活困窮者の生活支援の在り方に関する特別部会報告書

下坂幸三　1998　心理療法の常識　金剛出版

篠田有子　2004　家族の構造と心――就寝形態　世織書房

宍戸邦章　2008　実親・義親への世代間援助にみる「家」の原理――JGSS-2006に基づく分析　日本版General Social Surveys研究論文集, 7, 1-12.

消費者庁　2013　女性のライフサイクルと就業，女性の就業継続を妨げる壁（http://www.caa.go.jp/seikatsu/whitepaper/h18/10_pdf/01_honpen/pdf/06ksha0202.pdf　2017年4月6日閲覧）

生島浩　1999　悩みを抱えられない少年たち　日本評論社

Shuey, K., & Hardy, M. A.　2003　Assistance to aging parents and parents-in-law: Does lineage affect family allocation decisions? *Journal of Marriage and Family*, 65(2), 418-431.

柴原浩章　2012　生殖心理カウンセリング　柴原浩章・森本義晴・京野廣一編著　図説よくわかる臨床不妊症学【一般不妊治療編】　中外医学社

柴崎暁子・丹野義彦・亀口憲治　2001　家族イメージ法のプロトコル分析と再検査信頼性の分析　家族心理学研究, 15(2), 141-148.

新崎克己・相模健人・田中雄三　2002　小学生の家族イメージに関する研究　家族心理学研究, 16(2), 67-80.

心理教育実施・普及ガイドライン・ツールキット研究会　大島巌・福井里江編　2011　心理社会的介入プログラム実施・普及ガイドラインに基づく　心理教育の立ち上げ方・進め方　ツールキットⅠ本編　特定非営利活動法人地域精神保健福祉機構・コンボ

Sluzki, C. E., & Beavin, J.　1977　Symmetry and complementarity: An operational definition and a typology of dyads. In Watzlawick, P. & Weakland, J. (Eds.), *The Interactional View*. New York: W. W. Norton & Company, 71-87.

Sobsey, D., Randall, W., & Parrila, R. K.　1997　Gender differences in abused children with and without disabilities. *Child Abuse & Neglect*, 21(8), 707-720.

染田惠　2006　犯罪者の社会内処遇の探求――処遇の多様化と修復的司法　成文堂

染田惠　2012　犯罪者の社会内処遇における最善の実務を求めて――実証的根拠に基づく実践の定着，RNRモデルとGLモデルの相克を超えて　更生保護学研究(1), 123-147.　日本更生保護学会

染田惠　2015　修復的司法（正義）に基づく実践の有効性に関する行動科学的見地からの検討及び法制化を巡る留意点等について　西村春夫・高橋則夫編　修復的正義の諸相――細井洋子先生古稀祝賀　成文堂　207-227.

総務省　2012a　シングル・マザーの最近の状況

総務省　2012b　シングル・ファーザーの最近の状況

総務省　2015　平成26年度版情報通信白書　我が国の労働人口における課題（http://www.soumu.go.jp/johotsusintokei/whitepaper/ja/h26/html/nc141210.html　2017年4月6日閲覧）

総務省統計局　2011　平成23年社会生活基本調査　生活時間に関する結果概要（http://www.stat.go.jp/data/shakai/2011/gaiyou.htm　2017年4月8日閲覧）

総務省統計局　2017　労働力調査（詳細集計）平成28 (2016) 年平均（速報）（http://www.stat.go.jp/data/roudou/sokuhou/nen/dt/pdf/index1.pdf　2017年4月7日閲覧）

Storch, E. A., Geffken, G. R., Merlo, L. J., Mann, G., Duke, D., Munson, M., Adkins, J., Grabill, K.

M., Murphy, T. K., & Goodman, W. K. 2007 Family-based cognitive-behavioral therapy for pediatric obsessive-compulsive disorder: Comparison of intensive and weekly approaches. *Journal of the American Academy of Child and Adolescent Psychiatry*, 46(4), 469-478.

Straus, E. 1960a Das Zeiterlebnis in der endogenen Depression und in der psychopathisehen Verstimmung. *Psychologie der Menschlichen Welt*, 126-140.

Straus, E. 1960b Die Formen des Räumlichen : Ihre Bedeutung für Motorik und die Wahrnehmung. *Psychologie der Menschlichen Welt*, 141-178.

菅原ますみ・北村俊則・戸田まり・島悟・佐藤達哉・向井隆代 1999 子どもの問題行動の発達: Externalizingな問題行動傾向に関する生後11年間の縦断研究から 発達心理学研究, 10(1), 32-45.

杉村和美 2005 女子青年のアイデンティティ探求——関係性の関係から見た2年間の縦断研究 風間書房

杉渓一言編 1989 講座 家族心理学4 家族と社会 金子書房

杉渓一言 1992 家族機能 氏原寛・亀口憲治・成田善弘・東山紘久・山中康裕編 心理臨床大事典 培風館 1201-1204.

杉山登志郎 2007 子ども虐待という第四の発達障害 学習研究社

隅谷理子 2011 個人支援と組織支援をつないだ夫婦面接——再休職から退職に至った復職支援の事例から 上智大学臨床心理研究, 34, 21-32.

隅谷理子 2015 企業のラインと心理の復職協働支援におけるシステムズアプローチ技法の活用 心理臨床学研究, 33(1), 48-58.

砂川秀樹 2009 同性愛者のパートナーシップと家族，次世代への継承 Kyoto Working Papers on Area Studies: G-COE Series. 74, 1-13. 京都大学東南アジア研究所

諏澤宏恵 2012 祖父母はどのように孫の社会化エージェントとなるのか—— 青年期の孫の回想的語りの分析より 家族心理学研究, 26(2), 145-158.

鈴木大介 2014 最貧困女子 幻冬舎

多賀幹子 2008 親たちの暴走——日米英のモンスターペアレント 朝日新聞社

田口香代子 2002 高齢女性における配偶者喪失後の心理過程——死別前の夫婦関係が心理過程に及ぼす影響 家族心理学研究, 16(1), 29-43.

田口香代子・鵜養啓子 1998 治療的家庭教師をめぐって 昭和女子大学生活心理研究所紀要, (1), 63-75

高畠克子編著 2013 DVはいま——協働による個人と環境への支援 ミネルヴァ書房

髙田治・田附あえか 2011 被虐待児の支援 日本児童研究所編 児童心理学の進歩, 50, 231-254. 金子書房

高橋（松鵜）甲枝・井上範江・児玉有子 2006 高齢者夫婦二人暮らしの介護継続の意思を支える要素と妨げる要素——介護する配偶者の内的心情を中心に 日本看護科学会誌, 26(3), 58-66.

高橋惠子 2010 人間関係の心理学——愛情のネットワークの生涯発達 東京大学出版会

高橋正人 1991 老夫婦の配偶者満足度 社会老年学, 33, 15-25.

高橋三郎・大野裕監訳, 染谷俊幸・神庭重信・尾崎紀夫・三村將・村井俊哉訳 DSM-5 精神疾患の診断・統計マニュアル 医学書院 (American Psychiatric Association 2013 *The diagnostic and statistical manual of mental disorders* (5th ed.). Arlington, VA, American

Psychiatric Publishing)

高橋靖恵　2008　青年期の心理療法と家族のライフサイクル　髙橋靖恵編　家族のライフサイクルと心理臨床　金子書房　21-50.

高橋靖恵　2012　コンセンサスロールシャッハ法──青年期の心理臨床実践にいかす家族関係理解　金子書房

高橋靖恵　2013　度重なる家族の喪失を抱える成人女性との心理療法過程──多世代を通した家族関係理解による検討　日本家族心理学会第30回大会発表論文集, 114-115.

高橋靖恵　2014　心理アセスメントの実践的訓練を通して理解する「臨床のこころ」　高橋靖恵編　「臨床のこころ」を学ぶ心理アセスメントの実際　金子書房　198-221.

高橋靖恵　2015　医療現場で患者の家族と会うとき　日本家族心理学会編　家族心理学年報33　個と家族を支える心理臨床実践I, 金子書房　76-84.

高石恭子編　2007　シンポジウム　学生相談における家族支援──その理解と新たな試み　甲南大学学生相談室紀要, 15, 46-69.

高石恭子　2009　現代学生のこころの育ちと高等教育に求められるこれからの学生支援　京都大学高等教育研究, 15, 79-88.

高石恭子　2010　第12章　保護者に向けた活動　日本学生相談学会50周年記念誌編集委員会編　学生相談ハンドブック　学苑社　221-234.

武石恵美子　2011　働き方と両立支援の利用　樋口美雄・府川哲夫　ワーク・ライフ・バランスと家族形成──少子社会を変える働き方　東京大学出版会　173-194.

詫摩武俊・依田明編著　1972　家族心理学　川島書店

田倉さやか　2008　障害者を同胞に持つきょうだいに関する一考察──障害をもったきょうだいの存在を中心に　和歌山大学教育学部紀要教育科学, 48, 15-30.

田中克俊　2007　VII-1職場復帰支援の基本的な流れと考え方, VII復職支援の方法　日本産業精神保健学会編　産業精神保健マニュアル　中山書店　214-220.

田中真理　2011　サクセスフル・エイジング　大川一郎・土田宣明・宇都宮博・日下菜穂子・奥村由美子編　エピソードでつかむ老年心理学　ミネルヴァ書房　182-185.

棚村政行　2010　面会交流への社会支援のあり方　家族「社会と法」, 26, 75-98.

棚瀬一代　2004　離婚の子どもに与える影響──事例分析を通して　現代社会研究, 6, 19-37.

田附あえか　2012　児童養護施設における心理職による家族支援の実態に関する調査　研究報告書　平成22～23年度文部科学省科学研究費補助金（課題番号：22730531）

寺村堅志・瀧澤千都子・石川ゆかり・重山智保・藤原尚子　2012　青少年の生活意識と価値観に関する研究　法務総合研究所研究部報告46　法務省法務総合研究所

徳田仁子　2011　親との関係をどう創るか　村山正治・森岡正芳編　スクールカウンセリング　臨床心理学増刊, 3, 81-84.　金剛出版

富永健一　1995　行為と社会システムの理論──構造－機能－変動理論をめざして　東京大学出版会

Tomm, K.　1988　Interventive interviewing : Part III Intending to ask lineal, circular, strategic, or reflexive questions?. *Family Process*, 27(1), 1-15.

友田明美　2012　いやされない傷──児童虐待と傷ついていく脳　診断と治療社

Trepper, T. S., McColum, E. E., De jong, P., Korman, H., Gingerich, W., & Franklin, C. 2008 *Solution focused therapy treatment manual for working with individuals:* Research comittee of the solution focused brief therapy association.（http://www.sfbta.org/Research.pdf Retrieved

April 10, 2009）

Troeung, L., Egan, S. J., Gasson, N.　2014　A waitlist-controlled trial of group cognitive behavioural therapy for depression and anxiety in Parkinson's disease. BMC Psychiatry.

辻村徳治　2005　虐待を内包した少年非行事例──信頼関係がとれない難しさ　日本家族心理学会編　家族心理学年報23　家族間暴力のカウンセリング, 金子書房　101-112.

ターネル, A., & エドワーズ, S.　2004　安全のサインを求めて──子ども虐待のためのサインズ・オブ・セイフティ・アプローチ　白木孝二・井上薫・井上直美監訳　金剛出版（Turnell, A., & Edwards, S. 1999 *Signs of safety: A solution and safety oriented approach to child protection.* W. W. Norton. & Co Inc.）

内田貴　2004　民法Ⅳ［補訂版］親族・相続　東京大学出版会

内田利広　1999　家族風土　日本家族心理学会監修　家族心理学事典　金子書房　60.

内山登紀夫　2013　ライブ講義　発達障害の診断と支援　岩崎学術出版社　デルの事例的検討　立正大学心理学研究所紀要, 2, 41-53.

植村勝彦・新美明夫　1982　心身障害幼児をもつ母親のストレスについて──ストレス・パターンの分類　特殊教育学研究, 19(3), 20-29.

氏原寛・亀口憲治・成田善弘・東山紘久・山中康裕編　1992　心理臨床大事典　培風館

UNDP　2014　Human development report. 人間開発報告書

宇都宮博　2004　高齢期の夫婦関係に関する発達心理学的研究　風間書房

宇都宮博　2011　パラサイトシングルの子どもをもつ親たち　大川一郎・土田宣明・宇都宮博・日下菜穂子・奥村由美子編　エピソードでつかむ老年心理学　ミネルヴァ書房　134-135.

宇都宮博　2014　高齢者の結婚生活の質と心理的適応および余暇活動──関係性ステイタスの観点から　高齢者のケアと行動科学, 19, 45-62.

宇都宮博　2015　新婚期における配偶者との関係性と心理的適応──コミットメント志向性の枠組みから　立命館人間科学研究, 31, 52-63.

Waddell, G.　1987　A new clinical model for the treatment of low-back pain. *Spine*, 12(7), 632-644.

和田清・嶋根卓也・小堀栄子　2011　薬物乱用の現状と対策　厚生労働省 医薬・生活衛生局監視指導・麻薬対策課平成23年度厚生労働科学研究費補助金（医薬品・医療機器等レギュラトリーサイエンス総合研究事業）分担研究報告書　飲酒・喫煙・くすりの使用についてのアンケート調査（2011年）通称：薬物使用に関する全国住民調査（2011年）　厚生労働省

若島孔文　1998　物語を拘束する──神経性脱毛症への短期療法アプローチ　家族心理学研究, 12(1), 15-26.

若島孔文　2000a　脱文脈コミュニケーションの生起を予測する問題──相互作用モデルの確証──MRIコミュニケーション理論の視点から──　学校カウンセリング研究, 3, 9-18.

若島孔文　2000b　葛藤場面に埋め込まれた矛盾するメッセージの伝達とディスクオリィケーション──二重拘束理論の臨床心理学的研究　カウンセリング研究, 33(2), 148-155.

若島孔文　2003　ディスクオリフィケーションを予測する「問題－相互作用モデル」の提案──夫婦の葛藤的な会話分析から　聖路加看護大学紀要, 29, 22-31.

若島孔文　2011　ブリーフセラピー講義──太陽の法則が照らすクライエントの「輝く側面」

金剛出版

若島孔文　2014　ヴィクトリア大学グループによるブリーフセラピーのエビデンス研究　Interactional Mind VII, 90-92.

若島孔文・長谷川啓三　2000　よくわかる！短期療法ガイドブック——Brief Therapy: Theory&Practice　金剛出版

若島孔文・生田倫子・長谷川啓三　1999　葛藤的会話場面における脱文脈コミュニケーションの研究——問題－相互作用モデルの確証とその修正　家族療法研究, 16(3), 187-195.

若島孔文・松井博史　2003　"情報回帰速度モデル"の理論的研究　立正大学心理学研究所紀要, 1, 43-68.

若島孔文・松井博史　2004　情報回帰速度モデルに基づく集団遷移モデルの事例的検討　立正大学心理学研究所紀要, 2, 41-53.

若島孔文・三澤文紀・生田倫子・松島仁美・佐藤宏平　1999　パニック発作をともなう不安神経症の2事例における逆説指示の効果　家族心理学研究, 13(1), 49-62.

若島孔文・佐藤明子・長谷川啓三　2000　不登校に対して短期家族療法が有効であった1症例——時間の概念を取り入れた新しいシステムモデル（情報回帰速度モデル）による考察　心療内科, 4, 373-378.

若島孔文・佐藤宏平・久保順也・長谷川啓三　2000　口臭自己臭症への短期療法アプローチ——口臭自己臭症の1症例から　心療内科, 4, 379-384.

Wakashima, K.　2013　Cumulative family relationship with family relationship history graph. *International Journal of Brief Therapy and Family Science*, 3(1), 14-32.

Walker, L. E.　1979　*The Battered Woman*. HarperCollins.（斎藤学監訳　1997　バタードウーマン——虐待される妻たち　金剛出版）

Wallerstein, J. S., Lewis, J. M., & Blakeslee, S.　2000　*The unexpected legacy of divorce: A 25 year landmark study*. New York.

渡辺裕子　2006　看護の立場からコラボレーションを考える　特集　メディカルファミリーセラピーの展開　家族療法研究, 23(3), 220-224.

渡辺顕一郎　1997　心身障害児者をメンバーにもつ家族のストレスとその要因　四国学院大学論集, 95, 195-214.

渡邉照美・岡本祐子　2005　死別経験による人格的発達とケア体験との関連　発達心理学研究, 16(3), 247-256.

渡邉照美・岡本祐子　2006　身近な他者との死別を通した人格的発達——がんで近親者を亡くされた方への面接調査から　質的心理学研究, 5, 99-120.

渡辺俊之　2014　小此木啓吾と家族精神医学　家族療法研究, 31(3), 10-16.　日本家族研究・家族療法学会

Watzlawick, P.　1983　*The situation is hopeless,but not serious: The pursuit of unhappiness*. New York：W W Norton & Co Inc.（長谷川啓三訳　1987　希望の心理学——そのパラドキシカルアプローチ　法政大学出版局）

Watzlawick, P., Bavelas, J. B., & Jackson, D. D.　1967　*Pragmatics of human communication: A study of interactional patterns, pathologies, and paradoxes*. New York: Norton.（山本和郎監訳・尾川丈一訳　1998　人間コミュニケーションの語用論——相互作用パターン，病理とパラドックスの研究　二瓶社）

Watzlawick, P., Weakland, J. H., & Fisch, R.　1974　*Change: Principles of problem formation and problem resolution*. New York: W W Norton & Co Inc.（長谷川啓三訳　1992　変化の原理

——問題の形成と解決 法政大学出版局）

Weeks, G. R., & Treat, S. R. 2001 *Couples in treatment: Techniques and approaches for effective practice.* (2nd ed.). New York: Brunner/ Routledge.

White, M. 2011 *Narrative practice: Continuing the conversations.* New Yrok: Norton.（小森康永・奥野光訳 2012 ナラティヴ・プラクティス 金剛出版）

ホワイト, M. & エプストン, D. 1990 物語としての家族 小森康永訳 1992 金剛出版 (White, M., & Epston, D. 1990 *Narrative means to therapeutic ends.* New Yrok: Norton.)

Wiener, N. 1961 *Cybernetics* (2nd ed.). Cambridge, Massachusetts: M. I. T. press.（池原止戈夫・彌永昌吉・室賀三郎・戸田巌訳 1962 サイバネティックス——動物と機械における制御と通信 岩波書店）

Willson, S., & Durbin, C. E. 2010 Effect of paternal depression on fathers'parenting behaviors: A meta-analytic review. *Clinical Psychology Review*, 30(2), 167-180.

Winnicott, D. W. 1958 *Collected papers: Through pediatrics to psychoanalysis.* London: Tavistock.（北山修監訳 1989；1990 小児医学から精神分析へ ウイニコット臨床論文集 岩崎学術出版社）

Winslade, J., & Monk, G. 2000 *Narrative mediation: A new approach to Conflict Resolution.* San Francisco: Jossey-Bass.（国重浩一・バーナード紫訳 2010 ナラティヴ・メディエーション——調停・仲裁・対立解決への新しいアプローチ 北大路書房）

Wood, J. J., McLeod, B. D., Sigman, M., Hwang, W. C., & Chu, B. C. 2003 Parenting and childhood anxiety: Theory, empirical findings, and future directions. *Journal of Child Psychology and Psychiatry*, 44(1), 134-151.

Wormith, J. S., Gendreau, P., & Bonta, J. 2012 Deferring to clarity, parsimony,and evidence in reply to Ward, Yates, and Willis. *Criminal Justice and Behavior*, 39 (1), 111-120.

矢吹理恵 2011 国際結婚の家族心理学——日米夫婦の場合 風間書房

薬師寺裕子 2002 心身症にともなう行動障害を持つ子どもとその家族の再生過程と家族の耐久力の特徴 日本看護科学学会誌, 22(3), 10-19.

山田晃子・入江安子・別所史子・上本野唱子・富和清隆 2013 在宅の重症障害児・者と家族のレスパイトケア利用に関する研究（第1報） 小児保健研究, 72(3), 419-426.

山田昌弘 1999 パラサイト・シングルの時代 筑摩書房

山田昌弘（編） 2001 家族本40——歴史をたどることで危機の本質が見えてくる 平凡社

山田昌弘 2005 迷走する家族——戦後家族モデルの形成と解体 有斐閣

やまだようこ 2000 人生を物語る——生成のライフストーリー ミネルヴァ書房

やまだようこ 2013 質的心理学の核心 やまだようこ・麻生武・サトウタツヤ・能智正博・秋田喜代美・矢守克也編 質的心理学ハンドブック 新曜社 4-23.

山極寿一 1994 家族の起源——父性の登場 東京大学出版会

山極寿一 2012 家族の進化 東京大学出版会

山極壽一 2014 「サル化」する人間社会 集英社インターナショナル

山口厚 2007 刑法総論 [第2版] 有斐閣

山口厚・佐伯仁志 2014 刑法判例百選I 総論 [第7版] 有斐閣

山口一男 2005 女性の労働力参加と出生率の真の関係について——OECD 諸国の分析 RIETI Discussion Paper Series 05-J-036 経済産業研究所

山口一男　2009　ワーク・ライフ・バランス——実証と政策提言　日本経済新聞社

山本沙弥香・牧田潔・藤井千太・亀岡智美・加藤寛　2014　災害復興期の心理社会的支援の課題——家族支援の視点から　心的トラウマ研究, 10, 9-18.

山本恒雄　2013　児童相談所における保護者支援の現状と課題について　子どもの虐待とネグレクト, 15 (3), 268-276.

山本力　2001　心理臨床実践と事例研究——研究法としての事例研究　山本力・鶴田和美編著　心理臨床家のための「事例研究」の進め方　北大路書房　2-29.

山根常男　1998　家族と社会——社会生態学の理論を目ざして　家政教育社

山野良一　2014　子どもに貧困を押しつける国・日本　光文社

安田肇・近藤和泉・佐藤能啓　2001　わが国における高齢障害者を介護する家族の介護負担に関する研究——介護者の介護負担感, 主観的幸福感とコーピングの関連を中心に　リハビリテーション医学, 38(6), 481-489.

横谷謙次　2008　「逸脱」呼称と家族内暴力に関する一実証的研究——「逸脱」した呼称が「逸脱」した関係を規定することに着目して　家族心理学研究, 22(1), 14-27.

Yokotani, K., & Kurosawa, T.　2015　A pilot examination of dyadic coping inventory among Japanese married couples. *Psychologia*, 58(3), 155-164.

Yokotani, K., & Tamura, K. 2015　Effects of personalized feedback intervention on drug-Related reoffending: A pilot study. *Prevention Science*, 16(8), 1169-1176.

吉川悟　1998　震災の経過とシステム論的家族療法——家族療法家の立場でできたこと, できなかったこと　日本家族研究・家族療法学会　阪神・淡路大震災支援委員会編　喪失と家族のきずな　金剛出版　154-170.

吉川悟　2006　古典的家族療法と現代の家族療法　牧原浩監修・東豊編集　家族療法のヒント　金剛出版　21-37.

Yoshikawa, N., & Kono, Y.　2008　The reduction of the pregnancy insecurity and enhancement of maternal-fetal attachment through perception of fetal movement during Dohsa-hou relaxation. *Japanese Journal of Special Education*, 45(6), 405-422.

吉見香　2012　戦前の日本の児童虐待に関する研究と論点　教育福祉研究, 18, 53-64.

吉村輝彦　2007　社会関係資本とネットワーキングの重要性（http://www.jia-tokai.org/sibu/architect/2007/04/machi.html　2015年7月30日閲覧）

善積京子　2011　スウェーデンの家族変容——家族政策と生活実態　家族社会学研究, 23(2), 196-208.

遊佐安一郎　1984　家族療法入門——システムズ・アプローチの理論と実際　星和書店

遊佐安一郎　2008　統合失調症の家族心理教育とはなにか——方法と意義　後藤雅博・伊藤順一郎編　統合失調症の家族心理教育　現代のエスプリ　至文堂　8-22.

Zeanah, C. H., & Boris, N. W.　2000　Disturbances and disorders of attachment in early childhood. Zeanah, C. H.(Ed.). *Handbook of infant mental health* (2nd ed.). 353-368. New York: Guilford Press.

Zero To Three　2005　*Diagnostic classification of mental health and developmental disorders of infancy and early childhood*: Revised edition (DC:0-3r). Washington, DC: ZERO TO THREE Press. ZERO TO THREE（https://www.zerotothree.org/）

索引

人名

執筆者一覧

編集委員（五十音順）

大熊保彦	東京家政大学大学院客員教授
亀口憲治	東京大学名誉教授
髙橋靖恵	京都大学大学院教授
布柴靖枝	文教大学教授
野末武義	明治学院大学教授
花田里欧子	東京女子大学教授
藤田博康	駒澤大学教授
若島孔文	東北大学大学院教授

執筆者一覧（執筆順）

平木典子	日本アサーション協会代表
柏木惠子	東京女子大学名誉教授
皆川久仁子	立教大学講師
大河原美以	大河原美以心理療法研究室室長
亀口憲治	東京大学名誉教授
深津千賀子	大妻女子大学名誉教授
吉川　悟	龍谷大学教授
新明一星	TCBTカウンセリングオフィス代表
森岡正芳	立命館大学教授
大熊保彦	東京家政大学大学院客員教授
谷口　清	谷口発達科学研究所主宰
野末武義	明治学院大学教授
福丸由佳	白梅学園大学教授
大西真美	杏林大学専任講師
北島歩美	日本女子大学カウンセリングセンター専任研究員
宇都宮博	立命館大学教授
矢口大雄	和洋女子大学助教
中村友一	放送大学非常勤講師
本郷一夫	東北大学大学院教授
平山史朗	東京リプロダクティブカウンセリングセンター／東京HARTクリニック生殖心理カウンセラー
今野義孝	文教大学名誉教授

倉石哲也	武庫川女子大学教授
森川早苗	えな・カウンセリングルーム臨床心理士
布柴靖枝	文教大学教授
下川　恵	福生市教育相談室心理相談員
池埜　聡	関西学院大学教授
辻村徳治	日本アサーション協会
小野寺敦志	国際医療福祉大学大学院准教授
田附あえか	大正大学准教授
麻田(小野島) 萌	東洋学園大学助教
団　士郎	仕事場D・A・N／立命館大学客員教授
佐藤宏平	山形大学准教授
生田倫子	神奈川県立保健福祉大学准教授
田丸聡子	トヨタ車体
藤田博康	駒澤大学教授
青木紀久代	白百合心理・社会福祉研究所所長
内田利広	龍谷大学教授
大町知久	北里大学健康管理センター講師
畠中宗一	関西福祉科学大学教授
隅谷理子	大正大学専任講師
髙橋靖恵	京都大学大学院教授
村尾泰弘	立正大学教授
東本愛香	千葉大学社会精神保健教育センター特任講師
染田　恵	駒河大大学教授
大塚　斉	埼玉県立大学教授
小竹広子	弁護士　東京共同法律事務所所属
石田光史	あかつき法律事務所弁護士
早樫一男	児童家庭支援センター「山城こども家庭センターだいわ」センター長
廣井亮一	立命館大学特任教授
石側亮太	石側法律事務所弁護士
狐塚貴博	名古屋大学大学院准教授
横谷謙次	徳島大学大学院准教授
東海林麗香	山梨大学大学院准教授
長谷川啓三	東北大学名誉教授
若島孔文	東北大学大学院教授
平泉　拓	宮城大学准教授
板倉憲政	岐阜大学准教授

家族心理学ハンドブック

2019年1月25日　初版第1刷発行　　　　　　　　　　　〔検印省略〕
2023年5月25日　初版第3刷発行

編　集　　日本家族心理学会
発行者　　金子　紀子
発行所　　株式会社 金子書房

〒112-0012　東京都文京区大塚3-3-7
TEL　03(3941)0111(代)
FAX　03(3941)0163
振替　00180-9-103376
URL　http://www.kanekoshobo.co.jp

印刷　藤原印刷株式会社
製本　島田製本株式会社